महिला एवं मनोविज्ञान

महिला एवं मनोविज्ञान

संजय अग्रवाल

इशिका पब्लिशिंग हाउस
जयपुर दिल्ली

इशिका पब्लिशिंग हाउस
ए –25, ''गणेश सदन'', गली न. 4, आदर्श बस्ती,
बी.एल. हाउस के पास, टोंक फाटक,
जयपुर–302018 (राजस्थान) भारत
फोन : 0141-2761280, Mob. 9887532741
Email: ishikapublishinghouse@yahoo.in

दिल्ली कार्यालय : 102, प्रथम मंजिल, 'सत्यम हाउस'
4324/3, अंसारी रोड़, दरियागंज, नई दिल्ली – 110 002
फोन : 011–45652440

ISBN: 9788189471552

Price: ₹ 1750.00

टाइपसेटिंग . बी.एस. कम्प्यूटर्स, जयपुर

मुद्रक : थॉमसन प्रेस, नई दिल्ली

प्रस्तावना

अधिगम या सीखना एक मानसिक प्रक्रिया है जो जन्म से मृत्यु तक निरन्तर चलती रहती है। इस प्रकार सीखने की प्रक्रिया की दो मुख्य विशेषताएँ मानी गई हैं—(प्रथम) निरन्तरता और (द्वितीय) सार्वभौमिकता। चूँकि अधिगम की प्रक्रिया कुछ हद तक स्थितियों पर निर्भर होती है, इसलिये जिस विधि व जिस परिस्थिति में सिखाया जाए इसे उसके प्रति अनुकूल होना चाहिए। इसके साथ-साथ सीखने वाला और सिखाने वाला भी सही परिस्थितियों के लिए सहायक हो। सर्वप्रथम शिक्षा को दो धुरी पर माना गया।

संगठनात्मक व्यवहार में नेतृत्व का विशेष महत्त्व होता है। किसी भी संस्था या संगठन के प्रभावशाली संचालन के लिए नेतृत्व की ही आवश्यकता पड़ती है। व्यवसाय या व्यापार के दृष्टिकोण से भी नेतृत्व का विशेष महत्त्व है। किसी भी उद्योग की सफलता हेतु कोई वस्तु इतनी महत्त्वपूर्ण नहीं होती है जितनी कि संस्था से सम्बद्ध लोगों से सामूहिक उद्देश्यों की पूर्ति के लिए हार्दिक सहयोग प्राप्त करने हेतु नेतृत्व महत्त्वपूर्ण होता है। नेतृत्व की योग्यता प्रभावी प्रबंधक बनने की एक कुँजी है। प्रबंध के अन्य अनिवार्य कार्य करने और सम्पूर्ण प्रबंधकीय कार्य निभाने में एक प्रबन्धक बहुत ही प्रभावोत्पादक नेता होता है।

'मातृत्त्व' शब्द एक नारी को पूर्णता प्रदान करता है। मातृत्त्व के अभाव में नारी का जीवन अधूरा है। भारतीय नारी को समाज तथा परिवार में सम्मान दिलाने में मातृत्त्व का पूर्ण योगदान है। जो स्त्री मातृत्त्व को प्राप्त नहीं कर पाती है, उसे परिवार तथा समाज में हेय दृष्टि से देखा जाता है। मातृत्त्व की अपूर्णता के कारण उसका

जीवन मंगलमय नहीं माना जाता है। फलस्वरूप मांगलिक कार्यों के लिये ऐसी स्त्री को शुभ नहीं माना जाता है। भारतीय नारी के लिये परिवार व समाज में सामाजिक मान और प्रतिष्ठा पाने के लिये मातृत्त्व जरूरी है। मातृत्त्व को सृष्टि का आधार माना जाता है क्योंकि इससे प्रजाति में निरंतरता बनी रहती है और समाज का अस्तित्त्व कायम रहता है।

संजय अग्रवाल

अनुक्रमणिका

1

विषय बोध

'मनोविज्ञान' शब्द 'साइकलॉजी' (Psychology)—'मनोविज्ञान' शब्द 'साइकलॉजी' (Psychology) शब्द का हिन्दी रूपान्तर है। 'साइकलॉजी' शब्द दो शब्दों के मेल से बना है। 'साइके' (Psyche) और 'लोगस' (Logos)। 'साइके' शब्द का अर्थ है–'आत्मा' तथा 'लोगस' शब्द का अर्थ होता है 'विज्ञान'। इस प्रकार शाब्दिक अर्थ में मनोविज्ञान को आत्मा का विज्ञान माना गया है। समय के साथ-साथ मनोविज्ञान के अर्थों में परिवर्तन होता रहा है। मनोविज्ञान के भिन्न अर्थों का अवलोकन हम निम्न रूपों में कर सकते हैं–

(1) **व्यवहार का विज्ञान के रूप में**—20वीं सदी के शुरू में मनोविज्ञान के अलग-अलग अर्थ मनुष्य ने निकाले पर जिस अर्थ को मान्यता दी गई वह है–मनोविज्ञान व्यवहार का विज्ञान है। वाटसन ने मनोविज्ञान को व्यवहार का विज्ञान मानकर ही अपनी परिभाषा प्रस्तुत की है। वाटसन के अनुसार–"मनोविज्ञान व्यवहार का निश्चित विज्ञान है।"

(2) **मान के विज्ञान के रूप में**—मध्य युग के दार्शनिकों ने मनोविज्ञान को 'मन या मस्तिष्क का विज्ञान' बताया। परन्तु मस्तिष्क और उसके स्वभाव का अध्ययन कर पाना आसान नहीं। इसी कारण कोई भी दार्शनिक मस्तिष्क की प्रकृति और उसके स्वरूप को निश्चित नहीं कर सका। 'मन' शब्द के सम्बन्ध में अनेक मतभेद होने के कारण इस परिभाषा को भी अस्वीकार कर दिया।

(3) **आत्मा का विज्ञान के रूप में**—पुराने जमाने में मनोविज्ञान का अर्थ था 'आत्मा का अध्ययन'। इसी आधार पर अनेक यूनानी दार्शनिकों ने मनोविज्ञान को

आत्मा का विज्ञान माना है। परन्तु 16वीं शताब्दी में मनोविज्ञान के इस अर्थ को अमान्य घोषित कर दिया गया।

(4) **चेतना का विज्ञान के रूप में**—मस्तिष्क के स्वरूप के विषय में कोई स्पष्ट मत न होने पर कुछ विद्वानों ने कहा मनोविज्ञान, मनुष्य की चेतन क्रियाओं का अध्ययन करता है। विलियम जेम्स मनोविज्ञान को चेतना के स्वरूप के रूप में स्वीकार करते हैं। उनके अनुसार–'मनोविज्ञान चेतना की विभिन्न अवस्थाओं का वर्णन एवं व्याख्या करता है।

(5) **मानव व्यवहार का अध्ययन के रूप में**—सबसे अधिक प्रचलित और व्यावहारिक परिभाषा है कि मनोविज्ञान 'मानव-व्यवहार का अध्ययन है।' वास्तव में मनुष्य के व्यवहार के अन्तर्गत वह सभी क्रियाएँ सम्मिलित की जाती हैं जो वह वातावरण के प्रति करता है। इस सम्बन्ध में प्रसिद्ध मनोवैज्ञानिक स्किनर की परिभाषा इस प्रकार है–

''मनोविज्ञान जीवन की सभी प्रकार की परिस्थितियों में प्राणी की प्रक्रियाओं का अध्ययन करता है। प्रक्रियाओं अथवा व्यवहार का तात्पर्य है–प्राणी की सब प्रकार की गतिविधियाँ, समायोजनाएँ, क्रियाएँ एवं अभिव्यक्तियाँ।''

वुडवर्थ के अनुसार–''मनोविज्ञान, वातावरण के सम्बन्ध में व्यक्ति की क्रियाओं का वैज्ञानिक अध्ययन है।'

जबकि मनोविज्ञान सिर्फ मनुष्य के व्यवहार को ही नहीं बताता बल्कि पशु के व्यवहार के बारे में भी बतलाता है। अतः मनोविज्ञान को मात्र मानव व्यवहार का अध्ययन कहना भी उचित नहीं है परन्तु वास्तव में देखा जाए तो पशुओं एवं पक्षियों के व्यवहार को नियन्त्रित करना एवं ऐसा वातावरण तैयार करना जिनके अनुकूल पशु-पक्षी अपने व्यवहार को प्रदर्शित करने में सक्षम हो सके यही मनोविज्ञान का उद्देश्य है।

संक्षेप में मनोविज्ञान, वातावरण का अध्ययन करता है क्योंकि प्राणी ज्ञानेन्द्रियों को प्रभावित करता है और वह अपनी कर्मेन्द्रियों द्वारा वातावरण के प्रति प्रतिक्रिया करता है। इस प्रकार मनोविज्ञान के अर्थ में क्रमशः परिवर्तन होते रहे हैं।

मनोविज्ञान की कुछ महत्वपूर्ण परिभाषाएँ

हैनरी गैरेट के मतानुसार, ''मनोविज्ञान वह विज्ञान है जो जीवित व्यक्तियों का उनके पर्यावरण के प्रति अनुक्रियाओं का अध्ययन करता है।''

बोरिंग लैगफेल्ड के अनुसार, ''मनोविज्ञान मानव प्रकृति का अध्ययन है।''

चार्ल्स ई. स्किनर के मतानुसार, मनोविज्ञान जीवन की विभिन्न परिस्थितियों के प्रति प्राणी की प्रतिक्रियाओं का अध्ययन करता है।

मन के अनुसार, "आधुनिक मनोविज्ञान का सम्बन्ध, व्यवहार की वैज्ञानिक खोज से है।"

क्रो और क्रो के अनुसार, "मनोविज्ञान मानव-व्यवहार और मानव-सम्बन्धों का अध्ययन है।"

पिल्सबरी के अनुसार, "मनोविज्ञान की सबसे सन्तोषजनक परिभाषा, मानव व्यवहार के विज्ञान के रूप में की जा सकती है।"

उपर्युक्त परिभाषाओं से स्पष्ट होता है कि मनोविज्ञान व्यक्ति की मानसिक तथा शारीरिक क्रियाओं का अध्ययन है। मानसिक क्रिया अनुभूतिजन्य होती है और शारीरिक क्रिया व्यवहार जन्य। इनका समन्वित अध्ययन मानव के व्यवहार के अध्ययन को सही दिशा प्रदान करता है। अतः मनोविज्ञान का ज्ञान एक शिक्षक के लिए बालक को समझने के लिए ही नहीं अपितु शिक्षा के उद्देश्यों की प्राप्ति में भी सहायक होता है।

मनोविज्ञान की शाखाएँ

मनोविज्ञान का क्षेत्र अत्यंत विस्तृत है। इसकी शाखाएँ हर तरफ धुम मचा रही हैं, जिसका ज्ञान आज शिक्षक एवं शिक्षार्थी तक ही सीमित न रहकर सामान्य जन जीवन को भी प्रभावित कर रहा है। मनोविज्ञान की शाखाओं के सम्बन्ध में कुछ विचार निम्नलिखित हैं–

(1) *सामान्य एवं असामान्य मनोविज्ञान*

(i) ***सामान्य मनोविज्ञान***–सामान्य मनोविज्ञान का सम्बन्ध सामान्य व्यक्तियों के व्यवहार तथा उनकी मानसिक क्रियाओं से सम्बन्धित है।

(ii) ***असामान्य मनोविज्ञान***–असामान्य मनोविज्ञान असामान्य व्यक्तियों के व्यवहार का अध्ययन करता है अर्थात् जो व्यक्ति परिस्थितियों के साथ सामंजस्य करने में असमर्थ होने के कारण अथवा मानसिक रूप से बीमार होने के कारण सामान्य व्यवहार कर पाने में असमर्थ होते हैं।

(2) *मानव-मनोविज्ञान एवं पशु मनोविज्ञान*

(i) ***मानव मनोविज्ञान***–मानव मनोविज्ञान मात्र मनुष्यों के व्यवहार का अध्ययन करता है। इसके अन्तर्गत बाल-मनोविज्ञान, किशोर-मनोविज्ञान, प्रौढ़

मनोविज्ञान आदि सभी के व्यवहार का सूक्ष्म रूप से अध्ययन करता है।

(ii) ***पशु-मनोविज्ञान***—पशु-मनोविज्ञान में सभी प्राणियों के व्यवहार का सूक्ष्म प्रेक्षण किया जाता है। प्रारम्भ में अधिकतर प्रयोग पशुओं पर ही किए गए हैं।

(3) *व्यक्तिगत मनोविज्ञान एवं सामाजिक मनोविज्ञान*

(i) ***व्यक्तिगत मनोविज्ञान***—व्यक्तिगत मनोविज्ञान को व्यक्तिगत विभिन्नताओं को मनोविज्ञान भी कहा जाता है। सभी व्यक्ति एक-दूसरे से शारीरिक, बौद्धिक, मानसिक, नैतिक आदि दृष्टिकोणों से अलग-अलग होते हैं। उनके दृष्टिकोण, रुचियाँ, जातियाँ, संस्कृति तथा पारिवारिक पृष्ठभूमि अलग होती है। इसके साथ ही उनकी शिक्षा, उनकी सामाजिक-आर्थिक स्तर, उनकी उपलब्धियाँ अलग होती है। इन सभी का अध्ययन व्यक्तिगत मनोविज्ञान के अन्तर्गत ही आता है।

(ii) ***सामाजिक मनोविज्ञान***—सामाजिक मनोविज्ञान व्यक्ति का समाज के एक सदस्य के रूप में अध्ययन करता है। वह मानव के सामाजिक भावों का सूक्ष्म प्रेक्षण करता है।

(4) *सैद्धान्तिक मनोविज्ञान एवं व्यावहारिक मनोविज्ञान*

(i) ***सैद्धान्तिक मनोविज्ञान***—सैद्धान्तिक मनोविज्ञान मनुष्यों और पशुओं की मानसिक प्रक्रियाओं तथा व्यवहारों का अध्ययन नियमों तथा सिद्धान्तों की खोज के लिए करता है। अतः इसके अध्ययन का उद्देश्य केवल ज्ञान-विकास के लिए किया जाता है।

(ii) ***व्यावहारिक मनोविज्ञान***—व्यावहारिक मनोविज्ञान, मनोविज्ञान के सिद्धान्तों को सामान्य-व्यवहार में प्रयोग करता है जैसे—औद्योगिक मनोविज्ञान, अपराध सम्बन्धी मनोविज्ञान, सेना सम्बन्धी मनोविज्ञान, शिक्षा मनोविज्ञान आदि। इसके अतिरिक्त मनोविज्ञान की अन्य शाखाएँ हैं—

(क) *शारीरिक मनोविज्ञान*—शारीरिक मनोविज्ञान हमारी ज्ञानेन्द्रियों, ग्रन्थियों, नाड़ी संस्थान तथा माँसपेशियों की रचनाओं तथा इनके कार्यों का अध्ययन करता है। क्योंकि इन सभी का मानव-व्यवहार में महत्त्वपूर्ण स्थान होता है।

(ख) *प्रयोगात्मक मनोविज्ञान*—प्रयोगात्मक मनोविज्ञान के अन्तर्गत विभिन्न प्रकार के वैज्ञानिक प्रयोगों द्वारा मनुष्य की मानसिक प्रक्रियाओं तथा व्यवहारों का अध्ययन करता है। ये प्रयोग मुख्यतः विशिष्ट प्रयोगशालाओं में तथा नियन्त्रित परिस्थितिओं में किए जाते हैं।

(ग) ***परा मनोविज्ञान***—परा मनोविज्ञान, मनोविज्ञान के क्षेत्र का एक नवीनतम विकास है जिसके अन्तर्गत ज्ञानेन्द्रियों से परे की अनुभूतियाँ और चेतना संवहन (telephaty) आदि से सम्बन्धित समस्याओं का अध्ययन किया जाता है।

मनोविज्ञान की अलग-अलग शाखाओं का अध्ययन करने के बाद यह बिलकुल साफ हो जाता है कि मनोविज्ञान का दायरा अत्यन्त विस्तृत है। मानव की समस्त समस्याओं को दूर करने के लिए इसके द्वारा अथक प्रयास किए गए हैं जो प्रत्यक्ष एवं अप्रत्यक्ष रूप से इसके महत्त्व को प्रदर्शित करते हैं।

मातृत्त्व एवं मनोविज्ञान

'मातृत्त्व' शब्द बहुत ही विस्तृत और व्यापक अर्थ रखता है। यह एक नारी को पूर्णता प्रदान करता है। मातृत्त्व के अभाव में नारी का जीवन अधूरा है। भारतीय नारी को समाज तथा परिवार में सम्मान दिलाने में मातृत्त्व का पूर्ण योगदान है। जो स्त्री मातृत्त्व को नहीं प्राप्त कर पाती है उसे परिवार तथा समाज में हेय दृष्टि से देखा जाता है। मातृत्त्व की अपूर्णता के कारण उसका जीवन मंगलमय नहीं माना जाता है। फलस्वरूप मांगलिक कार्यों के लिये ऐसी स्त्री को शुभ नहीं माना जाता है। भारतीय नारी के लिये परिवार व समाज में सामाजिक मान और प्रतिष्ठा पाने के लिये मातृत्त्व जरूरी है। मातृत्त्व को सृष्टि का आधार माना जाता है क्योंकि इससे प्रजाति में निरंतरता बनी रहती है और समाज का अस्तित्त्व कायम रहता है।

'मातृत्त्व' शब्द में 'माँ' शब्द का समावेश है जिसका तात्पर्य माता से है अर्थात् 'बच्चे को जन्म देने वाली स्त्री'। लेकिन यह 'माँ' शब्द तभी गरिमायुक्त माना जाता है जब कोई माँ जन्म देने के बाद अपने शिशु का पालन-पोषण उचित रूप से करती है जिससे वह बालक एक सुयोग्य नागरिक बन सके। वही माँ 'सुजननी' कहलाती है जो शिशु को जन्म के उपरांत अपना सर्वस्व न्योछावर कर अपनी संतान की देखभाल करती है और उसके जीवन को सुखी बनाने का प्रयत्न करती है तथा समाज के सुयोग्य नागरिक के रूप में उसका विकास करती है। अगर मातृत्त्व का अर्थ केवल सन्तानोत्पत्ति ही हो तो माँ तथा मादा जानवर में कोई अन्तर नहीं रह जायेगा, क्योंकि एक मादा जानवर भी अपने बच्चे को जन्म देती है। अतः सफल मातृत्त्व का अर्थ 'सुसंतान की प्राप्ति' तथा 'शिशु कल्याण' दोनों है।

मातृकला का महत्त्व

मातृकला का प्रमुख महत्त्व अग्रलिखित है—

1. सुरक्षित प्रसव व शिशु-विकास में मद्दगार—मातृकला की जानकारी से एक माँ को यह पता हो जाता है कि सम्पूर्ण गर्भकालीन अवस्था में वह किस प्रकार का भोजन ले, किस प्रकार के वस्त्र पहने, किस तरह व्यायाम करे, कैसा साहित्य पढ़े आदि, जिससे स्वस्थ शिशु का विकास हो एवं प्रसव के समय किसी भी तरह की कठिनाई न हो।

2. यौन शिक्षा प्रदान करना—मातृकला के अध्ययन से बालिकाओं को यौन शिक्षा प्राप्त करने का मौका मिलता है क्योंकि इसके द्वारा स्त्री-पुरुष के प्रजनन अंगों की रचना तथा बालिकाओं में होने वाले शारीरिक परिवर्तनों के विषय में ज्ञान दिया जाता है।

3. प्रसव-पूर्व, प्रसवकालीन एवं प्रसवोपरांत देखभाल में मदद— मातृकला के अध्ययन से यह जानकारी प्राप्त होती है कि सुरक्षित प्रसव के लिये प्रसव से पूर्व किन सावधानियों की जरूरत होती है, प्रसव के समय किस-किस सामान की जरूरत होती है जिससे माँ तथा शिशु को किसी प्रकार का संक्रमण न हो एवं वे स्वस्थ रहें। इसी प्रकार प्रसव के बाद माँ तथा शिशु की देखभाल किस प्रकार की जाये इन सभी बातों की जानकारी भी प्राप्त होती है।

4. नवजात शिशु के पालन-पोषण का ज्ञान देना—मातृकला के अध्ययन से शिशु के पालन-पोषण के विषय में ज्ञान प्राप्त होता है। शिशु पालन के अन्तर्गत यह बताया जाता है कि नवजात शिशु को किस प्रकार दूध पिलाना चाहिये, किस प्रकार शरीर की सफाई करनी चाहिये, किस प्रकार व्यायाम कराना चाहिये। स्वास्थ्य की रक्षा के लिये किस-किस समय में कौन-कौन से टीके लगवाने चाहिये, जिससे शिशु शारीरिक रूप से स्वस्थ रहे। शारीरिक विकास के साथ-साथ मानसिक, सामाजिक तथा संवेगात्मक विकास के लिये किन-किन बातों को ध्यान में रखना चाहिये। इन सभी बातों की जानकारी मातृकला एवं शिशु पालन के अध्ययन से प्राप्त होती है।

5. बालकों के व्यक्तित्त्व का निर्माण करना—बालकों के सर्वांगीण विकास, चरित्र निर्माण एवं स्वस्थ आदतों के विकास में मातृकला तथा शिशु पालन का ज्ञान मददगार होता है। क्योंकि मातृकला के अध्ययन से बालकों के व्यवहारों, समस्यात्मक व्यवहारों, आदतों आदि के विषय में तथा माता-पिता को समझने में सुविधा होती है। अगर उससे बालकों में कोई अनुचित आदतें अथवा व्यवहार विकसित होते हैं तो वे शीघ्र ही उनका समाधान कर बालकों में अच्छी आदतों का विकास कर अच्छे चरित्र का निर्माण करती हैं। इससे बालकों के सर्वांगीण विकास में मदद मिलती है।

6. शिशु के सामान्य व संक्रामक रोगों के सम्बन्ध में जानकारी देकर, बचाव व उपचार में सहायता पहुँचाना—मातृकला का ज्ञान माता-पिता को यह बताता है कि किन-किन असावधानियों से बालकों को कौन-कौन से साधारण व संक्रामक रोग हो सकते हैं, इसके अलावा रोगों से बचाव तथा उपचार की जानकारी भी प्रदान करता है जिससे माता-पिता को बालकों की रोगों से रक्षा में मदद मिलती है। रोग न हो इसके लिये कौन से टीके कब लगवाये जायें इसकी जानकारी भी मातृकला एवं शिशु पालन के अध्ययन से प्राप्त होती है।

7. बालिकाओं को भविष्य में अच्छी पत्नी, सफल गृहिणी तथा अच्छी माँ बनने में सहायता करना—मातृकला के अध्ययन से बालिकाओं को विभिन्न विषयों का ज्ञान प्राप्त होता है। जैसे—पूर्व प्रसव गर्भकालीन सुरक्षा, प्रसवकालीन तैयारी, सुरक्षित प्रसव के उपाय, नवजात शिशु की देखभाल, नवजात शिशु का भोजन, वस्त्र व्यायाम, स्वास्थ्य रक्षा आदि। इन सभी बातों की जानकारी से एक बालिका भविष्य में अच्छी माँ और सुगृहिणी बन सकती है।

8. माँ तथा शिशु की मृत्यु की समस्या के समाधान में सहायक— वर्तमान समय में भारतवर्ष में मातृ एवं शिशु मृत्यु की समस्या विकराल रूप धारण किये हुए है। यों तो इसके कई कारण हैं लेकिन उनमें से एक मातृकला का ज्ञान न होना भी है। मरने वाली स्त्रियों में ज्यादातर प्रसव के समय मर जाती हैं। इसी प्रकार शिशु मृत्यु में भी उन बच्चों का प्रतिशत अधिक है जो गर्भावस्था में या जन्म के समय या जन्म के पश्चात् दो वर्ष के अन्दर गर जाते हैं। इस समस्या के समाधान में मातृकला एवं शिशु पालन का ज्ञान मददगार हो सकता है क्योंकि मातृकला का ज्ञान उन सभी बातों की जानकारी देता है जिससे सम्पूर्ण गर्भकाल में माँ शारीरिक रूप से स्वस्थ रहे तथा गर्भ की सुरक्षा कर सके। सुरक्षित तथा सामान्य प्रसव के लिये आवश्यक जानकारी भी मातृकला के द्वारा दी जाती है। जन्म के बाद शिशु का किस प्रकार पालन पोषण करें जिससे कि वह समाज के सुयोग्य नागरिक एवं सुसंतान का दायित्व निर्वाह कर सके, इसकी जानकारी भी मातृकला के द्वारा दी जाती है।

9. परिवार नियोजन को सफल बनाने में सहायक—मातृकला के ज्ञान से अप्रत्यक्ष रूप से परिवार नियोजन कार्यक्रम का प्रचार-प्रसार होता है। मातृकला का अध्ययन यह बताता है कि सुसंतान की प्राप्ति किस प्रकार करें। अगर माता-पिता में संतानोत्पत्ति के लिये सभी प्रकार की योग्यतायें नहीं हैं तो गर्भधारण न करें और तब के लिये कृत्रिम साधनों को अपनाकर परिवार नियोजित करें। प्राकृतिक रूप से भी किस प्रकार संयम द्वारा गर्भाधान को स्थगित किया जाता है। इस बात की

भी जानकारी मातृकला का ज्ञान देती है। इसके अलावा परिवार नियोजन के सभी कृत्रिम उपायों की जानकारी दे कर लोगों के मन में परिवार नियोजन के प्रति विकसित गलत धारणाओं को दूर करने में भी यह सहायक है। मातृकला का अध्ययन इस बात की जानकारी देता है कि संतान को ईश्वरीय देन न मानें, बल्कि जब आप चाहेंगे तभी संतान की प्राप्ति कर सकते हैं।

10. कुप्रथाओं और अंधविश्वासों को समाप्त करने में सहायक—मातृकला का ज्ञान मातृत्त्व एवं शिशु पालन से सम्बन्धित नाना प्रकार के अंधविश्वासों तथा सामाजिक कुप्रथाओं को खत्म करने में सहायक है। जैसे—संतानहीन स्त्री को अमंगलकारी मानना, गर्भकालीन कष्टों और समस्याओं का सामान्य प्रक्रिया मानकर उनका उपचार न करना, प्रसव के समय तथा प्रसव के बाद एक माह तक गर्भवती माँ को अछूत मानकर पहनने तथा ओढ़ने-बिछाने के लिये गंदे व पुराने वस्त्रों को देना, घर पर प्रसव कराना, भूत-प्रेत और हवा के डर से माँ तथा नवजात शिशु को एक माह तक अँधेरे तथा बंद कमरे में रखना, रोग होने पर घर में झाड़-फूँक कराना, संतान को ईश्वर की देन मानकर परिवार नियोजन के तरीकों को न अपनाना, गर्भवती स्त्री के भोजन पर ध्यान न देना आदि समस्याओं तथा कुप्रथाओं का निराकरण करने में मातृकला एवं शिशु पालन का ज्ञान सहायक होता है।

11. बालकों का सर्वांगीण विकास में सहायक—मातृकला का ज्ञान न केवल सुसंतान की उत्पत्ति के तरीके ही बताता है बल्कि यह माता-पिता को आवश्यक निर्देश भी देता है कि वे किस प्रकार अपने बच्चे का पालन-पोषण करे कि वह समाज तथा राष्ट्र के सुयोग्य नागरिक के रूप में विकसित होकर समाज तथा राष्ट्र की प्रगति में अपना योगदान दें।

12. स्वस्थ मातृत्त्व पाने में सहायता—मातृकला के अध्ययन से एक स्त्री को यह जानकारी मिलती है कि सफल मातृत्त्व के लिये कौन-कौन सी योग्यतायें जरूरी हैं। नये जीव के विकास के लिये माँ में ही नहीं पिता में भी जैविकीय योग्यतायें होना आवश्यक है। अगर कोई स्त्री माँ नहीं बन पाती है तो इसका कारण पुरुष की शारीरिक अपरिपक्वता भी हो सकती है। इसके अलावा आर्थिक तथा मनावैज्ञानिक योग्यता भी स्वस्थ मातृत्त्व का एक भाग है। अगर स्त्री तथा पुरुष नये जीव को किसी कारणवश स्वीकारने को असमर्थ हैं अथवा आर्थिक रूप से कमजोर होने कारण वे शिशु के पालन-पोषण में असमर्थ हैं तो इसका दुष्प्रभाव शिशु विकास पर पड़ता है। अतः सफल मातृत्त्व के लिये आवश्यक योग्यताओं की जानकारी मातृकला के अध्ययन से प्राप्त होती है।

गर्भावस्था के लक्षण एवं मनोवैज्ञानिक निदान

प्रथम 5 माह की अवधि के लक्षण

(1) मासिक चक्र का रुक जाना—मासिक चक्र के रुकने के कई कारण हैं। जैसे—संवेगात्मक तनाव, हार्मोन का असंतुलन, स्थानीय गर्भाशयी स्थिति, वातावरण या परिवेश में बदलाव, नाड़ी विकास आदि। लेकिन यदि किसी स्त्री का रजोधर्म नियमित रहा हो और अचानक मासिक चक्र रुक जाए तो गर्भ की संभावना बढ़ जाती है। बच्चे को दूध पिलाते समय भी ऋतु स्राव नहीं होता है। यदि मासिक धर्म के रुकने के साथ ही साथ, स्तनों का बढ़ना, बार-बार मूत्र त्याग करना आदि लक्षण भी मौजूद हों तो स्त्री के गर्भवती होने की प्रबल संभावना होती है।

(2) जी मिचलाना और उलटी आना—जी मिचलाना और उलटी आना गर्भवती स्त्री के सामान्य लक्षण हैं। प्रातःकाल गर्भवती स्त्री का जी मिचलाना व उल्टी आना सामान्य सी बात है। गर्भ धारण करने के उपरान्त छठे सप्ताह से बारहवें सप्ताह तक यह लक्षण अत्यन्त सामान्य है। लेकिन चौदहवें सप्ताह के बाद यह लक्षण विलीन होते देखे गए हैं। जी मिचलाना व उल्टी आने का एक कारण यह भी हो सकता है कि रक्त में शोनेडोट्रोपिन-जरायु युक्त हार्मोन के प्रभाव से आमाशय की गतिविधियों पर नियन्त्रण कम हो जाता है। अधिक वमन से रक्त गाढ़ा पड़ने लगता है और अम्लीयता की स्थिति उत्पन्न हो सकती है। इस समय निर्जलीकरण की स्थिति भी उत्पन्न हो सकती है। अतः यदि दो से अधिक बार वमन होता है तो इस स्थिति को असामान्य समझकर तुरन्त डाक्टर की सलाह लेना उचित होगा। यह लक्षण 50% स्त्रियों में ही पाया जाता है। इसमें जिह्वा साफ होती है और स्वास्थ्य भी साधारण होता है। यह लक्षण सुबह के अतिरिक्त दोपहर के भोजन के पश्चात् भी देखा जा सकता है।

(3) स्तनों के आकार और आकृति में बदलाव—गर्भवती स्त्री के स्तनों के आकार व आकृति में बदलाव आता है जैसे स्तनों के आकार में वृद्धि होती है, वे नरम होने लगते हैं और इनमें कभी-कभी पीड़ा भी होती है। इस अवस्था में स्तनों की क्षेत्रिका फूल जाते हैं और चूचुकों का रंग गहरा होने लगता है। शिराओं का जाल बढ़ने लगता है और इनमें गाँठे पड़ने का अनुभव होने लगता है लेकिन वास्तव में छूने पर अपेक्षाकृत नरम प्रतीत होते हैं। चूकुकों के रंग का गहरा होना स्थायी होता है। कभी-कभी चूचुकों से साफ पीले रंग के तरल पदार्थ का स्राव भी होता है। गर्भावस्था में पेट के आकार की वृद्धि से पहले ही स्तनों के बढ़ाव को देखा जा सकता है।

(4) बार-बार मूत्र त्यागना—गर्भाधान के प्रथम बारह सप्ताह तक बढ़ते हुए गर्भाशय का भार मूत्राशय पर पड़ने के कारण गर्भवती स्त्री को बार-बार मूत्र त्यागने की इच्छा होती है। यह क्रिया रात्रि की तुलना में दिन में अधिक बार होती है, क्योंकि खड़े होने की स्थिति में बढ़ते गर्भाशय का भार मूत्राशय पर पड़ता है। मूत्राशय की श्लैष्मिक झिल्लियों की संकुलता से भी अधिक बार मूत्र त्यागने की इच्छा का अनुभव होता है। बार-बार मूत्र त्यागने की क्रिया से स्त्री को असुविधा और पीड़ा का अनुभव होता है।

(5) पेट का बढ़ना—गर्भाशय के आकार में वृद्धि होने से पेट का बढ़ना सहज ही हैं लेकिन आँतों के फूल जाने से भी पेट बढ़ जाता है। इसके अतिरिक्त अण्डाशय की पुटी ट्यूमर या वसा के जमने से भी पेट बढ़ने लगता है।

(6) भ्रूण की सक्रियता—भ्रूण की सक्रियता का अनुभव गर्भाधान के लगभग 20 वें सप्ताह बाद अनुभव किया जाता है। ऐसा लगता है कि उदर में कोई सजीव वस्तु गतिशील है। प्रथम बार उसे बेहोशी हो सकती है और उसका जी भी मिचला सकता है। 'जी मिचलाना' का सम्पूर्ण गर्भावधि में विद्यमान रहना भी सम्भव है। भ्रूण की इस गतिशीलता की तिथि का विशेष महत्त्व होता है, क्योंकि इससे प्रसव के दिन के बारे में निश्चित रूप से कहा जा सकता है।

अन्तिम 5 मास की अवधि के लक्षण

गर्भावस्था के अन्तिम 5 मास में उत्पन्न होने वाले प्रमुख लक्षण अग्रलिखित हैं—

(1) स्तनों के आकार और भार में वृद्धि—गर्भावस्था के अन्तिम पाँच मासों में स्तनों का भार अधिक बढ़ जाने के कारण गर्भवती स्त्री को अत्यधिक असुविधा अनुभव होती है। ऐसा ग्रन्थियों के विकसित होने के कारण ही होता है।

(2) अन्तःउदरीय रक्तचाप का बढ़ना—इस अवस्था में अन्तःउदरीय रक्तचाप में वृद्धि होती है। इस वृद्धि के कारण ही पेशियों में पीड़ादायक संकुचन होने लगते हैं। इस अवधि में पैरों में सूजन का आना तथा योनिमार्ग एवं पैरों की शिराओं का फूल जाना भी सम्भव होता है।

(3) श्वास लेने में असुविधा—गर्भावस्था की इस अवधि में मध्यपेट पर अधिक दबाव पड़ने से श्वास लेने में कठिनाई होती है। इससे उथले श्वास या हवा की भूख उत्पन्न हो सकती है तथा हृदय की धड़कन भी बढ़ जाती है।

(4) हल्केपन का अनुभव—प्रसव के दो अथवा तीन सप्ताह पहले लक्षणों में एकदम से परिवर्तन आता है। इसको हल्का होने का अनुभव कहते हैं। इस स्थिति में भ्रूण का सिर नीचे की ओर उतरता है, इससे उदरीय चाप कम हो जाता है। इससे राहत महसूस होती है।

गर्भावस्था के संकेत

प्रथम 5 माह की अवधि के संकेत

गर्भवती स्त्री के प्रथम 5 मास की अवधि में उत्पन्न संकेत अग्रलिखित हैं। इन्हीं प्रमुख संकेतों के आधार पर डॉक्टर स्त्री को गर्भवती घोषित करता है—

(1) गर्भाशय के परिवर्तनों से उत्पन्न संकेत—गर्भाशय के आकार की वृद्धि से चिकित्सक को यह पता हो जाता है कि स्त्री गर्भवती है। गर्भवती होने के बाद गर्भाशय का आकार गोल हो जाता है और वह पहले की तुलना में अधिक नरम हो जाता है। इस स्थिति का मुख्य कारण रक्त प्रवाह का बढ़ना होता है। ग्रीवा एवं योनि मार्ग का नीला होना तथा दोनों का अधिक नरम होना भी गर्भवती होने का संकेत है। गर्भाशय का अग्रभाग जिसे कण्डस कहा जाता है, 16वें सप्ताह से 22वें सप्ताह के बीच नाभि तक पहुँच जाता है। इस अवधि में इसके नाभि तक न पहुँच सकने की स्थिति में यह समझ लेना चाहिए कि भ्रूण या तो कुपोषण का शिकार बन गया है अथवा मृत हो गया है। परीक्षण द्वारा ही यह पता किया जा सकता है कि गर्भाशय की पेशियों में पीड़ा रहित प्रकुंचन होने लगती है जो कि 30 सेकण्ड तक रहते हैं।

(2) भ्रूण की उपस्थिति से उत्पन्न संकेत—लगभग सोलहवें सप्ताह तक भ्रूण के आकार की अपेक्षा उल्व की मात्रा अधिक होती है जिससे पेट पर हाथ रखकर योनि परीक्षण करने से भ्रूण का उछलना स्पष्ट पता चल जाता है। इसको गोल ताड़ना कहते हैं। चौबीसवें सप्ताह के बाद भ्रूण के विभिन्न भागों का, उसकी गतिशीलता का पता लग जाता है। इस समय स्टेथोस्कोप द्वारा भ्रूण के हृदय की धड़कन भी सुन सकते हैं। यह माता के हृदय की गति से दुगुनी होती है। कहने का आशय यह है कि यह धड़कन प्रति मिनट 120 से 160 बार होती है।

(3) स्तनों एवं त्वचा के परिवर्तनों से उत्पन्न संकेत—चिकित्सक स्तन ग्रन्थियों के किनारे पर बन आयी गाँठ का अनुभव करके तथा चूचुकों के रंग के गहरापन का निरीक्षण करके भी गर्भ होने की स्थिति की सूचना दे सकने में समर्थ होता है। बारहवें सप्ताह में चूचुकों की वर्णकता तथा इनसे साफ पीले रंग के तरल

पदार्थ के स्राव द्वारा भी स्थिति की जानकारी करना आसान हो जाता है। इस अवस्था में स्त्री के अनन्तर स्तनों पर शिराएँ दिखाई देने लगती हैं और निशान भी बन जाते हैं।

अन्तिम 5 माह की अवधि के संकेत

चिकित्सकों ने अपने निरीक्षण के बाद गर्भावस्था के अन्तिम पाँच माह में अग्रलिखित संकेतों को स्पष्ट किया है–

(1) भ्रूण के हृदय की धड़कन को अनुभव करके उसकी गणना करना–भ्रूण के हृदय की धड़कन सामान्यतः प्रति मिनट 120 से 160 बार होती है। आधुनिक काल में भ्रूण के हृदय की गति को एवं भ्रूण की गतिशीलता को जानने के लिए एक नए उपकरण अल्ट्रासोनिक डिटेक्टर का प्रयोग हो रहा है। सन् 1965 ई. में श्री डोनाल्ड नामक वैज्ञानिक ने इस उपकरण का आविष्कार किया था। नियमित मासिक धर्म के दस दिन बाद ही इस उपकरण की सहायता से पता लगाया जा सकता है कि गर्भ ठहर गया है नहीं। यदि उत्तर सकारात्मक होता है तो यह भी ज्ञात किया जा सकता है बच्चा अकेला है या जुड़वाँ। यह उपकरण यद्यपि महँगा है तथापि संकट की सम्भावना की स्थिति में इसकी सहायता उपयोगी सिद्ध होती है।

(2) भ्रूण की गतिशीलता का प्रत्यक्षीकरण–इस अवधि में चिकित्सक पेट तथा योनि का परीक्षण करके भ्रूण की स्थिति के बारे में जानकारी दे सकता है।

(3) भ्रूण की बाह्य परिधि का पता करना–डॉक्टर गर्भावस्था के अन्तिम पाँच माह में उदर पर हाथ द्वारा परीक्षण करके भ्रूण की परिधि का पता लगा सकता है।

(4) अन्य परीक्षण–इस अवधि में गर्भवती स्त्री के सुबह के मूत्र के परीक्षण से चिकित्सक यह पता लगा लेता है कि उसमें जरायु गोनेडोट्रोपिन हार्मोन विद्यमान है या नहीं। उसको जब नर चूहों के शरीर में इन्जेक्ट किया जाता है तब कुछ ही घण्टों में चूहों की ग्रन्थियों में सक्रियता पाई जाती है। गर्भवती स्त्री के रक्त में भी इस जरायु गोनेडोट्रोपिन की उपस्थिति होती है। इस परीक्षण को चौथे सप्ताह करके भी निश्चित रूप से कहा जा सकता है कि स्त्री गर्भवती है या नहीं। जब गर्भवती स्त्री के मूत्र की ऐसे रक्तवारी के साथ प्रतिक्रिया की जाती है जिसमें एण्टी कोरिओनिंक गोनेडोट्रोपिन पाया जाता है, तब वह अदापीन हो जाता है। यदि स्त्री गर्भवती नहीं है तो मूत्र के मिलाने पर लाल रक्त कण परस्पर चिपक जाते हैं तथा पीले भूरे रंग का अवक्षेप देते हैं।

कुछ चिकित्सक गर्भावस्था का पता लगाने के लिए स्त्री को अधिक मात्रा में

हार्मोन ईस्ट्राजन तथा प्रोजेस्टीरोन देते हैं जिससे स्त्री के, गर्भवती न होने की अवस्था में अल्प समय में ही रक्तस्राव हो जाता है। रक्तस्राव न होने की दशा में यह स्पष्ट हो जाता है कि स्त्री गर्भवती है। आजकल यह परीक्षण सुरक्षित नहीं माना जाता क्योंकि इस प्रकार के परीक्षण से गर्भपात होने की प्रबल सम्भावना होती है।

गर्भवती में होने वाले आन्तरिक शारीरिक बदलाव और समायोजन के मनोवैज्ञानिक सुझाव

गर्भवती स्त्री के शरीर में अग्रलिखित आन्तरिक परिवर्तन होता है—

(1) पेट की दीवारों एवं श्रोणि जोड़ों में होने वाले बदलाव—गर्भावस्था में गर्भाशय का विकास होता है। गर्भाशय के लिए स्थान बनाने में पेट की दीवारें विकसित होकर फैलती जाती हैं। प्रसव के बाद भी कुछ सीमा तक यह फैली ही रह जाती है। इस प्रयत्न में त्वचा के लचीले तन्तुओं के फट जाने से पेट पर लम्बे धारीदार निशान पड़ जाते हैं। इस अवस्था में श्रोणि जोड़ों के स्नायु ढीले एवं नरम हो जाते हैं। गर्भावस्था में इन जोड़ों की गतिशीलता में वृद्धि भी देखने को मिलती है।

(2) पेशी-कंकाल में होने वाले बदलाव—गर्भावस्था में ऐच्छिक माँसपेशियों का स्वरक कम हो जाता है। इससे कभी-कभी कंधे की मेखला का नीचे उतरना भी सम्भव है। इसका प्रभाव श्वसन संस्थान पर भी होता है। बढ़ते हुए गर्भाशय के फलस्वरूप गर्भावस्था में शरीर का संतुलन बनाए रखने में कठिनाई होती है। इससे पीठ में दर्द होने लगता है। उदर की पेशियों के अधिक फैलने से उनमें ढीलापन आ जाता है। इसका प्रभाव गुदाद्वार के आसपास की रक्त नलिकाओं पर भी देखा जाता है।

(3) श्वसन क्रियाओं में बदलाव—गर्भावस्था में ऑक्सीजन उपभोग 10-32 प्रति मिनट तक बढ़ जाता है। इससे श्वसन क्रिया में उथलापन आ जाता है। जैसे-जैसे गर्भावस्था का समय बढ़ता जाता है वैसे-वैसे श्वसन क्रिया का उथलापन भी बढ़ता जाता है। इस अवस्था में मध्यपेट की क्रिया में बाधा पड़ने से श्वसन का कार्य छाती तक ही सीमित रहता है। परिणामस्वरूप उदर की पेशियाँ श्वसन क्रिया में सक्रिय भाग नहीं ले पाती हैं। इस उथले श्वास का कारण रक्त प्रवाह में विद्यमान प्रोजेस्टीरोन भी हो सकता है।

इन परिवर्तनों के अतिरिक्त पितरंजक तथा कोलेटेरोल अधिक निर्मित होने लगते हैं और यकृत को अधिक कार्य करना पड़ता है। इस अवस्था में भ्रूण के यकृत में लोहे का संग्रह अधिक होता है।

(4) गर्भाशय, ग्रीवा एवं योनिमार्ग में बदलाव—गर्भावस्था में हार्मोन्स का प्रभाव प्रजनन मार्ग के तन्तुओं पर ज्यादा पड़ता है। गर्भावस्था के पेशीय तन्तु, पूर्व स्थिति की अपेक्षा गर्भावधि में लम्बाई में 15 गुना बढ़ जाते हैं। गर्भाशय का भार 50 ग्राम से 950 ग्राम तक बढ़ जाता है। दूसरे माह के अन्त तक गर्भाशय का आकार नाशपाती के जैसा ऊपर से विस्तृत एवं नीचे सामान्य हो जाता है। आठवें सप्ताह तक इसका व्यास 2 इंच, बारहवें सप्ताह तक 3.5 से 4 इंच और सोलहवें सप्ताह तक 6 इंच बढ़ जाता है। गर्भाशय का अग्रभाग 24वें सप्ताह तक नाभि के ऊपर तक पहुँच जाता है। गर्भावस्था के अन्तिम माह में गर्भाशय अपनी उच्चतम सीमा पर पहुँच कर निचली पसलियों तक पहुँच जाता है। इसी अन्तिम मास में गर्भाशय का अग्रभाग पुनः नीचे की ओर गिरता है। गर्भाशय अब एक श्रेणि अंग न रहकर एक बड़ी माँसपेशीय थैली का आकार ले लेता है। जिसमें भ्रूण, अपरा, उल्ब तरल आदि को शरण प्राप्त होती है। इसके आकार में परिवर्तन का मुख्य कारण प्रत्येक पेशीय तन्तु की गुणन क्रिया, प्रत्येक तन्तु के आकार में वृद्धि, अधिक विस्फारण और गर्भाशयी रक्त नलिकाओं के आकार में बहुत अधिक वृद्धि आदि है। अधिक प्रसरण से गर्भाशयी दीवारों की पेशियाँ पतनी पेशी को ऊपर की तरफ धकेलता है। गर्भिणी के सीधे खड़े होने पर भारी गर्भाशय की निम्न महाशिरा पर दबाव पड़ता है जिससे रक्त परिभ्रमण में बाधा आती है। पेशियों के आकार का बढ़ना ईस्ट्रोजन और प्रोजेस्टीरोन के कारण होता है।

गर्भाशयी पेशियों के तीन मुख्य स्तर होते हैं—(क) बाह्य पेशीय आवरण (ख) आंतरिक स्तर पेशी जाल (ग) इन दोनों के मध्य से रक्त नलिकाएँ विभिन्न दिशाओं से प्रवेश करती हैं। गर्भावधि में सामान्य रूप से विशेष प्रकार का पेशीय संकुचन या प्रकुंचन पाया जाता है। जिसकी गति पहले अनियमित होती है लेकिन बाद में नियमित हो जाती है। इस संकुचन या प्रकुंचन का कारण एक विशेष प्रकार का हार्मोन होता है। यह हार्मोन सामान्यतः पेशीय कोशों में पाया जाता है। इसकी साँद्रता के बढ़ने से अस्थि पेशियों की यांत्रिक संकुचन की क्रियाएँ बढ़ जाती हैं एवं रक्त परिभ्रमण की मात्रा भी बढ़ जाती है।

कुछ गर्भाशयी परिवर्तन भी होते हैं जैसे—पतनिका का विकास, माँसपेशी स्तर की वृद्धि, नलिकाओं का विस्फारण, ग्रीवा का नरम होना आदि। गर्भाशयी अन्तः स्तर की वृद्धि का कारण हार्मोन उत्तेजन के अतिरिक्त पेशियों का फैलना भी है जिससे वृद्धि के लिए उत्तेजना मिलती है। प्रथम कुछ सप्ताहों में संयोजन तन्तुओं एवं पेशियों के ऊतकों में सक्रिय समसूत्री कोष विभाजन होता है। इससे गर्भाशय का

आकार अति शीघ्र बढ़ता है। अन्तिम सप्ताहों में गर्भाशय का आकार कोश विभाजन से न होकर प्रत्येक कोश के आकार के बढ़ने से बढ़ता है। सम्पूर्ण गर्भावधि में विशेष प्रकार के गर्भाशयी प्रकुंचन पाए जाते हैं जो प्रसव के प्रकुंचन से मिलते-जुलते हैं लेकिन ये पूर्णतः अनैच्छिक एवं पीड़ा रहित होते हैं।

गर्भाशय की अपेक्षा ग्रीवा का आकार कम बढ़ता है। ग्रीवा के मार्ग की ग्रन्थियों का आकार बढ़ता है, ग्रीवा नरम हो जाती है और हल्के नीले रंग की दिखाई देती हैं, ग्रन्थियाँ श्लेष्मा से भर जाती है। जिसको श्लेष्मा डाट भी कहते हैं। ग्रीवा के नीले रंग का कारण शिराओं की संकुलता होती है। रक्त नलिकाओं का जाल बढ़ जाता है और कुछ सीमा तक ग्रीवा में सूजन भी आ जाती है।

ग्रीवा के मार्ग में पाए जाने वाले स्तम्भाकार उपकला तन्तु ग्रीवा की सूजन के परिणामस्वरूप योनि के स्राव से सरलता से प्रभावित हो जाते हैं। ग्रीवा के परिवर्तन का प्रमुख कारण ईस्ट्रोजन है जो कि ग्रीवा के संयोजक तन्तुओं को अधिक आर्द्रता ग्राही बनाकर, जोड़ने वाले अम्लीय म्यूकोपॉली सैक्रेइड को ढ़ीला बनाते हैं। इससे प्रसव के समय ग्रीवा सरलता से विस्फारित हो जाती है।

योनिमार्ग की श्लेष्मिक झिल्ली अधिक मोटी होती है एवं पेशियाँ भी बढ़ जाती हैं। ईस्ट्रोजन के कारण भी ये परिवर्तन होते हैं। गर्भावस्था में योनि मार्ग का रंग भी हल्का नीला हो जाता है और योनि की दीवारें ढ़ीली एवं नरम हो जाती हैं। स्राव की प्रतिक्रिया अम्लीय होती है जो संक्रमण की सम्भावनाओं को कम करता है। योनि मार्ग की शिराएँ कुछ शरीर वैज्ञानिक कारणों से अधिक फूल जाती हैं।

(5) स्तनों में होने वाले बदलाव—गर्भावस्था में स्तनों की ग्रन्थियों का आकार बढ़ जाता है जो संयोजक तन्तुओं के जाल को प्रभावित करता है। स्तनों की सतह की पालिका तनावपूर्ण हो जाती है। इस अवस्था में स्तनों पर कुछ गाँठें दिखाई देती हैं लेकिन स्पर्श करने पर नरम लगते हैं। चूचुक तथा उसके आस-पास का भाग गहरे काले रंग का हो जाता है और अब चूचुकों को दबाने से साफ पीले रंग का स्राव निकलता है। इन पर 10 से 20 तक छोटी वर्णरहित ग्रन्थिकाएँ उत्पन्न हो जाती हैं। यह वसामय ग्रन्थियों की बहुत अधिक वृद्धि के कारण उत्पन्न होते हैं। स्तनों में रक्त नलिकाओं की शाखाओं प्रशाखाओं में भी वृद्धि होती हैं और शिराएँ विस्फारित हो जाती हैं। इससे स्तनों पर धारियाँ दिखाई देने लगती हैं। उपयुक्त परिवर्तन अग्रपीयूष ग्रन्थियों से निकलने वाले प्रोलेक्टीन के उद्दीपन के परिणामस्वरूप दिखाई देते हैं। ईस्ट्रोजन के कारण चूचुकों का दृढ़ होना, सक्रियता आदि लक्षण उत्पन्न होते

हैं। स्तनों की सतह पर होने वाली सूजन के कारण कभी-कभी पीड़ा और चुभने जैसा अनुभव होता है।

इस अवस्था में प्रत्येक स्तन का आयतन, सामान्य स्थिति के आयतन से लगभग एक-तिहाई तक बढ़ जाता है। चूचुकों से होने वाला साफ पीले रंग का स्राव बारहवें सप्ताह से होने लगता है। इसको कोलेस्ट्रम कहते हैं। इसमें वसा, जल, आल्ब्यूमिन, लवण तथा कोलोस्ट्रम के कोश पाए जाते हैं। इस अवस्था में चूचुकों का क्षेत्रफल भी बढ़ जाता है तथा अधिक अच्छायी या ऊर्ध्वशोषी होता है।

(6) हार्मोन्स स्राव में बदलाव—अपरा के हार्मोन पतनिका का भरण-पोषण करते हैं, प्रजनन अंगों की कोशिकाओं की मात्रा बढ़ाते हैं तथा स्तनों की ग्रन्थि के कोशों के कम प्रसरण को भी बढ़ाते हैं। गर्भावस्था में ACTH, थाइरोट्रोपिन की क्रियाशीलता बढ़ जाती है तथा अधिवृक्क ग्रन्थियों से स्रावित कार्टिकोस्टीरोन हार्मोन की मात्रा बढ़ जाती है जिससे पेट पर निशान बढ़ जाते हैं। इस अवस्था में उच्च रक्त चाप, मूत्र में ग्लूकोज की मात्रा भी बढ़ जाती है। हार्मोन के कारण वजन भी बढ़ सकता है। गर्भावस्था में थाइराइड का आकार बढ़ जाता है जो मुख्यतः कलिन के निक्षेपण के कारण होता है। इसके अतिरिक्त गर्भावस्था में आयोडिन का निष्कासन गुर्दों के द्वारा अधिक मात्रा में होता है। परिणामस्वरूप रक्तवारी में आयोडिन की मात्रा कम हो जाती है।

(7) उपापचय की क्रिया में होने वाले बदलाव—गर्भावस्था में भ्रूण द्वारा अधिक पोषण एवं ऑक्सीजन की माँग, गर्भाशय की वृद्धि एवं विकास तथा स्तनपान कराने के लिए आवश्यक तैयारी के कारण माता की अपचयात्मक एवं पोषक माँगों में वृद्धि होती है। पाचन प्रणाली की माँसपेशियाँ ढीली पड़ जाती हैं जिससे गर्भावस्था में कई कठिनाइयाँ उत्पन्न हो जाती हैं। आमाशयिक स्राव का कम हो जाना तथा आहार का आमाशय में अधिक देर पड़े रहना इनमें प्रमुख हैं। प्रसव के पहले तो 48 घंटे तक आहार आमाशय में पड़ा रहता है। आँतों की धीमी गति के कारण अवशोषण पर अच्छा प्रभाव पड़ता है लेकिन कब्ज होने की सम्भावना बनी रहती है। गर्भावस्था के प्रारम्भिक सप्ताहों में रक्त में जरायुजन्य ग्रोनेडोट्रोपिन की उपस्थिति के कारण, मनोवैज्ञानिक भी हो सकता है। लेकिन अधिक वमन की मात्रा एवं गति नाड़ी दौर्बल्य के कारण होती है। गर्भावस्था के 14वें सप्ताह के बाद भूख अच्छी लगती है। प्रोजेस्टीरोन के मुलायम पेशियों पर विमोचन प्रभाव के कारण आँतों की पेशियों में शिथिलता आ जाती है। आमाशय की कार्डियक संवरणी के ढीली होने से छाती में जलन अनुभव होती है।

गर्भवती स्त्री का वजन सामान्य की अपेक्षा अधिक हो जाता है। वजन में 7 से 17 किग्रा की वृद्धि तक हो सकती है। इसका कारण है, भ्रूण का 3.5 किग्रा अपरा का 0.5, उल्ब तरल 0.5 किग्रा गर्भाशय का 1 किग्रा स्तनों का वजन 1 किग्रा बढ़ना। इस प्रकार कुल 6.5 किग्रा वृद्धि हो जाती है वजन में। अन्य शारीरिक तन्तुओं की वृद्धि से वजन में 5.5 किग्रा तक वृद्धि हो जाती है। तरल पदार्थों के एकत्रित होने से 1. 5 किग्रा तथा शारीरिक वसा एवं प्रोटीन की वृद्धि से भी वजन पर प्रभाव पड़ता है। अपरा के हार्मोन्स से भी वजन में वृद्धि होना सम्भव है।

गर्भावस्था में आधारीय उपापचयन (BMR) 10 से 25% तक बढ़ जाता है। मूत्र में ग्लूकोज की मात्रा बढ़ती है लेकिन रक्त में ग्लूकोज की मात्रा सामान्य बनी रहती है क्योंकि वृक्कीय नलिकाओं द्वारा ग्लूकोज का पुनः शोषण नहीं हो पाता है। प्रोटीन की माँग, भ्रूण की वृद्धि, अपरा, गर्भाशय तथा स्तनों के विकास के कारण बढ़ जाती है।

गर्भावस्था के बढ़ने के साथ-साथ आमाशय की स्थिति बदलकर अधिक क्षैतिज बनने लगती है। महा प्राचीरा पेशी पर दवाब पड़ने से कार्डियक संवरणी की क्षमता कम हो जाती है जिससे अम्ल युक्त आहार पुनः भोजन नली से मुँह तक आ जाता है। अम्ल के कारण छाती में जलन महसूस होती है। लेकिन आमाशयिक रस में सामान्य रूप से अम्लीयता कम हो जाती है। बड़ी आँतों द्वारा पानी का पुनः अवशोषण बढ़ जाता है और आँतों की पेशियों की क्रियाशीलता अथवा गतिशीलता कम हो जाती है, जिससे गर्भावस्था में कब्ज होना एक साधारण सी बात हो जाती है।

(8) रक्त परिसंचरण में होने वाले बदलाव—गर्भावस्था में रक्त की मात्रा 30% तक बढ़ जाती है। हृदय की क्रिया में भी वृद्धि होती है। रक्त के कणों की अपेक्षा रक्तवारी का आयाम बढ़ जाता है। कुल हीमोग्लोबिन की मात्रा में अधिकता पाई जाती है लेकिन शरीर में रक्त अल्पता की स्थिति उत्पन्न हो जाती है। अतः अतिरिक्त लोहा साँद्र रूप से लेना चाहिए। गर्भावस्था में स्वेत रक्त कणों की संख्या में भी वृद्धि होती है। लेकिन रक्त में कैल्सियम की मात्रा कम हो जाती है। फाईबिनोजन, बिम्बाणु की वृद्धि होती है। रक्तचाप प्रकुंचन 110 से 120 रहता है तथा अनुशिथिलन 65 से 80 रहता है। यदि यह रक्तचाप 140/90 तक पहुँच जाता है तो पूर्व गर्भाक्षेपक की स्थिति उत्पन्न हो जाती है। 200-250 के बाद वाली स्थिति को गर्भाक्षेपक कहते हैं। रक्तचाप का बढ़ना 30 वें सप्ताह के बाद ही सामान्यतः होता है। टाँगों की शिराएँ फूल जाती हैं। क्योंकि बढ़ते हुए गर्भाशय का दवाब इन पर पड़ता है। अतः शिराओं का प्रसरण होने की सम्भावना रहती है। नाड़ी की गति

भी कुछ सीमा तक बढ़ जाती है क्योंकि हृदय की क्रियाशीलता में वृद्धि होती है। इस समय नाड़ी की गति लगभग प्रति मिनट 78 बार होती है। गुर्दों की ओर रक्त का प्रवाह बढ़ता है तथा त्वचा के नीचे पाई जाने वाली कोशिकाएँ अधिक विस्फारित हो जाती हैं जिससे हाथ-पैर गर्म रहते हैं।

(9) मूत्र नलिकाओं में होने वाले बदलाव—गर्भावस्था में गुर्दों की तरफ अधिक रक्त प्रवाहित होने लगता है जिससे कोशिका गुच्छ के या निस्पंदन फिल्टरन की गति 50% तक बढ़ जाती है और अधिक यूरिया या यूरिक अम्ल का निष्कासन होने लगता है। इसके अलावा इस अवस्था में ग्लूकोज के पुनः अवशोषण की गति कम हो जाती है जिससे मूत्र में यदि ग्लूकोज की उपस्थिति हो तो इसको कोई असामान्य बात नहीं माननी चाहिए। मूत्र नलिकाओं की पेशियों के तन्तु प्रोजेस्टीरोन के कारण इस अवस्था में फूल जाते हैं और परिणामस्वरूप मूत्रवाहिनी के ढीले होने और वक्र होने का भय रहता है। इसके अलावा गर्भाशय का भार भी मूत्रवाहिनी के ढीले होने और वक्र होने का भय रहता है। इसके अतिरिक्त गर्भाशय का भार भी मूत्रवाहिनी पर पड़ता है जिससे संक्रमण का डर रहता है। सामान्य रूप से 11% गर्भवती स्त्रियाँ एक विशेष प्रकार के अण्डाणु को विसर्जित करती हैं जिनमें तीव्र संक्रमण होने की सम्भावना होती है।

मूत्र त्याग करने की संख्या में वृद्धि लगभग 12 सप्ताह तक हो जाती है। इसका मूल कारण, बढ़ते हुए गर्भाशय का भार मूत्राशय पर पड़ना है।

(10) त्वचा के कार्यों में होने वाले बदलाव—गर्भावस्था में स्वेद ग्रन्थियों एवं वसामय ग्रन्थियों की क्रियाशीलता बढ़ जाती है। इसके अलावा गर्भावस्था में शरीर के कुछ भागों पर, जैसे—मुँह में, गालों पर, नाक पर, चूचुक के आसपास तथा माथे पर, भूरे रंग की वर्णकता और वर्णकण हो जाते हैं। इसका मूल कारण होता है एक विशेष प्रकार का हार्मोन जो कि रक्त में प्रवाहित होता रहता है। गर्भावस्था में रक्त में अधिवृक्क ग्रन्थियों के रस के अधिक प्रवाह के फलस्वरूप त्वचा का लचीला स्तर अलग हो जाता है और पेट की त्वचा का तनन यांत्रिक क्रिया से हो जाता है। सामान्य रूप से यह तनन नाभि के नीचे की ओर ज्यादा होता है। जाँघों पर भी त्वचा का तनन देखा जा सकता है। त्वचा के तनन के ये निशान 5 से 6 सेमी लम्बे तथा 0.5 सेमी चौड़े होते हैं। प्रारम्भिक अवस्था में ये निशान गुलाबी रंग के होते हैं लेकिन बाद में फीके होकर रेशामय हो जाते हैं। ये प्रसव के बाद भी बने रहते हैं।

(11) नाड़ी संस्थान में होने वाले बदलाव—सामान्य रूप से गर्भावस्था में स्वभाव में चिड़चिड़ापन आ जाता है, नींद कम आती है, आलस्य छाया रहता है। इस

अवस्था में असामान्य इच्छाएँ जैसे विशेष पदार्थों को खाने की इच्छा आदि उत्पन्न होती रहती है। परिणामस्वरूप चिन्तातुर रहने और भय के कारण, गर्भिणी के तन में कम्पन, अधिक पसीने का स्राव, सिरदर्द, हृदय की गति का बढ़ना, रक्त चाप का बढ़ना, उल्टी (वमन) आना, मुँह का सूखा-सूखा रहना, सामान्य से अधिक बार मलमूत्र का त्याग करना और नींद का कम आना आदि लक्षण देखे जाते हैं। कभी-कभी तो गर्भावस्था में जीवन के प्रति निराशा, एकाग्रता का अभाव और आत्महत्या करने तक का भाव गर्भिणी के मन में पैदा होते देखे जाते हैं।

2

महिला और मनोदशा विकृति

वर्तमान समय में मनोदशा विकृति काफी विकट रूप लेती जा रही है। इस प्रकार की विकृति से ग्रस्त व्यक्ति का जीवन काफी जटिल हो जाता है। उसे अनेक प्रकार की समस्याओं का सामना करना पड़ता है। DSM-IV वर्गीकरण (1994) में मनोदशा विकृति को एक अलग विकृति के रूप में दर्शाया गया है। इस विकृति में रोगी के भाव, संवेग और इनसे सम्बन्धित मानसिक अवस्थाओं में इतना अधिक उतार-चढ़ाव होता है कि मनोदशा विकृति से गृस्त व्यक्ति को प्रतिदिन के समायोजन में भारी कठिनाई होती है। इतना ही नहीं उसे सामाजिक और व्यावसायिक जीवन जीने में भी काफी मुश्किल होती है। रोगी में विषाद की विकृति अक्सर दिखायी देती है। इसके अलावा उसमें द्विध्रुवीय विकृति के लक्षण भी पाये जाते हैं। द्विध्रुवीय विकृति में रोगी में कभी विषाद के लक्षण पाये जाते हैं तो कभी उन्माद के लक्षण पाये जाते हैं। इस द्वि-ध्रुवीय विकृति को DSM_III में उत्साह विषाद मनोविक्षिप्तता के नाम से वर्गीकृत किया गया था। इसी रोग को DSM-iv बर्गीकरग (1994) में द्विध्रुवीय विकृति का नाम दिया गया है, जिसका वर्णन अगले अध्याय में किया गया है।

सन् 2000 में किये गये इण्डियन ऐकेडमी ऑफ क्लिनिकल साइकेट्री के अध्ययन, में यह स्पष्ट किया गया है कि भारतवर्ष में मनोदशा विकृति के रोगियों की संख्या लगभग पाँच करोड़ है। क्योंकि भारत की सामान्य जनसंख्या की मनोदशा विकृति के रोगी लगभग पाँच प्रतिशत हैं।

विषाद के प्रमुख लक्षण

व्यक्ति को मानसिक रोगी बनाने के पीछे विषाद का भी व्यापक हाथ है। विषाद का तात्पर्य मनोदशा में पैदा हुई उदासी से है। यह एक नैदानिक संलक्षण है। जिसमें पाँच प्रकार के लक्षण पाये जाते हैं–संवेगात्मक लक्षण, प्रेरणात्मक लक्षण, व्यवहारात्मक लक्षण, संज्ञानात्मक लक्षण, दैहिक लक्षण। इन सभी पाँचों प्रकार के लक्षणों के निश्चित रूप को विषाद कहा जाता है। वास्तव में नैदानिक विषाद साधारण उदासरी न होकर उपरोक्त पाँच प्रकार के मिश्रित संलक्षण हैं। उपरोक्त पाँच के लक्षणों का संक्षिप्त विवरण निम्न प्रकार से है–

(1) संज्ञानात्मक लक्षण–जो व्यक्ति विषाद से ग्रसित होता है वह अपने भविष्य के सम्बन्ध में ऋणात्मक चिन्तन करता है। वह अपने को तुच्छ और घटिया इन्सान समझता है। उसमें आत्म-सम्मान की कमी पायी जाती है। वह अपने आपको असफल इन्सान समझता है। उसकी आवश्यकता का कारण वह स्वयं अपने आपको मानता है। वह अपने को अयोग्य और अपर्याप्त समझता है। उसमें दोषभाव पायी जाती है। वह अपने भविष्य को उदासी और निराशा से पूर्ण समझता है। वह अपने भविष्य को खराब समझता है और इसके लिए तर्क भी देता है। उसमें सम्भ्रान्त भी पाया जाता है। (Channon et. al., 1993)

2. संवेगात्मक लक्षण–उदासी, निराशा, लज्जालुपन, दोषभाव, दुःखी (Unhappiness), बेकारी का भाव आदि जैसे संवेगात्मक लक्षणों को विषाद में स्पष्ट रूप से देखा जा सकता है। इन सभी संवेगात्मक लक्षणों में उदासी प्रमुख संवेगात्मक लक्षण है। कुछ लोगों में जब विषाद की मात्रा अधिक होती है, वह समाज में बिना रोए हुए बातचीत नहीं करते हैं। विषाद में उदासी और चिन्ता काफी व्यापक रूप में होती है। उदासी और चिन्ता के कारण व्यक्ति का मनोरंजन अर्थहीन लगने लगता है। उसे मनोरंजन में कोई आनन्द नहीं आता है। व्यक्ति को भूख और यौन में भी कोई सार्थक सुख प्राप्त नहीं होता है। क्लार्क और उनके साथियों (Clarks et. al., 1994) ने विषादी व्यक्तियों के अध्ययन के आधार पर यह बताया कि विषाद से ग्रस्त 92% रोगियों में उनकी अपनी कोई रुचि नहीं होती है। इसी अध्ययन में इन अध्ययनकर्ताओं ने यह भी देखा कि 64% रोगियों में भाव-शून्यता के लक्षण दिखायी देते हैं।

(3) प्रेरणात्मक लक्षण–जो व्यक्ति विषाद से ग्रसित होते हैं वे दैनिक जीवन में कम रुचि लेते हैं। उनमें प्रेरणा और सुरक्षा की कमी पायी जाती है। भोजन के

लिए, बातचीत के लिए, यौन व्यवहार के लिए उन्हें उकसाना पड़ता है या दबाव डालना पड़ता है। किसी भी समस्या का निर्णय लेने में कठिनाई होती है। एक अध्ययन के अनुसार आत्महत्या करने वाले लोगों में आधे लोग तीव्र विषाद से ग्रस्त होते हैं। (Coryell & Winokur, 1992)

(4) व्यवहारात्मक लक्षण–जो व्यक्ति विषाद से ग्रसित होते हैं वे सदैव बिस्तर पर लेटे-लेटे अपना समय व्यतीत करना पसन्द करते हैं और दूसरों के साथ रहने के बजाय अलग रहना पसन्द करते हैं। पारकर और उनके साथियों (Parker et al., 1993) ने विषादी व्यक्तित्व का अध्ययन करके बताया कि यह लोग धीमे चलने वाले होते हैं। उनकी चाल से ऐसा लगता है कि उनमें चलने की इच्छा नहीं है और चलने की क्षमता नहीं है, चलने की शक्ति नहीं है। यह लोग आँख झुकाकर बातचीत करते हैं।

(5) दैहिक लक्षण–जो व्यक्ति विषाद से ग्रसित होते हैं, उनमें प्रायः सिरदर्द, छाती में दुखन, अपच, कब्ज, शरीर में दर्द जैसे दैहिक लक्षण दिखायी देते हैं। कई बार चिकित्सक इन दैहिक लक्षणों की मेडिकल चिकित्सा करते हैं। चूँकि यह लक्षण विषाद के कारण होते हैं इसलिए जब तक ऐसे रोगियों को अन्य दवाओं या औषधियों के साथ विषाद की औषधि नहीं दी जाती है तब तक इनके दैहिक लक्षणों में लाभ नहीं होता है।

विषाद रोग के सन्दर्भ में रोर्समैन का मानना है कि यह रोग प्रमुखतः 20-से 29 साल की स्त्रियों में अधिक पाया जाता है। साथ ही 40 वर्ष से 49 वर्ष के पुरुषों में भी यह रोग अधिक पाया जाता है।

मनोदशा विकृति का स्वरूप

DSM-IV वर्गीकरण (1994) में मनोदशा विकृति के तीन स्वरूप बताये गये हैं जो निम्न प्रकार हैं–

(1) विषादी विकृति–यह ध्रुवीय विकृति भी कहलाती है। जैसा इस विकृति का नाम है उसी प्रकार से इस विकृति का प्रमुख लक्षण विषाद इस रोगी में भूख और नींद की कमी पायी जाती है। रोगी का सक्रियकरण स्तर बहुत कम होता है। विषादी विकृति के निम्न दो प्रमुख प्रकार हैं–

(i) डायस्थाइमिक विकृति–विषादी विकृति के इस स्वरूप की कोई सीमा

नहीं होती है अर्थात् चिरकालिक (Chrovic) होता है। दूसरे शब्दों में व्यक्ति गत कई वर्षों से विषाद विकृति से ग्रस्त होता है। इस व्यक्ति की मनोदशा कभी-कभी रोगी जब चाहता है तो सामान्य दिखाने की कोशिश करता है, लेकिन विषाद उसमें सतत बना ही रहता है।

(ii) बड़ी विषादी विकृति—इस प्रकार की विकृति से ग्रसित रोगी बड़ी-बड़ी विषाद की घटनाओं का अनुभव कर चुका होता है उसका किसी कार्य में मन नहीं लगता है उसे नींद नहीं आती है। वह अपने को बेकार और अयोग्य समझने लगता है। वह कई बार आत्महत्या की कोशिश करता है।

(2) द्विध्रुवीय विकृति—DSM-III में इस विकृति का वर्गीकरण उत्साह-विषाद मनोविक्षिप्तता के नाम से किया गया था। इस विकृति में रोगी में बारी-बारी से विषाद के लक्षण और कभी उत्साह या उन्माद के लक्षण पाये जाते हैं। इस विकृति का वर्णन अगले अध्याय में किया गया है।

(3) मनोदशा विकृति अन्य प्रकार—कुछ ऐसी भी मनोदशा विकृतियाँ हैं जिनका कारण न तो मनोवैज्ञानिक और नहीं संवेगात्मक होता है। इन मनोदशा विकृतियों का कारण मधुमेह, हृदय पक्षाघात, कैंसर जैसी मेडिकल बीमारियाँ होती हैं अथवा किन्हीं औषधियों के दुरुपयोग से भी यह विकृतियाँ उत्पन्न हो जाती हैं।

डायस्थाइमिक विकृति

यह एक ध्रुवीय विकृति भी कहलाती है। यह विषाद काफी सामान्य होता है। डायस्थाइमिक शब्द का अर्थ है दोषपूर्ण मनोदशा। इस विकृति का स्वरूप चिरकालिक (Chronic) होता है। किसी रोगी को डायस्थाइमिक का रोगी तभी कहेंगे जब वह विगत कई वर्षों से विषादी विकृति से ग्रस्त रहा हो।

जो व्यक्ति डायस्थाइमिक विकृति से ग्रसित होते हैं उनमें आनन्द का अभाव होता है। वे किसी भी कार्य और चीज में रुचि भी कम लेते हैं। उनमें विषाद के लक्षण काफी सामान्य होते हैं। बहुधा यह भी देखा गया है कि डायस्थाइमिक विकृति का रोगी बीच-बीच्च में सामान्य व्यवितयों का जीवन व्यतीत करता है। ऐसे रोगी को कभी बहुत अधिक नींद आती है कभी बहुत कम नींद आती है। लगातार थकान का अनुभव करता है। निर्णय लेने में कठिनाई का अनुभव करता है। उसमें निराशा के भाव दिखायी पड़ते हैं। यह रोग अट्ठारह वर्ष से साठ वर्ष के व्यक्तियों में पाया

जा सकता है। मनोदशा विकृति के अन्य प्रकारों के साथ भी डायस्थाइमिक विकृति के लक्षण दिखायी देते हैं।

डायस्थाइमिक विकृति के सन्दर्भ में कभी भी उत्पन्न हो सकता है। स्पिट्जर (Spitzer, 1981) ने डायस्थाइमिक विकृति के एक केस का वर्णन किया है जो कि इस प्रकार है–

MBA करने के पश्चात् एक 28 वर्ष की महिला केलिफोर्निया यह विचार करके गयी कि उसे अच्छी ऊँची प्रशासनिक नौकरी मिल जायेगी परन्तु किसी कारणवश ऐसा नहीं हो पाया। वह अपनी नौकरी न पाने के कारण अपनी नौकरी, अपने पति के सम्बन्ध में और अपने भविष्य के सम्बन्ध में सोच-सोचकर विषाद से ग्रस्त हो गयी।

अन्ततः उस महिला ने मनोचिकित्सक से सम्पर्क किया और बताया कि उसे लगातार विषाद की मनोदशा बनी हुई है। उसमें निराशा और तुच्छता का भाव है। इस प्रकार के लक्षण उसमें लगभग सोलह वर्ष की आयु से हैं। जब वह कॉलिज में पढ़ती थी तब वह ठीक थी। उसकी दोस्ती बुद्धिमान और होनहार लोगों से थी। वह यह विचार करती थी कि इन लोगों की अपेक्षा वह बहुत तुच्छ है। MBA की परीक्षा पास करने के बाद उसने अपने मनपसन्द व्यक्ति से विवाह किया। लेकिन कुछ ही दिन बाद वह विचार करने लगी कि विवाह करके उसने भूल की है। वह अपने पति को कोसने लगी। घर के कार्यों को करने में कठिनाई का अनुभव करने लगी। केलिफोर्निया में आने से पूर्व वह जो नौकरी करती थी उस नौकरी में उससे साधारण कार्य कराये जाते थे। इस महिला में डायस्थाइमिक विकृति के सभी लक्षण मौजूद थे। इन पर डायस्थाइमिक विकृति का प्रभाव लगभग 12 साल से था।

बृहद् विषादी विकृति

मनोदशा विकृति में विषादी विकृति का एक प्रमुख गम्भीर रूप बड़ी विषादी विकृति है। बड़ी विषादी विकृति से ग्रस्त रोगी को कई बड़ी विषादी घटनाओं का अनुभव हो चुका होता है। उसकी अभिरुचि और आनन्द समाप्त-सा हो चुका होता है। बड़ी विषादी विकृति के निदान के लिए DSM-IV वर्गीकरण में नौ कसौटियों का वर्णन किया गया है, जो संक्षेप में नीचे दी हुई हैं। इन कसौटियों में से या इन लक्षणों में से कम से कम पाँच लक्षणों का पाया जाना आवश्यक है। यदि किसी रोगी में निम्न नौ लक्षणों में से कम से कम पाँच लक्षण प्रतिदिन

लगातार दो सप्ताह तक पाये जाते हैं तो इस प्रकार के रोगी को बड़ी विषादी विकृति से ग्रसित माना जाता है।

(1) उसमें अयोग्यता का भाव, अपने को दोषित करने का भाव (Guilt feeling) होती है तथा उसका आत्म-प्रत्यय ऋणात्मक प्रकार का होता है।

(2) उसे निर्णय लेने में कठिनाई होती है। एकाग्रता करने में कठिनाई होती है और उसका चिन्तन मन्द चिन्तन होता है।

(3) आत्महत्या का विचार और मृत्यु का विचार उसके मन में बार-बार उपस्थित होता है।

(4) रोगी में उदासी (Sadness) और विषादी मनोदशा के लक्षणों का होना।

(5) रोगी में साधारण या सामान्य क्रियाओं में रुचि नहीं होती है और उसमें आनन्द की कमी दिखायी देती है।

(6) रोगी में बहुत देर तक नींद आती है। बिस्तर पर बहुत देर तक लेटा रहता है। रात में यदि नींद खुल जाती है तो पुनः नींद नहीं आती है।

(7) सक्रियता के स्तर में कमी आ जाती है। उसे सुस्ती महसूस होता है। उत्तेजना की कमी पायी जाती है।

(8) उसका शारीरिक वजन कम हो जाता है। उसे भूख कम लगती है। कई बार इसके विपरीत उसका वजन बढ़ जाता है और उसे भूख अधिक लगती है।

(9) उसे थकान का अनुभव होता है। उसे ताकत की कमी का भी अनुभव होता है।

विषादी विकृति के अध्ययनों के आधार पर कहा जा सकता है कि इस रोग के घटित होने की आयु 40-50 वर्ष तक है। यह रोग पुरुषों की अपेक्षा महिलाओं में अधिक पाया जाता है। अध्ययनों में यह भी देखा गया है कि उच्च्व सामाजिक स्तर वाले लोगों की अपेक्षा निम्न सामाजिक स्तर वाले लोगों में यह रोग अपेक्षाकृत अधिक मात्रा में पाया जाता है।

इस प्रकार के सभी रोगियों का 15% भाग में मनोविक्षिप्तता (Psychosis) के लक्षण भी विकसित हो जाते हैं। जिनमें मनोविक्षिप्तता के लक्षण विकसित होते हैं। उनमें व्यामोह और विभ्रम के लक्षणों की भी प्रधानता हो जाती है।

ऑल्टमैन्स और इमरी (Oltmanan's & Emery, 1995) ने वृहद् विषादी विकृति के स्वरूप को निम्न उदाहरण के द्वारा स्पष्ट किया है–

काथी नामक 31 वर्षीय विवाहित महिला को अपनी नौकरी में अभी कुछ दिनों पहले पदोन्नति प्राप्त हुई थी। वह एक तेजतर्रार और कमसिन महिला थी। इस पदोन्नति से उसे कोई प्रसन्नता नहीं थी। क्योंकि वह अपने को इस पदोन्नति के योग्य नहीं समझती थी। वह कई महीनों से निराशा से ग्रस्त थी। वह थकी-थकी महसूस करती थी। उसका स्वभाव चिड़चिड़ा था। इसी अवधि में एक कर्मचारी अपनी नौकरी छोड़कर दूसरी फर्म में चला गया। काथी उसके लिए अपने को जिम्मेदार समझने लगी और उसकी निराशा बढ़ गयी। उसमें व्यावसायिक अयोग्यता का भाव उत्पन्न हो गया। कुछ ही दिनों में उसे अपने दफ्तर जाने में मन न लगता था। दफ्तर का काम करना भी उसके लिए बड़ा बोझ था। वह काम करने में अपने को अयोग्य समझती थी। वह अपने को बीमार घोषित कर घर में बैठ गयी और हर समय टी. वी. देखती रहती थी।

भोजन के प्रति उसकी रुचि समाप्त हो गई थी। उसको किसी से मिलना-जुलना पसन्द न आता। जब मिलने-जुलने का कोई अवसर आता था तब वह बहाना बनाकर टाल देती थी। उसे अपने पति से अलग रहते हुए पाँच साल हो गये थे। उससे पुरुष भी अब दूर रहते थे। कभी-कभी उसमें आत्महत्या का भी विचार आता था।

विषादी विकृति की वजह

जैसा कि पहले यह बताया जा चुका है कि विषादी विकृति दो प्रकार की होती है **प्रथम,** डायस्थाइमिक विकृति और दूसरी बड़ी विषादी विकृति। इन दोनों विकृति के कारणों को निम्नलिखित भागों में बाँटा गया है–

(1) व्यवहारात्मक कारक,

(2) संज्ञानात्मक कारक,

(3) जैपिक कारक ,

(4) मनोगतिकी कारक।

(क) जैविक कारक

मनोदशा को प्रभावित करने वाले जैविक तत्वों का विवरण निम्न प्रकार है–

(1) आनुवंशिक कारक,

(2) न्यूरोरसायन कारक,

(3) न्यूरोएनाटौमिकल कारक।

(1) आनुवंशिक तत्व—आनुवंशिक तत्वों के सन्दर्भ में किये गये अध्ययनों से यह स्पष्ट हुआ है कि विषादी विकृति आनुवंशिक कारकों से भी होते हैं। पारिवारिक वंशवृक्ष अध्ययनों में से यह स्पष्ट हुआ है कि विषादी विकृति उन लोगों में होने की अधिक सम्भावना अधिक होती है जिनके परिवार में पहले कभी किसी सदस्य को विषादी विकृति रह चुकी होती है। इस तथ्य की पुष्टि हैरिंग्टन और उनके साथियों (Herringten et al., 1993) ने की है।

कुछ मनोवैज्ञानिक जैसे—बर्टेलसन, हारवाल्ड एवं **हॉग** (Bertelsen, Harvald & Hauge, 1997) ने विषादी विकृति के कारणों से सम्बन्धित एक अध्ययन के आधार पर बताया कि एकाकी जुड़वाँ बच्चों में से यदि एक बच्चे को विषादी विकृति होती है तब दूसरे एकाकी बच्चे में इस रोग के होने की सम्भावना 43% होती है। अतः कहा जा सकता है कि विषादी विकृति का आनुवंशिकता एक प्रमुख कारण है।

(2) न्यूरोरसायन तत्व—यह स्पष्ट हुआ है कि विषादी विकृति की उत्पत्ति में न्यूरोट्रांसमीटर के महत्व की महत्त्वपूर्ण भूमिका होती है। न्यूरोट्रांसमीटर एक प्रकार के मस्तिष्क में पाया जाने वाला रसायन है। यह रसायन दो न्यूरोंस के बीच जो सन्धिस्थल होता है उस सन्धिस्थल पर यह रसायन पाया जाता है। इस क्षेत्र में किये गये अध्ययनों से यह स्पष्ट हुआ है कि नोरइपाइनफ्राइन तथा सीरोटोनिन यह दो न्यूरोट्रांसमीटर हैं जिनकी महत्त्वपूर्ण भूमिका विषादी विकृति के उत्पन्न होने में स्थापित हो चुकी है। इन अध्ययनों में यह देखा गया है कि जब मस्तिष्क में नोरइपाइनफ्राइन की मात्रा घट जाती है तब विषादी विकृति उत्पन्न होती है। एमस्टरडम और उनके सहयोगियों (Amsterdom et al., 1980) ने अपने अध्ययनों के आधार पर बताया कि सीरोटोनिन न्यूरोट्रांसमीटर की मात्रा जब कम हो जाती है तब विषादी विकृति उत्पन्न होती है।

(3) न्यूरोएनाटौमिकल तत्व—यह तत्व की मनोदशा विकृति का एक प्रमुख कारण है। कारकों की भी महत्त्वपूर्ण भूमिका है। इस दिशा में कुछ महत्त्वपूर्ण अध्ययन कम्प्यूटर टोमोग्राफी तथा अन्य तकनीकों द्वारा हुए हैं। इन अध्ययनों से स्पष्ट हुआ है कि जब मस्तिष्क के कुछ भागों जैसे मस्तिष्क के अग्र भाग में अथवा लघु मस्तिष्क में परिवर्तन होता है अथवा चयापचय की दर में परिवर्तन होता है तब मनोदशा का रोग होता है। विशेष रूप से इस अवस्था में विषाद उत्पन्न होता है। बैंच और उनके

साथियों (Bench et al., 1993) ने अपने अध्ययनों के आधार पर यह सिद्ध किया है कि बड़ा विषाद के रोगियों के बायें अग्र मस्तिष्क में रक्त प्रवाह की कमी के कारण होता है।

मस्तिष्क में स्थित हाइपोथैलेमस वह भाग है जो अन्तःस्रावी ग्रन्थियों का संचालन करता है। ऐसा भी ज्ञात हुआ है कि मेलाटोनिन हारमोन के अभाव में विषाद के लक्षण उत्पन्न होते हैं। लैम और उनके साथियों (Lam et al., 1985) ने अपने अध्ययनों के आधार पर यह स्पष्ट किया कि मेलाटोनिन की कमी के कारण विषाद के लक्षण उत्पन्न होते हैं। मेलाटोनिन हारमोन मस्तिष्क में स्थित पीनियल ग्रन्थि से निकलता है। वातावरण में अधिक प्रकाश पर यह हारमोन अधिक निकलता है। मनुष्यों में इस हारमोन की भूमिका अभी बहुत स्पष्ट नहीं है। डिलसावर (Dilsover 1990) ने यह स्पष्ट किया कि जाड़े के मौसम में जब रात बड़ी और दिन छोटा होता है तब मनुष्य में मेलाटोनिन अधिक मात्रा में शामिल होता है और इस अवस्था में मनुष्य का सक्रियकरण स्तर अधिक हो जाता है और उनमें विषाद के लक्षण उत्पन्न हो जाते हैं। इन्हीं अध्ययनों से यह भी स्पष्ट होता है कि जब मस्तिष्क में कार्टिसोल हारमोन की अधिकता होती है तब मनुष्यों में विषाद के लक्षण पैदा होते हैं।

(ख) मनोगतिकी तत्व

फ्रायड और उसके शिष्यों ने अपने शिष्यों के साथ मिलकर एक गहन अध्ययन किया, जिसके फलस्वरूप यह निष्कर्ष निकला कि विषाद के लक्षण व्यक्ति में कोई हानि हो जाने के बाद, हानि के प्रति एक प्रतिक्रिया के रूप में उत्पन्न होते हैं। फ्रायड के अनुसार इसके बीच बाल्यावस्था में ही बच्चों में घर कर जाते हैं जब बच्चों की कोई प्रिय वस्तु, बहुमूल्य वस्तु आदि कुछ भी खो जाती है या हानि हो जाती है। तब यह बच्चे हानि के प्रति प्रतिक्रियास्वरूप दुःखी हो जाते हैं या विषाद से ग्रस्त हो जाते हैं।

यहाँ यह एक जटिल प्रश्न है कि किसी भी प्रकार की प्रत्यक्ष हानि न होने पर भी व्यक्ति में विषाद के लक्षण उत्पन्न होते हैं। इस सन्दर्भ में फ्रायड ने बताया है कि ऐसे व्यक्ति क्षति की या नुकसान की कल्पना कर लेते हैं जिसके कारण वह विषाद का अनुभव करते हैं। इस दिशा में कुछ नवीनतम अध्ययनों (Burback & Bordun, 1986) से यह पता चला है कि जिन बच्चों के आरम्भिक जीवन में यदि कोई क्षति या नुकसान होता है तब वयस्कावस्था आने पर ऐसे लोगों में विषाद

अधिक उत्पन्न होता है। एक अन्य अध्ययन (Barnes, Prosen, 1985) में यह देखा गया कि जिन लोगों के माता-पिता की मृत्यु बचपन अवस्था में हो गयी होती है उन व्यक्तियों में विषाद के लक्षण अपेक्षाकृत अधिक मात्रा में होते हैं। यह अध्ययन मेडिकल रोगियों पर किया गया है।

इस क्षेत्र में किये गये अपने अध्ययन के आधार पर पारकर (Parker, 1992) ने बताया कि जिन व्यक्तियों की वयस्कावस्था की आवश्यकताओं की पूर्ति सही ढंग से नहीं होती है उन व्यक्तियों को जब किसी क्षति का अनुभव होता है तब उनमें विषाद के लक्षण अपेक्षाकृत अधिक मात्रा में होते हैं। इस लक्ष्य का पता अध्ययनकर्त्ता ने विषादी व्यक्तियों के स्वप्नों का विश्लेषण करके लगाया। इन अध्ययनकर्ताओं का विचार है कि जिन व्यक्तियों में ईर्ष्या और आत्मपीड़न के भाव जितनी अधिक मात्रा में होते हैं उनमें विषाद के लक्षण उत्पन्न होने की सम्भावना उतनी ही अधिक होती है।

(ग) व्यवहारात्मक तत्व

लेविन्सोन (Lewinson, 1984) द्वारा किये गये अध्ययन के आधार पर यह स्पष्ट हुआ है कि जिन व्यक्तियों में पुरुष कारक का मूल्य धीरे-धीरे कम होने लगता है उनके धनात्मक व्यवहार में कमी आने लगती है और धीरे-धीरे ऐसे व्यक्तियों के काम करने की शैली ऐसी हो जाती है कि उनका सक्रियता स्तर कम हो जाता है और फलतः कुछ समय बाद उनमें विषाद के लक्षण उत्पन्न हो जाते हैं। लेविन्सोन ने यह भी बताया कि जिन व्यक्तियों को व्यवहार करने पर दण्ड मिलता है और ऐसा बार-बार होता है तब दण्ड के प्रभाव के कारण उनमें उनका सक्रियता से कम और कम होता जाता है और इस प्रकार धीरे-धीरे विषाद के लक्षण उत्पन्न हो जाते हैं लेविन्सोन के इन परिणामों की जाँच प्रयोगात्मक अध्ययनों के आधार पर हुई। इन प्रयोगात्मक अध्ययनों से भी यह स्पष्ट हुआ है कि लेविन्सोन के परिणाम सही हैं।

इस क्षेत्र में किये गये एक अध्ययन से यह स्पष्ट हुआ है कि इसके कारण सामाजिक पुनर्बलन भी होता है। सामाजिक पुनर्बलन जब व्यक्तियों को समय-समय पर प्राप्त होता रहता है तब व्यक्ति उत्साह से पूर्ण रहता है और जब व्यक्ति का सामाजिक पुनर्बलन कम हो जाता है तब व्यक्ति में विषाद के लक्षण उत्पन्न हो जाते हैं। (Peterson, 1993)

(घ) संज्ञानात्मक तत्व

बेक (Beck, 1967, 1993) का मानना है कि एकध्रुवीय विषाद का कारण ऋणात्मक चिन्तन (Negative thinking) होता है। बेक ने कहा है कि व्यक्ति का नकारात्मक चिन्तन उसके व्यवहार को बहुत महत्त्वपूर्ण ढंग से प्रभावित करता है जिससे उसमें ऐसी अभिवृत्ति विकसित हो जाती है तो ऋणात्मक हो जाती है जिससे उसका समायोजन भी दोषपूर्ण हो जाता है। इस नकारात्मक चिन्तन के कारण व्यक्ति में विषाद के लक्षण उत्पन्न हो जाते हैं।

बेक ने यह भी स्पष्ट किया है कि व्यक्ति अपने बारे में, अपने भविष्य के बारे में और अपनी परिस्थिति के सम्बन्ध में नकारात्मक विचारों के आधार पर ही व्याख्या करता है। उसकी व्याख्या निराशाजनक प्रत्याशाओं पर आधारित होती है। इस सब कारणों से उसके अन्दर अयोग्यता, अपर्याप्तता और हतोत्साह के लक्षण उत्पन्न होते हैं। उसका अपना भविष्य दुःखभरा और असफलताओं से पूर्ण लगता है जिसके कारण उसमें विषाद के लक्षण उत्पन्न हो जाते हैं।

बेक के अनुसार विषादी व्यक्ति के चिन्तन में त्रुटि होती है इसलिये उसका संज्ञान भी त्रुटिपूर्ण हो जाता है। उस व्यक्ति के चारों ओर जो घटनाएँ घटित होती हैं उनमें नकारात्मक घटनाओं का कारण सवयं को मानता है जिसके कारण विषादी व्यवहार होने की और सम्भावना बढ़ जाती है।

विषाद के संज्ञानात्मक तत्वों में निराशा का सिद्धान्त भी है। यह सिद्धान्त सर्वप्रथम सेलिगमैन (Seligman, 1974) द्वारा प्रतिपादित किया गया। सेलिगमैन और उनके साथियों (Seligman et al., 1974) ने बताया है कि व्यक्ति में विषाद के निस्सहाय अवस्था के कारण उत्पन्न होते हैं। इस क्षेत्र में सेलिगमैन और उनके साथियों द्वारा किये गये अध्ययन के फलस्वरूप दो महत्त्वपूर्ण स्पर्श बतलाये हैं– सेलिगमैन का विचार है कि जीवन में व्यक्ति को जो पुनर्बलन प्राप्त होते हैं। इन मिलने वाले पुनर्बलन पर जब व्यक्ति का नियन्त्रण समाप्त हो जाता है तब व्यक्ति में विषाद के लक्षण उत्पन्न होने की सम्भावना बढ़ जाती है। जब व्यक्ति स्वयं निस्सहाय परिस्थिति के लिए स्वयं को जिम्मेदार समझता है तब इस अवस्था में भी उसमें विषाद के लक्षण उत्पन्न होते हैं।

यदि व्यक्ति किसी कार्य में असफल होता है तो उसके पीछे कई प्रकार की परिस्थितियाँ और कारण जिम्मेदार होते हैं। जब व्यक्ति असफलता का कारण अपने नियन्त्रण से अलग या दूर देखता है तब वह मन ही मन विचार करता है

कि असफलता का कारण उसके नियन्त्रण से परे है और उसमें विषाद के लक्षण उत्पन्न हो जाते हैं। एब्रामसन और उनके साथियों (Abramson et al., 1989) ने इस दिशा में अध्ययन करके यह बताया कि निराशाजनक परिस्थिति आवश्यकता के कारण विषाद के लक्षण उत्पन्न होते हैं। निराशाजनक परिस्थिति या कारण वह कारण होते हैं जिसमें व्यक्ति को वांछित परिणामों को प्राप्त करने की कोई आशा नहीं होती है। इस अवस्था में विषाद के लक्षण उत्पन्न होने की सम्भावना स्वाभाविक है।

विषाद का निदान

विषाद से ग्रसित व्यक्तियों का इलाज करने के लिये कई प्रकार की चिकित्सा विधि अपनाई जा सकती है, जिनमें कुछ प्रमुख का विवरण निम्न प्रकार है–

उपरोक्त सभी चिकित्सा पद्धतियों का वर्णन निम्न प्रकार से है–

(1) जैविक उपचार

मनोदशा में ग्रसित रोगियों का इलाज करने के हेतु मेडिकल चिकित्सा का भी उपयोग किया जाता है। विषाद के रोगियों की चिकित्सा के लिए जैविक चिकित्सा में मुख्यतः दो प्रकार की जैविक चिकित्सा का उपयोग किया जाता है।

(i) विषाद विरोधी औषधियों का उपयोग–वर्तमान समय में विषाद के इलाज में कई प्रकार की दवाइओं का प्रयोग किया जाता है जिनमें से निम्नलिखित तीन प्रकार की औषधियाँ अधिक प्रचलित हैं–

(क) मोनोएमाइन ऑक्सीडेस प्रतिरोधक,

(ख) ट्रीसाइक्लिक्स,

(ग) द्वितीय पीढ़ी के विषाद विरोधी औषधि।

(क) मोनोएमाइन ऑक्सीडेस प्रतिरोधक–विषाद का इलाज करने के लिये पहले इंपोनियाजिड दवा का प्रयोग किया जाता था। इससे विषाद के लक्षण तो दूर होते थे लेकिन रोगी का यकृत गड़बड़ हो जाता था। कभी-कभी रोगी का यकृत इतना खराब हो जाता था कि उसकी मृत्यु तक हो जाती थी। आधुनिक युग में निम्न दो औषधियों मारप्लान (Marplan), नारडिल (Nardil) और पारनेट (Parnet) औषधियों का उपयोग किया जाता है। इन औषधियों के क्रमशः व्यापारिक नाम

हैं—आइसोकार्बोक्साजिड (Isocarboxazid), फेनेलजाइन (Phenelzine) और ट्रैनिलसाइप्रोमाइन (Tranylcypromine)। इन तीनों प्रकार की दवाइयाँ तकरीबन एक प्रकार का ही कार्य करती हैं। इन औषधियों के लेने से रोगी में विषाद के लक्षण कम हो जाते हैं।

डेविस (Davis, 1980) ने यह स्पष्ट किया है कि साधारण विषाद के रोगियों की अपेक्षा जब गम्भीर विषाद के रोगी या बड़ी विषाद के रोगी इन औषधियों का उपयोग करते हैं। इन औषधियों के उपयोग से लगभग आधे रोगियों के लक्षण पूर्णतः समाप्त हो जाते हैं।

(ख) ट्रीसाइक्लिक्स—इस वर्ग में चार प्रकार की दवाइयॉ शामिल हैं। इमीप्रोमाइन (Imipromine), एमीट्रिपटाइलिन (Amitriptyline), नोरट्रीपटाइलिन (Nortriptyline) और डॉक्सेपीन (Doxepin)। इनके व्यापारिक नाम क्रमशः हैं—ट्रोफेनिल (Trofanil), एलाविल (Elavil), ऐवेनटील (Aventyl) और साइनक्वान (Sinequan)। **कुछ मनोवैज्ञानिकों जैसे—मॉँटगोमरी** और उनके सहयोगियों (Montgomery et al., 1993), गुडविन (Goodwine 1992), मैक्नील और क्लिमबोलिक (McNeel & Climbolic, 1986) ने अपने अध्ययनों के आधार पर यह सिद्ध किया कि उपर्युक्त चारों औषधियाँ विषाद के लक्षणों को दूर करने में अधिक फायदेमन्द हैं। वास्तविकता यह है कि आजकल इन्हीं औषधियों का उपयोग विषाद रोगियों के उपचार के लिए सबसे अधिक किया जा रहा है।

(ग) द्वितीय पीढ़ी के विषाद विरोधी औषधि—विगत कुछ सालों पूर्व मेप्रोटिलाइन (Maprotiline), एमोक्सापाइन (Amoxapine) और ट्रेजोडोन (Trazodone) नामक दवाइयाँ बाजार में आई हैं। इनके व्यापारिक नाम क्रमशः इस प्रकार हैं—लूडियोमिल (Ludiomil), ऐसेनडिन (Asendin) और डीसीरेल (Desyrel)। इन औषधियों की विशेष बात यह है कि इनका कोई साइडइफैक्ट नहीं होता है; जैसे—मुँह सूखना, दृष्टि धुँधली होना, कब्ज होना, शरीर का वजन बढ़ना आदि। यही कारण है कि अब यही औषधियाँ विषाद के रोगियों के उपचार में सबसे अधिक उपयोग में लायी जाती हैं।

(ii) वैद्युत आक्षेपीय चिकित्सा—विषाद का इलाज करने के लिये पहले ई. सी. टी-का प्रयोग काफी व्यापक रूप में किया जाता था। इसका एक मुख्य कारण यह है कि इसका कोई साइडइफैक्ट नहीं था। इसे बोलचाल की भाषा में बिजली लगाने की विधि कहते हैं इसलिए इससे रोगी कुछ डरते हैं। कई बार

स्मृति पर इसका ऋणात्मक प्रभाव पड़ता है। इस विधि में रोगी की दोनों कनपटियों पर इलेक्ट्रोड लगाकर आवश्यकतानुसार 65 वोल्ट या अधिक की विद्युत धारा लगभग आधे सेकण्ड के लिए प्रवाहित की जाती है। कनपटियों पर इलेक्ट्रोड लगाने से पहले नमक का पानी लगा दिया जाता है जिससे विद्युत धारा प्रभावी रूप में प्रवाही हो सके।

फिंक (Fink 1992) ने अपना विचार व्यक्त करते हुये कहा है कि विषादी रोगियों को दो से तीन सप्ताह में छः बार ECT उपचार से विषाद के लक्षण दूर हो जाते हैं। ECT उपचार पद्धति में मस्तिष्क के जो न्यूरोन हैं वह विद्युत आघात से उत्तेजित हो जाते हैं जिससे न्यूरोट्रांसमीटर सही ढंग से काम करने लगते हैं। इस वजह से रोगी में मनोदशा की विकृति शनैः-शनैः दूर होने लगती है।

वर्तमान समय में विद्युत आक्षेपीय चिकित्सा का प्रयोग काफी कम हो रहा है। इसके स्थान पर दवाइओं का प्रयोग अधिक किया जाता है। इसका कारण यह है कि औषधियाँ ECT की अपेक्षा कहीं अधिक ज्यादा प्रभावी हैं। दूसरा यह कि ECT के जो रोगी पर अवांछनीय प्रभाव हैं उनसे बचने के लिए डॉक्टर ECT का प्रयोग नहीं करते हैं।

(2) मनोगतिकी उपचार

मनोगतिकी चिकित्सा के तहत विषाद के रोगियों का इलाज करने के लिये मनोविश्लेषण उपचार विधि का प्रयोग होता है। मनोविश्लेषणावादी यह मानते हैं कि विषाद के लक्षण व्यक्ति में कोई हानि हो जाने के बाद हानि के प्रति एक प्रतिक्रिया के रूप में विकसित या उत्पन्न होते हैं। फ्रायड और उनके साथियों का विचार है कि विषाद के लक्षण बाल्यावस्था से ही प्रारम्भ हो जाते हैं।

मनोविश्लेषण विधि द्वारा उन्हीं विषाद के रोगियों का उपचार सम्भव है जो चिकित्सक के साथ सहयोग करते हैं। दूसरे शब्दों में चिकित्सक जो कुछ पूछता है अथवा जो कुछ बातचीत रोगी से करता है तभी इस अवस्था में चिकित्सक विषाद के रोगी का उपचार सफलतापूर्वक कर सकता है। यदि रोगी चिकित्सक के साथ सहयोग नहीं करता है तब इस स्थिति में चिकित्सक रोगी का उपचार करने में असफल रहता है। विषाद के गम्भीर रोगी जो चिकित्सक के उकसाने पर भी बातचीत नहीं करते हैं चिकित्सक को उनकी चिकित्सा नहीं करनी चाहिए।

चिकित्सक जिस समय मनोविश्लेषण उपचार विधि के द्वारा मनोदशा विकृति

का इलाज करता है। उस समय उसका ध्यान रोगी को बाल्यावस्था से लेकर अब तक किस-किस प्रकार की क्षति (Loss) हुई है इसको ज्ञात करना होता है। बहुत सी क्षति के बारे में रोगी चिकित्सक को चिकित्सक के पूछने पर बता देता है लेकिन कुछ क्षतियों के बारे में रोगी चिकित्सक को बता नहीं पाता है क्योंकि इन क्षतियों से सम्बन्धित अनुभूतियाँ अब रोगी के चेतन और अर्ध-चेतन मन में उपस्थित नहीं हैं बल्कि क्षतियों से सम्बन्धित अनुभूतियाँ, घटनाएँ, संवेग आदि सभी कुछ दमित होकर अचेतन मन में जाकर स्थित हो गये हैं। अचेतन मन की इस सामग्री को निकालने के लिए चिकित्सक मुक्त साहचर्य विधि और स्वप्न विश्लेषण विधि का सहारा लेता है। इन विधियों के द्वारा जब वह रोगियों के क्षतियों के सम्बन्ध में जानकारी प्राप्त कर लेता है तब वह रोगी की अनुभूतियों और भावों आदि का पुनर्मूल्यांकन करके रोगी में वह सूझ उत्पन्न करता है जिससे कि रोगी अपनी समस्याओं को हल कर सके।

वर्तमान समय में विषाद के इलाज हेतु मनोगतिकी उपचार विधि के प्रयोग में दो कारणों से कमी है। पहली वजह विषाद का रोगी चिकित्सक के सामने इतना निष्क्रिय होता है कि वह चिकित्सक के साथ सहयोग नहीं करता है उसकी बातचीत का जवाब नहीं देता है। इसलिए इस विधि की प्रभावशीलता सीमित है। दूसरी वजह शपिरो और उनके साथियों (Shapiro et al., 1994) का विचार है कि मनोगतिकी चिकित्सा एक लम्बे समय तक चलने वाली पद्धति है। इस चिकित्सा पद्धति से रोगी को तुरन्त लाभ नहीं मिलता है इसलिए रोगी और उनके परिवारीजन इस चिकित्सा पद्धति को अपनाने से कतराते हैं।

इस समय कम समय वाली मनोगतिकी उपचार विधि का विकास हो गया है। यह चिकित्सा पद्धति अधिक लम्बी नहीं है। यही कारण है कि इसका उपयोग दिन-प्रतिदिन बढ़ रहा है। (Svartberg & Sliles, 1991)

(3) व्यवहारात्मक उपचार

व्यवहारात्मक उपचार विधि का विकास लेविनशोन (Lewinshon, 1989) ने व्यवहारात्मक चिकित्सा पद्धति को विकसित किया है। इस पद्धति द्वारा साधारण विषाद के रोगियों का सफलतापूर्वक इलाज किया जाता है। इस विधि द्वारा उपचार के प्रमुख रूप से निम्न तीन बिन्दु हैं—

(i) **रोगी को सुखद घटनाओं से पुनर्परिचित कराना**—लेविनशोन के अनुसार चिकित्सक सर्वप्रथम रोगी की प्रतिदिन की क्रियाओं का लेखा-जोखा रखता

है और इस लेखा-जोखा रखने में वह दस ऐसी घटनाओं को चुनता है जो सुखद घटनाएँ होती हैं। लेविनशोन का विचार है कि चूँकि चिकित्सक रोगी के हर क्रियाकलाप में सहभागी रहता है इसलिए इस चिकित्सा से विषाद के रोगी को बहुत लाभ होता है।

(ii) **अविषादी व्यवहारों का पुनर्बलन**—उपचारकर्ता रोगी के विषद सम्बन्धी व्यवहार पर ज्यादा ध्यान नहीं देता है उनके स्थान पर रचनात्मक व्यवहार को पुरस्कृत करता है। वह रोगी का पारिवारिक सदस्य बनकर उसका सहयोगी बन जाता है। इस तरह वह रोगी पर नियन्त्रण स्वयं भी करता है और परिवार के लोगों का सहयोग लेने में भी सफल रहता है। रोगी को अच्छा व्यवहार करने के लिए चिकित्सक समय-समय पर प्रेरित करता रहता है।

(iii) **सामाजिक कौशलों का शिक्षण**—व्यवहारात्मक उपचार में चिकित्सक विषाद रोगी के साथ रहकर उसे सिखलाता है। इसके अन्तर्गत वह रोगी को यह सिखलाता है कि वह समाज के दूसरे लोगों के साथ, दोस्तों के साथ, परिवारीजनों के साथ किस प्रकार से अच्छे सम्बन्ध विकसित करे। जैसे-जैसे रोगी में सामाजिक कौशलों का विकास होता जाता है वैसे-वैसे रोगी में विषाद के लक्षण कम होते जाते हैं।

लेविनशोन ने अपने सहयोगियों के साथ मिलकर एक ध्रुवीय विषाद के उपचार के लिए एक सामूहिक उपचार कार्यक्रम भी तैयार किया है। इस कार्यक्रम के द्वारा लेविनशोन और उनके साथियों को विशेष सफलता प्राप्त हुई है।

(4) अन्तर्वैयक्तिक उपचार

इसे अन्तर्वैयक्तिक मनोचिकित्सा पद्धति भी कहते हैं। इस चिकित्सा पद्धति का विकास क्लेरमैन एवं विसमैन (1992) के द्वारा विकसित किया गया है। IPT चिकित्सा पद्धति में लगभग 12-16 सप्ताह का समय लगता है। यह एक सफल चिकित्सा पद्धति है। इस चिकित्सा पद्धति में रोगी की मनोदशा में बहुत अधिक सुधार होता है। इस चिकित्सा पद्धति में निम्नलिखित चार अन्तर्वैयक्तिक समस्याओं को लेकर चिकित्सक रोगी का इलाज करता है। रोगी का विषाद इन चार में से किसी एक या दो समस्याओं से सम्बन्धित होता है। यह चार प्रकार की समस्याएँ हैं—

(i) **दुःखभरी प्रतिक्रिया**—IPT चिकित्सा पद्धति बहुत कुछ चिकित्सा पद्धति के समान इन दुःखभरी प्रतिक्रियाओं में वह प्रतिक्रियाएँ आती हैं जो किसी बहुमूल्य वस्तु या किसी प्रियजन के खो जाने से उत्पन्न होती हैं। चिकित्सक जो

क्षति हुई है रोगी को उसकी याद दिलाकर उसके दुःख को कम कराने का प्रयास करता है।

(ii) अन्तर्वैयक्तिक भूमिका वाद-विवाद–मनोचिकित्सक चिकित्सा के दौरान अन्तर्वैयक्तिक भूमिका वाद-विवाद की खोज करके पहचान करता है और रोगी की अन्तर्वैयक्तिक भूमिका वाद-विवाद में समाधान खोजने में मदद करता है।

(iii) अन्तर्वैयक्तिक अभाव–अन्तर्वैयक्तिक का आशय अन्तर्वैयक्तिक घाटा है। दूसरे शब्दों में रोगी दूसरों की आवश्यकताओं के प्रति असंवेदनशील होता है अथवा उसमें सामाजिक अनुपयुक्तता पायी जाती है अथवा वह दूसरों से अन्तर्वैयक्तिक सम्बन्ध स्थापित करने में शर्माता है। IPT मनोचिकित्सक जब विषाद के रोगी में अन्तर्वैयक्तिक कमी देखता है तब वह उसमें अन्तर्वैयक्तिक कमी को पूरा करने के लिए रचनात्मक प्रशिक्षण देता है और इस बात का प्रशिक्षण देता है कि रोगी में सामाजिक प्रभावशीलता किस प्रकार उत्पन्न हो कि वह परिवार और समाज के लोगों के साथ हँसी-खुशी से रह सके जिससे कि उसके विषाद के लक्षण कम हो जायें।

(iv) अन्तर्वैयक्तिक भूमिका अन्तरण–किसी रोगी के जीवन साथी की मृत्यु होने या वैवाहिक सम्बन्ध टूट जाने पर उसमें विषाद उत्पन्न होना स्वाभाविक है। कई बार परिस्थितियों में विषादी व्यक्ति को नयी भूमिका सीखने में कठिनाई होती है। तब ऐसे में IPT चिकित्सक उसको प्रशिक्षण के द्वारा नयी भूमिका के लिए तैयार करता है।

अन्तर्वैयक्तिक उपचार विधि की मदद से न केवल एकध्रुवीय विषाद के रोगियों की चिकित्सा होती है बल्कि इस चिकित्सा पद्धति से उन व्यक्तियों को भी लाभ होता है जिनके अन्तर्वैयक्तिक सम्बन्ध दोषपूर्ण हैं। एलकिन (Elkin, 1994) के अनुसार IPT एक प्रभावी और उपयोगी चिकित्सा पद्धति है।

(5) संज्ञानात्मक चिकित्सा

इस उपचार विधि का प्रतिपादन बेक (Beck, 1979) ने किया। संज्ञानात्मक उपचार विधि द्वारा बेक ने कई विषाद रोगियों का सफल इलाज किया है। बेक की यह उपचार पद्धति चिन्ता विकृतियों और अकारण भय (Phobia) के रोगियों के उपचार में भी बहुत उपयोगी है। बेक की यह उपचार पद्धति मुख्यतः इस मान्यता

पर आधारित है कि एक रोगी के रोग का कारण उसके अतार्किक चिन्तन से उत्पन्न होता है। रोगी का यह अतार्किक चिन्तन या तो स्वयं के बारे में होता है या वातावरण के सम्बन्ध में होता है या स्वयं के भविष्य के सम्बन्ध में होता है। इसके चिन्तन में जो तार्किक त्रुटियाँ और विकृतियाँ होती हैं उनके कारण ही रोग उत्पन्न होता है। इस प्रकार का चिन्तन और विचार रोगी को स्वयं के भविष्य के सम्बन्ध में निराशावादी ढंग से चिन्तन के लिए बाध्य करते हैं। बेक के अनुसार यह तीन प्रकार का अतार्किक चिन्तन संज्ञानात्मक त्रिक कहलाता है। विषाद से ग्रस्त रोगियों के चिन्तन के कुछ प्रकार बेक के अनुसार निम्न हैं–

(i) मनचाहा अनुमान–जब एक रोगी अतर्कसंगत सूचक के आधार पर अनुमान लगा लेता है, तो वह विचार करते हैं कि एक बेकार व्यक्ति है, क्योंकि अमुक पार्टी में उसे आमन्त्रित नहीं किया गया है।

(ii) आवर्धन–विषाद के रोगी का विकृत चिन्तन का एक नमूना यह है कि रोगी छोटी-मोटी घटनाओं को बढ़ा-चढ़ाकर कहता है।

(iii) न्यूनीकरण–इसमें रोगी बड़ी घटनाओं या बातों को सूक्ष्म या छोटे अर्थ में, विकृत सोच के कारण कहता है।

संज्ञानात्मक उपचार विधि द्वारा विषाद के उपचार में रोगी को अपने गलत विचारों और विश्वास आदि के सम्बन्ध में तथ्य और सूचनाएँ एकत्रित करने को कहा जाता है जिससे कि रोगी अपने तर्कसंगत विश्वासों और विचारों को समझ सके और उन्हें अपने मन में निकाल सके। चिकित्सक रोगी को निम्न प्रकार से सूचनाएँ एकत्रित करने के लिए या विचार या चिन्तन करने के लिए कहता है। वर्तमान समय में योग चिकित्सा की लोकप्रियता निरन्तर बढ़ रही है।

(i) अतर्कसंगत संज्ञान के विकल्प के रूप में उपयुक्त संज्ञान या वास्तविक संज्ञान की चिकित्सक व्याख्या करता है।

(ii) चिकित्सक रोगी को ऋणात्मक संज्ञानात्मक त्रिक के परिणामों पर ध्यान देने को कहता है।

(iii) चिकित्सक रोगी से संज्ञान, संवेग और व्यवहार के मध्य सम्बन्धों को पहचानने के लिए कहता है।

उपर्युक्त विचारों, विश्वासों और संज्ञानों का अभ्यास चिकित्सक रोगी को कहता है जिससे कि रोगी अपनी समस्याओं का समाधान कर सके और समायोजित प्रकार से व्यवहार कर सके।

(6) योग चिकित्सा

सन् 2001 में किये गये योग चिकित्सा के सन्दर्भ में मृदुल मिश्रा और राजेश कुमार सिन्हा के अध्ययन से यह स्पष्ट हुआ कि विषाद के रोगियों को योग चिकित्सा से विशेष लाभ होता है। इन रोगियों को इस अध्ययन में आसन, प्राणायाम, मुद्रा, प्रत्याहार, धारणा और ध्यान का अभ्यास कराया गया। अध्ययन के उपरान्त इन अध्ययनकर्ताओं ने देखा कि अध्ययन में सम्मिलित 22 लोगों को विशेष लाभ हुआ।

योग का आशय चित्तवृत्तियों के निरोध से है। स्वाभाविक रूप से देखा जाय तो पूर्ण योग एक ही है। यह पूरा योग महायोग कहलाता है। अवस्था भेद के कारण महायोग, राजयोग, हठयोग, मन्त्रयोग, लययोग आदि हो जाते हैं। पंतजति का योग सर्वश्रेष्ठ माना गया है, इसलिए यह राजयोग कहलाता है।

योग का आशय अपनी चेतना का ज्ञान है अर्थात् योग के द्वारा अपने अन्दर की शक्तियों को विकसित करके परम चेतन्य आत्मा का साक्षात्कार किया जाता है और साक्षात्कार के द्वारा पूर्ण आनन्द की प्राप्ति की जाती है। हमारे ऋषि-मुनियों ने विभिन्न प्रकार की यौगिक क्रियाएँ बतायी हैं इनमें से कुछ प्रमुख हैं—यम, नियम, आसन, प्राणायाम, धारणा व समाधि आते हैं। इन सभी क्रियाओं के करने से व्यक्ति की सोई हुई चेतना शक्ति जाग्रत होती है। चेतनाशक्ति के जाग्रत और विकसित होने से तन्तुओं का पुनर्जागरण होता है तथा नये तन्तु और कोशिकाएँ निर्मित होने लगती हैं। योग की सूक्ष्म क्रियाओं के द्वारा हमारा स्नायुतन्त्र चुस्त हो जाता है और शक्तिशाली हो जाता है फलस्वरूप स्नायुतन्त्र रक्त का परिभ्रमण सामान्य और स्वाभाविक गति से होने लगता है। व्यक्ति में नयी शक्ति का विकास होता है। शरीर विज्ञान का एक सिद्धान्त यह है कि शरीर के संकोचन और विमोचन से व्यक्ति में शक्ति का विकास होता है जिससे रोग स्वतः ठीक होने लगते हैं। आसन और प्राणायाम के द्वारा व्यक्ति को हर प्रकार की योग्यता प्राप्त होती है। आसन और प्राणायाम किसी कुशल प्रशिक्षक से सीखकर अभ्यास करने से सभी प्रकार के रोगों से छुटकारा पाया जा सकता है।

वर्तमान समय में योग चिकित्सा की लोकप्रियता निरन्तर बढ़ रही है। स्वामी रामदेव बाबा ने योग और प्राणायाम का एक संक्षिप्त सरल पैकेज तैयार किया है जिसको करने से अधिक रोगों में विशेष लाभ होता है। स्वामी जी के अनुसार प्राणायाम अन्य आसनों की अपेक्षा बहुत अधिक लाभकारी है। इनमें कपाल भाँति प्राणायाम को संजीवनी प्राणायाम कहा गया है।

3

महिला व्यक्तित्व के मनोवैज्ञानिक पक्ष

व्यक्तित्व के आधार पर ही व्यक्ति की पहचान की जाती है। हर व्यक्ति का व्यक्तित्व अलग-अलग होता है। इसमें व्यवहार से लेकर रूप, रंग, आकार, विचार आदि सभी को देखा जाता है। जैसे हमारे देश के प्रधानमंत्री डॉ. मनमोहनसिंह का व्यक्तित्व ही लीजिए उनकी पहचान भारत के प्रधानमन्त्री के रूप में उनका आकार, रंग रूप आदि के आधार पर उनके सम्पूर्ण व्यक्तित्व का अध्ययन करते हैं।

संगठनात्मक व्यवहार में मानव व्यवहार का अध्ययन करना एक महत्त्वपूर्ण पहलू है। मनुष्य के कार्य एवं व्यवहार से उसके व्यक्तित्व की अभिव्यक्ति होती है। व्यक्ति अपने व्यक्तित्व के अनुरूप ही व्यवहार करता है। यदि प्रबन्धक कर्मचारियों के व्यक्तित्व को ठीक से समझ ले तो वह उनकी समस्याओं का निराकरण भी प्रभावी ढंग से कर सकता है। यही कारण है कि प्रत्येक संगठन कर्मचारियों के व्यक्तित्व को समझने एवं उसका विकास करने में रुचि लेता है। व्यक्तित्व का सही परीक्षण करके ही कार्य को सही दिशा प्रदान की जाती है।

'व्यक्तित्व' संगठन की सभी समस्याओं की जड़, कारण एवं समाधान है। **फ्रेड लुथांस** (Fred Luthans) का मत है कि ''कर्मचारियों के व्यक्तित्व विकास में रुचि मानवीय संसाधनों के श्रेष्ठ प्रबन्ध को संभव बनाती है तथा संगठनात्मक व्यवहार के अध्ययन एवं विश्लेषण में महत्त्वपूर्ण भूमिका निभाती है।'' प्रबन्ध के क्षेत्र में मानव प्रकृति, लक्षणों एवं व्यवहार को समझने तथा संगठनों में मानव को सम्यक् प्रतिष्ठा एवं व्यक्तित्व प्रदान करने का सर्वाधिक प्रयास **इल्टन मायो** द्वारा किया गया था। इसके बाद इरिकसन, मास्लों, हर्जबर्ग, मैकग्रेगर, पिजेट, व्रूम, रेन्सिस लिकर्ट, क्रिस

आर्गीरिस तथा मैक्क्लीलैंड, हैराल्ड लीविट आदि ने भी संगठनात्मक व्यवहारों के परिप्रेक्ष्य में मानव व्यक्तित्व से सम्बन्धित अनेक शोध ग्रन्थ उपलब्ध कराये हैं। मानव व्यवहार के इन शोध चिन्तकों के फलस्वरूप औद्योगिक संगठनों में मानव व्यक्तित्व को समझने एवं उसका विश्लेषण करने में बहुत सहायता प्राप्त हुई है। इससे मानव व्यवहार के सम्बन्ध में अपनायी जाने वाली कार्य शैलियों में काफी बदलाव आया है। 'व्यक्तित्व' की सही समझ से कार्य समायोजन, मानवीय क्षमताओं के सही उपयोग, नैराश्य व ऋणात्मक भावना के समाप्त होने तथा नियोक्ता एवं कर्मचारी के मध्य बेहतर सम्बन्ध स्थापित होने में अत्यधिक सहायता मिलती है। व्यक्तित्व विकास कर्मचारियों के मनोबल एवं कार्य सन्तुष्टि में भी वृद्धि करता है।

व्यक्तित्व का अर्थ एवं परिभाषा

'व्यक्तित्व' शब्द का उद्गम लैटिन भाषा के per sonare शब्द से हुआ है जिसका तात्पर्य मुखौटा से या नकाब से है। जैसे कोई व्यक्ति अगर बराक ओबामा का मुखौटा लगा लेता है तो वह देखने में बराक ओबामा लगता है।

'व्यक्तित्व' का सामान्य तात्पर्य उस 'भूमिका' (Role) से है, जो एक व्यक्ति दूसरों के सामने प्रदर्शित करता है (It is the role which the person displays to the public) किन्तु दूसरी ओर 'व्यक्तित्व' की शैक्षणिक परिभाषाएँ 'व्यक्ति' से अधिक सम्बन्धित हैं, उसकी भूमिका से नहीं। वस्तुतः व्यक्तित्व का सही अर्थ व्यक्ति के गुणों एवं भूमिका दोनों से जुड़ा हुआ है। व्यक्ति के सम्पूर्ण व्यवहार से व्यक्तित्व की रचना होती है। मैक्क्लीलैण्ड ने व्यक्तित्व को मानवीय व्यवहारों के अति उपयुक्त अवबोधन के रूप में परिभाषित किया है। इस प्रकार के अवबोधन के अन्तर्गत व्यवहारों के सभी पक्षों को सम्मिलित किया जाता है।

फ्रेड लुथान्स (Fred Luthans) के अनुसार, ''व्यक्तित्व **'सम्पूर्ण व्यक्ति'** (Whole person) विचार को दर्शाता है। इसमें अवबोधन, सीखना, अभिप्रेरणा एवं अन्य मनोवैज्ञानिक तत्त्व शामिल होते हैं।

वेलेन्टिन (Valentine) का मत है कि ''व्यक्तित्व जन्मजात एवं अर्जित प्रवृत्तियों का योग (Sum total of innate and acquired dispositions) है।''

विभिन्न मनोवैज्ञोनिकों ने व्यक्तित्व को परिभाषित किया है। **गोर्डन आलपोर्ट** (Gordon Allport) ने समस्त परिभाषाओं को पाँच प्रमुख श्रेणियों में इस प्रकार बाँटा है—

1. एकीकरण या संरूपीय—इस दृष्टिकोण की परिभाषाएँ वैयक्तिक लक्षणों के विकास पर बल देती हैं।

2. श्रेणीबद्ध—इस दृष्टिकोण की परिभाषायें व्यक्तित्व के एकीकरण या संगठन के विभिन्न स्तरों को दर्शाती हैं।

3. बहुप्रयोजन—व्यक्तित्व की कुछ परिभाषाएँ ऐसी हैं, जो व्यक्तित्व को विभिन्न गुणों व लक्षणों का योग मानती हैं।

4. विशिष्टता—इस श्रेणी की परिभाषाएँ प्रत्येक व्यक्तित्व की विशिष्टता पर बल देती हैं।

5. समायोजन—इस दृष्टिकोण से 'व्यक्तिगत' व्यक्ति के वातावरण के साथ समायोजन (अनुकूलन, अस्तित्व व उद्भव) से निर्मित होता है।

व्यक्तित्व की परिभाषा

उपरोक्त दृष्टिकोणों को अपनाते हुए व्यक्तित्व की कुछ प्रमुख परिभाषाएँ निम्न प्रकार हैं—

रोबिन्स (Robbins) के अनुसार, "व्यक्तित्व व्यवहारों का वह योग है, जिसमें एक व्यक्ति दूसरों के साथ क्रिया तथा प्रतिक्रिया करता है।

गोर्डन आलपोर्ट (Gordon Allport) के अनुसार, "व्यक्तित्व व्यक्ति के भीतर उन मनो-भौतिक (Psychophysical) प्रणालियों का गतिशील संगठन है, जो उसके वातावरण से उसके विलक्षण समायोजन को निर्धारित करती हैं।"

क्लुकोहन एवं मुरे (Kluckohn and Murray) का मत है कि "कुछ अंश तक तो व्यक्ति का व्यक्तित्व सबके समान होता है, कुछ अंश तक वह कुछ दूसरे लोगों से मिलता है तथा कुछ अंश तक किसी से भी नहीं मिलता है।"

फ्रेड लुथान्स (Fred Luthans) के अनुसार, "व्यक्तित्व एक बहुत व्यापक एवं जटिल मनोवैज्ञानिक अवधारणा है। इसका सम्बन्ध बाह्य दर्शन (appearance) एवं व्यवहार, 'स्व', मापनीय लक्षणों तथा परिस्थितिगत अन्तर्व्यवहारों से है।"

व्यक्तित्व की विशेषताएँ

व्यक्तित्व की निम्नलिखित विशेषताएँ हैं—

(i) यह मानव की भूमिका, गुणों, लक्षणों एवं व्यवहार से जुड़ा है।

(ii) यह व्यक्ति के वातावरण से समायोजन को निर्धारित करता है।

(iii) यह व्यक्ति की विलक्षणता, विशिष्टता एवं विभिन्नता को दर्शाता है। प्रत्येक व्यक्ति का व्यक्तित्व अद्वितीय होता है।

(iv) व्यक्तित्व मनोवैज्ञानिक एवं शारीरिक दोनों प्रकार के तत्त्वों से निर्मित होता है।

(v) व्यक्तित्व एक गतिशील एवं परिवर्तनशील विचार है। व्यक्तित्व सदैव बदलते रहते हैं।

(vi) 'स्व' के प्रति जागरूकता (Awareness of self) व्यक्तित्व की संयोजनकारी शक्ति होती है।

(vii) यह व्यापक एवं जटिल विचार है।

(viii) यह परिस्थितिगत अन्तर्व्यवहारों से भी बनता-बदलता रहता है।

(ix) व्यक्तित्व का कुछ भाग सामान्य, कुछ विशिष्ट एवं कुछ अद्धितीय होता है।

(x) पैतृकता (Heredity), वातावरण, परिपक्वता (Maturation) अभिप्रेरणा, सीखना (Learning)—ये सभी घटक मानव व्यक्तित्व के विकास में योगदान देते हैं।

(xi) व्यक्तित्व 'सम्पूर्ण व्यक्ति' (Whole person) के विचार का सूक्ष्म परिप्रेक्ष्य है।

(xii) व्यक्तित्व अखंड एवं जुड़ा हुआ होता है, यह भिन्न-भिन्न भागों की श्रृंखला नहीं है।

(xiii) व्यक्तित्व विभिन्न मनोवैज्ञानिक प्रक्रियाओं से मिलकर निर्मित होता है।

(xiv) व्यक्तित्व का प्रभाव विभिन्न गुणों व लक्षणों के योग से अधिक होता है। इससे एकीकृत एवं संश्लेषणात्मक (synergistic) प्रभाव उत्पन्न होता है।

(xv) यह संगठनात्मक व्यवहार के विश्लेषण हेतु 'व्यक्ति' के व्यवहार को प्रदर्शित करता है।

व्यक्तित्व का आयाम

फ्रेड लुथांस व्यक्तित्व के आयामों पर प्रकाश डालते हुए कहते हैं कि "व्यक्तित्व के अन्तर्गत यह सम्मिलित है कि कैसे व्यक्ति दूसरों को प्रभावित करते हैं तथा कैसे वे अपने को समझते हैं एवं अपने प्रति दृष्टिकोण रखते हैं। इसी के साथ व्यक्तित्व में अपने बाह्य एवं आन्तरिक मापनीय गुणों का प्रारूप तथा व्यक्ति व परिस्थिति का अन्तर्व्यवहार भी शामिल है।"

व्यक्तित्व के प्रमुख आयाम निम्न प्रकार हैं—

1. भूमिका अवधारणा—एक व्यक्ति दूसरे व्यक्ति को किस प्रकार प्रभावित करता है, यह मुख्य रूप से उनके **बाह्य दर्शनीय स्वरूप** (Appearance) जैसे—रंग-रूप, चेहरे के हाव-भाव, शारीरिक लक्षण, ऊँचाई, वजन आदि घटकों तथा **व्यवहार** जैसे—असभ्य, मित्रवत्, विनम्रकारी व्यवहार आदि पर निर्भर करता है। व्यक्तित्व व्यक्ति की भूमिका एवं उसके निर्वाह की शैली पर निर्भर करता है। उदाहरण के लिए,

एक अच्छी ऊँचाई वाले विनम्र श्रमिक का प्रभाव एक छोटे कद के शिष्ट प्रबन्धक से भिन्न होगा। 'भूमिका अवबोध' से व्यक्तित्व निर्धारित होता है।

2. लक्षण प्रारूप—**रुच** (Ruch) का मत है कि लक्षण या गुण व्यक्तित्व के महत्त्वपूर्ण आयाम हैं क्योंकि उनका गणितीय पैमाने पर माप संभव है। उनके अनुसार व्यक्तित्व के अन्तर्गत मूल समस्या यह नहीं है कि व्यक्ति कौनसे गुण रखता है और कौन से गुण वह नहीं रखता है, वरन् असली बात यह देखना है कि प्रत्येक गुण का वह कितना हिस्सा (how much of each trait) रखता है तथा उसके सम्पूर्ण व्यक्तित्व के प्रारूप में गुण किस प्रकार से अन्तर्व्यवहार करते हैं।

3. स्व-धारणा—व्यक्तित्व के निर्धारण में स्वधारणा का होना आवश्यक होता है। स्वअवधारणा का आशय अपने प्रति समझ एवं चेतना उत्पन्न करना है। अपने प्रति चैतन्य व्यक्ति का व्यक्तित्व श्रेष्ठ होता है। यह मनुष्य के आन्तरिक व्यक्तित्व को निर्धारित करता है।

4. व्यक्ति-परिस्थिति अन्तर्व्यवहार—हमेशा एक जैसी परिस्थिति नहीं रहती, उसमें भिन्नता पाई जाती है। कई बार परिस्थितियों के अन्तर ऊपर से छोटे दिखते हैं, किन्तु जब वे व्यक्ति की विचार प्रक्रियाओं से गुजरते हैं तो वे बहुत जटिल, बड़े एवं व्यक्तिगत अन्तर बन जाते हैं जिनके व्यवहारात्मक परिणाम विविध होते हैं। व्यक्ति जड़ नहीं है जो समस्त दशाओं में एक-सा व्यवहार करते हों। इसके विपरीत, व्यक्ति सदैव गतिशील एवं लोचपूर्ण होते हैं। प्रत्येक दिन का कार्य-अनुभव व्यक्तित्व पर प्रभाव डालता है। व्यक्तित्व के निर्धारण में वातावरण एवं व्यक्ति का व्यवहार दोनों का प्रभाव पड़ता है।

वोनर ने व्यक्तित्व के निम्न छः तत्त्व बतलाये हैं—

(i) किसी स्थिति विशेष में व्यक्तित्व को उसके सम्पूर्ण परिवेश में देखा जा सकता है। अतः व्यक्तित्व को परिवेश के साथ सम्बद्ध करके ही देखा जा सकता है। परिवेश में व्यक्ति की अन्तर्क्रिया से व्यक्तित्व का निर्माण संभव होता है।

(ii) व्यक्तित्व किसी व्यक्ति के सम्पूर्ण कार्य का प्रत्यक्षीकरण है। बोनर का विचार है कि व्यक्तित्व का पता व्यक्ति के सम्पूर्ण क्रियाकलापों से चलता है। 'सम्पूर्ण व्यक्ति' संगठनात्मक स्थिति में अनेक प्रकार के जटिल व्यवहारों के माध्यम से अपने क्रियाकलापों का मूल्यांकन करता है। सीखना, अभिप्रेरणा जैसे विभिन्न क्रियाकलाप व्यक्ति के बाह्य वातावरण एवं व्यक्तित्व के महत्त्वपूर्ण पहलू होते हैं।

(iii) सामान्य व्यक्तित्व के अन्तर्गत एक गतिशील संतुलन की स्थिति विद्यमान रहती है। व्यक्तित्व में सदैव परिवर्तन एवं समायोजन होता रहता है।

फलतः कार्य स्थिति तथा मानवीय व्यवहार में आवश्यकतानुसार परिवर्तन करने में व्यक्तित्व की समायोजनशीलता सहायक होती है।

(iv) व्यक्तित्व में भूतकाल के अनुभव और भविष्य की आशाएँ सम्मिलित होती हैं। भूतकालीन अनुभव व्यक्तित्व का भाग होते हैं। व्यक्ति विगत जीवन से सीखी हुई आदतों के अनुसार व्यवहार करता है तथा परिपक्व होने के साथ-साथ नए सिरे से अन्तर्क्रिया प्रारम्भ करता है।

(v) व्यक्तित्व पर पर्यावरण का भी प्रभाव पड़ता है। विगत कुछ वर्षों में नियोजन, निर्णयन एवं अभिप्रेरणा पर अत्यधिक बल दिया गया है जिसका संगठनात्मक परिवेश एवं व्यवहार के निर्धारण में अत्यधिक महत्त्व है। ऐसे परिवेश में व्यक्तित्व की क्षमताओं का विकास होता है।

(vi) लक्ष्यों के बीच चयन की प्रक्रिया के आधार पर विभिन्न व्यक्तियों के बीच विभाजन रेखा खींची जा सकती है। लक्ष्य चयन एवं प्राप्ति की प्रक्रिया व्यक्तित्व को सफल बनाने में मदद करती है।

व्यक्तित्व का विकास

संगठनात्मक व्यवहार के क्षेत्र में भी व्यक्तित्व का महत्त्व है। व्यक्तित्व पर आज से नहीं बल्कि काफी समय पहले ही इस पर शोध कार्य किया जा रहा है। व्यक्तित्व का विकास वास्तव में विकास अवधारणा का ही एक रूप है जो कि शोध अभिमुखी है। प्राचीन मनोविश्लेषक वंश परम्परा, वातावरण, परिपक्वता तथा सीखने को ही व्यक्तित्व में शामिल करते हैं। दूसरी ओर, विकासात्मक मनोविज्ञान इस बात पर बल देता है कि व्यक्तित्व के विकास में मनुष्य के मनोवैज्ञानिक तथा दैहिक तत्त्व शामिल हैं, जो अन्तर्क्रिया करते हैं। अतः वंशानुगतता के अतिरिक्त इसमें चिन्तन, अवबोधन, मानसिक प्रक्रियाएँ आदि व्यक्तित्व के अन्तर्गत आती है।

क्लुकॉहन एवं मूरे का मत है कि व्यक्तित्व का विकास उन प्रक्रियाओं से सम्बन्धित है, जिनसे बच्चे धीरे-धीरे अपने बाह्य व्यवहार के प्रारूप सीखते हैं। आधुनिक विकासात्मक मनोविज्ञान यह स्वीकार करता है कि मानव व्यक्तित्व के विकास में पैतृकता, वातावरण, परिपक्वता तथा सीखना सभी का योगदान होता है।

व्यक्तित्व विकास के सम्बन्ध में दो प्रमुख दृष्टिकोण हैं–1. मनोवैज्ञानिक 2. निर्धारक तत्वों।

(1) प्रथम दृष्टिकोण के अनुसार व्यक्तित्व विकास की **कुछ विशिष्ट शारीरिक**

एवं मनोवैज्ञानिक अवस्थाएँ हैं जिनके माध्यम से विकास संभव होता है। यह सैद्धान्तिक दृष्टिकोण है।

(2) दूसरे दृष्टिकोण के अनुसार व्यक्तित्व विकास के कुछ **प्रमुख निर्धारक तत्त्वों** को निश्चित किया जा सकता है। ये घटक व्यक्तित्व निर्माण में योगदान देते हैं। इसका निर्धारण शोध के आधार पर होता है।

व्यक्तित्व विकास की अवस्थायें—व्यक्तित्व का विकास स्थिर नहीं रहता है, इसमें भी परिवर्तन होते रहते हैं। व्यक्ति के आधार पर ही व्यक्तित्व का सही आंकलन किया जा सकता है। इससे सीखने के अवसर मिलते रहते हैं किन्तु अनेक मनोवैज्ञानिक व्यक्तित्व विकास की अवस्थाओं को स्वीकार करते हैं। **वाल्टर मिस्चेल** (Walter Mischel) कहते हैं कि "व्यक्तित्व विकास में समाजीकरण की प्रक्रिया व्यवहार के खंडों के संग्रह की कोई आकस्मिक प्रक्रिया नहीं है, वरन् यह एक व्यवस्थित विकास है। कुछ सीमा तक जटिल सामाजिक व्यवहार के प्रारूप आनुक्रमिक हैं।"

व्यक्तित्व विकास की कुछ प्रमुख 'अवस्था निम्नलिखित है। जैसे—फ्रायडियन अवस्थायें, नव फ्रायडियन अवस्थायें, ज्ञानात्मक अवस्थायें, अपरिपक्वता से परिपक्वता की ओर आदि प्रमुख हैं।

1. फ्रायडियन अवस्थायें—यद्यपि व्यक्तित्व विकास के कुछ सिद्धान्त प्राचीन ग्रीक से उपलब्ध होते हैं, किन्तु **सिगमन्ड फ्रायड** (Sigmund Freud) पहले मनोवैज्ञानिक हैं जिन्होंने व्यक्तित्व की अवस्थाओं पर सारगर्भित शोध प्रस्तुत किया। उन्होंने मनोयौन विकास (Psychosexual Development) को आधार बनाते हुए विकास की चार अवस्थाएँ बतलाईं। ये अवस्थायें हैं—मुखवर्ती (Oral), गुदा सम्बन्धी (Anal), मातृरति या लिंग सम्बन्धी (Oedipal or phallic) तथा जननेंद्रिय (Genital) जो कि व्यक्तित्व विकास की मुख्य प्रेरक शक्तियाँ हैं। फ्रायड ने व्यक्तित्व विकास का मुख्य आधार 'यौन मनोविज्ञान' पर आधारित बताया है। यह एक महत्त्वपूर्ण दृष्टि है।

2. नव-फ्रायडियन अवस्थायें—फ्रायड ने व्यक्तित्व विकास में यौन सम्बन्धी एवं जैविक (Biological) घटकों पर बल दिया था। **एरिक इरिकसन** (Erik Erikson) का मत है कि व्यक्तित्व विकास में यौन समायोजन की अपेक्षा सामाजिक घटक अधिक महत्त्वपूर्ण हैं। उन्होंने व्यक्तित्व विकास की आठ मनोवैज्ञानिक अवस्थाओं का वर्णन किया है—

(i) मुख्य एवं इन्द्रियाँ
(ii) त्याज्य अंग एवं शरीर की मांसल संरचना
(iii) स्थानान्तरण या संचालन तथा जनन सम्बन्धी
(iv) अव्यक्तता
(v) यौवन एवं युवावस्था
(vi) प्रारम्भिक बालिगावस्था
(vii) प्रौढ़ बालिगावस्था।

इरिकसन का मत है कि उपरोक्त सभी अवस्थाओं में मनोवैज्ञानिक संकट उत्पन्न होता है तथा सामान्य व तृप्त व्यक्तित्व के विकास के लिए इन संकटावस्थाओं का अनुकूलतम ढंग से नियन्त्रण का प्रबन्ध करना चाहिए। उनके अनुसार महत्त्वपूर्ण संकट का प्रारम्भ यौवन तथा युवावस्था में होता है। वे कहते हैं कि संकटावस्था के फलस्वरूप वर्तमान लक्ष्यों के साथ विगत अनुभवों का एकीकरण हो जाता है। उनके अनुसार व्यक्तित्व विकास के संदर्भ में सर्वोत्तम बात उत्पादन-अभिमुखी दृष्टिकोण है। दूसरे शब्दों में, युवा एवं मध्यम-उम्र बालक अपने मनोवैज्ञानिक संकट का समाधान उत्पादन-अभिमुखी होकर कर सकते हैं तथा अपने व्यक्तित्व का विकास कर सकते हैं।

3. अपरिपक्वता से परिपक्वता की ओर—व्यक्तित्व विकास के अवस्था दृष्टिकोण से दूर हटते हुए क्रिस आर्गीरिस ने अपरिपक्वता-परिपक्वता सातत्य (Continuum) प्रस्तुत करके मानव व्यक्तित्व के कुछ विशिष्ट आयामों की ओर संकेत किया है। उन्होंने अपरिपक्व एवं परिपक्व अवस्था की निम्नलिखित विशेषताएँ बतलाई हैं :

(i) *अपरिपक्वता लक्षण*—अपरिपक्वता लक्षण में प्रमुख है; निष्क्रियता, निर्भरता, कुछ ही तरीकों में व्यवहार, तुच्छ रुचियाँ, अल्पकालीन परिप्रेक्ष्य, स्व-चेतना का अभाव।

(ii) *परिपक्वता लक्षण*—परिपक्वता लक्षण में प्रमुख हैं— सक्रियता, स्वतन्त्रता, अनेक तरीकों में व्यवहार, गहन रुचियाँ, दीर्घकालीन परिप्रेक्ष्य, स्व-चेतना एवं नियंत्रण।

क्रिस आर्गीरिस कहते हैं कि यह मॉडल इस बात का संकेत नहीं है कि सभी व्यक्ति सातत्य क्रम के परिपक्वता सिरे तक पहुँच जाते हैं या पहुँचने के लिए प्रयास करते हैं। ये सात आयाम व्यक्तित्व विकास के एक पहलू को दर्शाते हैं। व्यक्तित्व विकास में बहुत कुछ व्यक्ति के अवबोध, स्व-धारणा, अनुकूलन एवं समायोजन के

आधार पर इसका निर्धारण होता है। व्यक्तित्व के ये सात आयाम मात्रा में बदलते रहते हैं। ये आयाम व्यक्तित्व के छिपे हुए या दबे हुए लक्षणों पर आधारित हैं जो अवलोकन-योग्य व्यवहार से पूर्णतः अलग होते हैं।

क्रिस आर्गीरिस के अनुसार संस्था में कार्य करने वाले कमचारियों के व्यक्तित्व को विकसित करने के लिए जरूरी है कि प्रबन्धक उन्हें विभिन्न गतिविधियों में सक्रिय होने, कार्य स्वतन्त्रता, दीर्घकालीन चिन्तन, उच्च पद, गहन, रुचियों एवं अपनी योग्यताओं की अभिव्यक्ति के अवसर उपलब्ध करवायें। क्रिस आर्गीरिस इस बात पर विशेष बल देते हैं कि औपचारिक संगठन की प्रकृति तथा परिपक्व व्यक्तित्व की जरूरतों में एक **मूलभूत असंगति** (Basic Incongruence) बनी रहती है। यही कारण है कि परिपक्व कर्मचारी भी निराश, उदासीन एवं संगठन के साथ संघर्ष में रहते हैं। पूर्ण व्यक्तित्व विकास के लिए **'व्यक्ति-संगठन संरचना अन्तर्व्यवहार'** पर ध्यान आकृष्ट करना चाहिए।

4. ज्ञानात्मक अवस्थायें--ज्ञानात्मक विकास के क्षेत्र में मनोवैज्ञानिक जीन पियाजे का नाम प्रमुख है। उनके अनुसार **'चेतन मस्तिष्क'** (Conscious mind) व्यक्तित्व विकास में अहम् भूमिका निभाता है। उन्होंने बौद्धिक एवं ज्ञानात्मक विकास की निम्न चार अवस्थायें बतलाईं :

(i) प्रारम्भिक अवस्था में शिशु अपने वातावरण के बारे में ज्ञान प्राप्त करता है। यह अवस्था जन्म से 2 वर्ष की उम्र तक रहती है।

(ii) 2 से 7 वर्ष की उम्र में बच्चा विचार, भाषा, चिह्न, चित्र आदि का ज्ञान प्राप्त करता है।

(iii) 7 से 11 वर्ष की उम्र में बालक संज्ञानात्मक एवं अवधारणात्मक सिद्धान्तों की जानकारी करता है।

(iv) 11 वर्ष की उम्र के पश्चात् बालक तर्क, कल्पना, घटनाओं का मूल्यांकन करना आदि की क्षमता विकसित करता है।

इस प्रकार बालक मनोयौन की अवस्था के बाद चिन्तन, बुद्धि एवं ज्ञान के द्वारा अपने व्यक्तित्व का विकास करता है।

व्यक्तित्व के प्रमुख निर्धारक तत्त्व

हम बिना व्यक्तित्व को समझे मनुष्य के व्यवहार को नहीं जान सकते। व्यक्तित्व के निर्धारण में अनेक घटकों का योगदान होता है। शारीरिक घटक, संज्ञान (Cognition) एवं मनोवैज्ञानिक प्रक्रियाओं के अतिरिक्त अनेक घटक व्यक्तित्व

के निर्माण में योगदान देते हैं। व्यक्तित्व के प्रमुख निर्धारक घटक निम्नलिखित हैं–

1. शारीरिक संरचना–शरीर की संरचना के अनेक घटक जैसे शरीर का आकार, स्नायुविक प्रणाली, प्राण प्रणाली, रक्तचाप, कद, दिमागी प्रणाली आदि भी व्यक्तित्व निर्माण को प्रभावित करते हैं। शारीरिक प्रक्रियाओं के सही संचालन से बुद्धि, मानसिक योग्यता आदि का विकास होता है। कमजोर व्यक्ति के शरीर रचना में व्यक्तित्व के विकास में अवरोध उत्पन्न होता है।

2. वंश परम्परा–व्यक्तित्व के निर्धारण में वंश परम्परा का भी प्रभाव पड़ता है। स्कॉट का मत है कि व्यक्ति को अपने वंशानुक्रम के द्वारा जीवित रहने और विकास करने हेतु अपेक्षित आधारभूत संरचना की प्राप्ति होती है। **जे. कैली** (J. Kelly) के अनुसार, "वास्तव में, व्यक्तित्व के प्रारम्भिक कार्य को वंशानुगत जीन्स रूपान्तरित करते हैं। जीन्स हारमोन संतुलन को निर्धारित करते हैं तथा शारीरिक रचना, व्यक्तित्व को आकार प्रदान करती है। संगठनात्मक व्यवहार के क्षेत्र में हुई खोजों से पता चलता है कि नेतृत्व परम्परावाद तथा सत्ता की आज्ञाकारिता जैसे गुण वंशानुगत के द्वारा ही विकसित होते हैं।

3. वातावरणीय प्रभाव–वातावरण का भी प्रभाव व्यक्तित्व के विकास पर पड़ता है। मनुष्य का सामाजिक एवं सांस्कृतिक वातावरण घर, परिवार, संस्कृति, समुदाय, सामाजिक मूल्य, साहित्य, दर्शन, शिक्षण, मनोविवोद के साधन आदि मनुष्य के व्यक्तित्व को ढालते हैं। सम्पूर्ण परिवेश का व्यक्तित्व के विकास में महत्त्वपूर्ण योगदान है।

4. बाल्यकाल के अनुभव–बाल्यावस्था के अच्छे -बुरे अनुभव भी आजीवन काल के लिए मानव के व्यक्तित्व का हिस्सा बन जाते हैं। माता-पिता तथा घर के अन्य सदस्यों का व्यवहार भी बच्चे के मस्तिष्क पर प्रभाव डालता है। व्यक्ति के जन्म से लेकर प्रौढ़ावस्था तक सभी क्रियाकलापों का व्यक्तित्व के ऊपर प्रभाव पड़ता है।

फ्रेड लुथांस (Fred Luthans) के अनुसार व्यक्तित्व के प्रमुख निर्धारक घटक निम्नलिखित हैं–

(क) परिस्थितिगत प्रभाव–व्यक्तित्व पर परिस्थिति का भी प्रभाव पड़ता है। व्यक्तित्व के निर्माण पर आकस्मिक परिस्थितियों का भी प्रभाव पड़ता है। सामान्यतः यह माना जाता है कि व्यक्तित्व स्थिर है किन्तु वास्तविकता यह है कि व्यावहारिक जगत में विभिन्न परिस्थितियों में व्यक्तित्व के विभिन्न पहलुओं की माँग होती है।

परिस्थितियों में संघर्ष से भी व्यक्तित्व का निर्माण होता है। प्रकृति एवं मनुष्य का अन्योन्याश्रित सम्बन्ध है।

(ख) परिवार से योगदान–परिवार में रहने वाले सदस्यों की व्यक्तित्व निर्माण में महत्त्वपूर्ण भूमिका होती है। माता-पिता की भूमिका बच्चों के लिए 'पहचान प्रक्रिया' (Identification process) बनाने में महत्त्वपूर्ण होती है। माता-पिता बच्चों के लिए 'भूमिका मॉडल' (Role model) बन कर उनके व्यक्तित्व को प्रभावित करते हैं। पहचान प्रक्रिया से बच्चों में माता-पिता के समान भावनायें एवं प्रवृत्तियों का विकास होता है। उसी प्रकार की इच्छाएँ एवं प्रेरक बनते हैं। बाद में, पहचान प्रक्रिया को सामाजिक समूहों द्वारा आगे बढ़ाया जाता है। एक शोध कार्य से स्पष्ट है कि प्रजातान्त्रिक परिवारों के बच्चे अधिक स्थायी, कम विवादी, प्रशंसा व निंदा के प्रति अधिक जागरूक, अधिक सामाजिक तथा तानाशाह परिवार की तुलना में अधिक विचारशील होते हैं। परिवार के अन्य घटकों जैसे बच्चों पर कम या अधिक ध्यान देने की प्रवृत्ति, कुसमायोजन, पृथक्ता, माता-पिता से अलग हो जाने का सदमा, परिवार का लाड़-दुलार यहाँ तक कि जन्म-क्रम का भी व्यक्तित्व निर्माण पर गहन प्रभाव पड़ता है। सामाजिक मनोवैज्ञानिकों ने पाया है कि परिवार में प्रथम पैदा हुआ (First born) एवं एकमात्र बच्चे में अन्य बच्चों की तुलना में स्नेह, प्रेम व जुड़ाव (Affiliation) की भावना अधिक प्रबल होती है। उनमें समूह चेतना, निर्भरता, उत्सुकता, चिन्ता की प्रवृत्ति भी अधिक होती है। परिवार से ही बच्चा सब कुछ सीखता है। परिवार को प्रथम पाठशाला की संज्ञा दी गयी है।

(ग) समाजीकरण की प्रक्रिया–कार्य करने का सही तरीका व्यक्ति समाज से ही सीखता है। वर्तमान संगठनों में कर्मचारी जिस तरह का व्यवहार करते हैं तथा व्यक्तित्व रखते हैं, उसका सर्वश्रेष्ठ स्पष्टीकरण 'समाजीकरण' की प्रक्रिया है। **एगर स्केइन** (Edgar Schein) लिखते हैं कि "यह अच्छा समय है जब संगठन वातावरण में कार्य कर रही शक्तियों पर प्रबन्धकीय ज्ञान एवं कौशल को संकेन्द्रित किया जाना चाहिए क्योंकि आज के संगठन सामाजिक प्रणालियाँ हैं जो अपने नये सदस्यों का समाजीकरण करती हैं। यदि हम संगठनात्मक समाजीकरण की शक्तियों का विश्लेषण एवं नियंत्रण नहीं करते हैं तो हम अपनी प्राथमिक प्रबन्धकीय जिम्मेदारियों में से एक का परित्याग कर रहे हैं।" समाजीकरण से व्यक्ति का दृष्टिकोण, तर्कशैली, विचारों, चिन्तन-ढंग आदि का निर्माण होता है जो व्यक्तित्व को बनाते हैं।

(घ) सांस्कृतिक योगदान–जैविक घटकों की अपेक्षा सांस्कृतिक घटक का प्रभाव व्यक्तित्व निर्धारण पर अधिक पड़ता है। व्यक्तित्व विकास में सीखने की

प्रक्रिया, समाज में प्रचलित मूल्य, परम्पराएँ, आक्रामकता, प्रतिस्पर्धा, सहयोग की भावना स्वतन्त्रता आदि घटकों का विशेष प्रभाव पड़ता है। इसके अतिरिक्त, समाज में प्रचलित धार्मिक एवं नैतिक मान्यतायें, दूसरी संस्कृति के प्रति सहनशीलता की प्रवृत्ति, सांस्कृतिक रूपान्तरण, न्याय एवं सुरक्षा प्रणाली आदि घटक भी मनुष्यों के व्यक्तित्व को दिशा देने में सार्थक सिद्ध होते हैं।

(ङ) जैविक प्रभाव–व्यक्तित्व विकास में जैविक घटकों की विशेष भूमिका होती है। जीव विज्ञान सम्बन्धी ये तत्त्व निम्न प्रकार हैं जैसे–वंशानुगतता की भूमिका, मस्तिष्क की योग्यता एवं बुद्धि वैभव, प्रबन्धकीय चिन्तन, मस्तिष्क का विद्युतीय उत्तेजन, मस्तिष्क विच्छेद मनोविज्ञान, जैविक प्रतिपुष्टि, शारीरिक विशेषताएँ एवं परिपक्वता की दर आदि जैविक प्रभाव हैं।

व्यक्तित्व के प्रकार

वाशिंगटन के मनोवैज्ञानिक **मिचेल मैकोबी** (Michael Maccoby) ने हाल में प्रकाशित अपनी पुस्तक 'The Gamesman' में 12 उच्च स्तरीय व्यावसायिक फर्मों के 250 प्रबन्धकों से साक्षात्कार लेकर मानव व्यक्तित्व के निम्नलिखित प्रकार बताये हैं, जिनका उल्लेख नीचे किया गया है–

1. खिलाड़ी व्यक्ति–मैकोबी के अनुसार खिलाड़ी व्यक्तित्व एक आदर्श व्यक्तित्व है। वह संगठन में जोखिम एवं सुरक्षा में संतुलन बनाये रखता है। वह उत्तरदायित्व लेना पसन्द करता है। वह सदैव नाप-तौलकर जोखिम उठाता है तथा विजयी होने की मानसिकता रखता है। वह लक्ष्य प्राप्त करने में विश्वास रखता है।

2. शिल्पी–शिल्पी व्यक्तित्व के मनुष्य तकनीकी रूप से विशेषज्ञ होते हैं तथा कार्य को उच्च गुणवत्ता की दृष्टि से सम्पन्न करते हैं। वे सम्पूर्ण संगठनात्मक परिदृश्य को जानने के लिए विस्तृत विवरणों पर अधिक बल देते हैं।

3. जंगल लड़ाका–'जंगल योद्धा' प्रकार का व्यक्तित्व आक्रामक एवं संघर्षशील होता है। ऐसे व्यक्ति प्रत्येक दशा में सफलता प्राप्त करने में विश्वास रखते हैं। ऐसे व्यक्तित्व वाले व्यक्ति उस मनुष्य पर खुला आक्रमण कर देते हैं जो उनके लिए लक्ष्य प्राप्ति में बाधक बनता है। ये प्रतिशोधक भावना के होते हैं।

4. कम्पनी व्यक्ति–'कम्पनी व्यक्ति' रूढ़िवादी प्रकृति के होते हैं। वे स्वयं की तथा कम्पनी की किसी भी लागत पर सुरक्षा करने का प्रयास करते हैं। ऐसे व्यक्तित्व में जोखिम उठाने की क्षमता नहीं होती तथा यह अनेक लाभप्रद अवसरों को गँवाकर कम्पनी को हानि पहुँचाता है।

व्यक्तित्व विकृति

कारसन और **बूचर** (Carson & Butcher) ने व्यक्तित्व विकृतियों को परिभाषित करते हुए लिखा है कि "सामान्य रूप से व्यक्तित्व की विकृतियाँ व्यक्तिगत शीलगुणों का एक बढ़ा हुआ या अतिरंजित रूप है जिससे व्यक्ति का परेशानीपूर्ण व्यवहार विशेषकर कुछ अन्तर्वैयक्तिक प्रकृति के परेशानीपूर्ण व्यवहार को करने के लिए एक झुकाव उत्पन्न करती हैं।"

DSM-IV वर्गीकरण (1994) के अनुसार व्यक्तित्व विकृति की परिभाषा इस प्रकार है—"व्यक्तित्व विकृति व्यवहार आन्तरिक अनुभूतियों का वह स्थाई पैटर्न है जो व्यक्ति की संस्कृति की प्रत्याशाओं से लम्बरूप से विचलित होता है, यह पैटर्न अनमन और व्यापक होता है। इसका प्रारम्भ किशोरावस्था या आरम्भिक बाल्यावस्था से होता है। यह पैटर्न विशेष समय तक स्थिर रहता है और इससे परेशानी या हानि होती है।"

डेविसन और **नील** (Davison & Neal, 1996) ने व्यक्तित्व व विकृतियों को परिभाषित करते हुए लिखा है कि "व्यक्तित्व विकृतियों का विषम समूह है जिसमें व्यवहार और अनुभूतियों का स्थाई और अनमना पैटर्न पाया जाता है। यह सांस्कृतिक प्रत्याशाओं से विचलित होता है। इससे व्यक्ति को परेशानी या हानि होती है।"

व्यक्तित्व विकृतियाँ असामान्य परिवर्तन के रूप में दिखाई देती हैं। अर्थ स्पष्ट करते हुए कहा जा सकता है कि व्यक्तित्व विकृति व्यवहार तथा अनुभूतियों का वह स्थाई नमूना और अनम्य नमूना है जो सांस्कृतिक प्रत्याशाओं से विचलित होता है। यह विशेष समय तक स्थिर रहता है तथा व्यक्ति के लिए यह परेशानी वाली या हानिकारक होता है। किसी व्यक्ति के व्यवहार को व्यक्तित्व विकृति की श्रेणी में तभी रखा जा सकता है जब कम-से-कम निम्न विशेषताएँ हों—

व्यक्तित्व शीलगुण या व्यवहार और अनुभूतियाँ अतिरंजित अर्थात् अधिक बढ़ी हुई या अधिक घटी हुई हैं। व्यक्तित्व शीलगुण या व्यवहार और अनुभूतियाँ अस्थाई न होकर स्थाई प्रकार के होते हैं जो एक समय विशेष तक स्थाई रहते हैं। व्यक्तित्व विकृत व्यक्ति में यह व्यवहार और अनुभूतियाँ सांस्कृतिक प्रत्याशाओं से विचलित या भिन्न होती हैं, यह सांस्कृतिक प्रत्याशाओं से मेल खाते हुए नहीं होते हैं। व्यक्तित्व विकृतियों का प्रारम्भ बाल्यावस्था या किशोरावस्था से हो जाता है। व्यक्तित्व विकृतियों से सम्बन्धित व्यवहार और अनुभूतियाँ उस व्यक्ति या समाज या दोनों के लिए परेशानी वाली और हानि वाली होती हैं।

व्यक्तित्व विकृति की समस्या और इसका निराकरण

मनुष्य के व्यक्तित्व विकृति की पहचान या निदान आसान नहीं है। व्यक्तित्व विकृति के निदान में अनेक समस्याएँ भी हैं। इन समस्याओं में कुछ प्रमुख समस्याएँ निम्न प्रकार से हैं–

व्यक्तित्व विकृति के निदान में सर्वप्रथम समस्या यह है कि इस दिशा में शोध अध्ययनों का अभाव है अर्थात् ज्ञान की कमी होने के कारण व्यक्तित्व विकृति की पहचान में समस्या है। व्यक्तित्व विकृति की पहचान के लिए अब तक हुए अनुसन्धानों के आधार पर कोई कसौटियों को भी विकसित नहीं किया गया है जिससे व्यक्तित्व विकृति की पहचान की जा सके। व्यक्तित्व विकृति की अब तक कोई सर्वमान्य परिभाषा भी नहीं है जिसके आधार पर विकृत व्यक्तित्व की पहचान के लिए कसौटियों का निर्माण किया जा सके। एक अध्ययन को **विडगर** एवं **फ्रान्सेस** (Widger and Frances, 1985) के अनुसार व्यक्तित्व विकृति के जो विभिन्न प्रकार हैं, उन प्रकारों या रूपों में निश्चित रूप से भिन्नता की विशेषता तो है लेकिन यह रूप अलग-अलग होने के कारण व्यक्तित्व विकृति के समग्र या एक रूप की कल्पना कर पाना सम्भव नहीं हो पाया है। इस कारण से भी व्यक्तित्व विकृति के निदान में कठिनाई है। फ्रान्सेस (Frances, 1980) ने अपने अध्ययनों के आधार पर यह निश्चित किया है कि व्यक्तित्वशील सामान्य मात्रा के साथ बढ़े हुए या घटे हुए (अतिरंजित) रूप में होती है। दूसरे शब्दों में, व्यक्तित्व शीलगुण विभा (Dimension) के रूप में पाए जाते हैं। सामान्य व्यक्तियों में शीलगुण सामान्य मात्रा में पाए जाते हैं और रोगात्मक अभिव्यक्ति (Pathological expression) भी पाया जाता है। इस कारण से व्यक्तित्व विकृति की पहचान कठिन होती है। व्यक्तित्व विकृति का निदान इसलिए भी कठिन होता है कि व्यक्तित्व शीलगुणों की पहचान अनुमान पर अधिक आधारित है और वास्तविकता पर बहुत कम आधारित है।

व्यक्तित्व विकृति की पहचान में जो उपरोक्त कठिनाइयाँ हैं उनको ध्यान में रखकर कहा जा सकता है कि व्यक्तित्व विकृति निदान की विश्वसनीयता बहुत कम है। मनोचिकित्सक इस दिशा में अनुसन्धान के आधार पर कसौटियों के निर्माण में लगे हैं।

नैदानिक स्तर पर व्यक्तित्व विकृति

व्यक्तित्व विकृति के अनेक प्रकारों का आगे वर्णन किया गया है और प्रत्येक

प्रकार की अपनी अलग विशेषताएँ बताई गई हैं फिर भी सभी प्रकारों की कुछ सामान्य विशेषताएँ हैं जिसके आधार पर व्यक्तित्व विकृति का नैदानिक स्वरूप स्पष्ट हो जाता है। व्यक्तित्व विकृति के नैदानिक स्वरूप को निम्न विशेषताओं के आधार पर समझा जा सकता है–

(1) बाधित व्यक्तिगत सम्बन्ध–व्यक्तित्व विकृति किसी भी प्रकार क्यों न हो अर्थात् सभी प्रकार की व्यक्तित्व विकृतियों में एक सामान्य विशेषता यह पाई जाती है कि रोगी के व्यक्तिगत सम्बन्ध बाधित प्रकार के या विघटित प्रकार के होते हैं। व्यक्तित्व विकृति के रोगी के अन्य व्यक्तियों से सम्बन्ध अच्छे नहीं होते हैं। लोगों से और वह लोग उससे नाराज रहते हैं और दूसरे लोग ऐसे रोगी से घबराए भी रहते हैं।

(2) चिरकालिक दुःख देने वाला व्यवहार–व्यक्तित्व विकृति के रोगी का व्यवहार दुःखदायी और दूसरों को परेशान करने वाला होता है। उनका व्यवहार दूसरों को कष्ट पहुँचाने वाला होता है। व्यक्तित्व विकृति के रोगी का यह व्यवहार कुछ समय के लिए न होकर लम्बे समय तक रहने वाला होता है या लम्बे समय से ऐसा व्यवहार चल रहा होता है।

(3) ऋणात्मक परिणाम–व्यक्तित्व विकृति वाले रोगी को अपने व्यवहार का परिणाम हमेशा ऋणात्मक परिणाम वाला ही केवल दिखाई देता है बल्कि ऐसा होता भी है। इस विकृति के व्यक्ति के दूसरों से सम्बन्ध विच्छेद हो जाते हैं। उसका विवाह-विच्छेद हो सकता है। वह नशीली औषधियों का सेवन करने वाला हो सकता है तथा उसका व्यवहार आपराधिक प्रकार का भी हो सकता है। (Khantizion, 1985) ने अपने एक अध्ययन के आधार पर यह बताया कि व्यक्तित्व विकृति में लगभग एक प्रकार के व्यक्तियों में नारकोटिक्स पर निर्भरता दिखाई देती है।

(4) कुसमायोजी व्यवहार को दुहराना–व्यक्तित्व विकृति के व्यक्ति में यह देखा गया है कि व्यक्ति एक ही प्रकार के कुसमायोजी व्यवहार को बार-बार दुहराता रहता है। उदाहरण के लिए जिद करना, द्वेषभाव प्रदर्शित करना, शक की दृष्टि से देखना आदि कुसमायोजी व्यवहार हैं। व्यक्तित्व विकृति के रोगी में यह देखा गया है कि व्यक्ति इन कुसमायोजी व्यवहारों को बार-बार करता रहता है। कई बार व्यक्तित्व विकृति को रोगी दूसरे व्यक्ति पर निर्भरता ऐसे दिखाता है, जैसे वह उस व्यक्ति के बिना रह नहीं पाएगा परन्तु कुछ समय बाद किसी कारण से वह अपने

सम्बन्ध उस व्यक्ति से तोड़ लेता है। यह उसकी शंका के कारण हो सकता है या उसके जिद्दीपन के कारण हो सकता है।

(5) व्यक्तित्व विकृति की गम्भीरता—व्यक्तित्व विकृति के अन्तर्गत अपने व्यक्तित्व असामंजस्य को लेकर आरम्भिक स्तर पर उसमें व्यक्तित्व विकृति की गम्भीरता ज्यों की त्यों बनी रहती है। यदि कोई व्यक्ति चिकित्सक के पास ले जाता है तब वह चिकित्सक के साथ सहयोग नहीं करता है। वह चिकित्सक के परामर्श के अनुसार उपचार पर अमल नहीं करता है। वह चूँकि चिकित्सक के साथ न सहयोग करता है, न वह चिकित्सा पर अमल करता है। इसलिए उसके व्यक्तित्व विकृति की गम्भीरता जैसी की तैसी ही बनी रहती है।

(6) व्यवहार परिवर्तन का विरोध—व्यक्तित्व विकृति का रोगी अपने व्यवहार में किसी भी प्रकार का परिवर्तन नहीं चाहता है। कोई दूसरा व्यक्ति यदि व्यवहार परिवर्तन का सुझाव देता है तब वह उस व्यक्ति के सुझावों पर भी कोई अमल नहीं करता है। रोगी अपने व्यवहार में किसी भी प्रकार के परिवर्तन को पसन्द नहीं करता है।

उपर्युक्त व्यक्तित्व विशेषताओं के आधार पर व्यक्तित्व विकृति के रोगी का नैदानिक स्वरूप काफी कुछ स्पष्ट हो जाता है।

व्यक्तित्व विकृतियों के लक्षण और व्यवहार

व्यक्तित्व विकृतियों के लक्षणों और व्यवहार का संक्षिप्त विवरण इस प्रकार से है—

1. चिन्ता व्यामोही व्यक्तित्व विकृति—इस कोटि के व्यक्तित्व विकृति वाले लोगों में सन्देह आरम्भ स्थापना एवं आरम्भिक स्तर पर अन्तरता करने की प्रवृत्ति पाई जाती है। इस प्रकार के व्यक्तित्व विकृति वाले लोगों के कुछ प्रमुख लक्षण इस प्रकार से हैं—ये लोग दूसरों पर शक करने वाले होते हैं अथवा यह लोग बात-बात पर शक करने वाले होते हैं। यह लोग अपने गलत कार्यों को तर्क के आधार पर सही ठहराते हैं। यह लोग अपने को हमेशा निर्दोष सिद्ध करते हैं। इस प्रकार के लोगों के व्यवहार को यदि गहराई से देखा जाए तो कहा जा सकता है कि इनका व्यवहार हर प्रकार से दोषपूर्ण होता है, फिर भी यह अपने दोषपूर्ण व्यवहार को स्वीकार नहीं करते हैं।

चिन्ता व्यामोही व्यक्तित्व विकृति वाले लोगों में यह देखा गया है कि यह अपने पद और प्रतिष्ठा के प्रति आवश्यकता से अधिक जागरूक होते हैं। इनमें

अपने से अधिक प्रतिष्ठा के लोगों के प्रति जलन की भावना होती है। दूसरी ओर जो व्यक्ति छोटे पदों और कम प्रतिष्ठा वाले लोग होते हैं उनके प्रति यह लोग घृणा के भाव रखते हैं।

2. सीजोयड व्यक्तित्व विकृति—इस प्रकृति वाले व्यक्तित्व का विकृति के लोग समाज से आंतरिक अलगाव बनाते हुए जीवन व्यतीत करते दिखाई देते हैं। इस प्रकार की व्यक्तित्व विकृति वाले लोगों के व्यक्तित्व का प्रमुख लक्षण यह होता है कि इनमें दूसरे व्यक्तियों के साथ सम्बन्ध बनाने में कोई रुचि दिखाई नहीं देती हैं। साथ-साथ यह भी देखा गया है कि इन व्यक्तियों के दूसरे लोगों के साथ सामाजिक सम्बन्ध बहुत कम पाए जाते हैं। वास्तविकता यदि देखी जाए तो यह कहा जा सकता है कि इस प्रकार के व्यक्तित्व वाले लोगों में वह क्षमता नहीं पाई जाती है जिसके आधार पर व्यक्ति दूसरों से अच्छे सामाजिक सम्बन्ध बना लेते हैं।

सीजोयड व्यक्तित्व विकृति वाले लोग एकान्तप्रिय प्रकार के व्यक्ति होते हैं। यह लोग असामाजिक व्यवहार वाले भी होते हैं क्योंकि समाज में इनके मित्र इनकी एकांतप्रियता के कारण कम ही होते हैं। इस प्रकार के व्यक्तियों में सामाजिक कौशल (Skills) कम पाया जाता है।

3. सीजोटायपल व्यक्तित्व विकृति—मनोवैज्ञानिकों का मानना है कि सीजोटायपल विकृति वाले लोग इस प्रकार के व्यक्तित्व वाले लोगों में झक्कीपन (Eccentric) अधिक पाया जाता है। इस प्रकार के व्यक्तित्व विकृति वाले लोग व्यवहार में एकान्तप्रिय भी होते हैं। यह समाज से अलग-थलग एकान्त जीवन व्यतीत करना अधिक पसन्द करते हैं। इस प्रकार के व्यक्तित्व वाले लोगों में अति संवदेनशीलता का लक्षण भी पाया जाता है।

सीजोटायपल व्यक्तित्व विकृति वाले लोग सीजोयड व्यक्तित्व विकृति वाले लोगों से काफी कुछ समान होते हैं। इस समानता के बाद भी इन दो प्रकार के लोगों में भिन्नता भी पाई जाती है। इन दोनों में भिन्नता की दृष्टि से देखा जाए तो यह कहा जा सकता है कि इस प्रकार के व्यक्तित्व विकृति वाले लोगों की बातचीत में चिन्तन और प्रत्यक्षीकरण का जो झक्कीपन पाया जाता है यह लोग उसी के आधार पर सीजोयड व्यक्तित्व वाले लोगों से भिन्न होते हैं। इस प्रकार के लोगों को जीवन की वास्तविकता का पूर्ण ज्ञान होता है फिर भी इनमें अन्धविश्वासपूर्ण चिन्तन अधिक मात्रा में पाया जाता है। इस अन्धविश्वास के कारण इनकी वास्तविकता की भावना भी प्रभावित रहती है।

4. हिस्ट्रीओनिक व्यक्तित्व विकृति—मनोवृत्ति एवं कार्य प्रवृतिक स्तर पर

हिस्ट्रीओनिक व्यक्तित्व विकृति कई अभिलक्ष्य की इशारा करती है। इस प्रकार के व्यक्तित्व वाले लोगों की एक प्रमुख विशेषता या लक्षण यह है कि इन लोगों में उतावलेपन की उत्तेजना बहुत अधिक दिखाई देती है। इन लोगों के व्यवहार में अपरिपक्वता का लक्षण भी प्रमुख रूप से पाया जाता है। संवेगात्मक अस्थिरता भी एक तीसरा प्रमुख लक्षण है, जो इस प्रकार के व्यक्तित्व वाले लोगों में पाया जाता है।

इस प्रकार के व्यक्तित्व विकृति वाले लोगों के एक-दूसरे के साथ पारस्परिक या अन्तर्वैयक्तिक सम्बन्ध (Interpersonal relationships) तूफानी और असन्तोषजनक होते हैं। इस प्रकार के लोगों का दूसरे परिवार से लैंगिक समायोजन भी दोषपूर्ण ढंग का होता है। इस प्रकार के लोग आत्म-केन्द्रित (Self-centred) प्रकार के होते हैं लेकिन समाज के दूसरे लोगों का अनुमोदन (Approval) पाने की तीव्र लालसा होती है।

5. आत्ममोही व्यक्तित्व विकृति—जिस प्रकार का इनका नाम है वही व्यक्तित्व विशेषता इन लोगों में सबसे अधिक पाई जाती है। आत्ममोही इनका नाम है और आत्ममोह का लक्षण इनके व्यक्तित्व में सबसे अधिक दिखाई देता है। प्रकार के व्यक्तित्व लोगों में आत्म महत्त्व (Self importance) की भावना सबसे अधिक पाई जाती है।

इस अभिलक्ष्य में इस प्रकार के व्यक्तित्व वाले लोग न केवल अपने आपको महत्त्वपूर्ण व्यक्ति समझते हैं बल्कि यह लोग अपने को अधिक महत्त्वपूर्ण समझने के साथ-साथ दूसरों से सेवा भी चाहने वाले होते हैं। यह लोग अपनी इच्छा और विचारों को श्रेष्ठ समझते हैं तथा दूसरे लोगों की इच्छा और विचारों को तुच्छ समझते हैं। इस प्रकार के व्यक्तित्व वाले लोग दूसरे लोगों को अपने अधिक निकट आने नहीं देते हैं क्योंकि यह लोग आत्म महत्त्व की भावना अधिक रखते हैं। यद्यपि इनके व्यक्तित्व में विकृति पाई जाती है फिर भी यह अपने व्यक्तित्व के दोषों को स्वीकार नहीं करते हैं। यह लोग अपना मनोवैज्ञानिक उपचार भी नहीं कराना चाहते हैं।

6. समाज विरोधी व्यक्तित्व विकृति—समाज में प्रायः कुछ ऐसे व्यवहारों से जुड़े लोग भी दिखाई देते हैं जिनका आचीय मूल्यों-मान्यताओं के स्तर पर समाज की प्रचलित प्रथा का अनुसरण नहीं करता है। लक्षणों में इस प्रकार की व्यक्तित्व विकृति वाले लोगों के सबसे प्रमुख इनका समाज विरोधी व्यवहारों को प्रदर्शित करना है। इस प्रकार की व्यक्तित्व विशेषता वाले लोग प्रायः हर समय समाज विरोधी व्यवहार की अभिव्यक्ति करते हैं तथा दूसरों के व्यवहारों की यह अवहेलना करते रहते हैं।

समाज विरोधी व्यक्तित्व विकृति लोग दूसरे लोगों को ठगने में माहिर होते

हैं। इस प्रकार के व्यक्तित्व विकृति वाले लोग किसी भी स्तर के समाज विरोधी कार्य कर सकते हैं। यह लोग जब भी समाज विरोधी कार्य करते हैं तब यह समाज विरोधी कार्य करना अपना अधिकार समझते हैं।

7. सीमान्त रेखीय व्यक्तित्व विकृति—इस कोटि की मनोगत समस्या में मनुष्य के समस्त कार्य निष्कर्ष एवं प्रति क्रियाओं में एक सामंजस्य एवं असंतुलन का समावेश रहता है। जिस एक बड़ी व्यवहारगत समस्या के रूप में देखा जा सकता है। इस प्रकार के व्यक्तित्व विकृति के रोगी में व्यक्तित्व विकृति के लक्षण तो पाए ही जाते हैं, इसके साथ-साथ इस प्रकार के व्यक्तित्व विकृति के रोगी में भावात्मक रोग (Affective disorder) के लक्षण भी पाए जाते हैं। दूसरे शब्दों में, इस प्रकार के व्यक्तित्व विकार वाले व्यक्ति में मानसिक रोग के लक्षण भी पाए जाते हैं।

सीमान्त रेखीय व्यक्तित्व विकृति नाम ही इसलिए है कि इनमें व्यक्तित्व विकृति और भावात्मक रोग दोनों ही लक्षण पाए जाते हैं। इसकी समय-समय पर मनोदशा (Mood) में परिवर्तन पाया जाता है तथा इस प्रकार की विकृति वाले रोगियों में व्यवहारात्मक समस्याएँ भी पाई जाती हैं।

सीमांत रेखीय व्यक्तित्व विकृति वाले व्यक्ति छोटी-छोटी-सी बात पर क्रोध व्यक्त करते हैं या थोड़ी-सी उत्तेजना पर ही यह लोग क्रोधित हो जाते हैं। उत्तेजना की तीव्रता को देखते हुए इन व्यक्तियों का क्रोध बहुत ज्यादा होता है। इस प्रकार के व्यक्तित्व विकृति वाले लोगों के व्यवहार के बारे में किसी प्रकार का पूर्वकथन (Prediction) इसीलिए नहीं किया जा सकता है कि न जाने किस क्षण इनको बहुत क्रोध उत्पन्न हो जाए। इस प्रकार के लोगों के सामाजिक सम्बन्ध या पारस्परिक सम्बन्ध दोषपूर्ण होते हैं। एक अध्ययन के अनुसार इन लोगों में आत्महत्या की प्रवृत्ति अधिक मात्रा में पाई जाती है।

मनोगत स्तर पर इस प्रकार के व्यक्तित्व वाले व्यक्ति छोटी-छोटी-सी बात पर क्रोध व्यक्त करते हैं या थोड़ी-सी उत्तेजना पर ही यह लोग क्रोधित हो जाते हें। उत्तेजना की तीव्रता को देखते हुए इन व्यक्तियों का क्रोध बहुत ज्यादा होता है। इस प्रकार के व्यक्तित्व विकृति वाले लोगों के व्यवहार के बारे में किसी प्रकार का पूर्वकथन (Prediction) इसीलिए नहीं किया जा सकता है कि न जाने किस क्षण इनको बहुत क्रोध उत्पन्न हो पाए। इस प्रकार के लोगों के सामजिक सम्बन्ध या पारस्परिक सम्बन्ध दोषपूर्ण होते हैं। उसमें पारिवरिक कोटीबिम्बक और सामाजिक सामंजस्य का अभाव होता है। एक अध्ययन के अनुसार इन लोगों में आत्महत्या की प्रवृत्ति अधिक मात्रा में पाई जाती है (Grounderson, 1986)।

8. परिवर्जित व्यक्तित्व विकृति—इस प्रकार के व्यक्तित्व वाले लोगों की सबसे बड़ी विशेषता यह है कि जब दूसरे व्यक्ति इन लोगों की अवहेलना या तिरस्कार करते हैं तब वह व्यक्ति इस अवहेलना या तिरस्कार के प्रति अति संवेदनशील हो जाते हैं। इन व्यक्तियों के दूसरे लोगों के साथ सामाजिक और अन्तर्वैयक्तिक सम्बन्ध बहुत कम मात्रा में पाए जाते हैं। इन व्यक्तियों के सामाजिक सम्बन्ध सीमित होते हैं क्योंकि यह लोग नए सामाजिक सम्बन्धों को बनाने अथवा पुराने सम्बन्धों को मजबूत करने की इन्हें कोई चिन्ता नहीं होती है। इस प्रकार के व्यक्तित्व वाले लोगों को अपनी आलोचना से डर लगता है।

9. अवलम्बित व्यक्तित्व विकृति—इस प्रकार के व्यक्तित्व विकृति वाले लोग दूसरे व्यक्तियों पर निर्भर या अवलम्बित होने वाले होते हैं। यही कारण है कि जब इस प्रकार के व्यक्तित्व विकृति वाले लोग अकेले में होते हैं तब इनमें घबराहट और बेचैनी होती है। अकेले में घबराहट और बेचैनी इसलिए होती है कि जिस पर यह निर्भर होते हैं वह व्यक्ति नहीं होता है। इस प्रकार के व्यक्तित्व वाले लोगों में कौशल और क्षमताएँ तो पर्याप्त मात्रा में होती हैं लेकिन उनमें आत्म-विश्वास की कमी होती है। इसलिए इन्हें अवलम्बित व्यक्ति की आवश्यकता होती है। यह जब दूसरों के साथ मिलकर कार्य करते हैं तब इनका निष्पादन अच्छा होता है लेकिन इनका आश्रय हट जाता है और इन्हें अकेले में काम करना पड़ता है तब इनका निष्पादन घट जाता है।

10. मनोग्रस्तता-बाध्यता व्यक्तित्व विकृति—इस वर्ग के अन्तर्गत आने वाले व्यक्ति विकृति के अलावा बाह्यता अर्थात् कुछ अवरोधों से चिन्ताग्रत और शारीरिक स्तर पर घिरे होते हैं। इस प्रकार के व्यक्तित्व वाले लोगों में मनोग्रस्तता और बाध्यता के व्यवहारात्मक लक्षण तो पाए ही जाते हैं, साथ-साथ कुछ और भी व्यक्तित्व सम्बन्धी विशेषताएँ पाई जाती हैं। इन व्यक्तित्व विशेषताओं में कुछ प्रमुख विशेषताएँ इस प्रकार से हैं—

ऐसे लोगों में सुचिन्तताओं और व्यवस्थित चिंतन की प्रवृत्ति पाई जाती है। यह लोग नियम और कानून के प्रति बहुत सर्तक होते हैं। इस प्रकार के व्यक्तित्व वाले लोग यह मानते हैं कि हर एक व्यक्ति को अपने-अपने ढंग से काम करने की स्वतन्त्रता होनी चाहिए। इस प्रकार के व्यक्तित्व वाले लोग अपनी हार्दिक भावनाओं को अभिव्यक्त करने में कठिनाई का अनुभव करते हैं। यह व्यक्ति दृढ़ अधिक कर्त्तव्यनिष्ठ और जिद्दी प्रकार के होते हैं।

समाज में व्यक्तित्व विकृति के कारण

संसार में सामाजिक मनोविज्ञान के अन्तर्गत व्यक्तित्व विकृत का अध्ययन अभी जारी है। और इसके समय आयामों का तथ्यपरक संयोजन किया जाना है। व्यक्तित्व विकृति के कारणों की दिशा में अध्ययनों का अभाव है। अध्ययनों के अभाव में व्यक्तित्व विकृति की कारणात्मक व्याख्या अधूरी है फिर भी यहाँ नीचे कुछ महत्त्वपूर्ण जानकारी व्यक्तित्व विकृति के सम्बन्ध में दे जा रही है।

व्यक्तित्व विकृति की पहचान सन् 1952 के बाद हुई। इसी कारण से इस विकृति के सम्बन्ध में शोध अध्ययनों का अभाव दूसरे व्यक्तित्व विकृति की पहचान और निदान (Diagnosis) आज भी कठिन है। मनोवैज्ञानिकों को अभी तक व्यक्तित्व विकृति के रोगियों की पहचान करने में कठिनाई है।

1. जैविक कारण—मनोवैज्ञानिक का मानना है कि कुछ शारीरिक कारक भी मनोविकृतियों की उत्पत्ति या अस्तित्व के लिए उत्तरदायी रहे हैं। जैविक कारकों की दिशा में हुए अध्ययनों से यह स्पष्ट हुआ है कि बच्चों में एक विशेष प्रकार की शारीरिक गठन सम्बन्धी प्रवृत्ति (Constitutional Reaction Tendency) पाई जाती है। उदाहरण के लिए, उच्च या निम्न जीवनी शक्ति, अति संवेदनशीलता आदि इस कारण से भी व्यक्तित्व प्रकृति का रोग उत्पन्न होता है। **केण्डलर** तथा **ग्रुयनबर्ग** (Kendler & Gruenberg, 1982) ने अपने अध्ययनों के आधार पर यह बताया कि व्यक्तित्व विकृति जननिक कारकों (Genetic factors) के कारण सीमान्त रेखाओं में भी जननिक कारकों की भूमिका होती है और समाज विरोधी व्यक्तित्व में भी जैविक कारकों की भूमिका होती है।

2. मनोवैज्ञानिक कारक—इसके अन्तर्गत मनुष्य को बोलने, परिवेश की घटनाएँ और उसकी शिक्षा व्यवस्था मुख्य रूप से से कारक रूप में देखी जाती है। व्यक्तित्व विकृति के मनोवैज्ञानिक कारकों की व्याख्या करते हुए यहा कहा गया है कि व्यक्तित्व विकृतियाँ बाल्यावस्था में किए गए दोषपूर्ण अधिगम (Faulty learning) का परिणाम हैं। यह देखा गया है कि बाल्यावस्था में बच्चे दूसरे लोगों के दोषपूर्ण व्यवहारों को करना सीख लेते हैं, जो आगे चलकर व्यक्तित्व विकृति का कारण बनता है। समाज विरोधी व्यक्तित्व के विकास में इस प्रकार का कारण बहुत महत्त्वूपर्ण है।

3. सामाजिक-सांस्कृतिक कारक—कुछ मनोवैज्ञानिकों का मानना है कि आधुनिक समाज में और आधुनिक संस्कृति में प्रत्येक व्यक्ति अपनी समस्या का

समाधान तुरन्त चाहता है वह आराम वाली जिन्दगी ही नहीं चाहता है बल्कि वह अपनी आवश्यकताओं की सन्तुष्टि भी तुरन्त चाहता है। इस कारण से व्यक्ति की जीवन-शैली में उत्तरदायित्व हीनता पाई जाती है। आधुनिक समाज का व्यक्ति आत्म-केन्द्रित हो गया है। इन कारणों से व्यक्ति के व्यक्तित्व विकृति के विकसित होने की सम्भावना अधिक होती है।

व्यक्तित्व विकृति की चिकित्सा

सामंजस्य व्यक्तित्व विकृति की समस्या काफी लोगों में मौजूद है और इसके परिणामस्वरूप व्यक्तित्व और सामाजिक स्तर की कई मनोवैज्ञानिक समस्याएँ भी समाज व्यक्तित्व विकृति से ग्रस्त लोग यह मानने को तैयार नहीं होते हैं कि वह मानसिक रोगी है। यही कारण है कि जब व्यक्तित्व विकृति के रोगियों की चिकित्सा प्रारम्भ की जाती है तो वह अपनी चिकित्सा का विरोध करते हैं। इसलिए ऐसे रोगियों की चिकित्सा करने में कठिनाई होती है। जब ऐसे रोगियों को पकड़कर मनोचिकित्सक के पास ले जाया जाता है तो यह रोगी मनोचिकित्सक के साथ विचित्र व्यवहार करते हैं इसलिए इनका उपचार कठिन होता है। कुछ मनोवैज्ञानिकों का यह मानना है कि व्यक्तित्व विकृति के रोगियों की चिकित्सा विकृतिग्रस्त रोगी को अस्पताल में भर्ती करने के बाद ही करना चाहिए, तभी उसका सहयोग प्राप्त हो जाता है। (Vaillent, 1975)

व्यक्तित्व विकृति के व्यक्तियों की चिकित्सा के लिए अनेक प्रकार की चिकित्सा पद्धतियों का प्रयोग किया जाता है। इनकी चिकित्सा के लिए विद्युत आघात पद्धति और मनोचिकित्सा पद्धतियों का उपयोग किया जाता है। औषधि चिकित्सा पद्धति अर्थात् लक्षणों के अनुसार दवाइयों के आधार पर चिकित्सा भी व्यक्तित्व विकृति के रोगियों के लिए की जाती है।

कुछ अध्ययनों से यह स्पष्ट हुआ है कि ऐसे रोगियों की चिकित्सा में व्यवहार चिकित्सा पद्धति से सम्बन्धित कुछ पद्धतियाँ उपयोगी हैं।

4

महिला और अधिगम

शैशवावस्था में बालक एक निःसहाय प्राणी होता है। बोलने या अन्य कोई क्रिया करने में वह असमर्थ रहता है, इसलिये जब उसको भूख लगती है तो वह रोता है। उसके रुदन से माँ समझ जाती है कि वह भूखा है और इसे दूध पिलाती है। इस प्रकार बच्चा भूख लगने पर रोता है और उसे दूध मिल जाता है। कालान्तर में उसकी यह आदत बन गई कि भूख लगने पर रोना चाहिए, क्योंकि रोए बिना दूध नहीं मिलता। जो बालक कुछ कह नहीं सकता, उसका रुदन ही उसकी वाणी है। इस प्रकार एक परिस्थिति में बालक की क्रिया सहज है परन्तु दूसरी परिस्थिति में उसकी क्रिया सीखना है। इसी को हम इस प्रकार भी कह सकते हैं कि सीखना व्यवहारगत बदलाव है।

उदाहरण के तौर पर न्यूटन उद्यान में बैठा पढ़ रहा था। एक फल वृक्ष से टूट कर जमीन पर आ गिरा। इससे उसका ध्यान भंग हुआ। वह इस घटना के बारे में सोचने लगा। वैसे यह घटना स्वाभाविक थी, लेकिन न्यूटन ने यह पता लगाने की कोशिश की कि फल टूटने के बाद जमीन पर ही क्यों गिरा? आसमान में क्यों नहीं गया? अपने इस प्रश्न के उत्तर में उसने पृथ्वी के गुरुत्वाकर्षण बल की खोज की। इस प्रकार यह कहा जा सकता है कि किसी नवीन तथ्य का ज्ञान होना भी अधिगम है।

अधिगम किसी स्थिति के प्रति सक्रिय प्रतिक्रिया है। इसे सही रूप में समझने हेतु एक उदाहरण प्रस्तुत है—हम अपने हाथ में आम लिए चले जा रहे हैं, एक भूखे बन्दर की नजर उस पर पड़ती है, वह आम को हमारे हाथ से छीनकर ले जाता है,

बन्दर की यह प्रतिक्रिया सीखी हुई नहीं, अपितु स्वाभाविक है। इसके विपरीत एक बालक जो आम खाना चाहता है साथ ही भूखा भी है। वह हमारे हाथ में आम देखता है। वह हमसे आम छीनता नहीं है वरन् हाथ फैलाकर माँगता है। आम के प्रति बालक की यह प्रतिक्रिया स्वाभाविक नहीं सीखी हुई है।

परिभाषाएँ– अधिगम के सन्दर्भ में कुछ प्रमुख मनोवैज्ञानिकों ने निम्न परिभाषाएँ प्रस्तुत की हैं–

क्रो एवं क्रो के अनुसार–"सीखना, आदतों, ज्ञान और अभिवृत्तियों का अर्जन है।"

क्रानबेक के अनुसार–"सीखना अनुभव के परिणामस्वरूप व्यवहार में बदलाव द्वारा व्यक्त होता है।"

गेटस एवं अन्य के अनुसार–"सीखना अनुभव और प्रशिक्षण द्वारा व्यवहार बदलाव है।"

स्किनर के अनुसार, "सीखना, व्यवहार में उत्तरोत्तर सामंजस्य की प्रक्रिया है। वुडवर्थ के अनुसार, "नवीन ज्ञान और नवीन प्रतिक्रियाओं को प्राप्त करने की प्रक्रिया सीखने की प्रक्रिया है।"

उपरोक्त परिभाषाएँ यह स्पष्ट करती हैं कि अधिगम की क्रिया व्यवहार में परिवर्तन करने में सक्षम है। यह बदलाव व्यक्ति के पूर्ण अनुभवों पर आधारित होता है।

इस प्रकार अधिगम का आशय व्यक्ति द्वारा अपने अनुभवों में वृद्धि माना जा सकता है। पुस्तक पढ़ना अथवा प्रवचन सुनना आधुनिक मनोविज्ञान की दृष्टि से 'सीखना' नहीं माना जाता है। वर्तमान समय में प्रचलित अधिगम की समस्त विधियाँ आधुनिक मनोविज्ञान की देन हैं। उदाहरण के तौर पर–क्रियात्मक कार्यक्रम, कार्य करके सीखना, वस्तु से प्रत्यक्ष-परिचय, योजना पद्धति, आत्मक्रियाशीलता और विद्यालय में वास्तविक परिस्थितियों से साक्षात्कार करके सीखना आदि।

अधिगम की प्रक्रिया

मनोवैज्ञानिकों का मानना हं कि अधिगम या सीखना एक मानसिक प्रक्रिया है जो जन्म से मृत्यु तक निरन्तर चलती रहती है। इस प्रकार सीखने की प्रक्रिया की दो मुख्य विशेषताएँ मानी गई हैं–(प्रथम) निरन्तरता और (द्वितीय) सार्वभौमिकता।

चूँके अधिगम की प्रक्रिया कुछ हद तक स्थितियों पर निर्भर होती है, इसलिये जिस विधि व जिस परिस्थिति में सिखाया जाए इसे अनुकूल होनी चाहिए इसके

साथ-साथ सीखने वाला और सिखाने वाला भी सही परिस्थितियों के लिए सहायक हो। सर्वप्रथम शिक्षा को दो धुरी पर माना गया।

जॉन डीवी का मानना है कि, 'शिक्षा द्विमुखी (Two Poller Process) नहीं बल्कि त्रिमुखी होती है, उन्होंने यह भी स्पष्ट किया है कि शिक्षक और शिक्षार्थी से सम्बन्धित ऐसी अनेक बातें होती हैं जो सीखने और सिखाने में बाधक एवं सहायक सिद्ध हो सकती हैं; जैसे–यदि शिक्षक उसी बात को सिखाना चाहता है जिसका सिखाना शिक्षार्थी के लिए लाभप्रद सिद्ध होगा। साथ ही शिक्षार्थी भी उस बात को सीखना पसन्द करता है, जिसका सीखना उसके जीवन में लाभप्रद सिद्ध हो। अधिगम प्रक्रिया के कुछ प्रमुख अवयव निम्न प्रकार हैं–

1. **लक्ष्य निर्धारण**–इसे दूसरा तत्त्व माना जा सकता है और तीसरा भी। शिक्षक जब किसी बात की आवश्यकता अनुभव करता है, तब उसे सिखाने का लक्ष्य निर्धारित करता है; परन्तु जब विद्यार्थी किसी बात की आवश्यकता अनुभव करते हुए उसे सीखने के लिए तैयार हो जाता है, तब वह उसे सीखने का अपना लक्ष्य निर्धारित करता है। अतः लक्ष्य, निर्धारण जहाँ शिक्षक की दृष्टि से दूसरा तत्त्व है, उसे ही विद्यार्थी की दृष्टि से तीसरा तत्त्व माना जायगा।

2. **किसी बात को सीखने या सिखाने की जरूरत**–इस बात पर गहराई से विचार करने पर यह स्पष्ट होता है कि आवश्यकता तत्त्व मनोविज्ञान पर निर्भर है, क्योंकि हम प्रायः उसी बात को महत्व देते हैं जो हमारे लिए उपयोगी है। हम यह भी कह सकते हैं कि जिस बात की हमें आवश्यकता है, उसे सीखना हमारे लिए महत्वपूर्ण है। इस प्रकार जब हमने किसी बात को सीखने अथवा सिखाने का निश्चय कर लिया हो तो हम उसे सीखने अथवा सिखाने के लिए तैयार हो जाएँगे, और उस स्थिति में सीखने की प्रक्रिया का दूसरा तत्त्व होगा लक्ष्य निर्धारण।

उद्देश्य को निर्धारित करना और उसको पूरा करना, दोनों अलग-अलग बात हैं। केवल लक्ष्य निर्धारित करने से कोई काम नहीं चलता, अगर उसे प्राप्त नहीं किया जाए। अतः लक्ष्य को प्राप्त करने हेतु हमें दोनों ही ओर से उचित परिस्थितियों का निर्माण करना पड़ता है। इस दृष्टि से सीखने की प्रक्रिया का तीसरा तत्त्व हुआ तत्परता।

3. परिस्थिति निर्माण–वैसे तो परिस्थिति का निर्माण अध्यापक करते हैं, परन्तु इसका प्रभाव विद्यार्थियों पर पड़ता है। उसे विचार करना पड़ता है कि मैं कौन-सी बात किस ढंग से कहूँ कि बालक सिखाई जाने वाली बात को अधिक से अधिक एवं सरलता से और सफलतापूर्वक सीख जाए। सीखने के जो भी सिद्धान्त

हैं, उनका अनुसरण भी उसे उसी समय करना पड़ता है। परिस्थिति निर्माण को ही हम वातावरण का निर्माण भी कह सकते हैं। बालक उस समय ज्यादा सीखता है जब विद्यालय में उसे परिवार जैसा माहौल मिलता है और अध्यापक उसके प्रति सहानुभूतिपूर्ण व्यवहार अपनाते हैं।

4. अधिगम हेतु तैयार होना—अधिगम से पूर्व जो बात सीखना है उसका उद्देश्य निर्धारित कर लेना चाहिए इस बाद में किसी प्रकार की समस्या से बचा जा सकता है। अर्थात् हमारा हर प्रयत्न अपने लक्ष्य की प्राप्ति बन जाता है। अतः सीखने की प्रक्रिया के अन्तर्गत चौथा तत्त्व हुआ परिस्थिति निर्माण।

अधिगम एवं परिपक्वता

आमतौर पर यह माना जाता है, कि व्यक्ति जिस कार्य को सफलतापूर्वक कर लेता है वह उस कार्य में परिपक्व होता है। कुतिया के पिल्लों की आँखें जन्म के समय नहीं खुलतीं, शरीर के परिपक्व होने के साथ-साथ उनकी आँखें खुलती चली जाती हैं। जब पिल्ले की आँखें परिपक्व हो जाती हैं तो उसके व्यवहार में असाधारण परिवर्तन होता है। इसमें तनिक भी सन्देह नहीं कि व्यवहार में यह परिवर्तन किसी अनुभव या सीखने का परिणाम है। कभी-कभी परिपक्वता उद्दीपन (Stimulation) का काम भी करती है। **राइजन** (Risen) ने 1950 में चिम्पाँजी के नवजात शिशु को अंधकार में पाला। जिसका परिणाम यह निकला कि उसकी आँखें खराब हो गईं।

अक्सर इस प्रकार की दशायें उत्पन्न हो जाती हैं जिनमें हम यह निश्चय नहीं कर पाते कि नया व्यवहार सीखने या अनुभव प्राप्त करने का परिणाम है या शारीरिक परिपक्वता का।

अधिगम प्रक्रिया में शारीरिक व मानसिक क्षमता बहुत ही महत्वपूर्ण होती है। इसकी नितान्त आवश्यकता होती है। यह समक्षता ही परिपक्वता है। परिपक्वता और अधिगम, बाल विकास के क्षेत्र में विवादास्पद प्रत्यय रहे हैं परन्तु अध्ययनों से यह सिद्ध हो गया है कि ये विरोधी नहीं परस्पर एक-दूसरे के पूरक प्रत्यय हैं। एक के अभाव में दूसरे की गणना नहीं की जा सकती। **हरलॉक** ने यह स्पष्ट कर दिया है कि आन्तरिक, शारीरिक, मानसिक परिपक्वता ही नवीन क्रियाओं को सीखने की क्षमता उत्पन्न करती है।

गेसल (A. Gessel) ने परिपक्वता (Maturation) की अवधारणा को विकसित किया। **गेसल** आन्तरिक व्यवस्था के कारण हुई स्वाभाविक दृढ़ता को परिपक्वता मानता है।

परिपक्वता की परिभाषाएँ

परिपक्वता को विभिन्न विद्वानों ने निम्न प्रकार परिभाषित किया है–

(1) आइजनेक तथा अन्य विद्वानों ने परिपक्वता को परिभाषित करते हुए लिखा है, "परिपक्वता वह प्रक्रिया है जिसमें प्राणी में निहित क्षमतायें कार्यात्मक तत्परता की स्थिति में पहुँच जाती हैं। विकास तथा अभिवृद्धि के साथ होने वाले परिवर्तन भी इसमें निहित होते हैं। इसमें संरचनात्मक प्रगति का अभ्यास भी निहित होता है।"

(2) जरशील्ड तथा दूसरे विद्वानों के अनुसार, "परिपक्वता वह प्रक्रिया है जो प्राणी में क्रियात्मक तत्परता उत्पन्न करने की क्षमता उत्पन्न करती है। इस प्रक्रिया में अभिवृद्धि तथा विकास के कारण हो रहे शारीरिक-मानसिक परिवर्तन भी सम्मिलित हैं।"

यथार्थ में परिपक्वता निरन्तर चलने वाली विकास की एक अवस्था है। उसके द्वारा व्यक्ति अपने को कुछ कार्य करने के लिये सक्षम पाता है।

जब तक शिशु का शरीर नाजुक होता है और चलने व सन्तुलन बनाने में असमर्थ होता है तब तक वह चलना नहीं सीख पाता। कालान्तर में जब वह शारीरिक रूप से सक्षम हो जाता है तो चलना आरम्भ कर देता है।

परिपक्वता वास्तव में नवीन ज्ञान तथा क्रिया को सीखने की तैयारी का क्रम है। बालक में अवबोध (Understanding) तथा परिपक्वता साथ-साथ सम्पन्न होते हैं।

परिपक्वता के विषय में कुछ प्रमुख बिन्दुओं पर विचार किया जा सकता है जो निम्न प्रकार हैं–

(1) अधिगम का आवश्यक तत्त्व–परिपक्वता अधिगम की अनिवार्य शर्त है। अधिगम आजीवन चलने वाली प्रक्रिया है। मानव विकास अधिगम द्वारा होता है। इसका आधार परिपक्वता (Maturation) होती है बालक का व्यवहार इतना क्षणिक तथा अस्थायी होता है कि उसके व्यवहारों के आधार पर किसी निश्चित परिणाम की घोषणा पर विश्वास नहीं किया जा सकता। **एलेक्जेन्डर** ने कहा है, "इस अधिगम का विश्लेषण इसके विभिन्न रूपों का विचार किये बिना करें तो हम सबसे पहले यह अन्वेषण करेंगे कि यह संशोधन की अनवरत् प्रक्रिया है। इससे प्राणी के व्यवहार प्रतिमानों एवं मानसिक विकास में परिवर्तन होते रहते हैं।"

(2) सम्पूर्ण व्यवहार–परिपक्वता की अवस्था में व्यक्ति स्वयं को कोई निर्दिष्ट

व्यवहार करने में सक्षम पाता है। यह व्यवहार शारीरिक तथा मानसिक सक्षमता से अनुदेशित (Directed) होता है। बालक में बटन लगाने, चीजें पकड़ने, कुर्सी पकड़कर खड़े होने आदि की सभी क्रियायें उसकी परिपक्वता की प्रतीक हैं। परिपक्वता के रूप में मनुष्य का सम्पूर्ण व्यवहार स्पष्ट होता है।

(3) शारीरिक सक्षमता—परिपक्व अधिगम व्यवहार की अभिवृद्धि शारीरिक क्षमता पर निर्भर करती है। अधिग्रहण, धारण तथा सशक्त प्रत्यास्मरण तभी अपना कार्य ठीक प्रकार से कार्य करते हैं जबकि शरीर इस योग्य होता है कि इनका उचित विकास कर सके। शरीर के रोगी तथा अविकसित होने से शारीरिक क्षमता के विकास में दोष उत्पन्न हो जाता है और बालकों के सीखने के व्यवहार में प्रगति नहीं होती। क्षमता के विकास का दूसरा नाम ही परिपक्वता है। जब तक शरीर व उसकी मांस पेशियाँ परिपक्व नहीं हो पातीं, व्यवहार का संशोधन नहीं हो सकता।

(4) परिपक्वता के प्रतिमान—परिपक्वता अधिगम का आधार होता है। अधिगम को प्रक्रिया माना गया है। इसमें अनेक कारक उत्तरदायी हैं जो निम्न प्रकार हैं—

(क) अधिग्रहण—यह व्यवहार संशोधन में अत्यन्त सहायक होता है। अधिग्रहण के द्वारा ही अधिगम की परिभाषा, स्वरूप एवं प्रकृति को निर्धारित किया जाता है। अधिग्रहण द्वारा ही अधिगामक मानसिक रूप से अधिगम के लिये बनता है।

(ख) धारणा—धारणा की कमी होने की स्थिति में अधिगमक किसी भी अर्जित गुण को अभिव्यक्त नहीं कर सकता। इससे यह स्पष्ट किया जा सकता है, जब किसी व्यवहार तथा प्रक्रिया को सीख लेने के पश्चात् भी धारणा (Retention) नहीं होती तो उस व्यवहार की अभिव्यक्ति का प्रश्न ही नहीं है।

(ग) सशक्त प्रत्यास्मरण—सशक्त प्रत्यास्मरण के द्वारा ही परिपक्वता तथा व्यवहार का ज्ञान होता है।

(5) अधिगम कौशल हेतु जरूरी—शारीरिक तथा मानसिक अधिगम की कुशलता के लिये आवश्यक है। परिपक्वता बहुत ही महत्वपूर्ण है। जब व्यक्ति शारीरिक व मानसिक रूप से परिपक्व होगा तो वह आसानी पूर्वक कोई भी बात सीख सकता है। परिपक्वता मानव विकास की अनवरत् क्रिया है। इसके लिये बाह्य उत्तेजनाओं की आवश्यकता नहीं है। **बोरिंग** के अनुसार—"परिपक्वता का अर्थ अभिवृद्धि और विकास है।"

(6) कुछ प्रमुख प्रयोग—परिपक्वता के सम्बन्ध में कुछ प्रयोगों की चर्चा अक्सर की जाती है, जो निम्नलिखित हैं—

1. हिलगार्ड ने सीढ़ी चढ़ने, कागज काटने आदि के अभ्यास कराये। इस अभ्यासों में परिपक्वता की भूमिका महत्वपूर्ण रही।

2. गेसेल एवं थाम्पसन ने 46 सप्ताह की आयु की दो लड़कियों में से एक को सीढ़ियों पर चढ़ने का प्रशिक्षण दिया। दूसरी बालिका को कोई प्रशिक्षण नहीं दिया किन्तु वह दो सप्ताह बाद सीढ़ियों पर चढ़ना सीख गयी।

3. गेसेल (1929) ने तीन समूहों में बालकों को रखा। 10, 20 एवं 30 सप्ताह की आयु के बालकों को एक कमरे में भय की परिस्थिति में रखा। 10 सप्ताह की आयु वाले बालकों में कोई धबराहट नहीं थी, 20 सप्ताह की आयु वाले समूह में बैचेनी पाई गई और तीसरा समूह भयभीत हुआ। भय के संवेग का विकास परिपक्वता के साथ हुआ।

ऊपर दिये गये प्रयोगों से यह पूर्णतः स्पष्ट है कि शारीरिक परिपक्वता किसी भी कार्य सीखने के लिये उतनी ही आवश्यक है जितनी मानसिक परिपक्वता। प्रयोग द्वारा यह भी स्पष्ट करते हैं कि अपरिपक्वावस्था में दिया गया प्रशिक्षण व्यर्थ होता है। अतः आवश्यक है कि बालक को प्रशिक्षण देने से पूर्व उनकी शारीरिक तथा मानसिक परिपक्वता की जाँच कर ली जाय। यदि बच्चों को परिपक्वता प्राप्त करने से पूर्व कोई क्रिया कराई जाती है तो उसमें सफलता नहीं मिल सकती है।

अधिगम तथा परिपक्वता के सम्बन्ध में यह कहा जा सकता है कि परिपक्वता एक स्वाभाविक क्रिया है इसके लिये बाहरी उत्तेजना की कोई जरूरत नहीं होती है। अधिगम में बाह्य उत्तेजनाओं की आवश्यकता होती है और प्रयत्न करने पड़ते हैं। प्रत्येक प्रजाति (Race) तथा जाति (Specie) में परिपक्वता का क्रम निश्चित होता है। प्रजाति तथा जाति के मूल विकास में समानता होती है, परन्तु अधिगम में विभिन्न क्रिया-प्रतिक्रियाओं का होता है। अर्थात्—(i) अधिगम तथा परिपक्वता विकास के सभी स्तरों पर साथ-साथ चलते हैं। (ii) अधिगम परिपक्वता का स्तर प्राप्त करने तक प्रभावहीन रहती है। "परिपक्वता आन्तरिक रूप से संशोधन की प्रक्रिया हैं, आन्तरिक परिपक्वता प्राणी का विकास है संरचना एवं कार्यों में वृद्धि है, जो वाणी में निहित शक्तियों के कारण होती है।"

शारीरिक रूप से पूरी तरह परिपक्व होने के बाद ही सीखना सम्भव होता है। इस प्रकार अधिगम या अर्थ व्यक्ति द्वारा किये गये प्रयास की सफलता से है। परिपक्वता से अभिप्राय जीवन चक्र में चल रहे जीन की कार्यक्षमता

से है। व्यक्ति में निहित विशेषताओं को प्रस्फुटित रहने की शक्ति को ही परिपक्वता कहते हैं।

अधिगम तथा परिपक्वता एक दूसरे से जुड़े होते हैं। एक का प्रभाव दूसरे पर पड़ता है। अधिगम परिपक्वता पर आश्रित है और परिपक्वता अधिगम की संभाव्यता है। इसके महत्व को निम्न प्रकार स्पष्ट किया गया–

1. परिपक्वता उस सीमा का निर्धारण करती है जिससे परे विकास संभव नहीं है। कैटल (Cattle) ने ठीक ही कहा है, "सभी अधिगम तथा समायोजन प्राणी की जन्मजात व्यक्तियों तक सीमित हैं।"

2. व्यक्ति की अधिगम योग्यता भिन्न-भिन्न होती है। व्यक्तित्व में पायी जाने वाली वैयक्तिक भिन्नतायें, अभिवृत्ति, रुचि, व्यवहार केवल परिपक्वता की देन नहीं है, इसमें सीखने की क्रिया का योगदान भी अहम् है।

3. अधिगम की क्रिया के समय चक्र का निर्धारण परिपक्वता ही करती है। व्यक्ति तब तक किसी क्रिया को नहीं सीख सकता जब तक कि वह सीखने के लिये तत्पर न हो। वह तत्पर तब तक नहीं हो सकता जब तक कि वह परिपक्व न हो।

परिपक्वता एवं अधिगम के प्रमुख गुणों को निम्न सारिणी में स्पष्ट किया गया है–

परिपक्वता	*अधिगम*
1. स्वाभाविक व्यवहार परिवर्तन	1. सप्रयास व्यवहार परिवर्तन तथा संशोधन
2. प्रजातीय (Racial) प्रभाव	2. वैयक्तिक प्रभाव
3. अनुकूल तथा प्रतिकूल परिस्थितियों में सीखना	3. अनुकूलन द्वारा सीखना
4. प्रेरणा से प्रभावित नहीं	4. प्रेरणा से प्रभावित
5. वंश परम्परा से प्राप्त	5. वातावरण से प्राप्त
6. अभ्यास आवश्यक नहीं	6. अभ्यास आवश्यक
7. परिपक्वता 25 वर्ष की आयु तक	7. सीखना जीवन पर्यन्त
8. अंग संरचना तथा शक्ति से सम्बन्ध	8. क्रिया तथा अनुभव से सम्बन्ध

इस प्रकार यह कहा जा सकता है कि बाल विकास में अधिगम व परिपक्वता का योगदान अमूल्य है। परिपक्वता के स्तर के अनुसार अधिगम का स्तर भी सुधरता जाता है। अधिगम के द्वारा क्रिया, चिन्तन तथा अनुभूति में परिष्कार होता है,

अधिगम को प्रभावित करने वाले तत्त्वों का महत्व भी परिपक्वता तथा अधिगम के समान ही है।

इस अन्तरों पर ध्यान देने से यह स्पष्ट होता है कि मैकग्रा (1935) का कथन ही सही है—"अधिगम तथा परिपक्वता भिन्न न होकर विकास की मौलिक प्रक्रिया हैं।" हिलगार्ड (1932) प्रभावशाली विकास के लिये अधिगम तथा परिपक्वता के पारस्परिक सम्बन्ध को आवश्यक मानता है।

स्पष्टतः अधिगम एवं परिपक्वता एक ही प्रक्रिया अर्थात् व्यवहार संशोधन के दो अलग-अलग पहलू हैं। एक के अभाव में दूसरा पहलू अर्थहीन है। वातावरण, समय, परिस्थितियाँ आदि सभी परिपक्वता को प्रभावित करती हैं। उसका कोई महत्व नहीं है। परिपक्वता का अभाव अधिगम को अस्तित्त्वहीन कर देता है। अधिगम किसी भी प्रकार हो, कैसा भी हो, उसके साथ सीखने वाले की योग्यता तथा क्षमता में आपसी सम्बन्ध जुड़ा रहता है। इसलिये अधिगम से पहले परिपक्वता प्राप्त कर लेना आवश्यक होता है।

अधिगम व्यवहार की विशेषताएँ

1. अधिगम व्यवहार की अपेक्षाकृत स्थाई प्रकृति—अधिगम द्वारा व्यवहार में जो बदलाव आता वह स्थाई व अस्थाई के मध्य वाली स्थिति में होता है। जिसे अपेक्षाकृत स्थाई का नाम दिया जा सकता है इसीलिए सिखाने के द्वारा बालक के व्यवहार में जो परिवर्तन होता है वह अपना प्रभाव छोड़ने में समर्थ होता है परन्तु उसके अवांछनीय लक्ष्य संगत या अनुपयोगी सिद्ध होने की दशा में पुनः अपेक्षित परिवर्तन लाने की भूमिका भी उचित अधिगम द्वारा निभाना सम्भव है।

2. व्यवहार में बदलाव—अधिगम द्वारा एक प्रकार से व्यक्ति में बदलाव होता है। अधिगम की प्रक्रिया एवं उसका प्रतिफल अधिगमकर्ता के व्यवहार में बदलाव लाने से सम्बन्धित है। किसी भी प्रकार का सीखना क्यों न हो इसके द्वारा विद्यार्थी में परिवर्तन लाने की भूमिका सदैव ही निभाई जाती है। इस बात पर ध्यान देना नितान्त आवश्यक है कि व्यवहार में होने वाला बदलाव अपेक्षित दिशा व दशा में होना चाहिए।

3. सार्वभौमिक प्रक्रिया—अधिगम की प्रक्रिया एक विशेष प्रकार की प्रक्रिया है। यह किसी व्यक्ति विशेष, जाति, प्रजाति तथा देश-प्रदेश की सम्पत्ति नहीं है। इस संसार में जितने भी जीवधारी हैं वे अपने-अपने तरीके से अनुभवों के माध्यम से कुछ-न-कुछ सीखते रहते हैं। यह सोचना या दावा करना कि किसी जाति विशेष में

जन्मा बालक ही अन्य से अच्छी तरह सीख सकता है, बिल्कुल निराधार और भ्रम मूलक है। प्रत्येक प्राणी में सीखने की पर्याप्त क्षमता होती है। जो भी अन्तर इस बारे में देखने को मिलते हैं उनमें प्राप्त अनुभवों तथा अवसरों का भी विशेष योगदान होता है।

4. आजीवन चलने वाली प्रक्रिया–अधिगम प्रक्रिया की प्रमुख विशेषता यह है कि यह जीवन पर्यन्त चलती है। इसकी शुरुआत बालक के जन्म से पहले माँ के गर्भ में हो जाती है। जन्म के बाद वातावरण में प्राप्त अनुभवों के द्वारा इस कार्य में पर्याप्त तेजी सी आ जाती है और औपचारिक तथा अनौपचारिक, प्रत्यक्ष और अप्रत्यक्ष इन सभी अनुभवों के माध्यम से व्यक्ति जीवन पर्यन्त कुछ न कुछ सीखते ही रहते हैं।

5. अधिगम का अनुभवों की नवीन व्यवस्था से सम्बन्ध–अधिगम की प्रक्रिया एक ऐसी प्रक्रिया है जिसके तहत प्राप्त अनुभवों के नवीन समायोजन तथा पुनर्गठन का कार्य चलता ही रहता है। जो कुछ पूर्व अनुभवों के आधार पर सीखा हुआ होता है उसमें नवीन व्यवस्था या समायोजन का कार्य चलते रहना ही सीखने के मार्ग पर आगे बढ़ने की विशेष आवश्यकता और विशेषता बन जाती है।

6. उद्देश्यपूर्ण–सभी प्रकार की अधिगम प्रक्रिया के पीछे किसी न किसी प्रकार का उद्देश्य निहित होता है। हमारे सीखने की प्रक्रिया इसी उद्देश्य या लक्ष्य की प्राप्त की दिशा में आगे बढ़ती है। जैसे-जैसे हमें इस लक्ष्य प्राप्ति में सहायता मिलती रहती है हम अधिक उत्साह से सीखने के कार्य में लगे रहते हैं।

7. स्थानान्तरण–अधिगम में स्थानान्तरण की विशेषता भी पाई जाती है जो कुछ भी एक परिस्थिति में सीखा जाता है उसका अर्जन किसी भी दूसरी परिस्थिति में सीखने के कार्य में बाधक या सहायक बनकर अवश्य ही आगे आ जाता है।

8. क्रियाशीलता–अधिगम की प्रक्रिया काफी हद तक क्रियाशीलता पर निर्भर होती है। वातावरण के साथ सक्रिय अनुक्रिया करना सीखने की एक आवश्यक शर्त है। जो बालक जितनी अच्छी तरह से पूर्ण सक्रिय होकर वातावरण के साथ अपेक्षित अनुक्रिया करेगा वह उतना ही सीखने के मार्ग पर आगे बढ़ सकेगा। वातावरण में उद्दीपकों की उपस्थिति चाहे कैसी भी सक्षम क्यों न हो सीखने वाले के द्वारा अगर सक्रिय होकर अनुक्रिया नहीं की जाएगी तो सीखने का कार्य आगे ही कैसे बढ़ेगा? इस तरह सीखने की प्रक्रिया में हर विशेषता होती है कि यह सीखने वाले से वातावरण के साथ पर्याप्त क्रियाशीलता चाहती है, जिससे अनुभवों के जरिये सीखने की प्रक्रिया को श्रेष्ठ बनाया जा सके।

9. वृद्धि एवं विकास—वृद्धि एवं विकास के सभी आयामों, शारीरिक, मानसिक, सामाजिक संवेगात्मक, नैतिक, सौन्दर्यात्मक तथा भाषण सम्बन्धी विकास आदि में सीखने की प्रक्रिया हर कदम पर सहायता पहुँचाती है।

10. उद्देश्य पूर्ति सहायक—अधिगम निश्चित लक्ष्य को पूरा करने में काफी सहायक हो सकता है इसके द्वारा विद्यार्थी निर्धारित शिक्षण उद्देश्यों की प्राप्ति के लिए उचित प्रयत्न कर सकते हैं। इस प्रकार के उद्देश्य की पूर्ति द्वारा बालकों में अपेक्षित ज्ञान और समझ, सूझ-बूझ, कुशलताएँ, रुचि तथा दृष्टिकोण आदि का विकास करना सम्भव है।

11. समायोजन में सहायक—अधिगम प्रक्रिया की यह एक प्रमुख विशेषता है। सीखने की प्रक्रिया के परिणामस्वरूप सीखने वाले को अपने तथा अपने वातावरण से उचित समायोजन के कार्य में पर्याप्त सहायता मिलती है।

12. सर्वांगीण विकास—शिक्षा का मुख्य लक्ष्य बालक के व्यक्तित्त्व का सर्वांगीण और सन्तुलित विकास करना होता है और सीखने की प्रक्रिया सभी तरह से इस कार्य में अच्छी तरह सहायता पहुँचाती है।

अधिगम की प्रक्रिया पर प्रभाव डालने वाले तत्त्व

विद्यार्थी से सम्बन्धित कारक—अधिगम की प्रक्रिया को प्रभावित करने वाले ऐसे अनेक तत्त्व हैं जो विद्यार्थी जीवन से सम्बन्धित हैं। कुछ प्रमुख कारकों का वर्णन निम्नवत् है—

1. विद्यार्थी की योग्यता—सीखने की प्रक्रिया और प्रतिफल दोनों पर इस बात का पूरा प्रभाव रहता है कि सीखने वाले की मूलभूत क्षमताओं तथा योग्यताओं की प्रकृति और सार किस प्रकार का है जिसके माध्यम से वह सीखने की दिशा में आगे बढ़ना चाहता है, इस प्रकार की मूल क्षमतायें तथा योग्यतायें निम्न प्रकार की हो सकती हैं—

— अध्यापन के क्षेत्र में अधिगम हेतु उसमें मूल रूप से कितनी शक्ति और सामर्थ्य है। शारीरिक, मानसिक, सामाजिक तथा संवेगात्मक दृष्टि से कितनी विकसित क्षमतायें उसके पास हैं आदि।

— विद्यार्थी की स्वाभाविक रुचियाँ, अभिरुचियाँ एवं अभिवृत्तियाँ जो उन्हें किसी विशेष विषय या क्रियाओं को सीखने या न सीखने के लिए अभिप्रेरित करती हैं।

— विद्यार्थी का किसी विषय विशेष या क्षेत्र विशेष से सम्बन्धित शिक्षण के लिए

पूर्व ज्ञान का कौशल सम्बन्धी स्तर कैसा है। कितनी सामान्य बुद्धि है तथा विशेष प्रकार के शिक्षण के लिए उसमें कितनी समझ, पूर्व ज्ञान तथा पूर्व अर्जित कुशलताएँ विद्यमान हैं।

2. विद्यार्थी का शारीरिक एवं मानसिक स्वास्थ्य—विद्यार्थी का मानसिक व शारीरिक रूप से स्वस्थ रहना आवश्यक है क्योंकि इसके इसी स्वास्थ्य पर किसी भी शिक्षण प्रक्रिया की सफलता बहुत कुछ हद तक निर्भर करती है। विशेषकर सीखने के समय जैसी भी शारीरिक और मानसिक स्थिति विद्यार्थी की होती है सीखने की प्रक्रिया उसी रूप में आगे बढ़ती है। एक मामूली सा सिरदर्द या पेट की तकलीफ सब कुछ अस्त-व्यस्त करने की क्षमता रखती है। विद्यार्थी अपना पूरा ध्यान अपनी समस्या पर केन्द्रित करता है और पढ़ाई-लिखाई धरी की धरी रह जाती है। वे विद्यार्थी जिनका स्वास्थ्य ठीक नहीं रहता या मानसिक चिंताओं तथा परेशानी का शिकार रहते हैं न वो नियमित रूप से विद्यालय जा पाते हैं और न अच्छी तरह पढ़ाई लिखाई में अपना ध्यान और समय दे पाते हैं। परिणामस्वरूप उनसे उपयुक्त प्रतिफल की उम्मीद करना बेकार है। उनकी तुलना में जो विद्यार्थी शारीरिक और मानसिक रूप से स्वस्थ रहते हैं सीखने के समय जो अपनी पूरी शारीरिक क्षमता और मानसिक चुस्ती का उपयोग कर पाते हैं, उनको अधिगम प्रक्रिया में पर्याप्त सफलता मिलती है।

3. उपलब्धि अभिप्रेरणा का स्तर—अधिगम की प्रक्रिया की सफलता व असफलता विद्यार्थी की महत्वाकाँक्षा, उपलब्धि और प्रेरणा के स्तर पर भी काफी सीमा तक निर्भर करती है। यदि किसी विद्यार्थी में किसी भी प्रकार से आगे बढ़ने तथा जिसमें कुछ बन सकने या उपलब्ध करने की कोई महत्वाकाँक्षा या अभिप्रेरणा ही नहीं है तो उसके लिये सीखने का कोई औचित्य ही नहीं है। वह सीखने का प्रयास भी नहीं करेगा। जो जितना जिस रूप में पाने की इच्छा करता है वह उसी रूप में उनके लिये प्रदान भी करना चाहेगा। यह अवश्य है कि उचित सफलता के लिए महत्वाकाँक्षा और उपलब्धि अभिप्रेरणा के स्तर का न तो अपनी सामर्थ्य और शक्तियों से बहुत अधिक होना अच्छा सिद्ध हो सकता है और न ही बहुत कम। जरूरत से कम और अधिक अभिलाषा और महत्वाकाँक्षा दोनों का ही अन्त निराशा में होता है। जितनी योग्यता थी उसके मुताबिक आगे बढ़ने की इच्छा ही नहीं पैदा हुई अतः जीवन में जो कुछ बन सकते थे वह नहीं बन पाये। योग्यता से बहुत अधिक चाह पैदा होने से सीखने के क्षेत्र में निराशा ही हाथ लगी। इस प्रकार स्पष्ट है कि अधिगम प्रक्रिया में श्रेष्ठ प्रतिफल मिलता और महत्वाकाँक्षा दोनों का ही अन्त निराशा में होता है।

अतः अधिगम प्रक्रिया में अच्छे परिणामों की प्राप्ति महत्वाकाँक्षा तथा उपलब्धि अभिप्रेरणा के उचित तथा अनुचित स्तर पर बहुत कुछ निर्भर होती है।

4. इच्छा शक्ति—अधिगमकर्ता किस सीमा तक किस रूप में कोई बात सीखने का इच्छुक है तथा उसमें सीखने के लिए कितनी इच्छा शक्ति है इस बात पर सीखने की प्रक्रिया की सफलता निर्भर करती है। यदि कोई सीखना नहीं चाहता है तो उसे दबाव देकर सिखाने का मतलब समय व धन का अपव्यय है। कोई सीखने को उत्सुक है तथा उसमें हर हालत में सीखने के रास्ते पर चलते रहने की इच्छा शक्ति हो तो फिर कोई भी बाधा उसे सीखने की प्रक्रिया में इच्छित सफलता प्राप्त करने से नहीं रोक सकती।

5. जीवन लक्ष्य—अधिगमकर्ता अपने जीवन को किस रूप में देखता है तथा वह अपने जीवन में किन लक्ष्यों की प्राप्ति को कितना महत्व देता है यह बात भी शिक्षण प्रक्रिया में उसकी रुचि और प्रगति पर निर्भर करती है। जीवन के प्रति यही दृष्टिकोण उसे किसी विशेष प्रकार की क्रियाओं तथा क्षेत्र विशेष की ज्ञान प्राप्ति की ओर ले जाता है। अधिगम के तहत उसकी धैर्य तथा बाधाओं से लड़ते-लड़ते सीखना उसके जीवन दर्शन और जीवन शैली और दर्शन से सम्बन्धित है।

अनुभवों से सम्बन्धित तत्त्व—कुछ अनुभवों से जुड़े तत्त्व भी हैं जो अधिगम प्रक्रिया को व्यापक रूप से प्रभावित करते है। कुछ प्रमुख का विवरण निम्न प्रकार है—

1. सीखने से सम्बन्धित अनुभवों की प्राप्ति—इस बात पर सीखने से सम्बन्धित कार्य की सफलता बहुत कुछ निर्भर करती है। किसी भी विषय से सम्बन्धित किस प्रकार की विषय सामग्री तथा अधिगम अनुभवों का चयन और आयोजन करके शिक्षार्थी के सामने रखा जा रहा है। जिस प्रकार की सामग्री और अधिगम उन्हें पढ़ने लिखने तथा सीखने के लिए प्राप्त होंगे उसी रूप में सीखने के लिए उनके मन में आकर्षण पैदा होगा तथा सीखने के मार्ग पर वे उसी रूप से आगे बढ़कर उपयोगी ज्ञान तथा कुशलतायें आदि अर्जित करेंगे। शिक्षण अनुभव तथा पठन सामग्री की प्राप्ति का जहाँ तक प्रश्न है वह किस रूप में अधिगम को प्रभावित कर सकती है।

अनुभवों की प्रकृति उन सिद्धान्त विशेषों की प्रकृति पर निर्भर करती है जिनके आधार पर अधिगम अनुभवों का चुनाव किया गया है। इस प्रकार यह कहा जा सकता है कि विद्यार्थी केन्द्रित, विषय केन्द्रित, कठिनाई का सिद्धान्त, क्रियात्मक कार्यों को स्थान देने का सिद्धान्त आदि के अनुसरण करने या न करने का अपना अलग-अलग

महत्व है। जितनी अच्छी तरह से पाठ्य सामग्री और अनुभवों के चयन में उपयुक्त सिद्धान्तों का अनुसरण किया जाता है अधिगम अनुभव की सार्थक ढंग से अधिगम प्रक्रिया की सफलता में अपना योगदान देते हैं।

2. अनुभवों को ग्रहण करने की विधि—अधिगम प्रक्रिया को सीखने हेतु अपनाई गई विधि भी प्रभावित करती है क्योंकि शिक्षण प्रक्रिया की सफलता बहुत कुछ इस बात पर निर्भर करती है कि अधिगम अनुभवों को विद्यार्थी तक पहुँचने के लिए किस प्रकार का शिक्षण अधिगम विधि तथा तकनीक का उपयोग किया जा रहा है तथा शिक्षण-अधिगम के लिए प्रयुक्त विधि एवं तकनीकों का प्रयोग किस सीमा तक वांछित उद्देश्यों की पूर्ति के लिए सफलतापूर्वक किया जा रहा है।

(क) **समन्वय**—अत्यधिक सहायता प्रदान करने वाली अधिगम प्रणालियों व तकनीकों द्वारा अधिगम को सफल व समन्वय के सिद्धान्त का पालन करने में निर्णायक मानी जा सकती है। विषयवस्तु को बिल्कुल अलग-अलग करके पढ़ना, पढ़ाना कभी भी सफलता की ओर नहीं ले जा सकता। दूसरी ओर अधिगम अनुभवों की जीवन क्रियाओं तथा अन्य विषयों तथा क्षेत्रों में सम्बन्धित पाठ्य सामग्री तथा क्रियाओं से जोड़ने का प्रयत्न किया जाए तो परिणाम सदैव ही श्रेयस्कर प्राप्त होते हैं।

(ख) **नये व पुराने ज्ञान का सम्बन्ध**—पठन पाठन हेतु अपनाई जाने वाली विधियाँ एक ऐसी तकनीक होनी चाहिएँ जिनके नवीन ज्ञान को पूर्व ज्ञान से सम्बन्धित कर पढ़ने-पढ़ाने की सुविधा हो। जो अध्यापक और विद्यार्थी इस बात का ध्यान रखते हैं कि कुछ पढ़ा-पढ़ाया जाये, पूर्व अनुभवों पर आधारित होना चाहिए तथा आगामी लाभ प्राप्त करने के लिए आधार मानना चाहिए, अधिगम प्रक्रिया की सफलता की ओर ले जाने हेतु एक मजबूत रास्ता तैयार करते हैं।

(ग) **ज्ञानेन्द्रियों का प्रयोग**—अधिगम की प्रक्रिया में ज्ञानेन्द्रियों का काफी योगदान होता है। इन्हें ज्ञान का द्वार माना गया है। अतः जितनी अधिक और जितनी अच्छी तरह से इन ज्ञानेन्द्रियों का उपयोग अधिगम कार्य में किया जाता है उतनी ही सफलता अधिगम कार्य में प्राप्त होती है। अतः पढ़ने-पढ़ाने में जहाँ अधिक-से-अधिक ज्ञानेन्द्रियों का उपयोग अधिगम अनुभव अर्जित करने में किया जाता है। जैसे—वस्तुओं और क्रियाओं को देखना, उन्हें अपने आप करके देखना आदि, उतनी ही अच्छी तरह से उनके बारे में ज्ञान और कुशलता का अर्जन किया जा सकता है।

(घ) **पुनर्बलन**—अधिगम के दौरान दी गई उपयुक्त प्रतिपुष्टि और पुनर्बलन पर भी अधिगम प्रक्रिया की सफलता आधारित है। अतः जहाँ अधिगम अनुभव इस प्रकार की विधियों, तकनीक तक उपागमों का प्रयोग करके दिए जाते हैं कि विद्यार्थियों को जो कुछ भी वे सीख रहे हैं उसके लिये समय पर उचित प्रतिपुष्टि और पुनर्बलन मिलता रहे तो अधिगम प्रक्रिया में उन्हें आवश्यक सफलता मिलने की सम्भावनायें बहुत बढ़ जाती हैं। उदाहरणार्थ, अगर कोई विद्यार्थी सीखने के मार्ग पर जैसे ही उपयुक्त कदम रखता है उसे तुरन्त ही प्रोत्साहन अथवा विशेष ध्यान के रूप में उचित पुनर्बलन प्राप्त हो जाता है। उसे ठीक तरह से सीखने या कार्य करने के बारे में आवश्यक निर्देशन तथा परामर्श प्राप्त हो जाता है तो उसे अधिगम मार्ग पर सफलतापूर्वक आगे बढ़ने में किसी प्रकार की समस्या का सामना नहीं करना पड़ता। इस तरह अधिगम प्रक्रिय। प्रतिपुष्टि और पुनर्बलन के द्वारा काफी हद तक प्रभावित मानी जा सकती है।

(ङ) **अभ्यास कार्य**—अनुभवों को सही रूप में प्राप्त करने हेतु यह बहुत ही जरूरी है कि उन्हें इस तरीके से अर्जित किया जाये कि पढ़ने-पढ़ाने की विधियों और तकनीकों में अभ्यास, कार्य तथा दोहराये जाने की उपयुक्त व्यवस्था की जा सके। अधिगम की प्रक्रिया कुछ हद तक अभ्यास व पुनरावृत्ति की प्रक्रिया पर भी निर्भर करती है क्योंकि अभ्यास और दोहराने का कार्य सीखने के दौरान जितनी अच्छी तरह से सम्पन्न होगा उतनी ही स्थायी एवं प्रभावपूर्ण ज्ञान तथा कौशलों की प्राप्ति सीखने वाले से हो सकेगी। जो विद्यार्थी कक्षा में सम्पन्न अभ्यास कार्य पुनरावृत्ति तथा दोहराये जाने वाले कार्य तथा घर पर करने को दिये जाने वाले कार्य को ठीक तरह से नहीं करते वे प्रायः पढ़ाई-लिखाई में पीछे ही दिखाई देते हैं। इसके विपरीत जो इन कार्यों को गम्भीरता से लेते हैं उनके अधिगम प्रतिफल काफी श्रेष्ठ होते हैं।

अधिगम के प्रमुख नियम

अधिगम के नियमों को प्रतिपादित करने का श्रेय थार्नडाइक को प्राप्त है। 'नियम प्रकृति द्वारा बनाये गये अटल विधान हैं पशु, पक्षी, पौधे, मनुष्य सभी प्रकृति के नियमों के अनुसार जीवन व्यतीत करते हैं।' इसी प्रकार सीखने के भी कुछ नियम हैं, सीखने की प्रक्रिया इन्हीं नियमों के अनुसार चलती है। थार्नडाइक ने प्रमुखतः तीन प्रकार के

नियमों का प्रतिपादन किया था—तत्परता का नियम, प्रभाव का नियम और अभ्यास का नियम इन तीनों नियमों के बारे में विस्तृत जानकारी निम्न प्रकार दी गई है—

1. तत्परता का नियम

बालकों को बाध्य करके किसी बात को सिखाना सम्भव नहीं है। इसके लिये उन्हें पहले से तैयार करना चाहिए। इसी से सम्बन्धित तत्परता का नियम भी है। तत्परता के नियम के अनुसार जब तक विद्यार्थियों को किसी बात को सीखने हेतु मानसिक रूप से तैयार न किया जाए, तब तक उन्हें कोई बात सिखा पाना लगभग असम्भव है। तत्परता का नियम भी इन्हीं बातों पर आधारित है। इन्हें सीखने का उपनियम भी कहा जा सकता है। कुछ प्रमुख उपनियमों का विवरण निम्न प्रकार है—

(1) जिज्ञासा का उपनियम—इसके अनुसार विद्यार्थियों को जो कुछ बताया जाना है, उसे जानने के प्रति विद्यार्थियों की जिज्ञासा उत्पन्न की जाए। यह जिज्ञासा विद्यार्थियों को बताई जाने वाली बात के सम्बन्ध में उसकी महत्ता बताकर और जताकर की जा सकती है।

(2) नवीनता का उपनियम—इसके अनुसार सिखाने वाली चीज नई तो हो ही इसके साथ-साथ बताने व पढ़ाने का ढ़ंग भी बिलकुल नया हो तो और भी लाभदायक होगा।

(3) अभिप्रेरणा का उपनियम—यदि विद्यार्थी किसी बात को जल्दी सीख ले अथवा अच्छे उत्तर दे तो उन्हें उनके अच्छे उत्तरों के लिए प्रोत्साहित किया जाना चाहिए।

(4) रुचि का उपनियम—इसके अनुसार विद्यार्थियों को जो कुछ बताया जाना है, उसे जानने के प्रति छात्रों में रुचि उत्पन्न की जाए। रुचि उत्पन्न करने के लिए अलग-अलग बातों को अलग-अलग प्रकार से बताने का प्रयत्न किया जाए।

शैक्षिक उपयोगिता—तत्परता के नियम की उपयोगिता किसी बात को बताने से पूर्व विद्यार्थियों द्वारा इस बात को सीखे जाने के लिए उन्हें मानसिक रूप से तैयार करने में बहुत अधिक है। इस दृष्टि से—

1. विद्यार्थियों का ध्यान मस्तिष्क में चल रहे विचारों से विकेन्द्रित करने तथा नई बात की ओर ध्यान आकृष्ट करने की दृष्टि से छोटे बच्चों के लिए कोई वस्तु तथा बड़े बच्चों के लिए कोई बात अधिक महत्वपूर्ण सिद्ध होती है।
2. इसी तरह छोटे बच्चों के लिए सामान्यतया लघुकथाएँ तथा बड़े बच्चों के लिए दृष्टान्त और संस्मरण आदि ज्यादा उपादेय साबित होते हैं।

3. जिस वस्तु अथवा बात को बच्चे पहले से ही जानते हैं, उसे दिखाना या सुनाना नहीं चाहिए क्योंकि उसे देखने अथवा सुनने में बालकों की रुचि नहीं होती।
4. कभी-कभी अध्यापक के व्यक्तित्त्व से प्रभावित होकर बालक उसे देखकर पढ़ने के लिए तैयार हो जाते हैं। हो सके तो शिक्षक को चाहिए कि वह स्वयं में भी अगर उन गुणों का विकास कर सके जो एक अच्छे शिक्षक में होने चाहिए तो अवश्य करे। ये गुण हैं—विषय के प्रति ज्ञान, ज्ञान की गहराई, सफल अभिव्यक्ति, किसी बात पर तुरन्त सोचना और उत्तर देना, सद्व्यवहार आदि।
5. वास्तविक शिक्षण से पूर्व, पाठ की प्रस्तावना का उद्देश्य यही है।
6. पाठ की प्रस्तावना नवीन और रुचिकर होनी चाहिए।
7. प्रस्तावना ऐसी हो कि वह विद्यार्थियों के मन में चलने वाली भावनाओं तथा मस्तिष्क में चलने वाली बातों को निकालकर, नई बात को जानने के प्रति उन्हें आकर्षित करने में सक्षम हो।
8. इस बात का पूरा ध्यान रखा जाए कि कोई भी बात ऐसी न कही जाए जो विद्यार्थी के लिए कठिन व व्यंग्य हो।

2. प्रभाव के नियम

जो बात विद्यार्थियों की दृष्टि से अधिक महत्वपूर्ण है, अर्थात् उनकी दृष्टि से जिस बात की जीवनोपयोगिता जितनी अधिक होती है, विद्यार्थी उस बात को उतनी ही जल्दी और अच्छी तरह सीखना पसन्द करते हैं। किसी नवीन बात को इस तरीके से बताई जाये जिसे छात्र पहले से जानता हो तो उसे वह सरलता से समझ लेगा। इस दृष्टि से विद्यार्थियों के लिए जो बातें जितनी अधिक जीवनोपयोगी हैं, उनके द्वारा उसे जल्दी सीखने का प्रयास करना ही प्रभाव का नियम (Law of Effect) है।

शैक्षिक उपयोगिता—प्रभाव के नियम के अनुसार किसी बात को सिखाने के दौरान अध्यापक को निम्न बातों का ध्यान रखना चाहिए—

1. विद्यार्थियों को कोई भी बात बताते समय उन्हें उनके जीवन से सम्बन्धित तथ्यों और घटनाओं के माध्यम से बताया जाए ताकि वे उसे जल्दी सीख सकें और उसको हमेशा याद रख सकें। इस दृष्टि से जिन बातों को विद्यार्थियों ने अपने घर पर सीखा है उन बातों के माध्यम से किसी बात को बताना सबसे अधिक प्रभावी सिद्ध होता है तो विदेशों की बातों के माध्यम से बताना कम प्रभावी होता है।

2. शिक्षक स्वयं में उन गुणों के विकास का प्रयत्न करे जिनका उल्लेख हमने पीछे किया क्योंकि विद्यार्थियों पर अध्यापक का सर्वाधिक प्रभाव रहता है।
3. शिक्षक प्रशिक्षण अथवा शिक्षण के समय जिस प्रकार तत्परता का नियम पाठ की प्रस्तावना के लिए उपयोगी है, उसी प्रकार प्रभाव का नियम पाठ के प्रस्तुतीकरण के लिए।
4. बताई जाने वाली सभी बातें जीवन में कितनी उपयोगी हैं, यह बताना भी आवश्यक है। ऐसा करने से विद्यार्थियों पर उसका प्रभाव अधिक पड़ेगा।
5. जीवनोपयोगिता की दृष्टि से जो बात जितनी अधिक उपयोगी हो, उसे उतना ही पहले बताया जाए।
6. उत्प्रेरणा के सिद्धान्त के अनुसार विद्यार्थियों द्वारा किसी बात को शीघ्र सीखे जाने पर प्रश्नों का उत्तर देने पर, उन्हें प्रोत्साहित किया जाए, लेकिन यह ध्यान रखना आवश्यक है कि प्रोत्साहन की अति न हो पाये। ध्यान रहे कि 'शाबाश', 'बहुत अच्छा' आदि प्रशंसात्मक शब्दों की अति, विद्यार्थियों पर उल्टा प्रभाव डालती है।

3. अभ्यास का नियम

अभ्यास का नियम उपयोगिता व अनुपयोगिता के सिद्धान्त पर आधारित है। इसे उप-नियम भी कह सकते हैं, उसका उपयोग बार-बार करने से उसका अभ्यास उतना ही अधिक होता रहता है, और वह बात उतनी ही अधिक दृढ़ होती जाती है। परन्तु, अनुपयोगी बात अभ्यास में न आने से अधिक समय तक याद नहीं रहेगी।

शैक्षिक उपयोगिता—अभ्यास के नियम की शैक्षिक उपादेयता अग्रलिखित हैं—

1. किसी भी सिद्धान्त अथवा कोई भी चीज बताने के साथ-साथ उसकी उपयोगिता अवश्य बताई जाये ताकि जल्दी समझ में आ जाए।
2. पढ़ाने के पश्चात् पाठ की पुनरावृत्ति इसी नियम पर आधारित है।
3. मूल्याँकन के दौरान सैद्धान्तिक ज्ञान की अपेक्षा ज्ञानोपयोग से सम्बन्धित प्रश्न अधिक पूछने चाहिएँ।
4. अभ्यास का नियम सीखी हुई बातों को एक लम्बी अवधि तक स्मरण रखने की दृष्टि से अधिक महत्वपूर्ण है; अतः बताई गई बातों को यथास्थिति दुहराते रहना चाहिए।
5. सैद्धान्तिक ज्ञान का अभ्यास करते समय अगर परिस्थिति को बदलकर उसी

बात का उपयोग पूछा जाए तो विद्यार्थियों में कुशलताओं (Skills) का भी विकास किया जा सकता है।

उपरोक्त नियमों के अलावा कुछ और भी नियम हैं जो अधिगम की प्रक्रिया में सहायक होते हैं। इनका विवरण निम्न प्रकार है–

1. प्रौढ़ता का नियम–एक ही विषय का अधिगम सभी उम्र के बालकों को कराना सम्भव नहीं है। जब तक बच्चे का स्नायु-मण्डल विषय समझने में असमर्थ हो उसको वह विषय समझाना व्यर्थ है। तीन वर्ष का बच्चा वर्णमाला सीखने में कई मास लगायेगा जबकि पाँच वर्ष का बच्चा उसको कुछ दिनों में ही सीख लेगा।

2. सामूहिक प्रक्रिया सीखने का नियम–नियम के आधार पर बालक अन्य प्रक्रियाओं के साथ-साथ सामूहिक प्रतिक्रियायें भी सीख लेता है। उदाहरणार्थ–जब बच्चा ज्योमैट्री का विषय सीख रहा होगा, तो वह विषय भी सीखेगा। इसके साथ वह ध्यान लगाने की आदत, सोचने की आदत तथा परिश्रम करने की आदतें भी सीखता है।

अधिगम के प्रमुख सिद्धान्त

'सिद्धान्त' शब्द का प्रयोग कतिपय मनोवैज्ञानिकों ने 'Principles' तथा 'Theories' के रूप में किया है। लेकिन दोनों में बहुत अन्तर है–Principles का सम्बन्ध–अपनी सूझ-बूझ, चिन्तन, तर्कसंगत मान्यताओं तथा आधारयुक्त निर्णयों से होता है। जबकि Theories का मूल आधार प्रयोगगत प्रतिफल होते हैं।

मनोवैज्ञानिकों द्वारा किए गए प्रयोगों के आधार पर जो अधिगम के सिद्धान्त प्रस्तुत किये गये हैं उनका अध्ययन वादों के रूप में किया जायगा। प्रमुख सिद्धान्त तीन प्रकार के हो सकते हैं–साहचर्यवादी व्यवहारवादी और गैस्टाल्टवादी ये सभी मनोविज्ञान में अधिगम के सम्प्रदाय कहलाते हैं। इनमें से प्रत्येक सम्प्रदाय के अन्तर्गत कुछ सिद्धान्त आते हैं जो अग्रलिखित हैं–

(1) साहचर्यवादी सिद्धान्त
- (क) अनुकरण का सिद्धान्त
- (ख) प्रयत्न एवं भूल का सिद्धान्त

(2) व्यवहारवादी सिद्धान्त
- (क) पॉवलव का प्रतिबद्ध अनुक्रिया का सिद्धान्त
- (ख) स्किनर का सक्रिय अनुबन्धन सिद्धान्त

(3) गेस्टाल्टवादी सिद्धान्त

(क) सूझ द्वारा सीखना

अनुकरण का सिद्धान्त

इस सिद्धान्त के अनुसार अधिगमकर्ता पर सुनी हुई बात की तुलना में स्वयं देखी हुई बात का प्रभाव अधिक पड़ता है और इस प्रभाव के परिणामस्वरूप वह जैसा देखता है वैसा ही करने लगता है। बच्चों में आदतों का निर्माण प्रायः इसी सिद्धान्त के आधार पर होता है। वे किसी क्रिया की उपयोगिता और अनुपयोगिता पर विचार किए बिना वैसा ही करने लगते हैं, जैसा वह दूसरों को करते हुए देखते हैं। बीड़ी पीना, झूठ बोलना, समय पर न आना आदि ऐसी बातों को वे प्रायः दूसरों से ही सीखते हैं।

अनुकरण करने की प्रवृत्ति मनुष्यों के अलावा कुछ पशु-पक्षियों में भी पाई जाती है। जैसे—बन्दर भालू, तोता, मैना, आदि। अर्थात् जिन व्यक्तियों अथवा बालकों की बुद्धि अविकसित होती है, वे स्वयं किसी बात पर विचार नहीं कर सकते और वे जो कुछ भी सीखते हैं, अनुकरण द्वारा अधिक ही सीखते हैं। बौद्धिक विकास के साथ-साथ ज्यों-ज्यों उनमें स्व-निर्णय की शक्ति का विकास होता जाता है, त्यों-त्यों उनमें अनुकरण की प्रवृत्ति घटती जाती है।

थार्नडाइक का प्रयोग

मनोवैज्ञानिकों ने कुछ प्रयोग कर यह निष्कर्ष निकाला है कि अधिगम की प्रवृत्ति मनुष्य की अपेक्षा बन्दरों में अधिक होती है। थार्नडाइक (Thorndike) ने अपने प्रयोगों द्वारा इसे असत्य सिद्ध करने का प्रयत्न किया। उन्होंने एक बॉक्स में खाना रखकर बन्दर को बॉक्स खोलने और बन्द करने की क्रिया को 15 बार दिखाया; लेकिन फिर भी वह अनुकरण द्वारा बॉक्स को खोलने में समर्थ नहीं हुआ।

इस प्रयोग की आलोचना करते हुये थार्नडाइक ने यह तर्क दिया कि सीखना ऊपर से थोपी हुई क्रिया नहीं; अपितु सीखने वाले के मस्तिष्क में किसी बात को सीखने के प्रति जो प्रतिक्रिया होती है, उसका परिणाम है। बहुत कुछ सम्भव है कि बन्दर ने बॉक्स खोलने और बन्द करने की क्रिया को देखा ही न हो। यदि देखा भी हो तो उस पर ध्यान ही न दिया हो और जब तक किसी बात पर ध्यान नहीं दिया जाएगा, तब तक उसे सीखा नहीं जा सकता। अगर बन्दर को पिंजड़े में बन्द कर दिया जाता और जब वह उसमें परेशान हो जाता, तब उसे पिंजड़ा खोलने की क्रिया

बताई जाती तो बहुत कुछ सम्भव है कि वह एक अथवा दो बार में ही बक्स को खोलना सीख लेता। अगर ध्यान से देखें तो कौआ, बन्दर आदि इतने अधिक चालाक होते हैं कि वे दूसरों की उपस्थिति में चोरी का कार्य प्रायः नहीं करते। बॉक्स से रोटी निकालने का कार्य बन्दर की दृष्टि में चोरी ही था और बन्दर इतना बुद्धिमान नहीं होता कि वह थार्नडाइक के मन की बात पहचान सकता। सम्भवतः इसीलिये थार्नडाइक की उपस्थिति में उसने रोटी और उसे प्राप्त करने की ओर ध्यान ही न दिया हो और उसका ध्यान इसी बात पर केन्द्रित रहा हो कि कब थार्नडाइक वहाँ से हटे और कब वह रोटी को निकाले। इस वजह से थार्नडाइक ने जो प्रयोग किया, वह बन्दरों के मनोविज्ञान के अनुरूप नहीं था और इसीलिए उसके परिणाम प्रतिकूल रहे। वैसे अगर आप खेल दिखाने वाले, सर्कस आदि में कार्य करने वाले बन्दरों को देखें तो वे अनुकरण द्वारा बहुत कुछ सीखे हुए होते हैं।

इस प्रकार यह पूर्णतः स्पष्ट हो जाता है कि मानव हो या पशु-पक्षी सभी में दूसरों को कुछ करते हुए देखकर अनुकरण करने की क्षमता होती है। यही अनुकरण द्वारा सीखने का सिद्धान्त है।

अनुकरण सिद्धान्त के शैक्षिक निहितार्थ

अपने से बड़ों के कार्यों व बातों को सीखना ही अनुकरण है। बड़े-छोटे भी अलग-अलग क्षेत्रों में अलग-अलग होते हैं। निर्धन, सम्पन्नों का अनुकरण करते हैं तो रूपहीन, रूपवानों का और ज्ञानहीन, ज्ञानवानों का। इस दृष्टि से विद्यार्थी सामान्य रूप से शिक्षकों का अनुकरण करते हैं। इसका कारण निम्न है–

1. भाषा का अधिकांश ज्ञान अनुकरण के द्वारा ही होता है। अतः पद्य, नाटक आदि के शिक्षण में मौखिक वाचन उतना अच्छा नहीं रहता जितना अभिनय। कविता शिक्षण में भी आंगिक क्रियाओं का बड़ा महत्व है। परन्तु, इसमें ध्यान यही रखना चाहिए कि आंगिक क्रियाएँ भावानुरूप हों तथा जो शिक्षक ये क्रियाएँ कर सकने में समर्थ हों, वे ही करें, सभी शिक्षक नहीं।
2. अनुकरण के द्वारा किसी की विशेषतायें भी अर्जित की जाती हैं। अतः छोटे-बड़े सभी बच्चों में जिन सद्वृत्तियों का विकास करना हो, उनके लिए उपदेश न देकर स्वयं अनुसरण करके बताया जाए।
3. विद्यार्थी हमारी अधिकांश बातों का अनुकरण करते हैं। हम उन्हें आदत सम्बन्धी जो बातें सिखाना चाहते हैं, उन्हें उपदेश देकर सिखाने की अपेक्षा उस बात को स्वयं अपनी आदत में ढालकर सिखाना चाहिए; उदाहरण के लिए

अगर हम चाहते हैं कि हमारे विद्यार्थी समय पर आएँ तो हमें भी समय पर आना चाहिए।

4. शिक्षक प्रशिक्षण में भी प्रदर्शन पाठों का महत्व पर्यवेक्षक द्वारा दिए गए निर्देशों से अधिक है। छात्रों की कमियों को स्वयं दूर करके बताया जाना अधिक प्रभावशाली सिद्ध होता है, न कि केवल टिप्पणियाँ लिखकर शिक्षण में सुधार लाना।
5. अनुकरण बुद्धि के विकास पर आधारित होती है। आयु के अनुसार बुद्धि जितनी अधिक अविकसित होगी, अनुकरण उतना ही अधिक होगा। अर्थात् छोटे बच्चों में अनुकरण की प्रवृत्ति अधिक पाई जाएगी तो बड़ों में कम। छोटे बच्चों को जो कुछ सिखाना है, उसे अगर करके सिखाएँ तो अधिक प्रभावकारी सिद्ध होता है।
6. छोटे बच्चों के लिए बालोद्यान और माण्टेसरी विधियाँ अन्य विधियों की अपेक्षा ज्यादा उपयुक्त होती हैं क्योंकि दोनों ही शिक्षण पद्धतियाँ अनुकरण द्वारा सिखाने अथवा सीखने पर बल देती हैं।
7. छोटे बालकों द्वारा वातावरण से भी बहुत कुछ अतः, उन्हें ऐसे वातावरण में रखा जाए, जिससे उनमें किसी प्रकार की गलत आदतें न पनप सकें।

प्रयत्न एवं भूल का सिद्धान्त

जो मनोवैज्ञानिक अधिगम को उत्प्रेरक व उसके परिणामों के मध्य का सम्बन्ध मानते हैं वे प्रयत्न एवं भूल के सिद्धान्त के प्रबल समर्थक हैं। उत्तेजक और उसके परिणामों के बीच पारस्परिक सम्बन्धों के आधार पर ही इसे सम्बन्ध सिद्धान्त में माना है। सम्बन्ध सिद्धान्त के अनुसार प्रत्येक कार्य को करने के पीछे कोई आवश्यकता अथवा उद्देश्य अवश्य ही निहित होता है। उद्देश्य और आवश्यकता के आधार पर ही हम उस वस्तु को प्राप्त करने का प्रयत्न करते हें! हमारे प्रयत्न और उसके परिणामों के पारस्परिक सम्बन्धों का जो परिणाम होता है, वही इस सिद्धान्त का जन्मदाता है। इस सिद्धान्त का प्रतिपादन थार्नडाइक (Thorndike) ने किया था। थार्नडाइक ने अधिगम को परिस्थिति और उसके बीच के परिणामों का पारस्परिक सम्बन्ध बतलाया है।

अपने इस सिद्धान्त के प्रतिपादन हेतु थार्नडाइक ने प्रयोग किया था और उसके समर्थकों जैसे लॉयड मॉर्गन व मैक्डूगल ने क्रमशः कुत्ते व चूहों पर प्रयोग किये। अन्त में यह निष्कर्ष निकाला कि मनुष्य ही नहीं; अपितु पशु-पक्षी भी अनेक भूलें करते हैं।

थार्नडाइक का प्रयोग

थार्नडाइक ने एक भूखी बिल्ली को पिंजड़े में बन्द करके पिंजड़े के बाहर मछली रख दी। पिंजड़े में एक दरवाजा था, जिसे खोलकर निकला जा सकता था। बिल्ली ने पिंजरे से बाहर निकलने की कई बार असफल कोशिश की अन्ततः उसे दरवाजा खोलने में सफलता मिल गई। लेकिन पुनः जब उसे उसी पिंजड़े में बन्द किया गया तो उसे अधिक प्रयत्न नहीं करना पड़ा। धीरे-धीरे कई प्रयत्नों के पश्चात् वह बन्द करते ही पहले ही प्रयत्न में निकलने में समर्थ हो गई।

इस प्रयोग का अध्ययन करने पर ही परिणाम सामने आयेगा कि बाह्य उत्तेजक जितना तीव्र और कार्य कितना अधिक महत्वपूर्ण होगा, हम उसे पूरा करने का उतना ही अधिक प्रयत्न करेंगे, चाहे कितनी ही भूलें क्यों न हों? जो कार्य अधिक महत्वपूर्ण नहीं होगा, उसके लिए हम अधिक प्रयत्न नहीं करेंगे।

प्रयत्न एवं भूल सिद्धान्त के शैक्षिक निहितार्थ

प्रयत्न एवं भूल सिद्धान्त के प्रमुख शैक्षिक निहितार्थ निम्न प्रकार हैं–

1. इसके तहत यह ध्यान रखना आवश्यक है कि बाह्य उत्प्रेरक जितना अधिक तेज होगा, प्रयत्न उतने गम्भीर और अधिक होंगे। इस दृष्टि से गणित आदि विषयों की समस्या देकर बच्चों को पुरस्कार, प्रशंसा, प्रमाण-पत्र आदि का बाह्य प्रलोभन दिया जाए तो वे अधिक प्रयत्न करेंगे।
2. वैसे तो किसी न किसी तरह कोई भी कार्य किया जा सकता है, परन्तु उसमें भूल हो जाने के बाद उसके अन्दर सुधार करना मस्तिष्क का कार्य है। अतः प्रयत्न और भूल द्वारा सीखना छोटे बच्चों से इतना सम्बन्धित नहीं, जितना बड़े बच्चों से है। जिसका मस्तिष्क जितना अधिक विकसित होगा, वह उतनी ही कम भूलें करेगा और किसी कार्य को उतनी ही जल्दी सीख जाएगा। अतः नए प्रयोग, नई खोज, किसी समस्या का हल करना आदि के लिए यह सिद्धान्त अधिक उपयोगी है।
3. यदि कोई बालक किसी कार्य में बार-बार भूल कर रहा है तो उसे सुधारने हेतु उसे खुद अवसर देना चाहिए। अगर किसी कठिन समस्या का समाधान बच्चें अनेकों भूलों के पश्चात् भी नहीं खोज सकें तो उन्हें समस्या का सही समाधान बता दिया जाए, ताकि उनमें हीनभाव पैदा न हो।
4. बुद्धि के विकास एवं सीखने के स्थायित्व हेतु बच्चों को जो कार्य स्वयं करने

दिया जाएगा, उसे वे अधिक सीखेंगे। अतः शिक्षक उनकी भूलों पर क्रोधित न होकर उनके प्रयत्नों की सराहना करें तो सीखने के परिणाम भी अच्छे होंगे।

5. आदतों के लिए अनुकरण और किसी नई बात को सिखाने के लिए भूल और प्रयत्न द्वारा सीखने के सिद्धान्तों का प्रयोग किया जाना चाहिए।
6. प्रयत्न व भूल के सिद्धान्त के अनुसार कोई बात सिखाने के लिए समस्या का वितरण छात्रों की शारीरिक एवं मानसिक क्षमता को ध्यान में रखते हुए किया जाना चाहिए।

पावलव का अनुकूलित-अनुक्रिया सिद्धान्त

इस सिद्धान्त को क्लासिकल कन्डीशनिंग के नाम से भी जाना जाता है। इस सिद्धान्तवाद को समझने के लिए उन व्यक्तियों का स्मरण कीजिए जो किसी बात-विशेष अथवा शब्द-विशेष को सुनते ही चिढ़ने लगते हैं।

उदाहरण के तौर पर कोई सुखदेई कहने पर चिढ़ता है तो कोई मनसुख कहने से और कोई किसी अन्य बात से। ऐसा इसलिए होता है कि चिढ़ने वाले व्यक्ति के जीवन में कोई ऐसी घटना घटित हो जाती है, जिसकी याद आते ही उसे दुख का अनुभव होता है। उस शब्द को याद आते ही पुनः दुःख जागृत हो जाता है और व्यक्ति चिढ़ने लगता है। यह अचानक ही नहीं होता; इस तरह की भावनाएँ धीरे-धीरे मन में घर करती हैं। अतः पहले जीवन में कोई अप्रिय घटना घटित होती है। अप्रिय घटना का कोई विशेष कारण होता है। कारण किसी शब्द से जुड़ जाता है और उस शब्द को सुनते ही वह घटना याद आती है। घटना से दुःख की अनुभूति होती है और अनुभूति से व्यक्ति दुःख का आभास होने के कारण चिढ़ने लगता है।

उपरोक्त उदाहरण के आधार पर बने सिद्धान्त उसका मूल आधार मानव का परिस्थितिनुकूल व्यवहार है। इसी वजह से यह व्यवहारवादी सिद्धान्त भी कहलाता है। व्यवहारवादी सिद्धान्त को मानने वालों में पावलव, स्किनर और वाट्सन का नाम विशेष रूप से उल्लेखनीय है। इनमें पावलव ने कुत्तों पर, स्किनर ने चूहों पर और वाट्सन ने खरगोश के बच्चों पर अनेक प्रयोग किए।

पावलव का प्रयोग

पावलव रूस के रहने वाले एक प्रसिद्ध मनोवैज्ञानिक हैं। इन्होंने एक भूखे कुत्ते को एक कमरे में बन्द कर दिया। इस कमरे में इधर-उधर से कोई आवाज नहीं जाती थी। परन्तु, कमरे में एक खिड़की थी, जिससे सब कुछ देखा जा सकता था। पावलव

ने कुत्ते की लार, नली को काटकर इस प्रकार नियोजित किया कि कुत्ते के मुँह में आने वाली लार स्वतः ही ट्यूब में एकत्रित हो जाती थी। पावलव ने पहले कुत्ते को कमरे में बन्द करके बाहर गोश्त रख दिया। गोश्त को देखते ही कुत्ते के मुँह में लार आ जाती थी और वह ट्यूब में इकट्ठा हो जाती थी। पुनः उसने भोजन रखने के साथ ही घण्टी भी बजाई और कुत्ते के मुँह में लार आ गई। ऐसा कई बार किया गया। जब भी खाना रखा जाता था, तभी घण्टी बजाई जाती थी। धीरे-धीरे मीट न रखकर केवल घण्टी बजाई गई और घण्टी बजाते ही कुत्ते के मुँह में लार आ गई। यह लार जब ट्यूब में एकत्रित हो गई तो उसे माप लिया गया। इस प्रकार अन्त में केवल घण्टी बजाने से ही कुत्ते के मुँह में उतनी ही लार आने लगी जितनी खाना देखकर आती थी अर्थात् कुत्ता घण्टी की आवाज से अनुबद्ध हो गया।

पावलव के प्रयोग द्वारा इस बात का खुलासा होता है, कि यहाँ कुत्ते के सामने गोश्त रखना स्वाभाविक अथवा सहज उद्दीपक है। घण्टी का बजना अनुकूलित अथवा कृत्रिम उत्तेजक है। घण्टी का बजना अनुकूलित अथवा कृत्रिम उत्तेजक तथा लार का आना अनुक्रिया है।

विश्लेषण

यदि अनुकूलित अनुक्रिया सिद्धान्त से सम्बन्धित उपरोक्त बातों का विश्लेषण किया जाय तो यही परिणाम प्राप्त होगा कि छोटे बच्चों में आदतों का निर्माण इसी सिद्धान्त के आधार पर होता है। उनको लोरी सुनाना, प्रशंसा करना आदि कोई भी उद्दीपन दिया जाता है, वे उसी के अनुरूप क्रिया करते हैं और बाद में वह क्रिया आदत के रूप में परिवर्तित हो जाती है।

अनुकूलित-अनुक्रिया सिद्धान्त के शैक्षिक निहितार्थ

अनुकूलित-अनुक्रिया सिद्धान्त के शैक्षिक निहितार्थ को निम्न प्रकार स्पष्ट किया गया है–

1. बच्चों को कभी भी ऐसे शब्द न कहे जाएँ, जो कुण्ठाओं में बदल जाएँ; यथा–"तू बड़ा होशियार बनता है"; "तुझे देख लूँगा" आदि।
2. छोटे बच्चों के लिए प्यार और प्रशंसा तथा बड़ों के लिए अनुबन्ध अच्छे अनुबन्धन हैं।
3. अच्छे कार्य के लिए विद्यार्थियों की आलेख पुस्तिकाओं में 'सुन्दर', 'अच्छा', 'बहुत अच्छा' आदि प्रशंसायुक्त शब्द लिखना उपयुक्त रहता है।

4. कभी-कभी अच्छे शिक्षक के कक्षा में प्रवेश करते ही विद्यार्थी पढ़ने के लिए उद्यत हो जाते हैं। अतः, शिक्षक को भी स्वयं में उन गुणों का विकास करना चाहिए, जिनसे विद्यार्थी पर प्रत्यक्ष प्रभाव पड़े।
5. बालकों के अन्दर स्वस्थ व अच्छी आदतों का सृजन करने के लिए किसी भी बाह्य अथवा आन्तरिक उत्तेजक द्वारा उन्हें उस समय तक उत्प्रेरित किया जाए, जब तक कि वह आदत में परिवर्तित न हो जाए।
6. अवांछनीय आदतें भी इसी प्रकार पनपती हैं; इसलिए इस बात का पूरा ध्यान रहे कि उन्हें किसी भी गलत काम के व गलत बात के लिये तो उद्दीप्त नहीं किया जा रहा है। संगी-साथियों से भी कोई अवांछित उद्दीपन तो उन्हें नहीं मिल रहा है।
7. प्रशंसा एवं पुरस्कार अच्छे उद्दीपन हैं; लेकिन इनकी अति हानिकारक और प्रतिकूल प्रभाव डालने वाली होती है। अतः, प्रशंसा और पुरस्कार भी सीमित होने चाहिएँ।

स्किनर का क्रिया प्रसूत अनुकूलन सिद्धान्त

स्किनर ने अपने इस सिद्धान्त का आधार पुनर्बलन माना है। क्रियाप्रसूत अनुकूलन को समझने के लिए आप अपने उन दिनों को याद कीजिए, जब आप बहुत छोटे थे। माँ-बाप ने पाठशाला में भर्ती करा दिया। परन्तु, पाठशाला में बिलकुल मन नहीं लगता था। माँ-बाप, भाई-बहन की याद आती तो रोते थे। अध्यापक कुछ खाने को दे देता या पुचकारता तो चुप हो जाते थे। फिर रोते, फिर चुप हो जाते और यही क्रम दिन भर चलता। छुट्टी की घण्टी बजती; आप प्रसन्न हो जाते और दौड़कर कक्षा से निकलकर घर आने के लिए तैयार हो जाते। स्वयं अथवा किसी की मदद से घर आ जाते। दूसरा दिन आता, आप पाठशाला जाने से इन्कार कर देते। पिता को पता था कि आपको टॉफी बड़ी पसन्द है। वह टॉफी के लिए आपको पैसे दे देते। आप पैसों के लालच से पाठशाला चले जाते। धीरे-धीरे पैसे लेकर पाठशाला जाने की आपकी आदत बन गई। जिस दिन आपको पैसे नहीं मिलते, उस दिन आप पाठशाला न जाने के लिए जिद्द करते और कभी-कभी जाते भी नहीं थे।

जैसे-जैसे बालक बड़ा होता है, पढ़ने लिखने में रुचि लेने लगता है। वे स्वयं पाठशाला की तरफ बिना किसी संकोच व लालच के बढ़ने लगते हैं। आप मन लगाकर पढ़ने लगे। कक्षा में प्रथम आए। उत्साह बढ़ गया। लालच टूट गया और पीछे छूट गया।

यहाँ, इन दोनों ही स्थितियों पर विचार करने की आवश्यकता है। आप पाठशाला दोनों ही स्थितियों में गए। परन्तु, पहली स्थिति में लालच आपको पाठशाला तक ले गया; जबकि दूसरी स्थिति में पढ़ने में रुचि अथवा पढ़ने के प्रति क्रियाएँ आपको पाठशाला तक खींचकर ले गईं। पहली स्थिति शास्त्रीय अथवा क्लासीकल अनुकूलन (Classical Conditioning) है और दूसरी स्थिति क्रियाप्रसूत (Operate Conditioning) हैं। अतः, कह सकते हैं कि *क्रियाप्रसूत अनुकूलन वातावरणीय परिस्थितियों के अनुरूप स्वतः ही उद्भूत होने वाली मानवीय चेष्टाएँ हैं।*

अधिगम अनुक्रिया को अधिक संभावित व द्रुत बनाया जाता है" बी. एफ. स्किनर की मान्यता है कि मानव का समग्र व्यवहार क्रियाप्रसूत पुनर्बलन का एक उत्पाद बदलते रहते हैं और क्रियाप्रसूत पुनर्बलन के द्वारा व्यवहार को वांछित दिशा में बदला जा सकता है। प्रबलन के द्वारा हम अनुक्रियाओं को बदलने हेतु पुनर्बलनों को परिवर्तित करते रहते हैं और इसी तरह मानव को खेलने, पढ़ने, मनोरंजन करने आदि सभी क्रियाओं में सन्तुलन बिठाते रहते हैं।

स्किनर के अनुसार इंसान के व्यवहार में पूर्ण परिवर्तन हेतु बहुत से मनोवैज्ञानिक प्रयोगों की जरूरत नहीं है अपितु पुनर्बलनों को परिवर्तित करके ही व्यवहार को बदला जा सकता है : स्किनर ने इच्छा-शक्ति (Will-power), संवेदनशीलता (Sensation), प्रतिमा अथवा बिम्ब (Image), मूलप्रवृत्ति (Instinct), अन्तर्नोद (Drive) आदि शब्दों का बहिष्कार किया है। स्किनर की दृष्टि से ये सभी शब्द अभौतिक-से प्रतीत होते हैं; क्योंकि—"व्यवहार, व्यक्ति स्वयं अथवा विभिन्न बाह्य पदार्थों अथवा दबाव के अन्य क्षेत्रों द्वारा संदर्भों में व्यक्ति स्वयं अथवा उसके किसी अंग की क्रिया है।"

स्किनर का प्रबलन का प्रयोग

आम तौर पर मनोविज्ञान के क्षेत्र में किये गये प्रयोगों का सम्बन्ध जीवन संस्थितियों से कम है। जो भी प्रयोग हुए, उनमें कृत्रिम व्यवहार के उद्दीपन का प्रयास किया गया है।

इस आधार पर स्पष्ट है कि स्किनर के प्रयोगों के क्षेत्र, अन्य मनोवैज्ञानिकों से भिन्न ही नहीं, उनसे कहीं आगे हैं। स्किनर ने प्राणी व्यवहार को किसी बाह्य उत्तेजक द्वारा बदलने की कोई कोशिश नहीं की है। अपितु उस परिस्थिति को बदलकर उसके व्यवहार को परिवर्तित करने का प्रयास किया, जिस परिस्थिति-विशेष में मानव अथवा प्राणी का कोई अंग-विशेष स्वतः ही उद्दीप्त होता है।

इसके बारे में स्किनर की मूल धारणा यही रही—चूँकि, प्राणी भविष्य में भी वही करना पसन्द करता है जो वह प्रबलन के समय कर रहा था। इस दृष्टि से कोई भी प्रयोगकर्ता उस प्रबलन को उद्दीप्त करके प्राणी के व्यवहार में बदलाव ला सकता है। इस बात को सही रूप में समझने में प्रस्तुत उदाहरण सहायक है—मान लीजिए, आप चाहते हैं कि कबूतर गेंद से खेलना सीख जाए तो आप किसी पिंजड़े अथवा बन्द स्थान में उसे और उस छोटी गेंद को जिसे वह अपनी चोंच से हिला-डुला सके, रख दीजिए। साथ ही यह देखिए कि वह गेंद के साथ अपनी चोंच से जो हरकत करता है, वह किस स्थिति में अधिक करता है—भरे पेट, भूखे पेट, अंधेरे में, उजाले में, अगर उजाले में तो कैसे उजाले में आदि। पुनः अब आप उस स्थिति का पता लगा लें जिसमें कबूतर गेंद के साथ खेलता है। धीरे-धीरे वह गेंद के साथ खेलना सीख जाएगा। जब वह गेंद के साथ खेलने में मस्त हो जाएगा तो आप देखेंगे कि जब भी कबूतर को उस जैसा गेंद नजर आएगा वह उसके साथ खेलना शुरू कर देगा।

स्किनर बॉक्स एवं उसके प्रयोग

स्किनर ने एक बाक्स बनाया जो स्किनर का बॉक्स कहलाता है। इसको बनाने का उद्देश्य प्राणी के स्वाभाविक व्यवहार को, उद्भूत करना था। इस बॉक्स में जिस प्राणी के व्यवहार में जो बदलाव लाना होता है, उस प्राणी को बन्द करके उस स्थिति की पुनरावृत्ति की जाती है, जिसमें उसका वह व्यवहार बार-बार उद्भूत हो। बॉक्स के बाहर हरकतों की आवृत्ति को नोट करने हेतु एक रिकॉर्डर लगा हुआ होता है, जिससे प्रयोगकर्ता की अनुपस्थिति में भी वे हरकतें रिकार्ड होती रहती हैं।

स्किनर के अनुसार—आयु एवं आकार दोनों ही दृष्टियों से छोटे प्राणियों पर प्रयोग करना सरल होता है। आयु की दृष्टि से उनके शरीर के विभिन्न अंग कोमल होने के कारण उनके व्यवहार को वांछित दिशा में सरलता से मोड़ा जा सकता है। इसी दृष्टि से स्किनर ने अपने प्रयोग ज्यादातर चूहों, कबूतरों आदि पर किए थे।

सर्कस में जो पशु-पक्षियों को सिखाया जाता है तो उसमें भी स्किनर के प्रयोगों का बड़ा सफलतापूवर्क प्रयोग किया जा सकता है।

स्किनर के सिद्धान्त का मनोवैज्ञानिक आधार

स्किनर द्वारा प्रतिपादित किया गया सिद्धान्त मूलतः तो 'उद्दीपन-अनुक्रिया' एवं 'सम्बन्धवाद' पर ही आधारित है। स्किनर से पहले 'उद्दीपन-अनुक्रिया' **(Stimulus-response)** सिद्धान्त को लेकर वाट्सन (Watson) एवं थार्नडाइक

(Thorndike) ने भी अपने प्रयोग किए थे। थार्नडाइक ने इसे 'सम्बन्धवाद' कहा तो वाट्सन ने इसे व्यवहारवाद का नाम दिया। थार्नडाइक ने शारीरिक और मानसिक दोनों ही तत्त्वों का सहारा लेकर अपने प्रयोग किए, किन्तु उसके अध्ययन यान्त्रिक अधिक थे। वाट्सन ने अपने प्रयोग जैवीय (Biological) आधार पर किए; लेकिन वह भी अपने प्रयोगों में यान्त्रिक अधिक रहा।

स्किनर के विचार में दोनों के विचार प्रयोगों को देखा जा सकता है। स्किनर का मानना है कि मनुष्य तटस्थ और निष्क्रिय अधिक है और उसके समस्त व्यवहारों को यान्त्रिक रूप दिया जा सकता है। इस दृष्टि से स्किनर के प्रयोगों का अगर विश्लेषण किया जाए तो उसमें यान्त्रिकता, तात्विकता एवं सम्बन्धबद्धता–तीनों का ही समावेश मिलेगा। स्किनर का मानना है कि मनोविज्ञान, मानव व्यवहार का विज्ञान है और उसके व्यवहार को ये तीनों ही तत्त्व प्रभावित करते हैं।

क्लासिकी, नैमित्तिक एवं क्रियाप्रसूत अनुकूलन में भिन्नता

अनुकूलन के इन तीनों प्रकारों क्लासिकी, नैमित्तिक एवं क्रियाप्रसूत को सही रूप में समझने हेतु मनुष्य के व्यवहार की विभिन्न परिस्थितियों पर विचार करना आवश्यक है। एक विद्यार्थी पाठशाला आता है और पढ़ता है, उसके पाठशाला में आने की कई स्थितियाँ हो सकती हैं–

(क) वह इसलिए पाठशाला आता है कि उसे उपस्थिति का भय है। उसे परीक्षा में बैठने के लिए न्यूनतम उपस्थिति दिखानी ही है।

(ख) पाठशाला में अध्ययन के कई तरीके हैं और पुस्तकालय, साथी, शिक्षक आदि। वहाँ पहुँचकर किसी विशिष्ट विषय के अध्ययन हेतु उसे जो स्थिति अच्छी लगेगी, उसी को वह चुन लेगा।

(ग) वह पूरी तरह स्वतन्त्र है कि कहीं भी जाए परन्तु वह पुस्तकालय में ही आता है; क्योंकि वह सोचता है कि वहीं उसे अधिकतम अधिगम सामग्री मिलेगी।

उपरोक्त तीनों परिस्थितियों में पहली स्थिति का सम्बन्ध क्लासिकी अनुकूलन से है, दूसरी का नैमित्तिक अनुकूलन से और तीसरी का क्रियाप्रसूत अनुकूलन से।

इस प्रकार यह कहा जा सकता है कि क्लासिकी अनकूलन में–बालक को उद्दीपन के अनुसार ही क्रिया करनी पड़ती है, नैमित्तिक अनुकूलन में–उद्दीपनों में से किसी भी उद्दीपन का चुनाव करने की छूट है, जबकि क्रियाप्रसूत में–बालक क्रिया करने के लिए पूरी तरह स्वतन्त्र रहता है।

(क) यद्यपि नैमित्तिक और क्रियाप्रसूत अनुकूलन में इसके अलावा कोई विशेष

अन्तर नहीं है कि क्रियाप्रसूत अनुकूलन में नैमित्तिक की अपेक्षा क्रिया करने की गुंजाइश अधिक है।

(ख) पावलव के क्लासीकल अनुकूलन में प्राणी अथवा उसके अंग-विशेष तब क्रिया करते हैं, जब उनके समक्ष किसी प्रकार का कोई उद्दीपन होता है। परन्तु, क्रियाप्रसूत अनुकूलन ठीक इसके विपरीत है। अर्थात् उसमें क्रिया पहले है और उद्दीपन बाद में। इस प्रकार क्लासीकल अनुकूलन अगर उद्दीपन अनुक्रिया है तो क्रियाप्रसूत अनुकूलन, क्रिया उद्दीपन।

(ग) क्लासीकल अनुकूलन में उद्दीपन कुछ भी हो सकता है; जबकि क्रियाप्रसूत अनुकूलन में वातावरण। वातावरण में बदलाव ही सबसे बड़ा उद्दीपन है।

(घ) पावलव के अनुसार उद्दीपन अधिक महत्वपूर्ण है। जबकि स्किनर के अनुसार क्रिया एवं वह वातावरण, जिसमें वह क्रिया स्वतः ही उद्भूत होती है, अधिक महत्वपूर्ण है।

(ङ) स्किनर के अनुसार प्रबलन को जितना अधिक दृढ़ बनाया जाएगा अथवा यों कहिए कि प्रबलन की आवृत्ति जितनी अधिक होगी, उद्भूत क्रिया की तीव्रता भी उतनी ही अधिक होगी। अगर प्रबलन समाप्त हो जाएगा तो क्रिया भी समाप्त हो जाएगी। उद्दीपन-अनुक्रिया सिद्धान्त में ऐसी कोई मान्यता नहीं कही जाती है।

(च) स्किनर ने प्रबलनों को दो प्रकार का बताया है—धनात्मक एवं ऋणात्मक। स्किनर के अनुसार किसी भी उद्दीपन की प्रस्तुति अथवा उद्दीपन को हटाना अगर क्रिया को प्रबलित करते हैं तो वह दोनों को ही प्रबलन मानते हैं। यहाँ ध्यान देने की बात यह है कि स्किनर यह नहीं मानता कि सुखद परिस्थिति प्रबलन को बढ़ावा देती है तो दुःखद परिस्थिति प्रबलन को कम करती है। उसकी तो मान्यता यह है कि जिस बात को जोड़ने अथवा मिलाने से व्यवहार उद्दीप्त हो, वह धनात्मक प्रबलन है। साथ ही, जिस बात को कम करने अथवा हटाने से भी व्यवहार उद्दीप्त हो, उसे भी धनात्मक प्रबलन कहते हैं।

क्रिया प्रस्तुत अनुकूलन के शैक्षिक निहितार्थ

स्किनर ने अध्यापन के क्षेत्र में विद्यमान कुछ प्रमुख कृतियों का उल्लेख किया है। उनका मानना है कि इन कमियों पर ध्यान देना आवश्यक है, ये निम्न प्रकार हैं—

(क) शिक्षण में सामान्यतया पलायनवादी उत्तेजकों से काम अधिक लिया जाता है।

(ख) प्रबल व व्यवहार के मध्य काफी दूरी होती है।

(ग) कुशलताओं के अर्जन हेतु जो कार्यक्रम कई सारणियों से होकर गुजरता है, शिक्षण के सामान्य कार्यक्रम में प्रायः उसका अभाव रहता है।

(घ) विद्यार्थियों के व्यवहार में जिस प्रकार का और जो बदलाव हम लाना चाहते हैं, उसके लिए अक्सर वांछित प्रबलनों की स्थिति बरकरार रहती है।

स्किनर द्वारा प्रस्तुत किया गया क्रियाप्रसूत अनुकूलन उपरोक्त कमियों को दूर करने में सहायक है। उदाहरणों द्वारा इन्हीं बातों को निम्न प्रकार समझा जा सकता है—

(क) विद्यार्थियों के बीच जब कोई बात सामने नहीं आ पाती है तो वह गृहकार्य करके नहीं लाते हैं शिक्षक उसको उसके लिये सजा देता है। परिणामतः पाठशाला जाने के प्रति विद्यार्थियों का आकर्षण कम होता है और विकर्षण में वृद्धि होती है।

इस समस्या को स्किनर के क्रियाप्रसूत अनुकूलन द्वारा इस प्रकार समझाया जा सकता है कि विद्यालय या उसकी कक्षा में इस प्रकार की स्थिति बनाई जाय, जिससे विद्यार्थी उसकी ओर आन्तरिक रूप से स्वतः ही आकर्षित हो। उदाहरणस्वरूप, आज विद्यार्थी को शिक्षक का उतना भय नहीं रहा, जितना कि उसे इस बात का भय है कि अगर उसने शिक्षण सम्बन्धी कोई कार्य नहीं किया तो उसके विषय में उसके साथी क्या सोचेंगे? कहीं उसकी हँसी तो नहीं उड़ाएंगे आदि-आदि? विद्यार्थी में इरा प्रकार की भावनाओं का उद्‌भूत होना ही उसे पढ़ने अथवा पढ़ाई के कार्य करने के लिए प्रेरित करता है।

(ख) स्किनर ने दूसरी कमी प्रबलन का व्यवहार में दूरी बतलायी है। इस दूरी को कम करना नितान्त आवश्यक है। शिक्षण तथा शिक्षा के सम्बन्ध में अगर स्किनर के इस विचार पर विचार किया जाए तो हम देखेंगे कि स्किनर के इस विचार का सम्बन्ध मूल्याँकन से अधिक है। वर्तमान मूल्याँकन पद्धति में परीक्षा छः महीने अथवा साल भर पश्चात् होती है। तब तक पढ़ने के प्रति जो प्रबलन प्रयोग में लाए गए थे, उनके गरिणामों का पता ही नहीं लगता है। साथ ही इस मूल्याँकन के परिणामों को हम विद्यार्थी की स्थिति के रूप में बताते हैं, न कि उसकी कमियों के रूप में, उदाहरण के तौर पर मान लीजिए, कोई विद्यार्थी परीक्षा में द्वितीय अथवा तृतीय श्रेणी में उत्तीर्ण हुआ और अन्य कुछ प्रथम श्रेणी में। स्किनर के अनुसार विद्यार्थियों को केवल ग्रेड अथवा श्रेणी बताना ही पर्याप्त नहीं है; अपितु यह भी बताना चाहिए कि अगर किसी ने प्रथम श्रेणी में अंक प्राप्त किए तो उसमें क्या अच्छाइयाँ थीं और जिन्होंने द्वितीय अथवा तृतीय श्रेणी प्राप्त की, उनमें क्या कमियाँ थीं तथा उन कमियों

को किस प्रकार दूर किया जाना चाहिए? साथ ही शिक्षण एवं मूल्याँकन में इतना अन्तराल न होकर प्रतिदिन नहीं तो सप्ताह में एक बार और अगर वह भी सम्भव न हो तो महीने में कम से कम एक बार विद्यार्थियों की व्यक्तिगत कमियों तथा उन कमियों को दूर करने के उपायों से अवगत अवश्य कराया जाना चाहिए।

(ग) स्किनर द्वारा बतलाई गई तीसरी कमी यह थी कि विद्यार्थी में किसी भी प्रकार के व्यवहारगत बदलाव हेतु कई सारणियों से गुजरना पड़ता है। इसके बाद वांछित परिवर्तन आ पाता है। किन्तु, शिक्षक के पास इतना समय ही नहीं होता कि प्रत्येक विद्यार्थी में वांछित बदलाव हेतु इन सारणियों से गुजर सके। इस दृष्टि से शिक्षक पढ़ाने से पूर्व उन सभी उद्दीपकों पर विचार कर सकता है जो उसे अपने कक्षागत अथवा पाठशालायी वातावरण में मौजूद हैं।

(घ) मानव व्यवहार में कठोरता पाई जाती है, इसलिये उसको एक बार में ही परिवर्तित करना लगभग असम्भव है। स्किनर के अनुसार, उसे टुकड़ों-टुकड़ों में बदलकर ही व्यवहार को समग्र रूप में बदला जा सकता है। स्किनर की इस मान्यता पर अगर विचार किया जाए तो शिक्षण में यह मान्यता बड़ी उपयोगी है। उदाहरण के तौर पर मान लीजिए, आपको उन्हें पढ़ाना-सिखाना है, जिन्हें पढ़ना नहीं आता। पढ़ाने की पूरी प्रक्रिया में कहीं प्रस्तावना आती है तो कहीं प्रश्न। भाषाओं के शिक्षण में कहीं उच्चारण संशोधन आता है तो कहीं कठिन शब्दों के अर्थ बताए जाते हैं। ये सभी क्रियाएँ अलग-अलग हैं। इन सभी में अलग-अलग परिवर्तनों की आवश्यकता पड़ती है। प्रस्तावना द्वारा शिक्षार्थियों को विषयोन्मुख करना होता है तो वाचन द्वारा उनके उच्चारण को शुद्ध करना। उच्चारण शुद्ध करने में उनकी जिह्वा (जीभ) का व्यापक योगदान होता है, तो दुर्बोध शब्दों के अर्थ जानने में मस्तिष्क की भूमिका अहम् होती है। इस प्रकार वे सभी अलग-अलग क्रियाएँ हैं। स्किनर के क्रियाप्रसूत अनुकूलन के अनुसार इन सब क्रियाओं को अलग-अलग बताया जाना चाहिए; अर्थात् प्रस्तावना को अलग बताया जाए तो वाचन संशोधन को अलग और कठिन शब्दों के अर्थ अलग। इन सभी में विद्यार्थियों को पूरी तरह पारंगत हो जाने के बाद सभी को मिलकर पढ़ना सिखाया जाना चाहिए। सूक्ष्म अथवा गहन (Micro) शिक्षण के पीछे भी यही सिद्धान्त काम करता है।

विद्यार्थी के अन्दर वांछित परिवर्तन लाने हेतु अध्यापक को पठन-पाठन की योजना बनाने से पूर्व चार प्रश्नों के उत्तर अवश्य खोजने चाहिएँ। ये प्रश्न हैं–

1. अपेक्षित व्यवहारगत परिवर्तन क्या है?

2. वांछित बदलाव के लिए कौन-कौन से उद्दीपन उपलब्ध हैं?
3. क्या-क्या अनुक्रियाएँ मौजूद हैं?
4. प्रबलनों को अधिकतम प्रभावी ढंग से किस प्रकार नियोजित किया जा सकता है?

इनके उत्तरस्वरूप अध्यापक को निम्न बातों पर ध्यान देना चाहिए कि—

1. सबसे पहले उसकी वह विद्यार्थी में वांछित परिवर्तनों के अनुरूप पाठ के उद्देश्यों को निर्धारित करना चाहिए।
2. उद्देश्य निर्धारित करने के बाद उसे यह निश्चय करना चाहिए कि ऐसे कौन-कौन से प्रबलन उपलब्ध हैं जो बच्चों के व्यवहार को उद्दीप्त कर सकें। कुछ सहज उद्दीपनों के साथ ऐसे उद्दीपन भी उपलब्ध हो सकते हैं जो परिस्थिति के अनुरूप समय-समय पर स्वाभाविक प्रबलनों के साथ मिलकर बच्चों के वांछित व्यवहार को उद्दीप्त कर सकें। ये प्रबलन हैं—अच्छे अन्तरों के लिये विद्यार्थियों को शाबाशी देना।
3. इस सम्बन्ध में अध्यापक को सभी सम्भावित अनुक्रियाओं की एक सूची बनानी चाहिए। जैसे—किस प्रकार की अनुक्रिया के लिए किस प्रकार का प्रबलन आवश्यक होगा।
4. चौथी स्थिति में शिक्षक को बड़े विचारपूर्वक एवं विवेकपूर्ण ढंग से उपलब्ध प्रबलनों एवं अनुक्रियाओं में समायोजन स्थापित करना चाहिए। इस सम्बन्ध में भी शिक्षक को दो प्रकार से विचार करना होगा। पहला जो व्यवहार अति जटिल है, उनकी सूक्ष्मतम व्याख्या और दूसरा शिक्षण के प्रत्येक चरण में व्यवहार की शक्ति को बनाए रखना।

इस प्रकार, प्रत्येक व्यवहार को टुकड़ों-टुकड़ों में विभाजित करके सूक्ष्म से सूक्ष्म बना दिया जाए और उचित प्रबलनों के द्वारा उसमें परिवर्तन लाना चाहिए।

अभिक्रमित अध्ययन (Programmed Learning) आदि भी स्किनर के इसी सिद्धान्त पर आधारित है।

गेस्टाल्ट वादी सिद्धान्तः सूझ द्वारा सीखना

कुछ प्रमुख व्यवहारवादी मनोवैज्ञानिकों जैसे स्किनर (Skinner), पावलव (Pavlov), स्पैंस (Spence) आदि ने कहा है कि पशु-पक्षी भी मनुष्यों की तरह ही

सीखते और व्यवहार करते हैं और मनुष्य भी अन्य प्राणियों की भाँति सीखते हैं। इसी वजह से व्यवहारवादियों ने अपने प्रयोग अधिकतर पशु-पक्षियों और विशेषकर छोटे प्राणियों पर किये और उन प्रयोगों के परिणामों को मनुष्य के व्यवहार बदलाव के साथ जोड़ने की कोशिश की है।

गैस्टाल्टवादी मनोवैज्ञानिकों जैसे—अमेरिका के रेमण्ड ह्वीलर और फ्रांसिस दी परकिंस आदि ने अधिगम के क्षेत्र में 1920 से 1930 के बीच बहुत-से प्रयोग किये। इनके अलावा कोहलर ने भी लगभग चार वर्ष तक अनेक प्रयोग किये।

अपने प्रयोग के पश्चात् जो विचार व्यवहारवादी मनोवैज्ञानिक ने प्रस्तुत की थी उसमें और गैस्ट्राल्टवादी मनोवैज्ञानिकों के विचारों में कुछ भिन्नता पाई गई है। गैस्टाल्टवादी मनोवैज्ञानिक यह तो मानते हैं कि मनुष्यों और अन्य प्राणियों के व्यवहार में कुछ साम्य होता है; लेकिन उनकी मान्यता व्यवहारवादियों के कुछ विपरीत प्रकार की है। व्यवहारवादियों का मानना है कि मनुष्य का सीखना पशु-पक्षियों की तरह होता है; जबकि गैस्टाल्टवादियों का सोचना है कि क्या पशु-पक्षी भी मनुष्यों की तरह सीखते हैं? मनुष्य पशु-पक्षियों की तरह सीखे अथवा पशु-पक्षी, मनुष्यों की तरह किन्तु, गैस्टाल्टवादियों के वास्तविकता में इससे कुछ भिन्न विचार है। वे मनुष्यों और पशु-पक्षियों के व्यवहार में कुछ पर किये गये प्रयोगों में परिणामों को मानव-व्यवहार से जोड़ने पर है। उनका कहना है कि प्रयोग के समय उन्हें जो वातावरण दिया गया, वह उनके वास्तविक व्यवहार से बिलकुल भिन्न और पूरी तरह कृत्रिम व्यवहार के परिणामों को मनुष्य के वास्तविक अधिगम अथवा व्यवहार के साथ जोड़ना किसी भी प्रकार उचित नहीं। गैस्टाल्टवादियों के समय वांछित व्यवहार की अपेक्षा पहले से ही करके चलते हैं, जबकि गैस्टाल्टवादी यह देखने का प्रयास करते हैं कि किसी परिस्थिति विशेष में व्यवहार का कौन-सा रूप उद्भूत होता है? इसे इन्होंने 'सूझ द्वारा सीखना—Learning by insight"—कहा है।

इस सिद्धान्त के सन्दर्भ में कोहलर (Kohler) तथा अन्य गैस्टाल्टवादी मनोवैज्ञानिकों ने अनेक प्रयोग किये। परन्तु, उन सबका उल्लेख यहाँ करना सम्भवतः नहीं। हम आगे कोहलर द्वारा किये गये प्रयोगों में जो जो "मुर्गी के छोटे बच्चों" तथा "चिम्पैंजी" आदि पर किये गये थे, उनमें से केवल चिम्पैंजियों पर किये दो प्रयोगों तथा सूझ द्वारा सीखने में उल्लेख कर रहे हैं।

प्रयोग 1—सलाखों के बने एक कमरे में नीचे दो-तीन हल्के वजन के किन्तु मजबूत बॉक्स डाल दिये और ऊपर कुछ केले लटका दिये गये। इसके बाद एक,

वनमानुष को उस कमरे में बन्द कर दिया गया। वनमानुष केलों को खाना चाहता था। परन्तु केले इतनी ऊँचाई पर थे कि पाना मुश्किल था। उसने काफी उछल-कूद की परन्तु सफलता नहीं मिली। इसके बाद उसे एक युक्ति सूझी तो उसने काठ के डिब्बों को एक के ऊपर दूसरा रखा और उन पर चढ़कर केलों को खा लेने में समर्थ हो गया।

प्रयोग 2—इसी प्रकार कोलहर ने एक दूसरा प्रयोग किया। इस प्रयोग में उन्होंने दो छड़ी ली। ये छड़ियाँ एक दूसरे में जोड़ी जा सकती थीं। इन दोनों छड़ियों को कमरे के अन्दर डाल दिया और कमरे से बाहर-केले डाल दिये। केलों की दूरी, कमरे से केवल इतनी थी कि छड़ों को जोड़कर उन्हें अन्दर की ओर खींचा जा सकता था। वनमानुष ने जब बाहर पड़े हुए केलों को देखा तो उसने एक छड़ी द्वारा उन्हें अन्दर खींचने का प्रयत्न किया। परन्तु, वह उन्हें अन्दर खींचने में असफल रहा; क्योंकि छड़ी छोटी थी। पुनः वह छड़ी को एक दूसरे के अन्दर डालकर जोड़ने का प्रयत्न करने लगा और अन्त में इसमें सफल हो गया। छड़ी बड़ी हो गयी और वह केलों को अन्दर खींचकर खाने में समर्थ हो गया।

विश्लेषण

ऊपर दिये गये दोनों प्रयोगों का विश्लेषण करने पर यही निष्कर्ष प्राप्त होगा कि वमानुष ने जो कुछ भी सीखा, उसे प्रयत्न और भूल द्वारा सीखना भी कहा जा सकता है; क्योंकि केलों को प्राप्त करने के लिए वनमानुष ने जो भी प्रयत्न किये; उनमें उसे असफलता मिली और उस असफलता ने उसे कुछ सोचने के लिए बाध्य किया। सोचने का जो परिणाम निकला, उससे उसे सफलता मिली। अतः स्पष्ट है कि वनमानुष द्वारा केलों को प्राप्त किया जाना— प्रयत्न और भूल का परिणाम उतना नहीं था, जितना सूझ का।

भूल एवं प्रयत्न (Trial and Error) तथा सूझ (Insight) द्वारा सीखने में पाये जाने वाले अन्तर को निम्न प्रकार स्पष्ट किया गया है—

1. सीखने की दृष्टि से पहले मानसिक क्रिया होती है, तत्पश्चात् शारीरिक।
2. प्रयत्न शारीरिक क्रिया है और सूझ मानसिक क्रिया।
3. 'प्रयत्न और भूल द्वारा सीखी हुई बात में स्थायित्व कम होता है और 'सूझ' द्वारा सीखी हुई बातों में स्थायित्व अपेक्षाकृत अधिक होता है।

4. जिस क्रिया में केवल शरीर के अंग कार्य करते हैं, वह प्रयत्न है; जिसमें केवल मस्तिष्क कार्य करता है, वह सूझ है और जिसमें शरीर और मस्तिष्क दोनों ही कार्य करते हैं, वह इन दोनों का मिश्रित रूप। उसे भूल एवं प्रयत्न भी कह सकते हैं।
5. प्रयत्न और भूल द्वारा तो सभी सीखते हैं; लेकिन सूझ द्वारा केवल बुद्धिमान व्यक्ति और बालक ही। प्रयत्न और भूल द्वारा पशु-पक्षी भी सीख सकते हैं; लेकिन सूझ द्वारा पशु-पक्षी अथवा सभी व्यक्ति नहीं।
6. छोटी आयु में 'प्रयत्न और भूल' द्वारा सीखने का सिद्धान्त कार्य करता है तथा मानसिक विकास के साथ-साथ बड़ी आयु में 'सूझ' द्वारा सीखने का सिद्धान्त।

सूझ द्वारा सीखने के शैक्षिक निहितार्थ

सूझ द्वारा सीखने के सिद्धान्त को यदि शिक्षा के क्षेत्र में प्रयोग करना हो तो कुछ बातों पर ध्यान देना आवश्यक है। ये बातें निम्न प्रकार हैं–

1. सूझ द्वारा सीखी हुई बातों में स्थायित्व होता है। अतः शिक्षक को सदैव छात्रों की सूझ को जागृत करने का प्रयास करते रहना चाहिए।
2. छोटे बालकों के लिए प्रयत्न और भूल द्वारा सीखना उपयुक्त हो सकता है; लेकिन बड़े बालक जिनका बौद्धिक विकास हो चुका होता है, सूझ द्वारा ही सीखते हैं।
3. समग्र से अंश की ओर तथा सामान्य से जटिल की ओर इन दोनों शिक्षण सूत्रों के पीछे भी यही सिद्धान्त कार्यरत रहता है।
4. बच्चों की सूझ को जाग्रत करने के लिए ऐसे प्रश्नों का पूछा जाना आवश्यक है, जिनका उत्तर विचार किये बिना दिया ही नहीं जा सके। विचारोत्तेजक प्रश्नों को पूछने का यही उद्देश्य होता है।
5. बालकों की सूझ को जाग्रत करने के लिए उन्हें कोई समस्या देकर उसका समाधान उन्हें स्वयं खोजने का अवसर देना चाहिए। जो बालक समाधान नहीं खोज सकें उन्हें उत्प्रेरित करना चाहिए। साहस बँधाइये और अगर आवश्यक हो तो थोड़ा सुझाव और संकेत भी देना चाहिए।
6. यह सिद्धान्त ज्ञान के उद्देश्य की पूर्ति पर इतना बल नहीं देता, जितना कौशल के विकास पर देता है।

7. छोटे बच्चों का मानसिक विकास अधिक नहीं हो पाता। अतः उनके साथ सूझ के सिद्धान्त का असफल प्रयास नहीं करना चाहिए। उन्हें तो प्रयत्न और भूल के द्वारा ही सीखने दीजिये।

अधिगम के सिद्धान्तों का विश्लेषण

अधिगम से सम्बन्धित बतलाये गये सभी सिद्धान्तों का व्यापक रूप से विश्लेषण करने पर स्पष्ट होता है कि प्रत्येक सिद्धान्त की उपयोगिता बच्चों की आयु, शारीरिक और बौद्धिक क्षमता तथा परिस्थिति आदि के अनुसार परिवर्तित होती रहती है। हम यह भी नहीं कह सकते कि सीखना किसी एक ही सिद्धान्त के परिणामस्वरूप होता है। स्थायी रूप से किसी बात को सीखने के लिए केवल शारीरिक क्रिया ही आवश्यक नहीं; अपितु मानसिक क्रिया का होना आवश्यक है। वास्तविकता यह है कि अधिगम शारीरिक नहीं बल्कि मानसिक क्रिया है। जिस क्रिया में मरितष्क से काम नहीं लिया जाता, उसे या तो हम सीख ही नहीं पाते और अगर सीख भी जाएँ तो शीघ्र ही भूल जाते हैं।

अधिगम प्रक्रिया में एक ही तरह से कार्य करना बहुत कम देखा जाता है। आमतौर पर यह कार्य सामान्यतया एक से अधिक सिद्धान्त मिलकर कार्य करते हैं; उदाहरण के तौर पर आपने बच्चों को गणित का एक प्रश्न हल करने को दिया और कह दिया कि जो पहले करके लाएगा, उसे अमुक इनाम दिया जाएगा। बच्चे बार-बार प्रयत्न करने लगे और अन्त में उनमें से एक करने में सफल भी हो गया। इसमें रखना, अनुकूलित अनुक्रिया (Conditioned Response) के अन्तर्गत आएगा। प्रश्न का हल न आते हुए भी प्रयत्न करना, भूल और प्रयत्न (Trial and Error) के अन्तर्गत तथा बार-बार सोचकर आगे बढ़ना, सूझ (Insight) के अन्तर्गत आता है।

आयु के अनुसार अधिगम के सिद्धान्त

शैशवावस्था में—अनुकरण।

बचपन में—भूल और प्रयत्न एवं अनुकूलित अनुक्रिया।

किशोरावस्था में—भूल और प्रयत्न, अनुकूलित अनुक्रिया तथा सूझ—तीनों ही सिद्धान्त कार्य करते हैं।

बौद्धिक क्षमता के आधार अनुसार अधिगम के सिद्धान्त

अविकसित बुद्धि वालों के लिए—अनुकरण, भूल एवं प्रयत्न (आंशिक रूप से) तथा अनुकूलित अनुक्रिया (आंशिक रूप से) कार्य करते हैं।

विकसित बुद्धि वालों के लिए—भूल एवं प्रयत्न (आंशिक रूप में), अनुकूलित अनुक्रिया (आंशिक रूप से) तथा सूझ (पूर्ण रूप से) कार्य करते हैं।

शिक्षा और शिक्षण के लक्ष्यों के अनुसार अधिगम के सिद्धान्त

1. मनोवृत्ति के लिए—अनुकरण।
2. ज्ञान के लिए—भूल एवं प्रयत्न।
3. रुचि के लिए—अनुकूलित अनुक्रिया।
4. कौशल के लिए—सूझ।

ये ज्यादा लाभदायक प्रमाणित होते हैं।

5

महिलाओं की श्रम दक्षता पर अभिप्रेरणा का प्रभाव

मानव जीवन में अभिप्रेरणा का काफी महत्वपूर्ण स्थान है। इसका कारण यह है कि मानव की सभी क्रियाओं और मनोविज्ञान में प्रेरणा ही खास आधार रखती है। अभिप्रेरणा मानव-क्रियाओं और मानव-मनोविज्ञान में प्रत्यक्ष अथवा परोक्ष रूप में हमेशा उपस्थित रहती है। यह प्रेरणा शक्ति व्यक्ति के हरेक पहलू में चाहे वह व्यक्तिगत हो, सामूहिक, सामाजिक, जातीय, राष्ट्रीय आदि। इन सभी पहलुओं में प्रेरणा की शक्ति विद्यमान होती है। जिस व्यवहार अथवा कार्य में व्यक्ति की रुचि, व्यक्ति का उद्देश्य अथवा लक्ष्य निहित होता है, वह किसी भी प्रकार का क्यों न हो, उसमें प्रेरणा शक्ति निश्चित रूप से पाई जाती है।

मनुष्य जिस भी क्षेत्र में जाता है और जो भी कार्य करता है, सब में अभिप्रेरणा की भूमिका महत्वपूर्ण होती है। इसलिए हमारे जीवन में सफलता प्राप्ति अभिप्रेरणा पर ही निर्भर करती है। अभिप्रेरणा को 'सीखने का हृदय' माना जाता है।

मनुष्य के व्यवहार को नियन्त्रित करने, सही मार्ग दिखलाने व रूपान्तरित करने में कुछ प्रेरकों का ही हाथ होता है। अगर कोई व्यक्ति भूखा है तो वह खाने की तलाश करता है, क्योंकि भूख एक प्रेरक है और यह प्रेरक उसे खाना तलाश करने की क्रिया के लिए आवश्यक है। स्फूर्ति प्रदान करता है और इस प्रकार प्रेरकों को 'मानव प्रकृति का कच्चा पदार्थ' कहा जाता है। प्रेरक जन्म-जात है, इसीलिए मानव के व्यवहार के रूप में यह अपना काम करता है।

अभिप्रेरणा का अर्थ एवं परिभाषाएँ

अभिप्रेरणा को अंग्रेजी भाषा में 'मोटीवेशन (Motivation) कहते हैं, जो लैटिन भाषा के 'मोटम' (Motum) धातु से उत्पन्न हुई है। जिसका अर्थ है–'मोवेयर' (Movere), 'मूव मोटर' (Move-motor) और 'मोशन' (Motion) अर्थात् गति करना। यह वह प्रक्रिया है जो कर्म पैदा करने, उन्नति को बरकरार रखने तथा दिशा-निर्धारण का कार्य करती है। इसके लिए यह शरीर के तन्तुओं को शक्तिवान बनाती है। इस प्रकार प्रेरणा के शब्दों का अर्थ में हमको किसी भी काम के करने की जानकारी होती है। जिसे उत्तेजना भी कहा जा सकता है। क्योंकि उत्तेजना के अभाव में किसी प्रकार की प्रतिक्रिया सम्भव नहीं है। व्यक्ति जो भी प्रतिक्रिया या व्यवहार करता है उसके पीछे किसी-न-किसी उत्तेजना का हाथ अवश्य होता है।

यदि मनोवैज्ञानिक रूप से देखा जाय तो स्पष्ट है, कि 'प्रेरणा' से अभिप्राय केवल आन्तरिक उत्तेजनाओं से होता है। जिन पर हमारा व्यवहार आधारित होता है। मनोवैज्ञानिक अर्थ में बाह्य उत्तेजनाओं को कोई महत्व नहीं दिया जाता है। अतः प्रेरणा एक आन्तरिक शक्ति है, जो व्यक्ति को कार्य करने के लिए प्रेरित करती है। यह एक अदृश्य शक्ति है, जिसको देखा नहीं जा सकता है।

लावेल के विचार में–"अभिप्रेरणा एक मनोवैज्ञानिक अथवा आन्तरिक प्रेरणा है जो किसी आवश्यकता की उपस्थिति में उत्पन्न होती है, यह ऐसी क्रिया की ओर गतिशील होती है, जो उस आवश्यकता को सन्तुष्ट करेगी।"

क्रैच एवं क्रैचफील्ड के विचार में–"प्रेरणा का प्रश्न क्यों का प्रश्न है?" हम खाना क्यों खाते हैं? प्रेम क्यों करते हैं? काम क्यों करते हैं? इस प्रकार के सभी प्रश्नों का सम्बन्ध 'प्रेरणा' से माना है।

कैले के विचार में–"अधिगम की कुशल कला में अभिप्रेरणा केन्द्रीय कारक है।"

बर्नार्ड शॉ के विचार में–"अभिप्रेरणा, शिक्षा में मनोविज्ञान की मूलभूत समस्या है।"

ब्लेयर, जोन्स एवं सिम्पसन के विचार में–"प्रेरणा एक प्रक्रिया का शब्द है। जिसमें सीखने वाले की आन्तरिक शक्तियाँ अथवा आवश्यकताएँ उसके वातावरण में विभिन्न लक्ष्यों की ओर निर्देशित होती हैं।"

स्किनर के विचार में–"अभिप्रेरणा, अधिगम का सर्वोच्च राज्य मार्ग है।"

गुड के विचार में—"प्रेरणा कार्य को आरम्भ करने, जारी रखने और नियमित करने की प्रक्रिया है।"

ऐवरिल के विचार में—"प्रेरणा का अर्थ है—सजीव प्रयास, यह कल्पना को क्रियाशील बनाती है, यह मानसिक शक्ति गुप्त और अज्ञात स्रोतों को जाग्रत और प्रयुक्त करती है, यह हृदय को स्पन्दित करती है, यह निश्चय, अभिलाषा और अभिप्राय को पूर्णतया मुक्त करती है, यह बालक में कार्य करने, सफल होने और विजय पाने की इच्छा को प्रोत्साहित करती है।"

ऊपर दी गई विभिन्न विद्वानों की परिभाषा से अभिप्रेरणा का आशय पूरी तरह स्पष्ट हो जाता है। इसे और अधिक स्पष्ट करने में आगे दिया गया उदाहरण सहायक है।

एक दिन एक शिक्षक ने कक्षा-8 में छात्रों से एक प्रश्न पूछा और प्रश्न का उत्तर देने वाले छात्रों को हाथ ऊपर करने को कहा। उस समय अगर छात्रों को देखा जाए तो स्पष्ट रूप से दिखाई देगा कि कुछ छात्र ऐसे हैं जो बड़ी सरलता से उत्तर दे सकते हैं। उनके हाथ पूरी ऊँचाई तक उठकर बार-बार हिल रहे हैं कि शिक्षक उन्हीं से उस प्रश्न का उत्तर पूछें। कुछ ऐसे हैं जो उत्तर दे ही नहीं सकते तो कुछ ऐसे भी हैं जो उत्तर देना तो चाहते हैं; लेकिन संकोच कर रहे हैं कि कहीं उनके द्वारा दिया गया उत्तर गलत न हो; कहीं ऐसा न हो कि बाद में उनकी हँसी हो अथवा उनके साथी यह सोचने लगें कि उनसे कुछ भी नहीं आता। यही सोचकर वे बार-बार हाथ उठाते हैं और फिर गिरा लेते हैं। पुनः हाथ उठते हैं; लेकिन किसी कल्पित भय से पुनः हाथ नीचे गिर जाते हैं। शिक्षक की दृष्टि भी इन्हीं में से किसी पर पड़ जाती है और वह उसे उकसाते हुए कहता हो—"हाँ! रमेश चिन्ता न करो। अगर कोई बात गलत होगी तो मैं ठीक कर दूँगा।" महेश कुछ साहस बटोरता है और खड़ा होकर प्रश्न का इतना अच्छा उत्तर देता है कि शिक्षक आश्चर्यचकित होकर उसकी प्रशंसा में दो शब्द कहता है। महेश प्रफुल्लित हो जाता है और शिक्षक प्रत्येक प्रश्न का उत्तर देने लग जाता है। इस प्रकार शिक्षक ने संकोची बच्चे को कैसा संकोचहीन बनाया? कैसे उसे उत्तर देना सिखाया? इन प्रश्नों के उत्तरस्वरूप शिक्षक को जो भी मिलेगा—उसी का नाम अभिप्रेरणा (Motivation) है। इस प्रकार किसी भी प्राणी को अपनी पूरी क्षमता एवं योग्यता के साथ उकसाना ही अभिप्रेरणा है।

प्रेरणात्मक व्यवहार का सैद्धान्तिक पक्ष

वातावरण का मानवीय गतिविधियों पर विशेष रूप से प्रभाव पड़ता है मानव अपने वातावरण के साथ जूझने की पहल और संवेदनशीलता के रूप में देखा जा

सकता है। मानवीय व्यवहार को प्रभावित करने वाले समस्त घटकों को निम्न समीकरण के रूप में सम्बन्धित किया जा सकता है–

S–O–B

S अर्थात्, Situation वह परिवेश है, जिसमें भौतिक, सामाजिक, सांस्कृतिक और संगठनात्मक घटक शामिल हैं।

O अर्थात्, Organism तन्त्र, जो मानवीय शारीरिक और भौतिक आवरण, मनोवैज्ञानिक प्रक्रिया और व्यक्तित्व तत्वों से निर्मित है।

B अर्थात् व्यवहार (Behaviour), प्रत्येक ऐसी बात को मानवीय तन्त्र करता है और उसके व्यवहार का हर पहलू सम्मिलित होता है न कि ऐसे व्यवहार के परिणाम।

वातावरण एवं तंत्र दोनों मिश्रित व्यवहार को प्रस्तुत करने में विशेष भूमिका का निर्वहन करते हैं। इस प्रकार यह प्रारूप व्यवहार की अचानक गतिविधि को प्रकट करता है और चरों की उन श्रेणियों को प्रकट करता है, जिनको मानवीय व्यवहार का विश्लेषण करते समय सोचा जाना चाहिए। व्यक्ति मुख्य रूप से अपने कार्य परिवेश के प्रति संवेदनशील होता है तथा सामान्य सामाजिक, आर्थिक, राजनैतिक और सांस्कृतिक दशाएँ उस पर प्रभाव डालती हैं। संगठनात्मक दृष्टिकोण से प्रत्येक व्यक्ति के प्रेरणात्मक व्यवहार हेतु सम्बन्धित गतिविधि परिवेश तत्व हैं जिनमें से कुछ तत्वों को निम्न पंक्तियों द्वारा स्पष्ट किया जा सकता है–

(1) सामान्य संगठनात्मक वातावरण में औपचारिक भूमिकाएँ और सम्बन्ध, नियंत्रण एवं सम्प्रेषण ढाँचे, पुरस्कार-दण्ड ढाँचा, संगठनात्मक लक्ष्य, नीतियाँ और तकनीकियाँ, प्रबन्धकीय मूल्य, अन्तः राजनैतिक शक्तियाँ, आदि पहलुओं को सम्मिलित किया जा सकता है।

(2) कार्य की प्रकृति;

(3) अनौपचारिक दल प्रभाव और व्यक्ति की कार्य इकाई में अधीक्षकीय शैली एवं कार्य-प्रणाली;

(4) कार्य दल का आकार और दल के भीतर अन्तःवैयक्तिक सम्बन्ध एवं सम्पर्क।

सामान्य संगठनात्मक वातावरण के तत्वों के अन्तर्गत उस समुदाय व समाज की संस्कृति एक प्रमुख तत्व होती है जिससे कोई व्यक्ति विशेष रूप से जुड़ा होता है। जहाँ तक व्यक्तिगत और संगठनात्मक चरों का प्रश्न है सर्वाधिक महत्त्वपूर्ण व्यक्तिगत पहलू जो एक व्यक्ति के व्यवहार में बदलाव लाते हैं, वे हैं–उसका शारीरिक विकास, व्यक्तिगत गुण, योग्यताएँ और प्रेरणाएँ। व्यक्तियों के मध्य इन

आधारों पर व्यापक असमानताएँ और समानताएँ व्याप्त रहती हैं। कई ऐसे व्यक्तिगत गुण हैं जो उसके व्यक्तित्व को उभारते हैं जैसे–विश्वास, खुलापन, दयालुता, नम्रता, सामाजिक प्रबुद्धता, आत्मविश्वास, उत्तरदायित्व का भान, भावुकता नियन्त्रण, जोखिम सहन करने का सामर्थ्य, दूसरों को प्रभावित करने की शक्ति, आदि। इनका निर्माण व्यक्ति के शारीरिक लक्षणों, पारिवारिक परिस्थितियों और सामाजिक सांस्कृतिक प्रभावों के माध्यम से जाँचा परखा जाता है। यह सम्पूर्ण तत्व मानवीय व्यवहार पर विस्तृत रूप से प्रभाव डालते हैं।

जहाँ तक मानवीय व्यवहार तथा योग्यता एवं कुशलता का सवाल खड़ा होता है तो उसमें मानव की सोचने-समझने की शक्ति, व्याख्या शक्ति, आत्म अभिव्यक्ति, धैर्य, मानसिक दक्षता, इन्द्रिय समन्वय, आदि आते हैं। इनको शिक्षा, प्रशिक्षण और अनुभव के माध्यम से निखारा और विकसित किया जा सकता है। अपने कार्यों में व्यक्तियों की निष्पत्ति को मनुष्य की योग्यताएँ व्यापक रूप से प्रभावित करती हैं।

मानव की विभिन्न आवश्यकताएँ होती हैं जिसे पूरा करने के लिए वह कुछ न कुछ चिन्तन एवं कार्य करता रहता है। ये आवश्यकताएँ भौतिक भी हो सकती हैं और मनोवैज्ञानिक भी। ये आवश्यकताएँ ही उसे कुछ प्रयत्न करने हेतु विवश करती हैं। इन आवश्यकताओं को उसकी महत्त्वाकांक्षा, अपेक्षा या जरूरतों के रूप में जाना जा सकता है, अन्तर मात्र उनकी प्रभावोत्पादकता की मात्रा का ही है। इन आवश्यकताओं को पूरा करने के हर व्यक्ति के तरीके और साधन अलग-अलग हो सकते हैं। मूलतः आवश्यकता सन्तुष्टि ही सम्पूर्ण प्रेरणात्मक प्रक्रिया का आधार है।

अभिप्रेरक व्यक्ति विशेष के अन्तःमनोवैज्ञानिक पटल की बात है जो लक्ष्य की प्राप्ति अथवा पलायन की प्रत्याशा में व्यक्ति को कार्य हेतु अभिप्रेरित, निर्देशित, क्रियान्वित या हतोत्साहित करती हैं। मानव विशेष में ये बातें उसकी जरूरतों, अपेक्षाओं, भावनाओं, महत्वाकांक्षाओं आदि से पैदा होती हैं।

प्रेरणा की प्रकृति एवं विशेषताएँ

विभिन्न विद्वानों द्वारा दी गयी प्रेरणा की परिभाषाओं का विश्लेषण करने पर उस सन्दर्भ में कुछ प्रमुख तथ्य परिलक्षित होते हैं जिसे निम्न बिन्दुओं के तहत स्पष्ट किया जा सकता है–

1. प्रेरणा मनोवैज्ञानिक है–प्रेरणा का सम्बन्ध मनोविज्ञान से है जो सभी व्यक्तियों के भीतर से आती है। मैकफरलैण्ड (McFarland) के अनुसार, "प्रेरणा की धारणा मूलतः मनोवैज्ञानिक है, जिसके माध्यम से मनुष्य के मस्तिष्क में कार्य

के प्रति नई धारणा पैदा की जाती है।" कार्य की क्षमता और कार्य करने की इच्छा (will to work) दो अलग-अलग पहलू हैं। एक व्यक्ति शारीरिक, मानसिक, तकनीकी आदि सभी दृष्टियों से कार्य करने के योग्य हो सकता है। लेकिन वह कार्य करना नहीं चाहता अर्थात् उसकी कार्य के प्रति इच्छा नहीं है तो ऐसी स्थिति में जरूरत इस बात की है कि उसकी कार्य के प्रति इच्छा जागृत की जाए तथा इसके लिए उसे प्रेरित किया जाए। जनरल फूड कॉरपोरेशन के भूतपूर्व अध्यक्ष क्लेरेन्स फ्रान्सिस ने ठीक ही कहा है, "आप व्यक्ति का समय खरीद सकते हैं, आप एक विशिष्ट स्थान पर किसी व्यक्ति की शारीरिक उपस्थिति भी खरीद सकते हैं लेकिन आप किसी व्यक्ति का उत्साह, पहलपन अथवा वफादारी नहीं खरीद सकते।"

2. व्यक्ति एक अविभाज्य इकाई है—चूँकि व्यक्ति एक सम्पूर्ण तथा अविभाज्य इकाई है, इसलिए उसकी सब आवश्यकताएँ परस्पर सम्बन्धित होती हैं। उदाहरणार्थ, यह राम है जिसे भोजन की आवश्यकता है, मात्र राम का 'पेट' नहीं। पुनः चूँकि राम एक इच्छा करने वाला प्राणी है, इसलिए उसकी एक इच्छा पूरी होते ही, दूसरी इच्छा पैदा हो जाती है। मनुष्य की असीमित आवश्यकताएँ ही उसके व्यवहार पर प्रभाव डालती हैं।

3. प्रेरणा गत्यात्मक प्रक्रिया है—प्रेरणा एक गत्यात्मक प्रक्रिया है जो निरन्तर चलती रहती है। कर्मचारियों की एक आवश्यकता पूरी होने पर दूसरी आवश्यकता अपने आप उत्पन्न हो जाती है। परिणामस्वरूप प्रबन्धकों को अपने कर्मचारियों का सतत सहयोग प्राप्त करने हेतु उनकी आवश्यकताओं का निरन्तर अध्ययन करना चाहिए तथा इन आवश्यकताओं की पूर्ति करने हेतु संगठन में नये-नये अवसर प्रदान करने चाहिएँ। यह एक गतिशील प्रक्रिया भी है, क्योंकि आवश्यकताओं में बदलाव होता रहता है तथा प्रेरणा भी उसी के अनुसार बदलती रहती है। अतः स्थान व्यवहार, समय एवं परिस्थितियों आदि का प्रेरणा पर अनुकूल एवं प्रतिकूल प्रभाव होता है।

4. प्रेरणा मानवीय आवश्यकताओं की सन्तुष्टि का एक प्रमुख साधन है—मानव का प्रत्येक कार्य किसी प्रेरणा के वशीभूत होकर ही किया जाता है। यह प्रेरणा उसमें कोई भी आवश्यकता, इच्छा, तरंग अथवा उत्प्रेरण हो सकती है तथा यह कई कारणों जैसे—आवश्यकता, परिस्थिति, वातावरण, समझ अथवा अनुभव पर आधारित हो सकती है। अतः प्रेरणा मानवीय आवश्यकताओं की सन्तुष्टि का एक प्रमुख साधन है। कर्मचारियों की विभिन्न आवश्यकताओं की पूर्ति हेतु प्रबन्धकों के माध्यम से विभिन्न प्रेरणा विधियों का इस्तेमाल किया जाता है। प्रेरणा से मानवीय

कार्य सन्तुष्टि को बल मिलता है। मानव की आवश्यकताओं की पूर्ति हेतु प्रेरणा दी जाती है, अतः प्रेरणा सन्तुष्टि का कारण है। लेकिन आवश्यकताओं की सन्तुष्टि से मानव में पुनः ज्यादा कार्य करने की अभिरुचि जागृत होती है। अतः इस स्थिति में प्रेरणा सन्तुष्टि का परिणाम है।

5. प्रेरणा आर्थिक एवं अनार्थिक दोनों रूप में—कर्मचारियों व काम करने वाले श्रमिकों को विभिन्न प्रकार से उत्साहित या प्रेरित किया जा सकता है। प्रेरणा आर्थिक व अनार्थिक दोनों रूपों में हो सकती है, आर्थिक रूप से मजदूरी व वेतन में वृद्धि, बोनस पुरस्कार एवं लाभांश के माध्यम से एवं अनार्थिक रूप से प्रबन्ध में सहभागिता, कुशल मानवीय व्यवहार कर्मचारियों की प्रेरणा में निहित हैं।

प्रेरणा के प्रमुख तत्व

1. व्यक्ति—प्रायः देखने में आता है कि प्रत्येक प्राणी अपनी योग्यता, विवेक, रुझान, आवश्यकताओं, पसन्दों, नापसन्दों, स्वभाव, प्रकृति, प्राथमिकताओं, विचारधाराओं और सामाजिक एवं आर्थिक पृष्ठभूमि में एक दूसरे से पृथक् होता है। अतः उसको एक पृथक् ही तरह से अभिप्रेरित करना होता है। एक कर्मचारी को अभिप्रेरित करते समय एक अधिकारी के रूप में आपको यह देखना होगा कि आपके कर्मचारी की क्या-क्या जरूरतें हैं जिनको वह पूरा करना चाहता है। जब आप उनकी इच्छाओं अथवा आवश्यकताओं को पूरा कर रहे होते हैं तो उनको अभिप्रेरित होता हुआ पाया जायेगा। एक कर्मचारी को उसकी असंतुष्ट आवश्यकताओं को संतुष्ट करके ही अभिप्रेरित किया जा सकता है।

2. कार्य—अलग-अलग जरूरतों तथा विशेषताओं के आधार पर विभिन्न प्रकार के कार्य होते हैं। एक कार्य विशेष को आवश्यक नहीं कि उपक्रम का प्रत्येक कर्मचारी पसन्द करे। कुछ लोग चुनौती भरे जॉब पसन्द करते हैं जबकि कुछ नैत्यिक कार्य। कुछ कार्यों को लोग उनकी नीरसता और नीरवता के कारण पसन्द नहीं करते। ऐसा कोई कार्य विशेष सम्भवतः नहीं होता जो हर सभी को आनन्द, संतुष्टि एवं आत्मगौरव प्रदान कर सके। कार्यों के विभिन्न प्रकारों और सम्बद्ध प्रेरणाओं पर निर्णय लेते समय प्रबन्धकों को इस पहलू को भी ध्यान में रखना चाहिए।

3. कार्य का वातावरण—प्रेरणा की प्रविधि व्यक्ति पर, कर्मचारी की परिस्थिति एवं वातावरण से सकारात्मक रूप से जुड़ी होती है। कर्मचारी को आराम से यह सब मिल जाता है तो वह निश्चय ही अभिप्रेरित हो जायेगा। प्रबन्धक को स्वस्थ कार्य दशाओं की व्यवस्था करनी चाहिए जिसमें वित्तीय और प्रबन्धकीय अभिप्रेरकों के

अच्छे तत्वों का समावेश हो। घटिया कार्य दशाएँ असंतुष्टि की ओर ले जाती हैं और काम की प्रेरणा और मनोबल को गिराती हैं।

प्रेरणा की तंत्र व्यवस्था

प्रेरणा परोक्ष व अपरोक्ष दोनों रूपों में हो सकती है। दण्ड, कार्य छिनने का डर अथवा ऐसे तरीके जहाँ लोग डर से काम करते हैं सुरक्षित तौर पर काम करने हेतु नाममात्र की प्रेरणा विकसित होगी जबकि परोक्ष रूप से प्रेरणा श्रेष्ठ ढंग से कार्य करने के लिए लोगों को इच्छुक बनाती है और वे अपनी निष्पत्ति में सुधार हेतु प्रयत्नशील रहते हैं।

अभिप्रेरक प्रेरणा का एक स्वरूप है और प्रेरणा की मात्रा को प्रत्यक्ष रूप से प्रभावित करती है। प्रेरणा व्यक्ति की काम करने की क्षमता में बदलाव नहीं करता वह तो व्यक्ति के प्रयासों के स्तर का केवल निर्धारण करता है, उसको उठाता अथवा गिराता है, जैसा भी मामला हो।

ज्ञान × चातुर्य = योग्यता

परिस्थिति × रुझान = प्रेरणा

योग्यता × प्रेरणा = मानवीय निष्पत्ति

मानवीय निष्पत्ति × भौतिक घटक = व्यावसायिक निष्पत्ति

ज्ञान

चातुर्य

योग्यता

परिस्थिति

रुझान

प्रेरणा

मानवीय

निष्पत्ति

भौतिक घटक

व्यावसायिक निष्पत्ति

$P = M (A + K)$

जहाँ $M = I - DI$

यहाँ–

P Stands for performance of the worker.
A Ability, caliber, and potentials of the worker
K Knowledge, experience, qualification and specialisation possessed by the worker
M Degree of Motivation
I Incentives (Financial as well as Non-financial)
DI De-Incentives जिसमें सम्मिलित हैं वे सभी नीतियाँ, पहुँच, व्यवहार और चीजें जो एक कर्मचारी अपने सेवायोजकों से आशा नहीं कर सकता है, जैसे– घटिया कार्य दशाएँ, कम वेतन आदि।

निःसंदेह एक कर्मचारी की निष्पत्ति श्रमिक की योग्यता और ज्ञान पर निर्भर करती है लेकिन ये बहुत कुछ उपयोग के नहीं होते, अगर इनको प्रेरणा की मात्रा से गुणा नहीं किया जाता। जितनी प्रेरणा ज्यादा होती है उतनी ही निष्पत्ति अच्छी होगी और प्रेरणा पुनः अभिप्रेरकों (**घटायें** गैर-अभिप्रेरकों को) पर निर्भर करती है। अभिप्रेरकों को बढ़ाते जायें और गैर-अभिप्रेरकों को कम करते जायें तो प्रेरणा पैदा होगी ही।

प्रेरणा की उपयोगिता एवं महत्त्व

पीढ़ी-दर-पीढ़ी चली आ रही परम्परागत प्रबन्धन के अन्तर्गत कर्मचारियों की भावनाओं, जिज्ञासाओं, इच्छाओं आदि पर कोई विशेष ध्यान नहीं दिया जा रहा था। कर्मचारी केवल दास बनकर नियोक्ता के यहाँ कम वेतन पर ज्यादा समय तक कार्य करता था। कर्मचारी को उत्पादन के अन्य साधनों की तरह मात्र एक साधन माना जाता था जिसके श्रम का अन्य साधनों की तरह क्रय-विक्रय किया जा सकता था। फलतः उस समय प्रेरणा का कोई महत्त्व नहीं था। लेकिन वैज्ञानिक प्रबन्धन के प्रादुर्भाव तथा परिस्थितियों में तीव्र गति से हुए बदलाव ने नियोजकों को मानवीय सम्पदा पर सर्वाधिक ध्यान देने हेतु विवश कर दिया तथा कर्मचारी के श्रम को क्रय-विक्रय की वस्तु न मानकर उत्पादन का एक अभिन्न अंग माना जाने लगा। अन्त में प्रेरणा की उपयोगिता एवं महत्त्व को स्वीकार किया गया। उसकी उपयोगिता एवं महत्त्व को निम्नलिखित बिन्दुओं के द्वारा स्पष्ट किया जा सकता है।

1. उत्पाद में बदलाव–उत्पादन के कई साधन हैं जिसमें मानव सबसे प्रमुख है किसी भी संस्था या संगठन की उन्नति इसी साधन के सदपयोग पर आधारित करती है। अतः उन्हें विभिन्न तरह की प्रेरणाएँ प्रदान की जानी चाहिएँ। अभिप्रेरित व्यक्ति ज्यादा उमंग, उत्साह और लगन के साथ काम करता है। परिणामस्वरूप

उसकी उत्पादकता, उस व्यक्ति की तुलना में कहीं ज्यादा होती है, जो कार्य को भार समझता है।

2. मनोबल में बदलाव—मनोबल कर्मचारी के उत्साह, जोश, अभिवृत्तियों आदि से जुड़ा होता है जो उन्हें सतत् काम करने की प्रेरणा देती है। अतः कर्मचारियों को प्रदान की जाने वाली विभिन्न प्रेरणाएँ निश्चय ही उनके मनोबल को बढ़ाती हैं। प्रेरणाओं से जब कर्मचारी की अनेक तरह की आवश्यकताएँ सन्तुष्ट हो जाती हैं तो वह निश्चय ही मन लगाकर कार्य करता है। उसके मनोबल में भी वृद्धि होती है। कर्मचारियों को दी गई उच्च प्रेरणा उनके मनोबल को ऊँचा उठाती हैं तथा वे चुनौतियों व कठिनाइयों के सम्मुख हथियार नहीं डालते अपितु उन्हें दूर करने हेतु नई योजनाएँ बनाते हैं तथा साहसपूर्ण निर्णय लेते हैं। इससे कर्मचारियों की प्रतिभा का विकास होता है तथा कार्य में सफलता मिलने की आशा ज्यादा बढ़ जाती है।

3. कर्मचारी आवृत्ति और अनुपस्थिति में कमी—कर्मचारियों को जरूरी प्रेरणाएँ प्रदान करने से मधुर श्रम सम्बन्धों का सृजन किया जा सकता है। अभिप्रेरित कर्मचारी अपनी संस्था के प्रति अपेक्षाकृत ज्यादा निष्ठावान होते हैं। परिणामस्वरूप ऐसी संस्थाओं में न तो अनुपस्थिति की दर ज्यादा ऊँची होती है तथा न पुराने कर्मचारी नई नौकरियों के चक्कर में स्थान-स्थान भटकते हैं। इससे संगठन में एक ओर स्थिरता उत्पन्न होती है तो दूसरी ओर इसकी नीतियों में स्थायित्व उत्पन्न होता है।

4. सहयोग में विकास—कर्मचारियों के सहयोग में विकास अथवा वृद्धि में प्रेरणा की उपस्थिति अति आवश्यक होती है क्योंकि अभिप्रेरित कर्मचारी संगठन के उद्देश्यों की प्राप्ति में ज्यादा उत्साह के साथ सक्रिय योगदान देते हैं क्योंकि इसके परिणामस्वरूप स्वयं उनके उद्देश्य की पूर्ति में मदद मिलती है। वे न केवल संगठन तथा प्रबन्धकों के साथ सहयोग करते हैं, अपितु अपने सहकर्मियों से भी कंधे से कंधा मिलाकर काम करते हैं।

प्रेरणा की प्रक्रिया

प्रेरणा एक गतिशील प्रक्रिया है जिसका प्रमुख उद्देश्य कर्मचारियों को अभिप्रेरित करना, उसकी अभिप्रेरित भावना को कायम रखना तथा उसमें बढ़ोतरी करना होता है। इसके लिए प्रबन्धकों को क्रमानुसार कुछ कदम उठाने पड़ते हैं, जिसे **प्रेरणा प्रक्रिया** कहते हैं। विभिन्न प्रबन्ध विशेषज्ञकों ने प्रेरणा प्रक्रिया के भिन्न-भिन्न

चरण बताए हैं। माइकल जे. जूसियस (Michael J. Jucius) ने प्रेरणा प्रक्रिया की प्रमुख रूप से चार चरणों की व्याख्या की है, जो निम्नवत् है–

(i) प्रेरणा के साधनों का समूहीकरण करना,

(ii) प्रेरणात्मक अवस्थाओं की जानकारी करना,

(iii) अनुवर्तन तथा

(iv) उचित प्रेरणा का चयन एवं उसका उपयोग करना।

कीथ डेविस (Keith Davis) ने प्रेरणा प्रक्रिया के प्रमुख रूप से 6 चरण बतलाएँ है जिनकी विस्तृत व्याख्या नीचे के बिन्दुओं में की गयी है–

1. लाभों का संग्रहण–प्रेरणा प्रक्रिया के इस चरण में प्रबन्धकों को संगठन के उद्देश्यों तथा कर्मचारियों के हितों को दृष्टिगत रखते हुए संस्था के उद्देश्यों का कर्मचारियों के व्यक्तिगत हितों के साथ इस तरह समायोजन करना होता है ताकि संस्था के उद्देश्यों की प्राप्ति के साथ-ही-साथ कर्मचारियों को भी अधिकाधिक प्रेरणा मिल सके।

2. सम्प्रेषण व्यवस्था–प्रेरणा के इस चरण में कर्मचारियों द्वारा दी गयी सूचनाओं का अध्ययन किया जाता है। प्रेरणा प्रक्रिया की जानकारी कर्मचारियों को दे देनी चाहिए। जिसके लिए अच्छी सम्प्रेषण-व्यवस्था जरूरी है। अगर प्रबन्धक अपनी बात को उचित तरह से कर्मचारियों तक पहुँचाने में समर्थ रहता है, तो वह निश्चित रूप से अपने कर्मचारियों को उचित तरह से अभिप्रेरित करने में भी सफल रहेगा।

3. समूह भावना का विकास–प्रेरणा प्रक्रिया के इस चरण में कर्मचारियों में टीम अथवा समूह भावना का विकास करना चाहिए, जिससे संस्था में कार्यरत सभी व्यक्तियों के कार्य एवं प्रयास संस्था के सम्पूर्ण उद्देश्यों की प्राप्ति हेतु केन्द्रीभूत हो सकें तथा वे व्यक्तिगत स्तर से ऊपर उठकर संस्था के हितों हेतु प्रयत्नशील हो सकें, क्योंकि संस्था के हित-संवर्द्धन में ही कर्मचारियों का हित निहित होता है।

4. कर्मचारियों की भावना का विश्लेषण–इस चरण के अन्तर्गत कर्मचारियों के भीतर विद्यमान भावना का विश्लेषण किया जाता है। जिससे उनकी कार्य के प्रति मनोदशा ज्ञात हो सके। अतः कर्मचारियों को पूर्ण रूप से प्रेरित करने के लिए प्रबन्धक हेतु यह नितान्त जरूरी है कि कर्मचारियों की भावना का अध्ययन करे तथा उन्हें उचित रूप से समझने का प्रयास करे।

5. प्रेरणा के उद्देश्यों का निर्धारण–प्रेरणा प्रक्रिया का यह एक महत्त्वपूर्ण चरण है जिसके अन्तर्गत प्रेरणा के उद्देश्यों का निर्धारण किया जाता है। उद्देश्यों के

अभाव में प्रेरणा के स्तर का मूल्यांकन करना कठिन हो जाएगा। प्रबन्धक प्रेरणा के तौर-तरीकों का कुशलतापूर्वक चयन नहीं कर पाएगा तथा वह इस बात से भी अनभिज्ञ रहेगा कि किस दिशा में अधीनस्थ कर्मचारियों को अभिप्रेरित करना है। अतः प्रबन्धक को पहले से ही यह निश्चित कर लेना चाहिए कि उसे प्रेरणा किन्हें तथा किन कारणों से प्रदान करना है।

6. सहायक कार्य-दशाओं की व्यवस्था—कार्मिकों को उत्प्रेरित करने हेतु आवश्यक है कि उनको काम करने की सहायक दशाएँ उपलब्ध कराई जाएँ। इस सम्बन्ध में कर्मचारियों का प्रशिक्षण, उत्तम उपकरण एवं अनुकूल वातावरण की स्थापना अत्यन्त जरूरी है।

7. अनुवर्तन—प्रेरणा प्रक्रिया के इस चरण के अन्तर्गत प्रबन्धक के लिए यह आवश्यक है कि वह प्रेरणा के पश्चात् समय-समय पर इस बात का मूल्यांकन करता रहे कि प्रेरणा की कौन-सी विधि का किस सीमा तक प्रभाव हुआ है। ऐसा करने से वर्तमान की त्रुटियों को भविष्य हेतु समाप्त किया जा सकता है और अनावश्यक क्रियाओं का उन्मूलन भी किया जा सकता है। ऐसा करने से भविष्य में प्रेरणा हेतु मार्ग दर्शन मिलता है।

कीथ डेविस द्वारा निर्मित की गयी प्रेरणा प्रक्रिया के 6 चरणों के उल्लेख के बाद एक सातवें चरण अनुवर्तन का उल्लेख किया गया है जिसका प्रतिपादन गाइकल जे. जूसियस ने किया है, यहाँ उसका जोड़ना उचित समझा जाता है, जिसके कारण 'अनुवर्तन' सातवें चरण के रूप में स्पष्ट किया गया है।

प्रेरणा की प्राचीन विचारधारा

1. पुरस्कार सम्बन्धित विचारधारा—प्रसिद्ध प्रबन्ध विशेषज्ञ एफ.डब्ल्यू. टेलर ने इस सिद्धान्त या विचारधारा का प्रतिपादन किया है। इनके अनुसार उत्तम पुरस्कार कार्मिकों को अधिकतम उत्पादन हेतु अभिप्रेरित करता है। जितना ज्यादा पारिश्रमिक या प्रतिफल कर्मचारियों को मिलेगा वे उतनी ज्यादा लगन एवं परिश्रम से कार्य करेंगे। अच्छा पुरस्कार तथा अच्छी कार्यदशाएँ श्रमिकों को सन्तुष्ट बनायेंगी जिससे उनकी कार्यक्षमता में वृद्धि होगी। टेलर के अनुसार मौद्रिक प्रेरणाएँ कार्यरत श्रमिकों में कार्य के प्रति इच्छा शक्ति एवं उत्साह जागृत करने हेतु महत्त्वपूर्ण हैं, अतः उत्पादन में वृद्धि हेतु इन्हीं को आधार बनाना होगा। यह विचारधारा कार्य करने के वातावरण में मानवीय सम्बन्धों को सर्वश्रेष्ठ बनाने पर भी बल देती है किन्तु आधुनिक प्रबंधकीय विद्वानों का विचार इससे भिन्न रहा है।

2. केरट एवं स्टिक का दृष्टिकोण—प्रेरणा का यह सिद्धान्त इस बात पर बल देता है कि श्रमिक एवं कर्मचारियों को दण्ड एवं पुरस्कार दोनों के सम्मिश्रण से अभिप्रेरित किया जा सकता है। इस सिद्धान्त के अनुरूप जिन श्रमिकों का कार्य स्तर से ऊँचा हो उन्हें पुरस्कार देना चाहिए और जिन श्रमिकों का कार्य निष्पादन निश्चित न्यूनतम स्तर से नीचा हो उन्हें दण्ड दिया जाना चाहिए। इस तरह यह विचारधारा प्रेरणा हेतु पुरस्कार को शर्तयुक्त बना देती हैं। यह दृष्टिकोण कुछ विशेष परिस्थितियों में ही प्रभावी रहता है। मैकग्रेगर के अनुसार, "यह विचारधारा एक बार व्यक्ति के पर्याप्त जीवन स्तर पर पहुँच जाने के बाद कार्य नहीं करती, क्योंकि तब श्रमिक मुख्य रूप से उच्चतम आवश्यकताओं के माध्यम से अभिप्रेरित होता है। इस तरह यह विचारधारा मात्र उन व्यक्तियों को ही प्रभावी ढंग से अभिप्रेरित करती है जिनका जीवन निर्वाह, मनोवैज्ञानिक एवं सुरक्षा सम्बन्धी आवश्यकताएँ पूरी नहीं हो सकी हैं।"

3. भय एवं दण्ड की विचारधारा—यह विचारधारा प्रेरणा की सबसे अधिक पुरानी विचारधारा है। इस विचारधारा के मानने वाले प्रबन्ध विशेषज्ञों का मानना है कि प्रत्येक व्यक्ति अपनी भूख को मिटाने के लिए कार्य करता है। अतः अगर श्रमिकों एवं कर्मचारियों को डर दिखाया जाए कि काम न करने पर या मन्द गति से काम करने पर उन्हें सेवानिवृत्त कर दिया जायेगा तो वे घबरा कर कार्य करेंगे। इसी तरह दण्ड का डर भी श्रमिकों एवं कर्मचारियों से बरबस कार्य करा सकता है। औद्योगिक क्रान्ति की प्रारम्भिक अवस्था में यह विचारधारा सफल रही, लेकिन कालान्तर में इसका महत्त्व कम होता गया तथा वर्तमान समय में तो डर दिखाकर या दण्ड देकर कार्य कराना अमानवीय समझा जाने लगा है।

प्रेरणा के आधुनिक सिद्धान्त या दृष्टिकोण

(क) मैस्लो का आवश्यकता-क्रमबद्धता सिद्धान्त—सर्वप्रथम सन् 1943 में इस सिद्धान्त का प्रकाशन एक पत्रिका में किया गया था तथा अब एक पुस्तक "मोटिवेशन एण्ड पर्सनलिटी" (Motivation and Personality) (न्यूयार्क, हार्पर एण्ड ब्रादर्स 1954-New York, Harper and Bros.1954) में विस्तारपूर्वक समझाया गया है। मैस्लो ने "आवश्यकता" (Need) को उत्प्रेरण का आधार माना है। आवश्यकताओं के उन्होंने पाँच भाग निकाले हैं, तथा उन्हें एक के बाद एक प्रकट होने के कारण "सीढ़ी" के रूप में दिखाया है। यह सिद्धान्त प्रेरणा की व्यवहारात्मक विचारधारा (A hierarchy of needs) के अनुकूल है। इसके अनुसार, एक व्यक्ति

कोई कार्य इसलिए करता है क्योंकि उसके अन्दर कोई अतृप्त आवश्यकता, इच्छा अथवा तनाव उस कार्य को करने की प्रेरक शक्ति पैदा करती है। उदाहरणार्थ, वह किसी संगठन में इसलिए कार्य करता है क्योंकि यह संगठन उसकी आवश्यकताओं की पर्ति हेतु जरूरी साधन उपलब्ध कराता है। मैस्लो ने मानव की मूल आवश्यकताओं को प्रमुख चार भागों में विभाजित किया है जो निम्नलिखित है—

(i) सुरक्षा से जुड़ी जरूरतें—जब मनुष्य की शारीरिक आवश्यकताएँ सन्तुष्ट हो जाती हैं तो वह दूसरी आवश्यकताओं की सन्तुष्टि के बारे में विचार करता है। इनका आशय भौतिक, आर्थिक और मनोवैज्ञानिक सुरक्षा से है। भौतिक सुरक्षा का आशय दुर्घटना, आक्रमण, बीमारियों व अन्य आकस्मिकताओं से बचाव करना है, जबकि आर्थिक सुरक्षा का अभिप्राय, रोजगार की सुरक्षा, वृद्धावस्था हेतु व्यवस्था, आदि से है। मनोवैज्ञानिक सुरक्षा का अर्थ है—विभिन्न तरह की अनिश्चितताओं से मुक्ति जैसे—न्याय व सहानुभूति की आशा।

(ii) सामाजिक संबद्धता आवश्यकताएँ—शारीरिक और सुरक्षा सम्बन्धी जरूरतों की सन्तुष्टि के उपरान्त मानव की सामाजिक जरूरतें पैदा होती हैं। इसमें मनुष्य का अपनत्व, प्रेम व स्नेह की जरूरत सम्मिलित होती हैं। दूसरे शब्दों में मनुष्य चाहता है कि उसके मित्र व सम्बन्धी हों जिसके साथ वह अपना दुःख-दर्द बाँट सके, मिलकर खुशी मना सके और अपना समय व्यतीत कर सके। अगर मनुष्य की स्नेह एवं प्रेम जैसी सामाजिक आवश्यकताओं की पूर्ति नहीं होती है तो वह कार्य में असहयोग करने लगता है तथा कई बाधाएँ डालता है। अगर उपक्रम में कार्य करने वाले कर्मचारियों की सामाजिक आवश्यकताओं की पूर्ति नहीं होती तो उसका बुरा प्रभाव संगठन के उद्देश्यों पर पड़ता है।

(iii) शारीरिक आवश्यकताएँ—शारीरिक दृष्टिकोण से मानव की विभिन्न आवश्यकताएँ होती हैं जिनमें प्रमुख हैं—भोजन, जल, गर्मी, छाया, निद्रा और यौनतृप्ति। मैस्लो (Maslow) के अनुसार जब तक इन इच्छाओं को जीवन में बनाए रखने के स्तर तक सन्तुष्ट नहीं किया जाता अन्य आवश्यकताएँ व्यक्तियों को अभिप्रेरित नहीं करेंगी। इन आवश्यकताओं की पूर्ति के अभाव में मनुष्य का जीवित रहना भी दुर्लभ हो जाता है। लेकिन जैसे ही मनुष्य की शारीरिक आवश्यकताएँ पूरी हो जाती हैं, इसके बारे में वे उत्प्रेरण का कार्य नहीं करतीं। जिस मनुष्य की ये जरूरतें पूर्ण नहीं होतीं उसे इनके अलावा कुछ और दिखाई नहीं देता।

(iv) आत्म-विकास की आवश्यकताएँ—मैस्लो ने मानव की विभिन्न मूल आवश्यकताओं में आत्म-विकास की आवश्यकता को सबसे उच्च स्थान प्रदान किया

है। यह वह बनने की चाह है, जो एक व्यक्ति बन सकता है—अर्थात् अपनी सम्भाविता को अधिकतम करके कुछ प्राप्त करना। ये जरूरतें मानव की योग्यता को उभारने की इच्छा के फलस्वरूप पैदा होती हैं। हर मनुष्य में कुछ छिपी हुई योग्यताएँ होती हैं जिनको हर व्यक्ति उभारने का प्रयत्न करता है। अतः वह अधिकाधिक कार्य करने हेतु अभिप्रेरित होता है। डॉ. मैस्लो के अनुसार, "एक संगीतकार को संगीत बजाना चाहिए, एक कलाकार को पेंटिंग करनी चाहिए, एक कवि को कविता की रचना करनी चाहिए, अगर वह अन्ततोगत्वा प्रसन्न होना चाहता है। एक मनुष्य जो भी बन सकता है उसे बनना चाहिए।" यह जरूरत प्रेरणा का कार्य तब करेगी जबकि अन्य आवश्यकताएँ पूरी हो चुकी हों।

(v) सम्मान और पद की आवश्यकताएँ—इस आवश्यकता के सन्दर्भ में मैस्लो का मानना है कि जब व्यक्ति अपने सम्बन्ध बनाने की जरूरत पूरी करने लगता है तो उसमें उनसे और अन्य व्यक्तियों से सम्मान पाने की प्रवृत्ति पायी जाती है। इस तरह की आवश्यकताएँ, शक्ति, प्रतिष्ठा, पद-स्थिति एवं आत्मविश्वास के रूप में सन्तुष्टि को जन्म देती हैं। इनमें से अधिकांश आवश्यकताएँ संतुष्ट नहीं हो पातीं। यद्यपि इन आवश्यकताओं की संतुष्टि अच्छे परिणाम दे सकती हैं, फिर भी अधिकांश संस्थाएँ इन आवश्यकताओं की संतुष्टि का प्रयत्न नहीं करतीं। मनुष्य की प्राथमिक आवश्यकताओं के विषय में मनोवैज्ञानिक मैस्लो ने निम्न प्रकार बताए हैं—

1. शारीरिक आवश्यकताएँ
2. सुरक्षा सम्बन्धी आवश्यकताएँ
3. सामाजिक सम्बद्धता की आवश्यकताएँ
4. सम्मान और पद की आवश्यकताएँ
5. आत्म-विकास की आवश्यकताएँ।

मनोबल और अभिप्रेरणा

मनोबल मनुष्यों की सन्तुष्टि की एक ऐसी विचारधारा कहलाती है जिसके अन्तर्गत वह इस तथ्य के लिए बौद्धिक व मानसिक तौर पर इच्छुक होते हैं कि वे संगठन का सदस्य बने रहें और उद्देश्यों की पूर्ति में स्वेच्छा से सहयोग दें। प्रेरणा के तहत इस दशा को सम्मिलित किया जाता है जब कर्मचारी अपनी इच्छा से कार्य करने को तैयार हो जाता है तथा पूरी लगन एवं परिश्रम से कार्य करता है। मनोबल तथा प्रेरणा दोनों में सर्वाधिक सम्बन्ध पाया जाता है क्योंकि उत्पादन करने हेतु मनोबल

एक उचित विधि है। वैसे मनोबल और प्रेरणा एक-दूसरे के पर्यायवाची नहीं हैं। साधन इस्तेमाल किए जा सकते हैं जैसे -आर्थिक प्रेरणा अधिकार, प्रबन्ध का सहभागिता अधिकार, शक्तिशाली नेतृत्व प्रदान करके कर्मचारियों का मनोबल बढ़ा कर आदि। कर्मचारियों का मनोबल बढ़ाने हेतु भी हम कई ऐसी विधियों का इस्तेमाल करते हैं जो कि कर्मचारियों को अभिप्रेरित करने हेतु भी इस्तेमाल की जाती हैं। इस दृष्टि से अनेक बार इन दोनों में भ्रम होने लगता है, लेकिन हमें सावधानी रखनी चाहिए तथा मनोबल और प्रेरणा को पृथक्-पृथक् मानना चाहिए।

मनोबल और प्रेरणा में अन्तर

मनोबल तथा प्रेरणा के बीच अति निकटता का सम्बन्ध है फिर भी दोनों में सूक्ष्म अन्तर पाया जाता है जिसे निम्न सारणी द्वारा स्पष्ट किया गया है–

प्रेरणा	मनोबल
1. प्रेरणा व्यक्ति विशेष में कुछ करने या न करने, एक विशेष तरीके में व्यवहार करने या न करने की निर्णयन और विवेक शक्ति है जो किसी अभिप्रेरक के जवाब में उसके अन्दर उत्पन्न होती है।	1. मनोबल एक व्यक्ति परिस्थिति न होकर एक वर्ग स्थिति है।
2. अभिप्रेरणा तो कई घटकों में से मात्र एक घटक है जो बताता है कि अमुक व्यक्तिगत व्यवहार और निष्पत्ति क्यों रही है। व्यक्ति के व्यवहार और निष्पादन पर कई घटक प्रभाव डालते हैं।	2. मनोबल किसी दल के परिवेश में कई परस्पर प्रतिकार शक्तियों के प्रभाव का सम्पूर्ण रूप है।
3. एक भली तरह अभिप्रेरित व्यक्ति उच्च मनोबल की स्थिति में होने के बावजूद भी कोई व्यक्ति अथवा वर्ग अनिवार्य नहीं कि कुछ करने हेतु उच्च स्तर तक अभिप्रेरित ही हो।	3. प्रेरणा और मनोबल के बीच कारण परिणाम सम्बन्ध उतने सुदृढ़ नहीं रहते।

4. किसी भी व्यक्ति में पुरस्कार और अर्थदण्डों के माध्यम से व्यक्तियों या वर्गों में प्रेरणा की भावना का निर्माण किया जाना सम्भव हो सकता है।	4. मनोबल हमेशा ही धनात्मक एवं अनुकुलन तौर तरीकों से बनाया जा सकता है न कि डन्डे के बल पर।
5. सामान्य तौर पर संगठन लोगों के व्यवहार के प्रेरणात्मक पहलुओं की ओर अधिक प्रत्यक्ष ध्यान देता है।	5. मनोबल की पहलुओं की ओर कम प्रत्यक्ष ध्यान देता है।

विद्वानों ने मनोबल की अपेक्षा अभिप्रेरणा के क्षेत्र में ज्यादा गवेषणात्मक अध्ययन किये हैं तथा कई प्रेरणा सिद्धान्तों का निर्माण किया है। शायद इसका कारण यही रहा है कि मनोबल की अपेक्षा अभिप्रेरणा प्रयत्न तथा निष्पादन से ज्यादा गहराई से जुड़ी है। अगर अभिप्रेरणा पर ध्यान लगा दिया जाता है तो यह मान लिया जा सकता है कि मनोबल स्वयं ही ठीक हो जायेगा।

इस तरह मनोबल से किसी व्यक्ति के मनोवैज्ञानिक स्वास्थ्य, संतुष्टि के स्तर और आत्मविश्वास का बोध होता है जो वह अपनी कार्य परिस्थितियों से पाता है।

मनोबल तथा उत्पादकता

किसी भी क्षेत्र में उत्पादकता का महत्त्वपूर्ण स्थान है। कल-कारखाने से लेकर विभिन्न व्यवसायों में इसकी उत्पादन क्षमता का आँकलन किया जाता है, क्योंकि इसकी गणना हेतु हमें कई बातों पर विचार करना पड़ता है जैसे—कुल उत्पादन, कुल विनियोग, तुलनात्मक मापदण्ड आदि। मात्र कुल उत्पादन के आधार पर उत्पादकता की गणना नहीं की जा सकती। जब उत्पादन कुल विनियोग के अनुपात में घटता अथवा बढ़ता है तब उसका उत्पादकता पर कोई प्रभाव नहीं पड़ता है। उत्पादकता का महत्त्व तब ही स्पष्ट होता है जब उसकी तुलना गत वर्षों के आँकड़ों से की जाती है अथवा किसी समान प्रकृति की दूसरी संस्था से समान परिस्थितियों में की जाती है। उत्पादकता वृद्धि की दो विधियाँ हो सकती हैं। वर्तमान साधनों का ज्यादा कुशलतम इस्तेमाल करके उत्पादन वृद्धि करना अथवा कम साधनों से वर्तमान उत्पादन स्तर को बनाए रखना। ये दोनों विधियाँ कुशलता एवं मितव्ययिता के प्रतीक हैं। यद्यपि विनियोग तथा उत्पादन के अन्य साधन दोनों ही महत्त्वपूर्ण हैं लेकिन कर्मचारी मनोबल का भी इसमें पूर्ण योगदान होता है।

उत्पादन वृद्धि में कर्मचारी-मनोबल का महत्त्वपूर्ण स्थान है। कर्मचारी-मनोबल से कर्मचारियों को ज्यादा कार्य की प्रेरणा मिलती है जिससे उत्पादन में उनका सक्रिय सहयोग बढ़ जाता है। वे ज्यादा उत्पादन करने तथा साधनों को व्यर्थ नष्ट होने से बचाते हैं जिससे सभी कर्मचारियों में उनकी प्रशंसा होती है तथा वे आत्म-सन्तोष के पात्र बन जाते हैं। इस संदर्भ में वाइटेल्स (Viteles) का यह कथन उल्लेखनीय है कि "उच्च कर्मचारी मनोबल का अपना विशेष महत्त्व है क्योंकि इससे उत्पादकता एवं कार्यकुशलता कर्मचारियों के जरूरी उत्पादन लक्ष्यों को प्राप्त करने में सहयोग देने की भावना पर निर्भर है, उच्च कर्मचारी मनोबल का निम्न मनोबल के फलस्वरूप उत्पन्न होने वाले वर्ग संघर्ष के कारण भी विशेष महत्त्व है।

इस सन्दर्भ में विलियन आर स्प्रीगल की अवधारणा है कि कर्मचारियों का मनोबल नीचा होने पर उत्पादकता में कमी आती है। निम्न कर्मचारी मनोबल, उत्पादकता का अनुपस्थित रहना अथवा देर से आना, शिकायतों में वृद्धि हो जाना, कर्मचारियों के द्वारा नियमों का पालन करने, पारस्परिक मनमुटाव का बढ़ जाना, दुर्घटनाओं का बढ़ जाना या नौकरी छोड़ने की प्रवृत्ति में वृद्धि हो जाना।

उपरोक्त वर्णित तथ्यों का अर्थ यह नहीं है कि मात्र कर्मचारी के मनोबल पर ही उत्पादकता की वृद्धि निर्भर करती है अथवा कर्मचारी मनोबल तथा उत्पादकता में धनात्मक सम्बन्ध है अर्थात् ये दोनों एक-सीधे अनुपात में चलते हैं। जब संगठन में निरंकुश प्रबन्ध व्यवस्था होती है तब निम्न कर्मचारी मनोबल होने पर भी उत्पादकता में वृद्धि हो जाती है। इसी तरह जब उत्पादन के पर्याप्त तथा सही साधन नहीं होते या अप्रशिक्षित कर्मचारी होते हैं तब उच्च कर्मचारी मनोबल होने पर भी निम्न उत्पादकता देखी जाती है। इसके कई कारण हो सकते हैं जैसे—पुराने अथवा घिसे-पिटे औजार, अप्रशिक्षित कर्मचारी, दोषपूर्ण उत्पादन प्रणाली, अपूर्ण एवं अस्पष्ट योजनाएँ आदि। उपरोक्त विवरण से मनोबल तथा उत्पादकता के प्रत्यक्ष एवं धनात्मक सम्बन्ध के विषय में मतभेद अवश्य उत्पन्न हो जाता है फिर भी मनोबल के महत्त्व को अस्वीकार नहीं किया जा सकता। यह सम्भव है कि कर्मचारी अल्पकाल में अपना प्रभाव न दिखा सके लेकिन दीर्घकाल में इसका प्रभाव अवश्य होता है।"

उच्च कर्मचारी मनोबल से उत्पादकता वृद्धि के साथ-साथ विभिन्न लाभ भी होते हैं। उदाहरण के तौर पर, शुभ-इच्छा, संस्था के प्रति निष्ठा, भाई-चारे तथा सहयोग की भावना में वृद्धि, चुनौतियों का सामना करने का संकल्प, अनुशासन में आस्था, नियमों का पालन करने की लगन तथा सामाजिक एवं मानसिक संतुष्टि। लेफिंगबैल

और सेबिन्सन का कथन है कि "जब उच्च मनोबल होता है तब नेतृत्व में विश्वास होता है तथा स्वयं को योग्य सिद्ध करने के लिये उत्सुक भी होता है।"

कोच डेविस के अनुसार—मनोबल तथा उत्पादकता के मध्य काफी निकटता का सम्बन्ध पाया जाता है परन्तु इन दोनों के बीच कोई निरपेक्ष सम्बन्ध नहीं है। मनोबल में वृद्धि, उत्पादकता में वृद्धि अथवा कमी का परिचायक हो सकता है। एक उच्च मनोबल यह प्रदर्शित करता है कि अगर श्रमिकों के कुशल नेतृत्व और विभिन्न तकनीकी उत्पादन साधनों के बीच संतुलन स्थापित किया जाए तो श्रमिकों को ज्यादा उत्पादन हेतु प्रेरित किया जा सकता है। कई शोध अध्ययनों के आधार पर मिलर ने मनोबल तथा उत्पादकता के मध्य प्रमुख चार प्रकार के संयोग बतलाए हैं जो निम्नलिखित हैं–

(1) उच्च उत्पादकता के साथ उच्च मनोबल होता है।

(2) निम्न उत्पादकता के साथ निम्न मनोबल होता है।

(3) उच्च उत्पादकता के साथ निम्न मनोबल होता है,

(4) निम्न उत्पादकता के साथ निम्न स्तर का मनोबल होता है।

अतः संयोगों के लिए सामूहिक या सार्वजनिक गतिविधियों में सामाजिक गतियाँ जिम्मेदार होती हैं।

उपरोक्त वर्णित तथ्यों के आधार पर यह स्पष्ट रूप से कहा जा सकता है कि मनोबल और उत्पादकता दोनों के मध्य गहरा सम्बन्ध पाया जाता है। कर्मचारियों की उत्पादकता को मनोबल के साथ-साथ अन्य कई तत्व प्रभावित करते हैं। इसके अलावा यह भी स्पष्ट किया जा सकता है कि यदि कर्मचारी या कार्मिक की उत्पादकता में वृद्धि करनी हो तो उसके लिए कई तत्वों के अतिरिक्त श्रमिक मनोबल का होना जरूरी है।

6

नेतृत्व प्रवृत्ति का मनोवैज्ञानिक पक्ष और महिला

संगठनात्मक व्यवहार में नेतृत्व का विशेष महत्त्व होता है। किसी भी संस्था या संगठन के प्रभावशाली संचालन के लिए नेतृत्व की ही आवश्यकता पड़ती है। नेतृत्व के सन्दर्भ में **अल्फर्ड तथा बीटी** का कहना है कि, नेतृत्व एक ऐसा गुण है "जिसके आधार पर संगठन या संस्था के समर्थकों से वांछित व समुचित कार्य स्वेच्छापूर्वक कराये जा सकते हैं।" व्यवसाय या व्यापार के दृष्टिकोण से भी नेतृत्व का विशेष महत्त्व है। किसी भी उद्योग की सफलता हेतु कोई वस्तु इतनी महत्त्वपूर्ण नहीं होती है जितनी कि संस्था के सम्बद्ध लोगों से सामूहिक उद्देश्यों की पूर्ति के लिए हार्दिक सहयोग प्राप्त करने हेतु नेतृत्व महत्त्वपूर्ण होता है। नेतृत्व की योग्यता प्रभावी प्रबंधक बनने की एक कुँजी है। प्रबंध के अन्य अनिवार्य कार्य करने और सम्पूर्ण प्रबंधकीय कार्य निभाने में एक प्रबन्धक बहुत ही प्रभावोत्पादक नेता होता है।

किसी भी कार्य की सफलता हेतु जरूरी है कि उस कार्य का संचालक सर्वगुण सम्पन्न हो। अगर संगठन का कुशल नेतृत्व होता है तो संगठन का कार्य भी अच्छी तरह से होता है। प्रायः देखा गया है कि अगर सांगठनिक कार्य अकुशल हाथों में पहुँच जाता है तो कार्य उचित प्रकार से नहीं हो पाता, लेकिन अगर नेतृत्व कुशल हाथों में सौंप दिया जाता है तो वही कार्य कुशलतापूर्वक सम्पन्न हो जाता है।

किसी उद्देश्य की प्राप्ति के लिए संवाद-वाहन के माध्यम द्वारा व्यक्तियों को

प्रभावित कर सकना ही नेतृत्व कहलाता है। नेतृत्व एक ऐसा गुण है जिसके माध्यम से एक व्यक्ति अन्य व्यक्तियों से ज्यादा से ज्यादा कुशलतापूर्वक सामूहिक उद्देश्य को प्राप्त करने का प्रयास करता है। नेतृत्व से तात्पर्य किसी व्यक्ति-विशेष के उस गुण से है जिसके माध्यम से वह दूसरे व्यक्तियों को पूर्व-निश्चित लक्ष्यों को उत्साहपूर्वक प्राप्त करने हेतु प्रेरित करता है। प्रभावी नेतृत्व कार्यकारी समूह को एक सूत्र में बाँध देता है तथा उनमें कुशलता, सहयोग तथा सुरक्षा की अटूट भावना को पैदा करता है।

नेतृत्व की परिभाषा

नेतृत्व के अर्थ को स्पष्ट करने के लिए विभिन्न विद्वानों ने इसे निम्नवत् प्रकार से परिभाषित किया है–

टैरी के अनुसार, ''नेतृत्व निर्धारित उद्देश्यों की प्राप्ति हेतु प्रभावित करने की योग्यता है।''

बर्नार्ड के अनुसार, ''नेतृत्व से तात्पर्य व्यक्ति के उस व्यावहारिक गुण से है जिसके माध्यम से वह अन्य लोगों के संगठित प्रयत्न से सम्बन्धित कार्य करने में मार्गदर्शन करता है।''

अल्फर्ड बीटी के अनुसार, ''नेतृत्व वह गुण है जिसमें अनुयायियों के एक समूह से वांछित कार्य स्वेच्छापूर्वक एवं बिना किसी दवाब के कराए जाते हैं।''

कूण्ट्ज एवं ओ' डोनेल के अनुसार, ''किसी लक्ष्य की प्राप्ति हेतु सन्देशवाहक के माध्यम से व्यक्तियों को प्रभावित कर सकने की योग्यता नेतृत्व कहलाती है।''

कीथ डेविस के अनुसार, ''नेतृत्व दूसरे व्यक्तियों को पूर्व-निश्चित उद्देश्यों को उत्साहपूर्वक प्राप्त करने हेतु प्रेरित करने की योग्यता है। यह ऐसा मानवीय तत्व है जो लक्ष्य प्राप्ति की दिशा में सहायता करता है।''

उपर्युक्त वर्णित परिभाषाओं के आधार पर हम यह कह सकते हैं कि नेतृत्व एक वैयक्तिक गुण है। इसमें पथ-प्रदर्शन, संचालन, निर्देशन और पहल निहित होती है। यह एक सतत् प्रक्रिया है।

नेतृत्व की आवश्यकता

आज के युग को परिवर्तन का युग कहा जा रहा है। इस युग में प्रभावशाली नेतृत्व का होना अति आवश्यक हो गया है। एक प्रभावी नेतृत्व किसी उपक्रम की

हर कठिनाइयों का समाधान करते हुए उसे स्वावलम्बी बनाता है। विश्व का इतिहास ऐसे उदाहरणों से भरा पड़ा है जिनमें प्रभावी नेतृत्व डूबते हुए व्यवसाय को अप्रत्याशित सफलता के द्वार तक ले जाने में सफल हुआ है।

1. सामूहिक प्रयत्नों को दिशा-निर्देश देने के लिए,
2. कर्मचारियों का रचनात्मक सहयोग प्राप्त करने के लिए,
3. उपक्रम तथा कर्मचारियों के बीच सहयोग प्राप्त करने के लिए,
4. लक्ष्यों की प्राप्ति हेतु कार्य करने की इच्छा को जागृत किया जाता है।
5. वांछित कार्य स्वेच्छापूर्वक एवं बिना दबाव के कराने के लिए।

नेतृत्व के प्रमुख लक्षण

नेतृत्व के कई लक्षण होते हैं जिनमें से कुछ प्रमुख लक्षणों को नीचे स्पष्ट किया जा रहा है–

1. सामान्य लक्ष्य–नेतृत्व की यह प्रकृति है कि नेता संस्था के सामान्य लक्ष्यों की प्राप्ति के लिए अपने अनुयायियों के प्रयासों को निर्देशित करता है। उन्हें निर्धारित लक्ष्यों की जानकारी देता है, पारिभाषित करता है तथा उनके लक्ष्यों की प्राप्ति में आने वाली बाधाओं को दूर करने का प्रयास करता है।

2. अन्य व्यक्तियों के माध्यम से अनुसरण–प्रभावी नेतृत्व हेतु यह जरूरी है कि नेता के आदेशानुसार चलने वाले व्यक्तियों की संख्या पर्याप्त हो।

3. नेतृत्व व्यक्तिगत गुण है–नेतृत्व किसी व्यक्ति-विशेष में पाया जाने वाला वह गुण है जिसके माध्यम से वह दूसरे व्यक्तियों को कार्य करने हेतु प्रेरित करता है।

4. आदर्श आचरण–किसी भी नेता में आदर्श आचरण या व्यवहार नेतृत्व के प्रमुख लक्षण हैं। एक नेता अपने आदर्श आचरण के माध्यम से ही अधीनस्थों को कुशल नेतृत्व प्रदान कर सकता है यानी नेता को मात्र भाषण देने वाला ही न होकर स्वयं के प्रति वफादार होना चाहिए।

5. नेतृत्व में चार तत्व–पथ-प्रदर्शन, संचालन, निर्देशन और पहल निहित है–नेता अपनी संस्था के उद्देश्यों को परिभाषित करता है। उसकी प्राप्ति हेतु अधीनस्थों का पथ-प्रदर्शन करता है, संचालन-विधि से मदद करता है और उद्देश्यों को कुशलतापूर्वक और समन्वित रूप से पूरा करने हेतु समय-समय पर आदेश और निर्देश देता है।

6. हितों की एकता—किसी संगठन में प्रभावी नेतृत्व उसी समय कहा जा सकता है जबकि नेता तथा अनुयायी एक ही उद्देश्य की पूर्ति हेतु कार्य करें। उनके हित परस्पर एक शृंखला में बँधे रहने चाहिएँ अन्यथा हितों में विरोध होने से रस्साकशी की आशंका रहती है एवं नेतृत्व भी दुर्बल और प्रभावहीन हो जाता है।

7. सभी क्षेत्रों में नेतृत्व जरूरी—आर्थिक, सामाजिक, राजनीतिक, औद्योगिक आदि सभी क्षेत्रों में नेतृत्त्व जरूरी है।

8. नेतृत्व एक सतत प्रक्रिया है—नेतृत्व निरन्तर चलने वाली प्रक्रिया है। जब तक नेतृत्व रहता है संगठन सुचारु रूप से कार्य करता रहता है।

9. नियोजित एवं स्पष्ट आदेश—नेतृत्व में सभी आदेश खूब सोच-विचार कर और स्पष्ट अर्थ वाले दिए जाते हैं।

10. अनुशासन—अनुशासन नेतृत्व का एक विशेष लक्षण है। यदि नेता चाहता है कि उसके संस्थान में कार्य सुचारु रूप से चले तो उसे और अधीनस्थों से अनुशासन का पालन कराना होगा। अनुशासनहीन संस्था में अपव्यय तथा ज्यादा लागत आती है।

11. समन्वय—नेता संस्था और अधीनस्थों के बीच समन्वय और एकीकरण पैदा करता है।

12. उत्साह तथा विश्वास—उत्साह तथा विश्वास नेतृत्व का एक ऐसा लक्षण है जो संगठन या संस्था के कार्मिकों को एक सूत्र में पिरोता है।

नेतृत्व की प्रकृति

नेतृत्व की प्रकृति पर नीचे प्रकाश निक्षेप किया जा रहा है—

1. नेतृत्व इसलिए जिन्दा है क्योंकि कुछ व्यक्ति अनुसरण करने के आदी होते हैं—कुछ व्यक्ति स्वावलम्बी नहीं होते हैं वे मात्र व्यक्तियों के आदेश तथा निर्देशानुसार ही कार्य करते हैं इसलिए नेतृत्व की जरूरत होती है।

2. नेतृत्व असम्भव को भी यथार्थ में परिवर्तित कर देता है—कभी कभी नेतृत्व चुनौतीपूर्ण परिस्थितियों का सामना करता है तथा असम्भव लगने वाले कार्यों को भी सम्भव करके दिखा देता है। इस तरह इसकी प्रकृति असम्भव को यथार्थ में परिवर्तित करने की होती है।

3. सभी प्रबन्ध स्तरों की जरूरत—एक उपक्रम में शिखर पर तो उच्चकोटि का नेतृत्व होना ही चाहिए, लेकिन नेतृत्व की जरूरत संगठन के हर स्तर पर होती

है। उपक्रम में जनरल मैनेजर को मनुष्यों के व्यावहारिक ज्ञान का जानकार होना जरूरी है, यह गुण-विभागीय प्रबन्धकों तथा निरीक्षकों में भी होना चाहिए। एक अच्छा फोरमैन अपने अधीन श्रमिकों को उत्तम काम करने की सबसे ज्यादा प्रेरणा दे सकता है। अच्छी-से अच्छी योजनाएँ लड़खड़ा सकती हैं, आदर्श संगठन संरचना खंडित हो सकती है अथवा शीर्ष प्रबन्ध के सभी प्रयत्न भी व्यर्थ हो सकते हैं अगर संचालक स्तर पर मानवीय प्रयत्नों को जान-बूझकर प्रतिबन्धित किया गया हो।

4. नेतृत्व एक गतिशील एवं विकासशील प्रक्रिया है—नेतृत्व कभी न समाप्त होने वाली प्रक्रिया है और प्रबन्ध हेतु बदलती हुई परिस्थितियों के अनुसार नित नये मौके प्रदान करता है।

5. नेतृत्व प्रबन्धक तथा अधीनस्थों के बीच व्यक्तिगत सम्बन्ध स्थापित करता है—नेतृत्व एक ऐसी प्रक्रिया है जो प्रबन्धकों तथा उनके साथ कार्य करने वाले अधीनस्थों के मध्य जरूरी सूचनाओं को देकर व्यक्तिगत सम्बन्ध स्थापित करता है।

6. नेतृत्व प्रबन्ध की एक शाखा है—एक अच्छा नेता, एक अच्छा प्रबन्धक हो, यह आवश्यक नहीं है लेकिन एक अच्छे प्रबन्धक में एक अच्छे नेता के गुण अवश्य होने चाहिएँ।

7. अधिकारी की सहायता—जब किसी संस्था, संगठन व विभाग के अन्तर्गत प्रबन्धक सार्वजनिक गतिविधि को कराने के विभिन्न स्तरों पर नेतृत्व प्रदान करते हैं तो न सिर्फ कार्य ठीक तरह से होता है वरन् प्रबंधकों का कार्यभार भी हल्का हो जाता है। व्यवसाय चाहे कोई भी हो उसका स्वामी स्वयं की क्षमता पर कार्यों को नहीं कर सकता। कार्य को उचित तरह से करने हेतु उसे कार्य से सम्बन्धित विशेषज्ञों की मदद लेनी ही पड़ती है। नेतृत्व में वे सब गुण होते हैं जिनसे वह लोगों में कार्य के प्रति प्रेरणा को जागृत करता है तथा सफलतापूर्वक कार्य को सम्पन्न कराता है। बिना कुशल सेनाध्यक्ष की मदद के अच्छे हथियार तथा पराक्रमी सैनिकों के होते हुए भी जिस तरह युद्ध को नहीं जीता जा सकता, उसी तरह बिना कुशल नेतृत्व के किसी भी उपक्रम को सफलता के शिखर पर नहीं पहुँचाया जा सकता।

8. नेतृत्व सहयोग का आधार है—नेतृत्व एक ऐसी कला है जिसके द्वारा अन्य लोगों से मदद हासिल की जा सकती है। एक कुशल नेतृत्वकर्ता विविध माध्यमों से अपने सहयोगियों व अनुसरणकर्ताओं का सहयोग प्राप्त कर सकता है। नेतृत्व सहयोग हेतु कई तरह से आधार प्रदान करता है। कुशल नेतृत्व होने से कर्मचारी लगनपूर्वक तथा सहयोग से कार्य करते हैं। सहयोग से कार्य करने से न सिर्फ कार्य ही ज्यादा होता है बल्कि कार्य गुणवत्ता में वृद्धि होती है। अगर नेता अपने

अनुसरणकर्ताओं के साथ सहयोग से कार्य न करें तो अच्छे कार्य भी विनष्ट हो जाते हैं।

9. समूह कार्य हेतु प्रेरक शक्ति—किसी भी संस्था या संगठन के प्रबन्धक का प्रमुख उद्देश्य है— दूसरे व्यक्तियों से कार्य करवाना। इस उद्देश्य को पूरा करने के लिए प्रबन्धक को संगठन व संस्था में सहयोग करना होता है। प्रबन्धक अपने उत्तरदायित्वों को तभी अच्छी प्रकार से निभा सकते हैं, जबकि उनमें एक नेता के गुण हों। संस्था के लक्ष्यों को प्राप्त करने हेतु सामूहिक प्रयत्न एवं दल कार्य जरूरी हैं, इसलिए कार्य को कराने के लिए नेतृत्व अनिवार्य हो जाता है। नेतृत्व के माध्यम से प्रबन्धक मनुष्यों के समूह को कार्य के सफल निष्पादन के लिए, एक सहकारी दृष्टिकोण अपनाने को प्रेरित कर सकते हैं। मानवीय सम्बन्धों को प्रभावित करके नेतृत्व समूह को क्रिया निष्पादन के एक ऊँचे स्तर पर पहुँचा देता है। इस तरह उच्च स्तरीय कार्य हेतु नेतृत्व की जरूरत सर्वमान्य सत्य है।

नेतृत्वकर्ता को नेतृत्व के माध्यम से समूह व दल के लक्ष्यों व प्रयासों को एकता के सूत्र में पिरोना पड़ता है, वह सदस्यों को प्रेरणा देता है और उनका मार्गदर्शन करता है। कुशल नेतृत्व के माध्यम से कर्मचारियों के व्यक्तिगत गुण उभरते हैं, उन्हें अपनी योग्यता दिखाने का अवसर मिलता है, उनमें आत्मविश्वास जागृत होता है और उपक्रम के प्रति वफादारी की भावना उत्पन्न होती है।

नेतृत्व के कार्य

नेतृत्व के प्रमुख कार्य निम्नांकित हैं—

1. संस्था के उद्देश्यों को स्पष्ट करना—नेतृत्व संस्था के उद्देश्यों की स्पष्ट व्याख्या करके अपने अधीनस्थों के कार्यों का पथ-प्रदर्शन करता है।

2. मदद—सम्बन्धित अधीनस्थों से मिल-जुलकर संस्था के पूर्व-निर्धारित उद्देश्यों को प्राप्त करना नेतृत्व का एक प्रमुख कार्य है।

3. अनुशासन स्थापित करना—नेतृत्व संस्था में अनुशासन स्थापित करके न्यूनतम लागत पर अधिकतम उत्पादन सम्भव करता है। संस्था में अनुशासन की भावना स्वतः ही विकसित होती है।

4. समन्वय एवं निर्देश—प्रभावी नेतृत्व संस्था में जरूरी कार्यों को कराने के लिए विभिन्न क्रियाओं में समन्वय करने हेतु निश्चित एवं स्पष्ट आदेश देता है जिससे पूर्वनियोजित उद्देश्यों की प्राप्ति होती है।

5. नैतिकता का विकास—कुशल नेतृत्व से यह आशा की जाती है कि वह संस्था में विभिन्न कर्मचारियों के मध्य नैतिक साहस को विकसित करेगा।

6. प्रेरणा देना—नेतृत्व कर्मचारियों की प्रेरणा का स्रोत है। कुशल नेतृत्व व्यक्तियों की भावनाओं तथा इच्छाओं को सन्तुष्ट करके उनमें कार्य करने की प्रेरणा पैदा करता है।

7. समुचित एवं योग्य सुझाव—कार्य के दौरान कई बार कर्मचारी दुविधा में फँस जाते हैं– परिणामतः उनके कार्य में रुकावटें आ जाती हैं। कुशल नेता ऐसे समय में योग्य परामर्श प्रदान करके सभी समस्याओं को दूर करते हैं।

प्रबन्ध में नेतृत्व की उपयोगिता अथवा महत्त्व

प्रबन्ध में नेतृत्व की उपयोगिता व महत्व को नीचे वर्णित किया जा रहा है–

सुरक्षा प्रदान करना—संगठन में कर्मचारियों के सामने विभिन्न समस्याएँ पैदा हो जाती हैं। नेतृत्व आशावादी दृष्टिकोण, उत्साह एवं सकारात्मक अभिवृत्ति का सृजन करके सुरक्षा का वातावरण बना सकता है।

मनोबल और आत्मविश्वास का विकास—प्रबन्ध के अन्तर्गत नेतृत्व की सबसे बड़ी उपयोगिता है समूह में व्यक्तियों का मनोबल तथा आत्मविश्वास का सृजन करना। कुशल नेतृत्व व्यक्तियों में कार्य की इच्छा पैदा करता है।

समूह भावना का विकास—नेता अपनी संस्था में एक समूह भावना का विकास करता है। वह लोगों के वैयक्तिक तथा स्वेच्छाचारी व्यवहार को रोक कर उन्हें एक दल के रूप में गठित करता है जिसमें सभी लोग अपने आपको उस समूह का अभिन्न अंग मानने लगते हैं।

सहयोग का आधार—प्रभावोत्पादक नेतृत्व स्वैच्छिक सहयोग में वृद्धि करता है तथा कर्मचारियों की योग्यता तथा कार्यक्षमता को विकसित करता है।

प्रेरणा का स्रोत—नेतृत्व संस्था के कर्मचारियों में शक्ति का संचार करके निष्क्रिय साधनों को सक्रिय करके शक्तिमान बना देता है।

प्रबन्धकों हेतु सुविधा प्रदान करना—कुशल नेतृत्व प्रबन्धकों को समय-समय पर ऐसी सुविधा प्रदान करता है जिससे संगठन में एकता स्थापित होती है। विभिन्न कार्यों में सन्तुलन एवं समन्वय स्थापित होता है।

प्रबन्ध एक सामाजिक प्रक्रिया के रूप में—प्रबन्ध में नेतृत्व को एक सामाजिक प्रक्रिया के रूप में देखा जाता है। प्रभावोत्पादक नेतृत्व संगठन के

कर्मचारियों में अप्रत्याशित शक्ति एवं उत्साह का संचार करके संस्था के प्रति निष्ठावान बनता है। इसके जवाब में प्रबन्ध भी उनके लिए यथासम्भव सुविधाएँ—स्वस्थ मनोरंजन की सुविधाएँ, शिक्षा, बीमा की सुविधाएँ और सामाजिक सुविधाएँ प्रदान करता है।

नेतृत्व के प्रमुख सिद्धांत

संगठनात्मक व्यवहार में नेतृत्व की महत्त्वपूर्ण भूमिका होती है। इस संबंध में भिन्न-भिन्न विचारकों के अलग-अलग मत हैं। कुछ के अनुसार नेतृत्व की सफलता उन परिस्थितियों पर निर्भर करती है जिसमें नेतृत्व किया जाता है। कुछ विद्वान इसे अनुयायियों की आवश्यकताओं पर आधारित बताते हैं जबकि कुछ विद्वान इसे नेता के व्यक्तिगत गुण एवं परिस्थितियों का परिणाम बताते हैं।

नेतृत्व में गुण प्रधान होते हैं। नेतृत्व के विभिन्न प्रकार के सिद्धान्तों द्वारा इसके गुणों को नीचे स्पष्ट किया जा रहा है—

1. लक्षणमूलक सिद्धांत—इस सिद्धान्त को विकसित करने वाले प्रबन्ध विशेषज्ञों ने आगमन पद्धति को प्रयोग में लाते हुए कुछ प्रसिद्ध प्रतिनिधियों के जीवन के बारे में अध्ययन करके उनके अति स्पष्ट गुणों का पता लगाया तथा फिर एक व्यक्ति में उन गुणों का होना उसकी नेतृत्व-क्षमता का मापदण्ड माना। जिस व्यक्ति में ये गुण जितने ज्यादा होंगे वह उतने ही ऊँचे स्तर का होगा। इस सिद्धांत को **टीड (Tead), बर्नार्ड (Barnard) तथा शैल (Shell)** ने प्रतिपादित किया है। टीड ने एक नेता के पाये जाने वाले प्रमुख गुणों को नीचे स्पष्ट किया है—

(i) उद्देश्य एवं लक्ष्य भावना, (ii) शारीरिक व सामयिक शक्ति, (iii) मैत्रीभाव व प्रेमी, (iv) उत्साह, (v) तकनीकी कुशलता, (vi) शारीरिक दृढ़ता, (vii) कुशाग्र बुद्धि, (viii) निर्णय क्षमता, (ix) दृढ़ विश्वास एवं (x) शिक्षण चातुर्य।

टीड के अनुसार , "प्रत्येक नेता में उपरोक्त सभी गुण पाये जाएँ यह जरूरी नहीं है, लेकिन जिस व्यक्ति में भी ये गुण मौजूद होते हैं, वह अवश्य ही सफल नेता सिद्ध होता है।"

बर्नार्ड के विचारानुसार, किसी नेता के सफल होने के लिए प्रमुख दो तथ्यों का होना अति आवश्यक है, वे दो तथ्य निम्नलिखित हैं—

(i) अन्य गुण अर्थात् उसमें कृत संकल्पता, धैर्य, लगन एवं साहस आदि की भी मात्रा अन्य व्यक्तियों की अपेक्षा ज्यादा होती है।

(ii) श्रेष्ठ व्यक्तित्व अर्थात् शारीरिक बनावट, चतुराई, तकनीकी कुशलता, सामान्य ज्ञान, विवेक, अच्छी स्मरण-शक्ति, अच्छी कल्पना-शक्ति आदि में दूसरों से बढ़-चढ़कर होता है। वह उनकी प्रशंसा का पात्र होने के कारण उनका नेतृत्व करने में सफल होता है।

शेल (Shell) के अनुसार, नेता वही व्यक्ति हो सकता है, जिसमें शक्तिशाली व्यक्तित्व, विज्ञान के प्रति झुकाव, मनुष्यों में रुचि एवं प्रेम जैसे गुण उपस्थित हैं।

लक्षण मूलक सिद्धान्त के दोष—इस सिद्धान्त में निम्नलिखित दोष पाये जाते हैं—

(1) नेतृत्व की सफलता हेतु कौन-कौन से गुण किस-किस मात्रा में कितना-कितना होना चाहिए इसे निश्चित करना सरल नहीं है। अगर किसी व्यक्ति में नेतृत्व सम्बन्धी इन गुणों में से आठ गुण नहीं हैं तो क्या वह अच्छा नेता बन सकता है या क्या वह अच्छा नेता बन ही नहीं सकता? इस सवाल का उत्तर निश्चित रूप से कठिन ही नहीं बहुत ही कठिन है।

(2) विभिन्न लक्षणों के तुलनात्मक महत्त्व को आसानी से न तो समझाया जा सकता है तथा न ही उन्हें प्रदर्शित किया जा सकता है।

(3) नेतृत्व के सामान्य अर्थात् सर्वमान्य लक्षणों (Traits) को बताना लगभग असंभव ही है।

(4) किस व्यक्ति में कौन-सा गुण किस मात्रा में है, इस प्रश्न का उत्तर पाने का कोई उपाय नहीं है क्योंकि माप का कोई पैमाना ही उपलब्ध नहीं है।

(5) विभिन्न नेतृत्व के गुणों की जो भी सूची बनायी गयी है अथवा बनाई जाए उनमें निश्चित रूप से पर्याप्त विभिन्नता होती है।

2. परिस्थितिकारक सिद्धांत—इस सिद्धांत के प्रतिपादकों का कहना है कि नेतृत्व के गुणों का ज्ञान प्राप्त करने हेतु एक व्यक्ति को किसी समूह के साथ रखकर उसे विभिन्न स्थितियों में कार्य के स्तर का माप करना चाहिए जिससे उसके नेतृत्व का प्रभाव तथा उसके स्तर का बोध हो सके। इस सिद्धांत का इस्तेमाल कई बार द्वितीय विश्व युद्ध में किया गया था तथा संगठन में इसे बहुत ही उपयोगी पाया गया।

वर्तमान युग के आधार पर प्रबन्ध विशेषज्ञों द्वारा किया गया प्रतिपादन उचित ही जान पड़ता है। इस सिद्धान्त की सफलता के कुछ उदाहरण हैं, जैसे 1930 के दशक में जर्मनी में हिटलर का उदय हुआ। इससे भी पूर्व इटली में मुसोलिनी, नेता के रूप में उभरा और 1930 की आर्थिक मन्दी के समय में रूजवेल्ट का अमेरिका

में उदय हुआ तथा द्वितीय महायुद्ध के उपरान्त चीन में साम्यवादी नेता माओत्से-तुंग का उदय हुआ।

कीथ डेविस (Keith Devis) की अवधारणा, "नेतृत्व परिस्थितिमूलक होता है। भिन्न समस्याएँ, भिन्न समुदाय, एक ही समुदाय में भिन्न-भिन्न विचार, मात्र कुछ ऐसे प्रभाव हैं जो भिन्न-भिन्न नेतृत्व की माँग करते हैं। एक परिस्थिति में गुणों का यह योग 'ए' (A) में सर्वश्रेष्ठ हो सकता है तथा दूसरी परिस्थिति सम्बन्धी चल तत्व हैं– (1) अनुयायियों की आवश्यकताएँ, (2) नेता के गुण, (3) कार्य का वातावरण जिसमें रहकर काम किया जाएगा, (4) समुदाय के उद्देश्य जिनकी प्राप्ति हेतु नेतृत्व चाहिए।

ओहियो स्टेट विश्वविद्यालय शोध-केन्द्र के अनुरूप नेतृत्व चार परिस्थिति सम्बन्धी तत्वों पर आश्रित करता है जिसे नीचे स्पष्ट किया जा रहा है–

(i) सांस्कृतिक परिवेश–किसी भी समाज या समुदाय के अन्तर्गत कार्यरत व्यक्तियों द्वारा माने गये। सामाजिक व सामान्य विश्वास, मूल्य और विचार ऐसे कारक हैं, जो तार्किक विचारों को अव्यावहारिक बना देते हैं।

(ii) व्यक्तियों में विभिन्नता–भिन्न-भिन्न उन्मुक्ताएँ (aptitudes), व्यक्तित्व सम्बन्धी विशेषताएँ, शारीरिक विशेषताएँ, रुचियाँ तथा प्रेरणाएँ, शिक्षा, अनुभव व प्रशिक्षण आदि, भिन्न-भिन्न किस्म के व्यक्ति नेतृत्व की माँग कर सकते हैं।

(iii) कार्यों की विषमता–भिन्न-भिन्न कार्यों की दशाएँ नेतृत्व की भिन्न-भिन्न शैलियों की माँग करती हैं।

(iv) संगठनों की विषमता–संगठन अपने आकार, प्रकार, स्वरूप, उद्देश्य एवं प्रबन्ध प्रणाली के अनुरूप भिन्न-भिन्न हो सकते हैं तथा उनमें भिन्न-भिन्न तरह के नेतृत्व की जरूरत पाई जा सकती है, जैसे एक सैनिक अथवा सरकारी व व्यावसायिक संगठन में भिन्न तरह का नेतृत्व जरूरी होता है।

एफ. एच. सेनफोर्ड ने इस सिद्धान्त को विकसित किया है जिसके आधार पर किसी व्यक्ति की नेतृत्व क्षमता मालूम करने के लिये उसके अनुयायियों के रागूचे व्यवहार व उनके आचरण का अध्ययन करना पड़ता है।

परिस्थिति मूलक सिद्धान्त के दोष–इस सिद्धान्त के प्रमुख दोषों को निम्नलिखित पंक्तियों द्वारा स्पष्ट किया जा सकता है–

(*i*) नेता विभिन्न जरूरतों की पूर्ति का प्रयास करता है।

(*ii*) अनुयायियों की अपनी आवश्यकताएँ हैं,

(*iii*) इस लक्ष्मण रेखा के अंदर रहकर वह उनकी जरूरतों को कितना पूरा कर सकने में समर्थ हो सकता है।

(*iv*) उसके प्रयास की एक सीमा निश्चित तौर पर होती है।

(*v*) उसकी सामर्थ्य तत्कालीन परिस्थितियों पर भी निर्भर करती है, अतः

(*vi*) यह भी व्यावहारिक एवं परिस्थिति कारक बन ही जाती है।

(*vii*) इस प्रश्न का उत्तर उसके (नेता) व्यक्तिगत गुणों पर तो निर्भर करता ही है साथ ही नेतृत्व क्षमता पर भी निर्भर करता है।

3. नेतृत्व का आकस्मिकता सिद्धांत–उपर्युक्त वर्णित नेतृत्व के परिस्थिति मूलक सिद्धान्त का अध्ययन करने के पश्चात् यह स्पष्ट होता है कि नेतृत्व में कोई भी शैली (Style) सभी परिस्थितियों में सफल नहीं हो सकती है। इस दृष्टिकोण के आधाार पर **फीडलर (Feidler)** ने आकस्मिकता की विचारधारा का सुझाव दिया। **फीडलर** के अनुसार, नेतृत्व की प्रभावशीलता न केवल नेता के व्यक्तिगत गुणों पर निर्भर करती है वरन् समुदाय की कार्य सफलता नेतृत्व शैली तथा नेता हेतु सामूहिक परिस्थिति के अनुकूल स्थिति के उचित मिलान पर निर्भर करती है। दूसरे शब्दों में, नेतृत्व एक प्रक्रिया है जिसमें नेता के प्रभाव का इस्तेमाल करने की योग्यता, सामूहिक कार्यगत परिस्थितियों में निर्भर होती है और नेता की अपनी शैली, व्यक्तिगत तथा दृष्टि समूह को क्रियाशील रखती है। इस दृष्टि से हमें नेता की शैली तथा विभिन्न स्थिति की जानकारी होनी चाहिए।

फीडलर ने नेतृत्व की भाषाओं व शैलियों को प्रमुख दो भागों में बाँटा है–(i) उत्पादन शैली, (ii) प्रेरित शैली। उत्पादन व प्रेरित शैली के तहत अधीनस्थों के काम का संरक्षण व निर्देशन इस तरह से किया जाता है जिसमें कार्य और दृष्टिकोण को ज्यादा महत्त्व मिलता है, जबकि मानवीय व्यवहार पर ज्यादा ध्यान दिया जाता है। प्रबन्धक कर्मचारियों को अभिप्रेरित करता है उनका सहयोग तथा विश्वास प्राप्त करता है।

फीडलर ने नेतृत्व की वातावरण पर प्रभाव डालने वाले प्रमुख वार तत्वों पर संक्षेप में प्रकाश निक्षेप किया है जो निम्नलिखित है–

(i) नेतृत्व का व्यावहारिक सिद्धांत–आर. ए. किलियन ने इस सिद्धान्त का प्रतिपादन किया है। इनके आधार पर, "एक नेता मुख्यतः निर्णय लेने वाला हो, समस्याओं का समाधानकर्ता हो, परामर्शदाता हो, सूचना प्रदान करने वाला हो अथवा नियोजक हो, उसे अपने अनुयायियों के सामने आदर्श प्रस्तुत करना चाहिए। आदर्श आचरण अर्थात् अच्छे व्यवहार के अभाव में वह कभी भी सफल नेता नहीं बन

सकता। अतः यह विचारधारा नेता के आचरण अथवा व्यवहार को सबसे ज्यादा महत्त्व देती है। अगर नेता स्वयं अनुशासन में नहीं रहता तथा वह अपने अनुयायियों से अनुशासन में रहने की आशा करता है तो उसकी यह आशा व्यर्थ है। उदाहरणार्थ, अगर एक व्यक्ति स्वयं शराबी है तथा वह अपने अनुयायियों से यह आशा करे कि वे शराब का सेवन न करे तो उसकी यह आशा निराधार होगी। अतः किसी नेता की सफलता का मूल्यांकन उसके व्यवहार का विश्लेषण करके किया जा सकता है।

(ii) नेता और सदस्यों के मध्य सम्बन्ध—नेता और सदस्यों के बीच सहयोग, विश्वास तथा समझ की क्या स्थिति है? यह तथ्य परिस्थिति को प्रभावित करता है तथा कार्य-शैली पर भी इसका प्रभाव पड़ता है।

(iii) कार्य संरचना—फीडलर के अनुरूप कार्य संरचना सुनिश्चित और अनिश्चित हो सकती है। सुनिश्चित कार्य संरचना में कार्य का वर्गीकरण व विभाजन स्पष्ट और आसानी से होती है, जबकि अनिश्चित कार्य संरचना के कार्य का वर्गीकरण नहीं होता, जिसके कारण किसी निश्चित व्यक्ति को उत्तरदायी नहीं ठहराया जा सकता है।

(iv) पद की शक्ति—पद की शक्ति किसी नेता को उस पद पर आरूढ़ होने के कारण संगठनात्मक अधिकार के तहत प्राप्त होती है। इस शक्ति के आधार पर एक नेता अपने अनुयायियों को निश्चित निर्देशों के अनुरूप कार्य करने हेतु विवश एवं बाध्य कर सकता है।

4. सर्वोत्कृष्टता का सिद्धान्त—इस सिद्धान्त के अन्तर्गत नेतृत्व की पहचान हेतु नेता, अनुयायी, परिस्थितियों तीनों का मिश्रित अध्ययन करना अनिवार्य है। नेता का गुण एवं मनोवैज्ञानिक प्रवृत्तियाँ, अनुयायियों की समस्याएँ, प्रवृत्तियाँ एवं आवश्यकताएँ और उन परिस्थितियों का जिनमें कि नेता व उसके अनुयायी परस्पर सम्बन्धित होते हैं, एक साथ मिश्रित अध्ययन करने के पश्चात् ही किसी व्यक्ति की नेतृत्व क्षमता का ज्ञान प्राप्त कर सकते हैं।

अतः एक प्रभावशाली एवं कुशल नेता में किस प्रकार के गुण पाये जाने चाहिएँ उसे निम्नलिखित पंक्तियों में स्पष्ट किया जा सकता है—

1. उत्तरदायित्व की भावना।
2. एकीकृत (Unification) एवं अपना बनाये रखने की पूर्ण क्षमता और योग्यता।
3. जल्दी एवं सही निर्णय लेने की क्षमता।
4. प्रेरक अर्थात् प्रेरणा देने की अटूट शक्ति।

5. बुद्धि एवं तकनीकी क्षमता।
6. शक्ति–मानसिक, शारीरिक, बौद्धिक एवं व्यावहारिक अर्थात् चैतन्यता, सजगता, सहिष्णुता, ज्ञान एवं मानवता।
7. लोगों के साथ मिलकर काम करने की अपार क्षमता।

उपर्युक्त वर्णित तथ्यों के सन्दर्भ में प्रसिद्ध विशेषज्ञ चार्ल्स शबाब ने लिखा है कि–"उस व्यक्ति का व्यक्तित्व प्रभावशाली होना चाहिए। उसमें बुद्धि, व्यवसाय, चातुर्य होना चाहिए। यह गुण महत्त्वपूर्ण है। अगर किसी व्यक्ति में यह गुण नहीं है तो वह ज्यादा सफलता नहीं पा सकता। यह निष्पक्ष, सत्यवादी, अच्छा सहयोगी हो, एक अच्छा व्यक्ति होने का उसके पास, गुण हो, तभी अन्य लोग उसे पसंद करेंगे तथा उस पर विश्वास रखेंगे। आशावादिता, प्रसन्नता और अन्य लोगों को प्रोत्साहित करने एवं सहायक होने और दूसरों को मदद देने की तत्परता भी उसमें अवश्य होनी चाहिए।"

7

समूह गतिशीलता और महिला

कुर्ट लेविन (Kurt Lewin) तथा जॉर्ज होमन्स (George Homans) उन विचारकों में से हैं जिन्होंने "रामूह गतिशीलता" शब्द का प्रयोग सर्वप्रथम किया।

समूह गतिशीलता का तात्पर्य परिवर्तन से है। इस प्रकार समूह गतिशीलता अथवा गत्यात्मकता एक समूह के आपसी सामाजिक सम्बन्धों की एक ऐसी प्रक्रिया है जिसके द्वारा व्यक्ति छोटे-छोटे समूहों में प्रत्यक्ष रूप से अन्तर्क्रिया करते हैं। 'गतिशीलता' से तात्पर्य ऐसे समायोजक परिवर्तनों से भी है जो समूह के एक भाग में होने वाले परिवर्तनों के कारण सम्पूर्ण समूह को प्रभावित करते रहते हैं। इस प्रकार समूह गतिशीलता के अन्तर्गत समूह के सदस्यों की पारस्परिक अन्तर्क्रियाओं एवं सामाजिक परिवेश से प्राप्त अभिप्रेरकों के कारण होने वाले परिवर्तनों को शामिल किया जाता है। दूसरे शब्दों में, समूह गतिशीलता समूह की उन शक्तियों का अध्ययन है, जो समूह के संचालन में सहायता प्रदान करता है।

समूह गतिशील की परिभाषा

शहरमरहार्न के अनुसार, "समूह गतिशीलता से आशय उन शक्तियों से है, जो समूह में कार्यरत रहती हैं, जो सदस्यता, सन्तुष्टि तथा कार्य निष्पादन को प्रभावित करती हैं।"

कॉस्ट और रोजन्जविंग ने समूह के सदस्यों के मध्य होने वाली 'अन्तर्क्रिया' को गतिशीलता कहकर पुकारा है।

कलहून के अनुसार, "गतिशीलता से तात्पर्य ऐसी शक्ति से है, जो परिवर्तन अथवा प्रतिक्रिया को जन्म देती है।"

कीथ डेविस के अनुसार "समूह गतिशीलता एक ऐसी सामाजिक प्रक्रिया है जिसके द्वारा व्यक्ति छोटे-छोटे समूहों में प्रत्यक्ष अन्तर्क्रिया सम्पन्न करते हैं।"

फ्रेड लूथांस के अनुसार, "समूह गतिशीलता एक सामाजिक परिवेश में समूह सदस्यों के मध्य अन्तर्क्रियाओं तथा शक्तियों से सम्बन्धित है। जब इस अवधारणा का संगठनात्मक व्यवहार में प्रयोग किया जाता है, तो इसका सम्बन्ध संगठन में औपचारिक या अनौपचारिक समूहों के सदस्यों की गतिशीलता से होता है।"

लेविन (Lewin) के अनुसार, "समूह गतिशीलता में यह अध्ययन किया जाता है कि किस प्रकार के समूह में परिवर्तन होता रहता है, किन परिस्थितियों में परिवर्तन होता है और किस दिशा में परिवर्तन होता है।" कुर्ट लेविन के अनुसार समूह गतिशीलता के अन्तर्गत यह अध्ययन किया जाता है कि समूहों की आन्तरिक प्रकृति कैसी है, समूहों का निर्माण कैसे होता है, उनकी संरचना, प्रक्रिया तथा कार्य-प्रणाली किस प्रकार की होती है और वे समूह के सदस्यों, संगठन तथा दूसरे समूहों को किस प्रकार प्रभावित करती हैं।

समूह गतिशीलता एवं व्यवहार के आयाम—समूह में गतिशील रहकर व्यक्ति कैसा व्यवहार करता है तथा आपसी अन्तर्क्रिया द्वारा इसके व्यवहार में क्या परिवर्तन होता है इसका ज्ञान प्राप्त होता है। इसमें समूह की सामूहिक क्रियाओं एवं व्यवहार का अध्ययन किया जाता है। संक्षेप में, समूह व्यवहार एवं गत्यात्मकता के विभिन्न आयामों का वर्णन इस प्रकार किया गया है—

1. समूह भूमिका—समूह का तात्पर्य दो या दो से अधिक लोगों से है। समूह भूमिका का वास्तविक ज्ञान प्राप्त कर ही समूह व्यवहार का वास्तविक ज्ञान होगा। 'भूमिका' से तात्पर्य किसी पद-विशेष को ग्रहण करने वाले सदस्य के **'अपेक्षित व्यवहार'** से है। समूह में सदस्यओं की भूमिकायें स्पष्ट अथवा गर्भित हो सकती हैं। एक औपचारिक समूह में सदस्य की भूमिका पद तथा कार्य-विवरण के द्वारा तय होती है। दूसरी ओर, अनौपचारिक समूह में सदस्यों की भूमिका इस आधार पर निर्धारित होती है कि किसी परिस्थिति विशेष में किसी व्यक्ति को क्या करना चाहिए। समूह में प्रत्येक सदस्य की अलग-अलग भूमिका होती है, ये उत्तरदायित्वों के प्रभाव के कारण इसका निर्वहन करते हैं, जैसे—कार्य-उन्मुखी भूमिका, सम्बन्ध- उन्मुखी भूमिका, आत्मोन्मुखी भूमिका आदि। उल्लेखनीय है कि सदस्यों की भूमिकायें जितनी अधिक होंगी वे अपनी भूमिकाओं के बारे में समूह के सदस्य जैसे विचार रखते हैं और उनका निर्वाह करते हैं, उसके विश्लेषण से भी समूह व्यवहार का पता होता है।

2. समूह नेतृत्व—किसी भी क्षेत्र में नेतृत्व का महत्त्वपूर्ण स्थान है। समूह का

नेतृत्व औपचारिक होने के साथ-साथ अनौपचारिक भी होता है। औपचारिक नेता नियुक्त किये जाते हैं तथा समूहगत क्रियाओं के लिए उपयुक्त सत्ता प्रदान की जाती है। अनौपचारिक नेता आम सहमति एवं अपने व्यक्तित्व के आधार पर आगे बढ़ते हैं। वे अपनी व्यक्तिगत योग्यता एवं कला के आधार पर सदस्यों का विश्वास प्राप्त करते हैं। ऐसे नेता अपने व्यक्तिगत प्रभाव एवं कौशल से समूह में अपना नेतृत्व कायम कर लेते हैं। समूह में एक से अधिक व्यक्ति नेतृत्व संभाल सकते हैं। समूह का नेतृत्व भिन्न-भिन्न कार्यों के लिए अलग-अलग व्यक्तियों के हाथों में हो सकता है। प्रायः समूह का नेतृत्व अनौपचारिक ही होता है।

3. समूह अन्तर्क्रिया—अन्तर्क्रिया समूह की समस्त क्रियाओं की आधारशिला होती है। दूसरे शब्दों में, विभिन्न समूहगत क्रियाओं जैसे— कार्य निष्पादन, समन्वयन, परिवर्तनों का क्रियान्वयन, समूह निर्णयन, समस्या-समाधान, लक्ष्यों का निर्धारण, समूह सशक्तिशाली आदि में सदस्यों की आपसी अन्तर्क्रियाओं का अत्यन्त महत्त्व है। अनौपचारिक समूह में अन्तर्क्रिया की क्रियाशीलता के परिणामस्वरूप एक सदस्य का दूसरे सदस्य के ऊपर प्रभाव पड़ता है।

4. संवहन—संवहन के द्वारा ही समूह सूचनाओं का आदान-प्रदान होता है। समूहों में अन्तर्क्रियाओं के निर्बाध प्रवाह के लिए प्रभावी संवहन एक मूलभूत आवश्यकता होती है। संवहन की प्रक्रिया से सदस्यों में सूचना, विचार-विनिमय, समझ, आत्माभिव्यक्त, सृजनता, मैत्री, मार्ग दर्शन, व्यक्तित्व विकास, आदि की आवश्यकताएँ पूरी होती हैं। इससे सदस्यों में 'हम' की भावना का विकास होता है। अनौपचारिक समूहों में संवहन प्रायः मौखिक एवं अनाधिकृत रूप से होता है। यह स्पष्ट, खुला एवं सामाजिक प्रकृति का होता है।

औपचारिक समूहों में संवहन दोनों तरह का हो सकता है— एकमार्गी भी और द्विमार्गी भी। समूह की प्रभावशीलता के लिए संवहन का द्विमार्गी होना आवश्यक है। समूह में संवहन के प्रवाह की अनेक संरचनायें होती हैं। परिस्थिति को ध्यान में रखकर ही संवहन के सरंचना प्रारूप को चुनना होता है। संवहन के मार्गों की संरचना समूह की क्रियाशीलता एवं सदस्यों के व्यवहार को प्रभावित करती है। छोटे समूहों में संवहन की संरचना का ताना-बाना किसी भी रूप में हो सकता है। इन नमूनों में समूह के सदस्यों की संख्या पाँच मानी गई है।

समूह में कार्यरत व्यक्तियों के ऊपर संवहन का प्रभाव पड़ता है। ये कई रूपों में होती हैं, जैसे— समूह नेतृत्व, सदस्य की केन्द्रीय स्थिति आदि गोलाकार एवं सर्व-मार्गी संवहन संरचना में कोई भी सदस्य केन्द्रीय स्थिति में नहीं है, अतः सभी सदस्यों

को संवहन के समान अवसर प्राप्त होते हैं। इस प्रकार की संरचना में नेतृत्व किसी के भी पास नहीं होता है। इस प्रकार की संवहन संरचनाओं में गलती की सम्भावनायें अधिक रहती हैं, संगठन में शिथिलता आ जाती है और कुल कार्यवाही में वृद्धि हो जाती है। किन्तु इसके बावजूद सदस्यों की सन्तुष्टि में वृद्धि होती है। दूसरी ओर, जिन संवहन संरचनाओं में सदस्य **अधीनस्थ स्थिति** में होते हैं, वहाँ पर उन्हें नेता (इस संरचना में नेतृत्व C के हाथ में है) पर निर्भर रहना होता है। फलस्वरूप, अधीनस्थ स्थिति वाले सदस्यों की प्रतिष्ठा, सहभागिता तथा आत्माभिव्यक्ति में कमी आ जाती है। संवहन के प्रारूप का चुनाव करते समय इन बातों के अतिरिक्त, संवहन की गति को भी ध्यान में रखना होता है। अनौपचारिक संवहन तीव्रगामी होता है किन्तु इसकी विश्वसनीयता अधिक नहीं होती है। इस प्रकार का संवहन औपचारिक संवहन में छूटी हुई दरारों एवं कमियों को पूर्ण करने में सहायता प्रदान करता है।

5. समूह सशक्तिशीलता–समूह में पायी जाने वाली दृढ़ता से संगठन शक्तिशाली प्रतीत होता है। इसमें सदस्यों के बीच घनिष्ठता विद्यमान रहती है। यह समूह के सदस्यों का एकजुट होने तथा एक संगठित इकाई होने का परिचायक है। सशक्तिशीलता के कारण समूह के सदस्यों में अपनत्व एवं एकता की भावना जाग्रत होती है। सशक्तिशीलता से समूह के सदस्यों के आपसी सम्बन्ध सुदृढ़ होते हैं तथा वे समूह में बने रहने, समूह के लक्ष्यों को प्राप्त करने तथा समूह के मूल्यों व संस्कृति को आत्मसात् करने के लिए अभिप्रेरित होते हैं। सशक्तिशीलता के कारण सदस्य समूह की प्रगति में योगदान देते हैं तथा एवं इसमें जो परिवर्तन देखा जाता है उससे गौरवान्वित होते हैं। इस घटक के कारण सदस्यों में अपनत्व की भावना तथा 'मैं' के स्थान पर 'हम' की भावना का विकास होता है। सशक्तिशीलता के कारण ही हम भीड़ एवं समूह में अन्तर कर सकते हैं। भीड़ तो व्यक्तियों का केवल एक समुच्चय होती है तथा सशक्तिशीलता के अभाव में वह समूह का रूप धारण नहीं कर पाती है। समूह की संस्कृति को निम्नलिखित घटक प्रभावित करते हैं–

(i) जब समूह के सदस्यों में आपसी प्रतिस्पर्धा के स्थान पर सहकारिता की भावना होती है तो इससे सशक्ति के विकास की सम्भावना बलवती हो जाती है।

(ii) जब सदस्यों की आवश्यकताओं की पूर्ति समूह के माध्यम से होती है तो उनका समूह के प्रति लागव बढ़ जाता है। इस लगाव की भावना से सशक्ति जन्म लेती है।

(iii) बाह्य शक्ति से उत्पन्न भय भी समूह में सशक्ति को बढ़ाता है। भय की आशंका से सदस्य आपस में संगठित रहते हैं।

(iv) जो सदस्य समूह में उच्च पदों पर हैं तथा जिनकी अधिक प्रतिष्ठा है, उनकी समूह के प्रति अधिक निष्ठा होती है। इस समूह निष्ठा से सशक्तिशीलता में वृद्धि होती है।

(v) जब समूह के सदस्यों में व्यक्तिगत एवं सामाजिक समानता होती है तो ऐसी समानता से समूह की सशक्ति बढ़ती है।

सशक्तिशीलता के माध्यम से सदस्यों के बीच अन्तर्क्रिया तथा संवहन प्रभावशीलता दोनों में वृद्धि पायी जाती है। दूसरी ओर, अन्तर्क्रियाओं एवं प्रभावी संवहन की व्यवस्था से समूह की सशक्ति को भी बल मिलता है। इसके अतिरिक्त, जब समूह की सदस्यता में परिवर्तन काफी कम होते अथवा बिल्कुल नहीं होते हैं तो समूह में सशक्ति के विकास की सम्भावनायें अधिक बढ़ जाती हैं।

6. समूह निर्णयन—समस्या के समाधान के लिए समूह में रहने वाले व्यक्ति निर्णय करते हैं। समूह व्यवहार का एक महत्त्वपूर्ण पहलू है। कुछ विशेष प्रकार की समस्याओं एवं परिस्थितियों में वैयक्तिक निर्णयों की तुलना में समूह निर्णय ही श्रेष्ठ सिद्ध होते हैं। समूह विचार-विमर्श के दौरान समस्या के विभिन्न पहलू प्रकाश में आते हैं। समूह में नये विचार, नये मत प्रतिपादित होते हैं जो समस्या के समाधान में महत्त्वपूर्ण रूप से सहायक हो सकते हैं। समूह निर्णयन की प्रक्रिया न केवल लोकतान्त्रिक व सहभागी होती है, वरन् इससे सदस्यों के मनोबल पर धनात्मक प्रभाव दृष्टिगोचर होता है किन्तु समूह निर्णयन को प्रभावशाली बनाने के लिए समूह के बौद्धिक वातावरण को उपयुक्त बनाना होता है। कई बार सामूहिक विचार-विमर्श समय-साध्य, अव्यवस्थित, औपचारिक एवं आधा-अधूरा होता है। कई बार सदस्य निर्णयन में 'न्यूनतम विरोध', 'दो और लो', 'केवल औपचारिक' होने का व्यवहार प्रदर्शित करते हैं। कई बार समूह निर्णय राजनीति से भी प्रेरित होते हैं। अनेक अवसरों पर समूह में अविवेकपूर्ण एवं जोखिमपूर्ण निर्णय भी ले लिये जाते हैं।

7. समूह के मानदण्डों का पालन—मानदण्ड या प्रतिमान सदस्यों के **'व्यवहार के स्वीकृत प्रमाप'** हैं। प्रत्येक समूह के कुछ निश्चित मानदण्ड होते हैं। मानदण्ड के अनुसार ही सदस्य को कार्य करना पड़ता है। मानदण्ड सदस्यों को यह बतलाते हैं कि उन्हें निश्चित दशाओं में ''क्या करना'' तथा ''क्या नहीं करना'' चाहिए। समूह अपने सदस्यों से जिस तरह के व्यवहार और निष्पादन की अपेक्षा करता है उस तरह के व्यवहार को समूह मानदण्ड की संज्ञा दी गयी है। मानदण्ड एक प्रकार से आचार-संहिता का कार्य करते हैं जिनकी अनुपालना समूह के सदस्यों के लिए आवश्यक होती है। **शैरिफ एवं शैरिफ** के अनुसार, ''सामाजिक प्रतिमान

कार्य करने की विधियाँ, नियम, आचरण के मानदण्ड, मूल्य आदि सामूहिक अन्तर्क्रिया के फलस्वरूप उत्पन्न होते हैं।" **किंग्सले डेविस** ने प्रतिमानों को एक प्रकार का नियन्त्रण बताया है।

मानदण्ड की विशेषतायें

मानदण्डों की प्रमुख विशेषतायें निम्नलिखित हैं–

(i) मानदण्ड लिखित, मौखिक या आचरण द्वारा व्यक्त हो सकते हैं।
(ii) मानदण्ड समूह को स्थिरता, व्यवस्था तथा निश्चयात्मकता प्रदान करते हैं।
(iii) समूह मानदण्ड आदर्श मूल्यों को व्यक्त करते हैं।
(iv) मानदण्ड सदस्यों के कर्त्तव्यों की व्याख्या करते हैं।
(vi) अलग-अलग समूहों के मानदण्डों में अन्तर देखने को मिलता है।
(v) मानदण्ड कार्य करने की विधियों, नियमों, मूल्यों और सामूहिक अन्तर्क्रिया के फलस्वरूप उत्पन्न होते हैं।
(vii) समूह में अधिकांश मानदण्ड अनौपचारिक होते हैं।
(viii) समूह मानदण्ड सामूहिक निर्णय लेने में सहायता प्रदान करते हैं।
(ix) औपचारिक मानदण्ड संगठन पुस्तिका में लिखित रूप में होते हैं, जो नियमों तथा प्रक्रियाओं का वर्णन करते हैं।

प्रायः समूह के मानदण्ड निम्न तरीकों से विकसित होते हैं–

समूह मानदण्ड का विकास

1. महत्त्वपूर्ण घटना–जब समूह के इतिहास में कोई महत्त्वपूर्ण घटना घटित हो जाती है, तो वह भी मानदण्ड के रूप में विकसित हो जाती है। ऐसी घटना एक आधारभूत उदाहरण निर्धारित कर देती है।

2. सदस्यों के कथन–जब समूह का कोई विशेष सदस्य या सुपरवाइजर स्पष्ट कथन देता है तो वह मानदण्ड के रूप में स्थापित हो जाता है। उदाहरणार्थ, सुपरवाइजर का यह कथन कि "कार्य की अवधि में कोई भी निजी टेलीफोन नहीं करेगा', धीरे-धीरे एक मानदण्ड या प्रतिमान का रूप धारण कर लेता है।

3. प्रथम व्यवहार–प्रथम व्यवहार शैली, जो समूह में बार-बार उजागर होती रहती है। समूह प्रत्याशाओं को निर्धारित कर देती है। वहीं प्राथमिक व्यवहार मानदण्ड का रूप धारण कर लेता है।

4. अनुभव—भूतकालीन स्थितियों से लाया गया अनुभव भी मानदण्ड के रूप में विकसित हो जाता है।

आवश्यक नहीं कि समूह द्वारा निर्धारित किये गये सभी मानदण्ड लागू ही होता हो। केवल वे मानदण्ड ही लागू होते हैं, जो समूह द्वारा महत्त्वपूर्ण समझे जाते हैं। सामान्यतः समूह द्वारा ऐसे मानदण्ड को लागू करने के लिए महत्त्वपूर्ण समझा जाता है—जो समूह का अस्तित्व बनाये रखने में सहायता करता है; जो समूह में सफलता के अवसर बढ़ाता है; जो सदस्यों के व्यवहारों की भविष्यवाणी करने में सहायता करता है; जो समूह सदस्यों के लिए अन्तर्वैयक्तिक समस्याओं से छुटकारा दिलाता है तथा जो सदस्यों को समूह के केन्द्रीय मूल्यों को अभिव्यक्ति करने की अनुमति देता है तथा जो यह स्पष्ट करता है कि समूह की वास्तविक पहचान क्या है।

समूह मानदण्ड के प्रकार

गुडमन एवं शमनिक— इन्होंने समूह मानदण्डों को 4 भागों में वर्गीकृत किया है, जो अधिकतर समूह में विद्यमान रहते हैं—

1. अनौपचारिक सामाजिक समझौते—ये मानदण्ड अनौपचारिक सामाजिक समूहों से आते हैं। ये समूह के भीतर सामाजिक अन्तर्क्रियाओं को नियन्त्रित करते हैं।

2. साधनों के आवंटन से सम्बन्धित—ये मानदण्ड संगठन या समूह में उत्पन्न हो सकते हैं। इनमें वेतन, जटिल कार्यों का हस्तांकन, नये यंत्रों, उपकरणों आदि का आबंटन सम्मिलित है।

3. निष्पादन सम्बन्धी—अधिकांश मानदण्ड निष्पादन प्रक्रिया से सम्बन्धित होते हैं। ये सदस्यों को बताते हैं कि उन्हें कैसे कार्य करना है, कितना परिश्रम करना है, तथा उनके उपयुक्त संचार माध्यम क्या हैं? ये सदस्यों के निष्पादन को विशेष रूप से प्रभावित करते हैं।

4. प्रकट घटकों से सम्बद्ध—इस श्रेणी में उपयुक्त पोशाक, कार्य समूह के प्रति निष्ठा आदि को शामिल किया जाता है।

अनुपालन के कारण—निम्नलिखित कारणों से सदस्य अपने समूह के मानदण्डों या प्रतिमानों का पालन करते हैं—

1. निजी हित—समूह के मानदण्डों तथा नियमों के पीछे सामूहिक हितों के साथ-साथ व्यक्तिगत स्वार्थों, हितों व लक्ष्यों का भी आधार होता है। प्रतिमानों का

पालन करके वह अपने हितों की रक्षा कर सकता है। निजी हित को ध्यान में रखकर समूह का निर्धारण किया जाता है।

2. समाजीकरण—व्यक्ति समूह के मानदण्डों, नियमों तथा आदर्शों का पालन करके ज्ञान प्राप्त करता है। इससे उसके व्यक्तित्व का विकास होता है।

3. समूह का नियन्त्रण—समूह के नियन्त्रण के कारण प्रत्येक सदस्य समूह मानदण्डों का पालन करता है, वह इस बात को जानता है कि मानदण्डों का पालन न करने पर उसे समूह से निकाल दिया जायेगा तथा दोषी पाये जाने पर सजा दी जायेगी।

4. अभिप्रेरणा—अभिप्रेरणा का प्रयोग व्यक्ति को किसी कार्य को करने के लिए किया जाता है। समूह में मानदण्डों के अनुरूप व्यवहार करने पर सदस्यों को पुरस्कृत किया जाता है तथा उनके प्रतिकूल आचरण की दशा में सदस्यों को दण्डित भी किया जाता है। दण्ड के रूप में भर्त्सना, सामाजिक बहिष्कार, परिहास, अप्रतिष्ठता आदि उपाय शामिल हैं। दण्ड दो प्रकार के हो सकते हैं— सकारात्मक व ऋणात्मक। कभी-कभी सदस्यों को शारीरिक दण्ड भी दिया जा सकता है।

5. भूमिका निर्वाह—व्यवहार प्रतिमानों का पालन करके सदस्य अपनी भूमिकाओं का श्रेष्ठ ढंग से निर्वाह कर सकते हैं। बिना अनुशासन के सही ढंग से भूमिका का निर्वाह नहीं किया जा सकता।

6. समूह की प्रभावशीलता—समूह के मानदण्ड समूह की विद्यमानता, विश्वसनीयता एवं प्रभावशीलता के लिए भी आवश्यक होते हैं।

7. उत्पादकता—उत्पादकता के आधार पर भी व्यक्ति के व्यवहार का पता लगाया जाता है। जब समूह में ससक्तिशीलता होती है तो समूह के सदस्य समूह द्वारा निर्धारित मानकों के अनुरूप उत्पादन करते हैं किन्तु संसक्ति के अभाव में सदस्यों की उत्पादकता शक्ति में विभिन्नता पाई जाती है। अध्ययनों से पता चला है कि सामान्यतः ऐसे समूहों की उत्पादकता अधिक होती है जिनके सदस्यों में सहयोग व समन्वय की भावना अधिक होती है। ऐसे समूहों में अनुपस्थिति की दर भी निम्न रहती है, सदस्यों का कार्य के प्रति अनुकूल दृष्टिकोण रहता है तथा उनके उत्पादन लक्ष्य भी ऊँचे होते हैं। समूह के सकारात्मक भावना के निर्धारण में पर्यवेक्षण की महत्त्वपूर्ण भूमिका होती है। प्रबन्धकों को समूह की शक्ति को संगठन के लिए एक चुनौती के रूप में नहीं देखना चाहिए अन्यथा समूह में सकारात्मक मनोभाव का निर्माण नहीं हो पाता है। हॉव्थोर्न परीक्षणों के बैंक वायरिंग रूम परीक्षण के अन्तर्गत यह पाया गया था कि ऐसे समूहों में जहाँ कार्य के मानक स्थापित किये

जाते हैं, उत्पादन दर को निबन्धित करने की प्रवृत्ति पाई जाती है। प्रबंधक का समूह के ऊपर महत्त्वपूर्ण प्रभाव पड़ता है। प्रबंधक का स्थान किसी संगठन में बड़े ही गौरव का है। समूह में कार्यशीलता के निर्धारण में पर्यवेक्षण के रूप में इसका महत्त्वपूर्ण स्थान है।

8. समूह में पद-सम्बन्ध—पद के आधार पर ही सामाजिक क्रम का निर्धारण होता है। पद को चर के नाम से भी जाना जाता है। समूह गतिशीलता को समझने के लिए 'पद' की अवधारणा को भी समझना आवश्यक है। एक समूह में सदस्यों के **'सामाजिक क्रम'** को 'पद' कहा जाता है। यह सामाजिक क्रम व्यक्ति की विशेषताओं, योग्यताओं, सद्गुणों तथा व्यक्तिगत उपलब्धियों पर आधारित हो सकता है। औपचारिक समूहों में पदों का निर्धारण औपचारिक पदनाम, वेतन, अधिकार, सत्ता, कार्य की प्रगति आदि घटकों के आधार पर किया जाता है। प्रायः सभी प्रकार के समूहों में पद प्रणाली विद्यमान होती है। प्रत्येक समूह में कुछ सदस्य उच्च पद पर आसीन होते हैं। कार्य करने की गति पर पद का भी प्रभाव पड़ता है। व्यक्ति किस पर कार्य कर रहा है इसका व्यवहार के ऊपर भी प्रभाव पड़ता है। औपचारिक समूहों में 'पद' प्रतीकों एवं पदनामों द्वारा व्यक्त किया जाता है।

अनौपचारिक समूहों में नेतृत्व स्थिति, भूमिकाओं, विशेषाधिकारों, विशिष्ट कार्यों आदि के रूप में पद प्रतीक पाये जाते हैं। समूहों में पद प्रणाली अभिप्रेरक के रूप में भी कार्य करती है। यह व्यक्तियों की अहम् सम्बन्धी आवश्यकताओं की सन्तुष्टि करती है। विकास के अवसर प्रदान करने के लिए यह आवश्यक है कि पद-प्रणाली व्यक्तिगत उपलब्धियों, योग्यताओं व कार्य निष्पादन की क्षमता पर आधारित हो। पदों के माध्यम से भी व्यक्तियों की वास्तविक उपलब्धियों का मूल्यांकन किया जा सकता है। पद प्रणाली सामाजिक सम्पर्कों की जटिलता व अव्यवस्था को दूर करती है। व्यक्ति को संकट की स्थिति में सुरक्षा प्रदान करती है।

8

महिला और संगठनात्मक व्यवहार

संगठनात्मक व्यवहार को हर क्षेत्र में विस्तृत और व्यापक रूप में स्वीकृति सन् 1905 के पश्चात प्रदान की जाने लगी। इसी समय इसके अध्ययन के क्षेत्र में नवीन क्षेत्र का विकास प्रारम्भ हुआ है। अतः अब यह जानना आवश्यक है कि वास्तव में संगठनात्मक व्यवहार क्या है? क्या यह मानवीय सम्बन्ध, संगठन मनोविज्ञान आदि का पर्यायवाची या समकक्ष है या इन दोनों में अन्तर है।

प्रायः लोग 'संगठनात्मक व्यवहार' एवं 'प्रबंध' को एक दूसरे के समान मान लेते हैं जो सही नहीं है कि व्यक्ति सामूहिक तथा व्यक्तिगत रूप से संगठन में व्यवहार करते हैं। इसके विपरीत, प्रबंध अनुकूलतम रूप से संगठनात्मक लक्ष्यों की प्राप्ति से सम्बद्ध है, चूँकि ये लक्ष्य मानवीय भूमिका के बगैर प्राप्त नहीं हो सकते हैं, अतः संगठनात्मक व्यवहार प्रबंध का एक उपयोगी पहलू होता है। संगठनात्मक व्यवहार में प्रबन्ध की महत्त्वपूर्ण भूमिका है।

प्रबंधक के लिए संगठनात्मक व्यवहार का ज्ञान बहुत आवश्यक होता है। इस बात से आशय यह है कि प्रबंधक को संगठनात्मक व्यवहार का ज्ञान आवश्यक रूप से होना चाहिए। उसके लिए व्यक्तिगत एवं सामूहिक व्यवहार को समझना महत्त्वपूर्ण होता है। जब वह प्रबंधकीय कार्यो-नियोजन, संगठन, नेतृत्व, नियंत्रण- का मूल्यांकन करता है, तो उसे यह जानने की आवश्यकता होती है कि उसके कार्यों का व्यक्तियों पर क्या प्रभाव होगा। चूँकि प्रबंध 'अन्य व्यक्तियों से कार्य लेने एवं उनके साथ मिलकर काम करने से सम्बद्ध है, अतः एक अच्छा प्रबंधक होने के लिए उसमें व्यक्तियों के सन्दर्भ में समझ होना महत्त्वपूर्ण होता है।

यद्यपि 'संगठनात्मक व्यवहार' एवं 'मानवीय सम्बन्ध' की विषय सामग्री काफी सीमा तक समान है, फिर भी दोनों में पर्याप्त विभिन्नतायें विद्यमान हैं। मानवीय सम्बन्ध कार्यरत व्यक्तियों का अध्ययन है जिसका उद्देश्य किसी कार्य स्थिति में मानवीय आचरण को समझना है तथा इस बात को समझना है कि किस प्रकार ऐसा आचरण वांछित लक्ष्यों की ओर निर्देशित किया जा सकता है। संगठनात्मक व्यवहार को एक प्रक्रिया की संज्ञा दी गयी है। संस्था के उद्देश्यों की प्राप्ति के लिए व्यक्ति के शारीरिक, मानसिक तथा सामाजिक आवश्यकताओं की पूर्ति करना आवश्यक होता है। इन दोनों विषयों की प्रमुख मान्यताएँ निम्नलिखित हैं :

1. नियोक्ता तथा कर्मचारी मूलतः एक दूसरे के प्रतिकूल नहीं होते हैं।
2. किसी संगठन में जो नीतियाँ तथा कार्य पद्धतियाँ अपनायी जाती हैं, वे संगठन में कार्यरत व्यक्तियों को विपरीत दिशा में कार्य करने हेतु भी अभिप्रेरित कर सकती हैं।
3. औद्योगिक प्रतिष्ठान व्यक्तियों का एक संगठन है।
4. व्यक्तियों को मजबूती से कार्य करने हेतु अभिप्रेरित किया जाना चाहिए।

संगठनात्मक व्यवहार के कार्यों की समाप्ति के पश्चात् मानवीय संबंधों की शुरुआत होती है, वहीं मानवीय सम्बन्धों का कार्य प्रारंभ होता है। संगठनात्मक व्यवहार मनुष्य के व्यवहार के कार्य-कारण पर प्रकाश डालता है, तो मानवीय सम्बन्ध इस व्यावहारिक ज्ञान के आधार पर संगठन को इस प्रकार चलाने का प्रयास करता है कि मनुष्यों का पूर्ण सहयोग प्राप्त करके निश्चित लक्ष्यों को प्राप्त किया जा सके। संगठनात्मक व्यवहार एक व्यावहारिक विज्ञान है, जबकि मानवीय सम्बन्ध कला एवं विज्ञान दोनों है। मानवीय सम्बन्धों की अपेक्षा संगठनात्मक व्यवहार का क्षेत्र संकुचित है। संगठनात्मक व्यवहार में केवल संगठनों का अध्ययन किया जाता है। इसके विपरीत, मानवीय सम्बन्धों का क्षेत्र व्यापक है जो संगठन एवं समाज दोनों का अध्ययन करता है।

लूथांस का विचार है कि 'प्रभावी प्रबंधक प्रबंध के मानवीय पक्ष पर सर्वाधिक ध्यान देता है। संगठनात्मक व्यवहार इसी मानवीय पक्ष पर सर्वाधिक ध्यान देता है। संगठनात्मक व्यवहार इसी मानवीय पक्ष के अध्ययन एवं व्यवहार से सम्बन्धित है।'

संगठनात्मक व्यवहार मनोविज्ञान से भी अलग है। यद्यपि दोनों विषय संगठन के अन्दर मानवीय व्यवहार की व्याख्या करते हैं, फिर भी मनोविज्ञान व्यवहार में मनोवैज्ञानिक स्तर तक अपनी व्याख्या सीमित रखता है जबकि संगठनात्मक व्यवहार में विविध क्षेत्रों को सम्मिलित किया जाता है जिसके आधार पर व्याख्याओं का

निर्माण किया जाता है। मनोविज्ञान की अपेक्षा संगठनात्मक व्यवहार का क्षेत्र व्यापक है। अतएव संगठनात्मक मनोविज्ञान का प्रभुत्व निरंतर बढ़ता जा रहा है, अतः इसमें तथा संगठनात्मक व्यवहार में स्पष्टतः अन्तर समाप्त होता जा रहा है।

संगठनात्मक सिद्धान्त तथा संगठनात्मक व्यवहार दोनों अलग-अलग हैं। 'संगठनात्मक सिद्धान्त' को संगठन के ढाँचे, कार्यप्रणाली तथा मूल्यांकन, जिसमें व्यक्ति तथा समूह का व्यवहार भी शामिल है, के अध्ययन के रूप में परिभाषित किया जा सकता है। इन दोनों में निम्नलिखित अन्तर पाये जाते हैं, जो विभिन्न तथ्यों पर आधारित हैं—विश्लेषण की इकाई तथा निर्भर चलों पर केन्द्रण। संगठनात्मक व्यवहार संगठन के अन्दर व्यक्तियों तथा समूहों का अध्ययन है और यह ऐसे ज्ञान के व्यावहारिक प्रयोग से सम्बन्धित है। संगठन सिद्धान्त संगठन के ढाँचे, प्रक्रियाओं तथा परिणामों के अध्यन से जुड़ी है। यह कह सकते हैं कि इन दोनों का अन्तर सूक्ष्म तथा वृहद् इन्हीं दोनों रूपों में वर्णित किया जा सकता है।

संगठनात्मक व्यवहार सेविवर्ग तथा मानव संसाधन का आधार है, जबकि सेविवर्ग संसाधन के व्यावहारिक पक्ष पर बल देता है। संगठनात्मक व्यवहार विचार-अभिमुखी (concept-oriented) है, जबकि सेविवर्ग, संसाधन तकनीक पर अधिक बल देता है। दोनों में संगठन के भीतर निर्भर चलों-व्यवहार तथा उत्तेजित प्रक्रिया को साधारण रूप से प्रकट किया जा सकता है। चूँकि सेविवर्ग तथा मानव संसाधन संगठन के भीतर व्यक्तियों को आकर्षित करने, बनाये रखने तथा प्रभावित करने की व्यवस्था से सम्बद्ध है, इस प्रकार इसे संगठन एवं व्यक्ति के बीच स्थायी मध्यस्थ के रूप में देखा जा सकता है।

संगठनात्मक व्यवहार के अन्तर्गत मानव तथा उसकी संगठन के साथ क्या भूमिका है इसका वर्णन किया जाता है। संगठनात्मक व्यवहार मानवीय सम्बन्ध, प्रबंध, संगठनात्मक मनोविज्ञान, संगठन सिद्धान्त आदि का पर्यायवाची नहीं है। यद्यपि ये सभी विषय एक दूसरे से निकटतम रूप से सम्बन्धित हैं, फिर भी संगठनात्मक व्यवहार अध्ययन का एक नया क्षेत्र है जो व्यक्ति, समूह, संरचना तथा तकनीकी के अध्ययन से सम्बन्धित हैं। यह इस बात के अध्ययन से सम्बन्धित है कि व्यक्ति की संगठन में क्या भूमिका है तथा उसका व्यवहार संगठन के निष्पादन को किस प्रकार प्रभावित करता है। गहनता से इसका अर्थ निकालने के बाद यही तथ्य स्पष्ट होता है कि यह मानवीय लाभों के लिए एक मानवीय उपकरण (human tool) है जो सभी प्रकार के संगठनों में लागू होता है। यह इस बात का अध्ययन एवं विश्लेषण है कि मनुष्य एक विशेष प्रकार का व्यवहार 'क्यों' करता है तथा बाह्य

वातावरण, संगठन तथा मानवीय व्यवहार को किस प्रकार प्रभावित करता है। इन सभी का संगठनात्मक व्यवहार में अध्ययन करते हैं।

संगठनात्मक व्यवहार का क्षेत्र

प्रबंध के व्यवहारवादी दृष्टिकोण के आधार पर संगठनात्मक व्यवहार का अध्ययन किया जाता है। इसके माध्यम से प्रबंधक को यह मालूम होता है कि कोई व्यक्ति किसी निश्चित वातावरण में विशेष प्रकार का व्यवहार क्यों करता है। संगठनात्मक व्यवहारों की अभिव्यक्ति संगठन गतिशीलता, संघर्ष, परिवर्तन एवं समायोजन के रूप में होती है। जहाँ तक इसके क्षेत्र का प्रश्न है, इसके विषय में विद्वानों का अलग-अलग विचार है। प्रबंध की आकस्मिकता विचारधारा (Contingency Theory) यह बतलाती है कि वांछित व्यवहार की मात्रा एवं किस्म (नेतृत्व, एकीकरण, संघर्ष, प्रबंध) संगठनात्मक वातावरण तथा इसके सदस्यों की विशेषताओं पर निर्भर करती है। एक अन्य विचारधारा इस बात पर बल देती है कि सभी संगठनों को कुछ निश्चित आदर्शों, जैसे—खुलापन, सहभागिता, संघर्ष समाधान का दृष्टिकोण विकसित करना चाहिए। **रोबिन्स** (Robbins) द्वारा संगठनात्मक व्यवहार के क्षेत्र से सम्बन्धित निम्नलिखित तथ्यों का उल्लेख किया गया है जैसे—सीखने की क्रिया, प्रवृत्ति विकास तथा अवबोधन, परिवर्तन प्रक्रिया, संघर्ष, जॉब प्ररचना, कार्य दबाव, अभिप्रेरणा, नेतृत्व व्यवहार तथा सत्ता, अन्तर्वैयक्तिक सम्प्रेषण, समूह प्रक्रिया तथा संरचना आदि।

माइकिल बीयर ने संगठनात्मक व्यवहार के प्रमुख तथ्यों का उल्लेख किया है जैसे—नेतृत्व एवं पर्यवेक्षण, संदेशवाहन मात्रा एवं गुणवत्ता, अन्तर समूह-सम्बन्ध एवं एकीकरण, संघर्ष प्रबंध, निर्णयन प्रक्रिया, समस्या निवारण, नियोजन एवं लक्ष्य निर्धारण, समूह एवं सभा (meetings) प्रक्रिया, अन्तर्वैयक्तिक सम्बन्ध, मूल्यांकन एवं नियंत्रण प्रक्रिया, आलोच्य एवं नवीनीकरण प्रक्रिया आदि।

कीथ डेविस ने 'व्यक्ति' एवं 'संगठन' को समग्र अध्ययन का केन्द्र बिन्दु माना है। इसका मानना है कि जब संगठन प्रणाली प्रभावी ढंग से कार्य करती है तो व्यक्ति और संगठन दोनों के लिए उपयोगी होती है तथा दोनों के ही लक्ष्यों की पूर्ति होती है। इन्होंने संगठनात्मक व्यवहार के क्षेत्र में निम्न बिन्दुओं को सम्मिलित किया है जैसे—संगठनात्मक विकास एवं प्रशिक्षण, टेक्नोलोजी तथा व्यक्ति, कार्य जीवन की किस्म, संगठन में व्यक्ति की भूमिका, अनौपचारिक संगठन, संघों के साथ कार्य,

प्रणाली, समान रोजगार अवसर, सम्प्रेषण, दबाव एवं परामर्श, आर्थिक प्रेरणात्मक पद्धति, नेतृत्व एवं पर्यवेक्षण, कर्मचारी सहभागिता, अन्तर्वैयक्तिक तथा समूह गतिशीलता, परिवर्तनों का प्रबंध आदि।

फ्रेड लूथांस ने अमेरिकी संगठन पर प्रकाश डालते हुए कहा है कि अमेरिकी संगठनों में सफल प्रबंधक 'प्रबंध के मानवीय पक्ष' पर विशेष ध्यान देते हैं। संगठनात्मक व्यवहार प्रबंध के मानवीय पक्ष के अध्ययन एवं प्रयोग से सम्बन्धित है जिसमें निम्न बिन्दु सम्मिलित हैं जैसे—जॉब दबाव, अभिप्रेरणा, सीखना या अधिगम, संगठनात्मक व्यवहार संशोधन, समूह-औपचारिक एवं अनौपचारिक, अन्तर्क्रिया व्यवहार एवं संघर्ष, शक्ति एवं राजनीति, नेतृत्व प्रक्रिया एवं शैलियाँ, सम्प्रेषण, निर्णयन एवं नियंत्रण, संगठन सिद्धान्त एवं प्ररचना, संगठनात्मक परिवर्तन एवं विकास, संगठनात्मक संस्कृति, व्यक्तित्व, अवबोधन, प्रवृत्तियाँ एवं जॉब संतुष्टि आदि।

विभिन्न विद्वानों के विभाजन के आधार पर निष्कर्षतः हम यह कह सकते हैं कि संगठनात्मक व्यवहार के क्षेत्र में विस्तार हो रहा है। अब इसमें व्यक्ति, समूह, संगठन संरचना के साथ मानवीय व्यवहारों की सम्पूर्णता पर बल दिया जा रहा है। व्यवहारवादी वैज्ञानिक अपना ध्यान संगठनात्मक विचारधाराओं, विशेषतः संगठनात्मक समायोजनशीलता तथा मानवीय व्यवहारों पर ही केन्द्रित कर रहे हैं।

संगठनात्मक व्यवहार की उपयोगिता

संगठनात्मक व्यवहार का महत्त्व दिनो दिन बढ़ता जा रहा है। प्रबन्धकीय क्षेत्र में इसका महत्त्वपूर्ण स्थान है। संगठनात्मक व्यवहार के विषय में 1950 के पश्चात् इसका व्यापक स्तर पर विस्तार हुआ। लेकिन विकसित राष्ट्रों (विशेषतः अमेरिका) में यह विषय प्रबंधकों के अध्ययन तथा विश्लेषण का केन्द्र रहा है। इन राष्ट्रों में उत्पादकता तथा गलाकाट प्रतिस्पर्धा की जटिल समस्या विद्यमान है। कर्मचारी अभिप्रेरणा को बढ़ाने के प्रयास असफल रहे हैं। इसकी उत्पादकता में ह्रास पाया जाता है। इन राष्ट्रों में अधिकांश संगठनों में समस्याएँ कुशलता, निष्पादन तथा प्रभावशीलता से सम्बद्ध है जिसका मूल कारण घटिया उपकरण, टेक्नोलोजी या वांछित आपूर्ति की कमी नहीं, अपितु मानव (people) हैं। अन्य शब्दों में, अभिप्रेरणा, अन्तर्वैयक्तिक सम्बन्ध, सम्प्रेषण, संगठनात्मक संरचना तथा संगठनात्मक संस्कृति इसके कारण हैं। बारॉन तथा ग्रीनबर्ग का मत है कि 'व्यक्ति-केन्द्रित समस्याएँ' अधिकांश संगठनों

में सफलता तथा लाभदायकता में महत्त्वपूर्ण भूमिका निभाती हैं। संगठनात्मक व्यवहार प्रकट करता है कि व्यवहारवादी विज्ञान (मनोविज्ञान, समाजशास्त्र, आदि) के प्रयोग द्वारा इन समस्याओं का सर्वोत्तम समाधान हो सकता है।

रोबिन्स का विचार है कि निम्न कारणों से संगठनात्मक व्यवहार महत्त्वपूर्ण होता जा रहा है तथा ध्यानाकर्षण का केन्द्र बना हुआ है–

1. व्यक्ति अन्य व्यक्तियों के व्यवहार का अनुमान लगाने की इच्छा रखता है।
2. एक अन्य कारण प्रबंध में कैरियर तथा यह जानने की चाहत से सम्बन्धित है कि मानवीय व्यवहार का कैसे अनुमान लगाया जा सकता है तथा संगठन को अधिक प्रभावी बनाने के लिए इस ज्ञान का उपयोग कैसे किया जा सकता है?
3. व्यक्ति (people) यह जानना चाहते हैं कि वे संगठन में ऐसा व्यवहार क्यों करते हैं, जिससे वे परिचित होते हैं।

लूथांस (Luthans) के अनुसार, सफल प्रबंधक प्रबंध के वैचारिक या अनौपचारिक आयाम की अपेक्षा 'मानवीय पक्ष' पर अधिक ध्यान देता है। संगठनात्मक व्यवहार इसी मानवीय आचरण के अध्ययन एवं विश्लेषण से सम्बन्धित है जिसके द्वारा व्यक्ति, संगठन तथा तकनीकी में बेहतर एकीकरण स्थापित किया जाता है ताकि संगठनात्मक लक्ष्यों को प्रभावी ढंग से प्राप्त किया जा सके।

मनुष्य तथा भौतिक साधनों के बीच इसका महत्त्वपूर्ण स्थान है। यह व्यक्ति एवं संगठन में सुधार लाता है तथा 'टीम भावना' का विकास करता है जिससे संगठनात्मक लक्ष्यों को प्राप्त करना सरल हो जाता है।

इससे मनुष्य के आवश्यकताओं की पूर्ति हो जाती है। परिणामस्वरूप उसके मनोबल में बढ़ोत्तरी पायी जाती है तथा बेहतर श्रम-प्रबंध सम्बन्धों का निर्माण होता है। संगठन में एक ऐसे परिवेश की स्थापना होती है जिसमें दोनों पक्ष एक दूसरे के साथ सहयोग करने लगते हैं। संगठनात्मक व्यवहार में व्यक्ति, समूह तथा संरचना का बाह्य वातावरण के साथ अध्ययन किया जाता हैं इसके माध्यम से यह जानकारी होती है कि बाह्य वातावरण के साथ संगठन का समायोजन कैसे किया जा सकता है। ऐसे विश्लेषण एवं अध्ययन से संगठनात्मक व्यवहार को प्रभावी बनाया जा सकता है।

संगठनात्मक व्यवहार परिवर्तन-अभिमुखी (Change-Oriented) होता है। इसके द्वारा संगठन के भीतर व्यक्तियों के व्यवहार तथा संरचना को दृष्टिगत रखते हुए परिवर्तन के साथ सतत् समायोजन करना संभव होता है। इतना ही नहीं, इसके द्वारा कार्य संबंधी व्यवहार, रोजगार आवर्तन, अनुपस्थिति, उत्पादकता, मानवीय

निष्पादन आदि का अध्ययन एवं विश्लेषण करके बेहतर रोजगार वातावरण को निर्मित किया जाता है।

संगठनात्मक व्यवहार के क्षेत्र में विभिन्न विषयों का योगदान

यह एक व्यवहारवादी विज्ञान है जिसके निर्माण और विकास में अनेक विज्ञानों का योगदान रहा है जिसमें मानवशास्त्र, मनोविज्ञान, सामाजिक विज्ञान, समाजशास्त्र, राजनीतिशास्त्र प्रमुख है।

मनोविज्ञान—मनोविज्ञान 'व्यवहार का विज्ञान' है जो मानवीय व्यवहार को मापने, व्याख्या करने तथा उसमें परिवर्तन का अध्ययन करने से सम्बन्धित है। मनोविज्ञान में व्यक्ति के जन्म से लेकर मृत्यु पर्यन्त तक अध्ययन किया जाता है। संगठनात्मक व्यवहार के माध्यम से मानव प्रकृति एवं व्यवहार को विस्तृत और व्यापक रूप से समझा जा सकता है। संगठनात्मक व्यवहार के सन्दर्भ में मनोविज्ञान का योगदान निम्न विषयों के सन्दर्भ में महत्त्वपूर्ण होता हैं जैसे—सीखना, अभिप्रेरणा, व्यक्तित्व, अवबोधन, प्रशिक्षण, नेतृत्व प्रभावशीलता, जॉब संतुष्टि, व्यक्तिगत निर्णय प्रक्रिया, निष्पादन मूल्यांकन, प्रवृत्ति मापन, कर्मचारी चयन, जॉब प्रचरना, कार्य दबाव आदि।

सामाजिक मनोविज्ञान—सामाजिक मनोविज्ञान में दोनों विषय निहित हैं। सामाजिक मनोविज्ञान अन्तर्वैयक्तिक व्यवहार पर अपना ध्यान केन्द्रित करता है। जहाँ मनोविज्ञान एवं समाजशास्त्र व्यक्तिगत एवं समूह व्यवहार की व्याख्या करते हैं, वहीं सामाजिक मनोविज्ञान इस बात की व्याख्या का प्रयास करता है कि समूह क्रियाओं में व्यक्ति 'कैसा' तथा 'क्यों' व्यवहार करता है। कुछ ऐसे विषय हैं जो संगठन में अति महत्त्वपूर्ण और उपयोगी माने जाते हैं जैसे—व्यवहारवादी परिवर्तन, प्रवृत्ति परिवर्तन, संदेशवाहन, समूह प्रक्रियण आदि।

समाजशास्त्र—समाजशास्त्र के अन्तर्गत मनुष्य तथा सामाजिक सम्बन्धों का अध्ययन किया जाता है। जहाँ मनोवैज्ञानिक व्यक्ति की ओर अपना ध्यान केन्द्रित करते हैं, वहीं समाजशास्त्री प्रणाली के अध्ययन को प्रमुखता प्रदान करते हैं जिसमें व्यक्ति अपनी भूमिका निभाते हैं। **मेक्स वेबर** के अनुसार, "समाजशास्त्र वह विज्ञान है जिसमें सामाजिक क्रियाओं के विश्लेषण का प्रयास किया जाता है। संगठनात्मक व्यवहार के क्षेत्र में समाजशास्त्रियों ने कई विषयों के सन्दर्भ में महत्त्वपूर्ण योगदान

दिया है जैसे—समूह संदेशवाहन, गतिशीलता, सत्ता, संघर्ष, अन्तर-समूह व्यवहार, औपचारिक संगठनात्मक विचारधारा, नौकरशाही, संगठनात्मक टेक्नोलोजी, संगठनात्मक परिवर्तन, संगठनात्मक संस्कृति आदि।

राजनीति विज्ञान—अन्य विषयों की तरह राजनीतिक विज्ञान का भी संगठनात्मक व्यवहार में महत्त्व है। राजनीतिज्ञ राजनीतिक वातावरण के मध्य व्यक्तिगत एवं सामूहिक व्यवहार का अध्ययन करते हैं। विशेषतः सत्ता, संघर्ष तथा अन्तर-संगठनात्मक राजनीति जैसे विषय संगठनात्मक व्यवहार की दृष्टि से महत्त्वपूर्ण हैं।

मानव शास्त्र—मानवशास्त्र जैसा कि नाम से ही स्पष्ट है इसमें मनुष्य तथा उसके क्रिया-कलापों का अध्ययन किया जाता है। इसमें मनुष्य की सामाजिक तथा सांस्कृतिक सृजनात्मक क्रियाओं का अध्ययन किया जाता है। **श्रीनिवासन** के अनुसार, "यह मानव समाजों का तुलनात्मक अध्ययन है। आदर्श रूप में इसके अन्तर्गत आदिम, सभ्य तथा ऐतिहासिक सभी प्रकार के समाज आ जाते हैं।" मूलतः संस्कृति तथा वातावरण इसके अध्ययन कार्य का मूल केन्द्र है जो विभिन्न संगठनों एवं राष्ट्रों में कार्यरत व्यक्तियों के आधारभूत मूल्यों, प्रवृत्तियों तथा व्यवहार के तुलनात्मक अध्ययन में सहायता करते हैं। मानवशास्त्र के निम्न विषय क्षेत्र संगठनात्मक व्यवहार के सन्दर्भ में उपयोगी हैं जैसे—तुलनात्मक मूल्य एवं प्रवृत्तियाँ, क्रॉस सांस्कृतिक विश्लेषण, संगठनात्मक संस्कृति, संगठनात्मक वातावरण आदि।

संगठनात्मक व्यवहार की सीमाएँ व उपयोग

संगठनात्मक व्यवहार के अध्ययन से ज्ञान के प्रयोग द्वारा प्रबंधक मानवीय आवश्यकताओं की पूर्ति के साथ-साथ संगठनात्मक लक्ष्यों की प्राप्ति करता है तथा संगठनात्मक प्रभावशीलता में वृद्धि करता है। फिर भी, यह विषय अनेक सीमाओं से युक्त है जिसका प्रमुख कारण 'मनुष्य तथा उसका गतिशील व्यवहार' है। परिस्थितियाँ भी मानवीय विचार, आचरण तथा व्यवहार को काफी सीमा तक प्रभावित करती हैं। अतः इसको यथार्थ रूप में समझना, भविष्यवाणी करना तथा इस पर नियंत्रण करना अति जटिल होता है।

यद्यपि यह सोचने की एक विधि है जिसके द्वारा मानवीय तथा संगठनात्मक समस्याओं को समझने, खोजने तथा हल निकाले जाने की कोशिश की जाती है, फिर भी इसके द्वारा कुण्ठा, असंतोष तथा औद्योगिक संघर्षों का पूर्ण समाधान नहीं किया जा सकता है। यह सब इस विषय से परे है। फिर भी संगठनात्मक व्यवहार

निष्पादन-अभिमुखी है, किन्तु मानवीय निष्पादन को किस प्रकार अधिकतम किया जाय, यह इस बात की स्पष्ट व्याख्या नहीं करता है। इसके अलावा, संगठन का बाह्य वातावरण के साथ समन्वय प्रबंधक की कुशलता के साथ-साथ अनेक अनियंत्रणीय तत्त्वों पर भी निर्भर करता है।

उपर्युक्त तथ्यों के आधार पर कह सकते हैं कि संगठनात्मक व्यवहार के क्षेत्र के अन्तर्गत प्रमाणों के आधार पर शोध कार्य किया जाता है। अतः सभी स्थितियों में वांछित परिणाम प्राप्त करने में सहायक नहीं हो सकती है। परिणामतः इसको एक सामान्य व्यवस्था के रूप में नहीं अपनाया जा सकता हैं। प्रबंधक अपने दैनिक व्यवहार से मानवीय आचरण को स्वतः सीखता है। हाँ, प्रशिक्षण के माध्यम से इस कुशलता में वृद्धि की जा सकती है।

इन समस्त सीमाओं के होते हुए भी संगठनात्मक व्यवहार का भविष्य काफी उज्जवल प्रतीत होता है। इसके निम्नलिखित कारण हैं–

1. संगठनात्मक व्यवहार का अन्य विषयों (जैसे सामान्य प्रबंध एवं सेविवर्गीय प्रशासन) से अन्तर स्पष्टतः ज्ञात होने लगता है।
2. संगठनात्मक व्यवहार के क्षेत्र में अनेक नवीन विषय (जैसे संगठनात्मक संस्कृति, जॉब दबाव, जॉब प्ररचना, लक्ष्य निर्धारण, जॉब संतुष्टि, जॉब संघर्ष, संगठनात्मक शक्ति एवं राजनीति, अनौपचारिक संगठन, नेतृत्व आदि) सम्मिलित हो रहे हैं जो व्यवहारवादी विज्ञान के परम्परागत विषयों (अवबोधन, व्यक्तित्व तथा समूह गतिशीलता) से काफी अलग हैं।
3. अधिकाँश प्रबंधक यह मानने लगे हैं कि संगठनात्मक व्यवहार विचारधारा अपेक्षाकृत बेहतर रूप से समझने योग्य तथा उपयोग-अभिमुखी (application-oriented) है। मानव संसाधन के प्रभावी प्रबंध में इसका उपयोग निरन्तर बढ़ता जा रहा हैं।
4. अब अधिकांश प्रबंधक इसे अध्ययन के पृथक् क्षेत्र के रूप में मान्यता प्रदान करने लगे हैं।

उपर्युक्त अध्ययन के आधार पर हम कह सकते हैं कि सभी संसाधनों में मनुष्य सबसे बड़ा संसाधन होता है यह जिम्मरमैन ने कहा था। एक अच्छा प्रबंधक इन्हीं के द्वारा संगठनात्मक व्यवहार को प्रभावशाली बना सकता है।

9

महिलाओं में तनाव तथा समायोजन विकृतियाँ

वर्तमान समय में मानव समाज में तनाव की समस्या ने व्यापक रूप ले लिया है। प्रतिस्पर्धा के इस दौर में मनुष्य प्रायः किसी न किसी प्रकार के तनाव से ग्रस्त रहता है। इस सन्दर्भ में किये गये कुछ अनुसन्धानों से यह स्पष्ट हुआ है कि तनाव ही मनुष्य में होने वाली कई बीमारियों का कारण है। यहाँ तक कि हृदय रोग एवं कैंसर जैसे जान लेवा रोग में भी तनाव की भूमिका स्थापित हो चुकी है। प्रश्न यह उठता है कि तनाव का क्या अर्थ होता है? मनोवैज्ञानिकों ने तनाव को परिभाषित करने के लिए भिन्न-भिन्न दृष्टिकोणों को अपनाया है जो इस प्रकार है–

(i) कुछ मनोवैज्ञानिकों ने तनाव को उद्दीपक तत्व माना है और इसी रूप में इसे समझने का प्रयास किया है। इस वर्ग के मनोवैज्ञानिकों का माना है कि कोई भी घटना (event) या परिस्थिति जो व्यक्ति को असाधारण अनुक्रिया करने के लिए बाध्य करती है, तनाव कहलाती है। घटनाएँ जैसे भूकम्प, आगजगी, नौकरी छूट जाना, व्यवसाय का खत्म हो जाना, प्रियजनों की मृत्यु कुछ प्रमुख घटनाएँ हैं जो व्यक्ति में तनाव उत्पन्न करती हैं। ऐसे भौतिक, सामाजिक तथा पर्यावरणी कारकों को जो तनाव उत्पन्न करते हैं, **आसेधक** (Stressor) कहा जाता है।

(ii) कुछ मनोवैज्ञानिकों ने तनाव को अनुक्रिया माना है और इसी के रूप में परिभाषित करने की कोशिश की है। यहाँ मनोवैज्ञानिकों द्वारा कठिन परिस्थितियों में व्यक्ति इस विशेष तरह की मनोवैज्ञानिक एवं दैहिक अनुक्रियाओं पर बल डाला गया है।

जब व्यक्ति इस विशेष तरह की मनोवैज्ञानिक अनुक्रियाएँ जैसे चिन्ता, क्रोध, आक्रामकता आदि एवं दैहिक अनुक्रियाएँ जैसे पेट की गड़बड़ी, नींद न आना, रक्त चाप में वृद्धि आदि दिखलाता है, तो हम कहते हैं कि व्यक्ति में तनाव उत्पन्न हो गया है। इस क्षेत्र के प्रसिद्ध मनोवैज्ञानिक हंस सेली (Hans Seley, 1979) ने तनाव को एक अनुक्रिया के रूप में ही परिभाषित करते हुए कहा है "तनाव से तात्पर्य शरीर द्वारा आवश्यकतानुसार किए गए अविशिष्ट अनुक्रिया से होता है।"

(iii) तनाव को परिभाषित करने वाले मनोवैज्ञानिकों के तीसरे समूह ने इसे उद्दीपक और अनुक्रिया दोनों माना है और इसी आधार पर इसे परिभाषित करने का प्रयास किया है। इन उपागमो को संबंधात्मक उपागम (transectional approach) कहा जाता है। ऐसे मनोवैज्ञानिकों का मत है कि कुछ घटनाएँ या परिस्थिति होती हैं जो कुछ ही व्यक्ति में तनाव उत्पन्न कर सकता है। अतः तनाव को उद्दीपक के रूप में सार्थक ढंग से परिभाषित नहीं किया जा सकता है। उसी तरह से तनावपूर्ण घटनाओं के प्रति की जाने वाली अनुक्रियाओं यहाँ तक कि दैहिक अनुक्रियाओं को भी मनोवैज्ञानिक कारकों द्वारा आसानी से प्रभावित किया जा सकता है। अतः मात्र अनुक्रियाओं के रूप में भी तनाव को ठीक ढंग से समझा नहीं जा सकता है। संबंधात्मक उपागम के अनुसार तनाव को समझने के लिए यह जानना आवश्यक है कि व्यक्ति परिस्थिति या घटना का मूल्याकंन अपनी आवश्यकताओं या अभिप्रेरकों तथा वैसी परिस्थिति से निबटने के मौजूद साधन के रूप में किस तरह से करता है। दूसरे शब्दों में, इस उपागम के अनुसार तनाव व्यक्ति तथा वातावरण (जिससे व्यक्ति को खतरा महसूस होता है तथा उनके साधनों को चुनौती देती है) के बीच एक खास संबंध को प्रतिबिम्बित करता है। इन उपागम के प्रमुख समर्थक लेजारस एवं फोल्कमैन (Lazarus & Folkman, 1984) एवं टेलर (Taylor, 1991) रहे हैं।

लेजारस एवं फोल्कमैन (Lazarus & Folkman), टेलर (Taylor) आदि के विचारों को संचित करते हुए मार्गन, किंग, विस्ज एवं स्कौपलर (Morgan, King, Weisz & Schopler, 1986) ने तनाव की एक उपयुक्त परिभाषा प्रस्तुत की है जो इस प्रकार है—"हम लोग तनाव को एक आन्तरिक अवस्था के रूप में परिभाषित करते हैं जो शरीर के दैहिक माँगों (बीमारी की अवस्थाएँ, व्यायाम, अत्यधिक तापक्रम आदि) या वैसे पर्यावरणी एवं सामाजिक परिस्थितियाँ जिसे सचमुच में हानिकारक, अनियंत्रण योग्य तथा निबटने (Coping) के मौजूद साधनों को चुनौती देने वाला के रूप मे मूल्यांकित किया जाता है, से उत्पन्न होता है।"

बेरोन (Baron, 1992) द्वारा दी गई परिभाषा भी इसी आशय से सम्बन्धित है। इनकी परिभाषा इस प्रकार है–तनाव एक ऐसी बहुआयामी प्रक्रिया है जो हमलोग में वैसी घटनाओं के प्रति अनुक्रिया के रूप में उत्पन्न होती है जो हमारे दैहिक एवं मनोवैज्ञानिक कार्यों को विघटित करता है या विघटित करने की धमकी देता है।"

यदि हम उपर्युक्त दोनों विस्तृत परिभाषाओं का विश्लेषण करें तो तनाव के स्वरूप के बारे में निम्नांकित विशेषताएँ प्रकाश में आएँगी–

1. तनाव एक बहुआयामी प्रक्रिया (multi-faceted process) है जो आसेधकों (stressors) के मूल्यांकन के बाद उसके प्रति की गयी एक तरह की अनुक्रिया है।

2. आमतौर पर लोग कहते हैं कि तनाव जीवन की नकारात्मक घटनाओं या दुर्भाग्यपूर्ण घटनाओं से होता है। परंतु सच्चाई यह है कि तनाव स्वीकारात्मक घटनाओं से भी व्यक्ति में उत्पन्न होता है, उदाहरण के तौर पर–किसी उच्च कुल में शादी होना, अच्छे पद पर प्रोन्नति होना, बहुत बड़ा पुरस्कार या इनाम पाना आदि कुछ घटनाएँ ऐसी हैं जिनसे भी व्यक्ति में तनाव उत्पन्न होता है। मशहूर कैनेडियन शरीरशास्त्री हंस सेली ने कहा कि यही कारण है कि उन्होंने तनाव या प्रतिबल को दो भागों में बाँटा है– स्वीकारात्मक तनाव तथा नकारात्मक तनाव। स्वीकारात्मक तनाव को **यूस्ट्रेस** तथा नकारात्मक तनाव को **डिस्ट्रेस** की संज्ञा दीया है। इन कारणों से तनाव को एक बहुआयामीय प्रक्रिया कहा गया है।

3. जिन परिस्थितियों के कारण व्यक्ति में तनाव उत्पन्न होता है वह उसके नियंत्रण के बाहर होती है। यदि किसी विशेष कारण से परिस्थिति व्यक्ति के नियंत्रण में की जाती है तो तनाव कम हो जाता है।

4. तनाव में मनोवैज्ञानिक तथा दैहिक दोनों तरह की अनुक्रियाएँ होती हैं। दूसरे शब्दों में, तनाव में व्यक्ति मानसिक रूप से तथा शारीरिक दोनों ही रूप से क्षुब्धता (disturbance) का अनुभव करता है।

5. तनाव अल्पकालिक भी होता है और लम्बे समय तक चल भी सकता है। तनाव कम समय तक चलेगा या लम्बे समय तक चलेगा, यह बहुत कुछ तनाव उत्पन्न करने वाली घटनाओं या परिस्थितियों के स्वरूप पर निर्भर करता है।

प्रतिफल के रूप में यह कहना उचित होगा कि तनाव परिस्थिति या घटना का मूल्यांकन करने के बाद उसके प्रति की गयी एक विशेष अनुक्रिया होती है जिसमें व्यक्ति अपने मानसिक एवं दैहिक कार्यों को विघटित होते पाता है।

तनाव का प्रबंधन

सर्वविदित है कि मनुष्य अपने को तनाव मुक्त करने के लिये विभिन्न प्रकार

के तरीकों का प्रयोग करता है। परंतु ऐसा उपाय हमेशा कारगर साबित कई कारणों से नहीं हो पाता है। इन कारणों में सबसे प्रमुख कारण प्रतिबल या तनाव की गंभीरता है या उसकी नवीनता है। ऐसी परिस्थितियों से निबटने के लिए स्वास्थ्य मनोवैज्ञानिकों ने प्रतिबल प्रबंधन की कुछ प्रविधियों की ओर ध्यान दिया है। उन प्रविधियों पर विचार करने के पहले हम यहाँ बता देना उचित समझते हैं कि प्रतिबल प्रबंधन क्या है? प्रतिबल प्रबंधन से तात्पर्य एक ऐसे कार्यक्रम से होता है जिसमें लोगों को तनाव के स्त्रोतों से अवगत कराते हुए उनसे निबटने के आधुनिक एवं वैज्ञानिक तरीकों के बारे में शिक्षा दी जाती है। इतना ही नहीं, इस प्रकार के कार्यक्रमों में ऐसे कौशलों का अभ्यास भी करवाया ज़ाता है जो तनाव को कम कर सकें।

तनाव प्रबंधन के कई तरीके हैं जिनमें मूलतः तीन अवस्थाएँ सम्मिलित होती हैं—पहली अवस्था में तनाव प्रबंधन में सम्मिलित होने वाले व्यक्ति यह सीखते हैं कि तनाव क्या होता है? दूसरी अवस्था में वे तनाव को दूर करने या कम करने के कौशलों को सीखते हैं तथा उनका इस कार्य में अभ्यास भी कराया जाता है। अंतिम अवस्था में लक्षित तनावपूर्ण परिस्थितियों में वे तनाव प्रबंधन प्रविधियों का अभ्यास करते हैं तथा उनकी प्रभावशीलता को मॉनीटर करते हैं।

उक्त तीनों अवस्थाओं के आधार पर अमेरिका में एक अति महत्त्वपूर्ण तनाव प्रबंधन कार्यक्रम विकसित किया गया है जिसे 'कामवैट स्ट्रेस नाऊ' कहा जाता है जिसका सफलतापूर्वक अध्ययन उन कॉलेज छात्रों के लिए किया गया जो शैक्षिक जीवन के तनावों से निबटने में कठिनाई अनुभव करते हैं।

लेहरेर एवं ऊलफोल्क (1993) ने तनाव प्रबंधन की कई प्रविधियाँ बताई हैं, जिन्हें सामान्यतः दो मुख्य भागों में बाँटा गया है पहला वैयक्तिक उपागम और दूसरा, पर्यावरणीय बदलाव उपागम। इन दोनों का विस्तृत वर्णन निम्न प्रकार है—

(क) वैयक्तिक उपागम—इसके तहत तनाव प्रबंधन के लिए मुखयतः व्यक्ति विशेष पर कार्य किया जाता है जिसमें निम्नांकित प्रविधियों को रखा गया है—

(i) उत्तेजन की कमी—इस प्रविधि में व्यक्ति को मांशपेशियों के शिथिलीकरण (relaxation) का प्रशिक्षण दिया जाता है और इस कार्य में कभी-कभी बायोफ्रिडबैक (biofeedback) का भी सहारा लिया जाता है। कुछ ऐसे तथ्य सामने आये हैं कि इस तरह से व्यक्ति को प्रशिक्षित करने से वह इस कौशल का उपयोग फिर धीरे-धीरे अपने वास्तविक जिंदगी के तनावों को कम करने के लिए सफलतागूर्वक करने लगता है। डेविसन एवं थॉम्पसन (Davison & Thompson, 1988) ने इस क्षेत्र में किये गए अध्ययनों की समीक्षा करने के बाद यह बतलाया है कि इस तरह के

प्रशिक्षण का स्थायी लाभ तभी मिलता है जब इस तरह के शिथिलीकरण का अभ्यास लगातार व्यक्ति करता है।

(ii) संज्ञानात्मक पुनर्संरचना—इस प्रविधि का प्रतिपादन इलिस एवं बेक ने किया है। यह एक ऐसी प्रविधि है जिसमें व्यक्ति के विश्वास तंत्रों (belief systems) में परिवर्तन लाने की कोशिश की जाती है ताकि वह अपनी जिंदगी की अनुभूतियों की एक उचित एवं सही व्याख्या प्रस्तुत कर सके एवं अपने संवेगों एवं स्पष्ट व्यवहार में वांछित परिवर्तन ला सके। इल्लिस एवं बेक का मत है कि व्यक्ति में तनावग्रस्त अनुभूतियों के उत्पन्न होने के कारण अयौक्तिक विश्वास (irrational belief) उत्पन्न होता है। ऐसे विश्वास के कारण व्यक्ति दूसरों से और यहाँ तक कि स्वयं से अधिक अपेक्षाएँ करने लगता है और तनावग्रस्त हो जाता है। संज्ञानात्मक पुनर्संरचना की प्रविधि में ऐसे विश्वासों को दूर करके उनके जगह पर यौक्तिक विश्वास (rational belief) उत्पन्न किया जाता है जिससे वे अपनी दिन-प्रतिदिन की जिंदगी से तनाव को दूर रखने में समर्थ हो सकें। फोल्कमैन तथा लोजारस (Folkman & Lazarus, 1984) ने अपने अध्ययन के आधार पर इस तथ्य का समर्थन किया है।

(iii) व्यवहारात्मक कौशल प्रशिक्षण—इस प्रविधि के तहत व्यक्ति को ऐसे कौशलों (skills) को सिखलाया जाता है जिनका उपयोग करके वह अपने तनाव को कम कर सकता है। उदाहरण के रूप में समय प्रबंधन एक ऐसा ही कौशल है जिसे सिखला कर व्यक्ति अपने दिन-प्रतिदिन की जिंदगी के तनाव को कम कर सकता है। अक्सर देखा गया है कि व्यक्ति को कम समय में जरूरत से ज्यादा काम कभी-कभी करना होता है जो स्पष्टतः तनाव का एक कारण बनता है। समय प्रबंधन में व्यक्ति को इस बात का प्रशिक्षण दिया जाता है कि वह ऐसी परिस्थिति से किस तरह निबटेगा। स्पष्ट हुआ कि इस प्रविधि में व्यक्ति को कुछ विशेष व्यवहारात्मक कौशल सिखलाया जाता है ताकि वह अपने दैनिक जीवन की घटनाओं से होने वाले तनावों को सह सके।

(ख) पर्यावरणीय बदलाव उपागम—पर्यावरणीय बदलाव उपागम में तनाव कम करने के लिये वातावरण को एक समस्या मानकर उसमें उपयुक्त बदलाव किया जाता है। इसमें सामाजिक समर्थन (social support) की भूमिका को काफी महत्त्वपूर्ण बतलाया गया है। कोहेन तथा विल्स (Cohen & Wills, 1985) ने सामाजिक समर्थन के दो प्रकार बतलाये हैं—संरचनात्मक सामाजिक समर्थन से ताप्पर्य व्यक्ति के सामाजिक संबंधों के नेटवर्क जैसे उसके वैवाहिक स्तर तथा दोस्तों

की संख्या आदि से होता है। कार्यात्मक सामाजिक समर्थन से व्यक्ति के संबंधों के गुणवत्ता (quality) से है। उदाहरण के तौर पर क्या व्यक्ति को यह विश्वास है कि संकट की घड़ी में वह अपने संबंधियों को अपने पास बुला सकता है? यदि हाँ, तो यह समझा जायेगा कि व्यक्ति को कार्यात्मक सामाजिक समर्थन भी प्राप्त है। गुडनाऊ एवं ग्रेडी (Goodnow & Grady, 1990), सीमैन तथा सीमी (Seeman & Syme, 1990) द्वारा किये गये अध्ययनों से यह परिणाम प्राप्त हुआ कि निम्न सामाजिक समर्थन से व्यक्ति में तनाव होता है और फिर कई तरह का प्रशिक्षण व्यक्ति को दिया जाता है जिसके सहारे वह अपने सामाजिक समर्थन के स्तर को मजबूत करके अपने इर्द-गिर्द के वातावरण को इस तरह से परिवर्तित कर देता है कि उसे तनाव न के बराबर होता है। इस क्षेत्र में सामुदायिक मनोविज्ञानियों (Community psychologists) द्वारा किया गया योगदान भी काफी सराहनीय है।

उपरोक्त विवरण के परिणामस्वरूप यह कहा जा सकता है कि तनाव या प्रतिबल प्रबंधन की कई प्रविधियाँ हैं। इन प्रविधियों का संयुक्त रूप से उपयोग करके व्यक्ति तनावमुक्त जिंदगी व्यतीत कर सकता है।

अत्यधिक तनाव की क्षतिपूरणहीनता

सामान्य स्तर का आसेधक होने पर व्यक्ति उसके साथ समायोजन स्थापित करके व्यवहार करने की कोशिश करता है और इसमें उसे बहुत हद तक सफलता भी मिल जाती है। परंतु जब आसेधक गंभीर स्तर का होता है जैसे किसी प्रियजनों की मृत्यु या नौकरी का छूट जाना आदि तो व्यक्ति उसके साथ समायोजन स्थापित करने में सफल नहीं भी हो पाता है और उसे यह अनुभव होने लगता है कि वह समन्वित ढग से कार्य नहीं कर रहा है और अन्ततोगत्वा स्वास्थ्य भंग हो जाता है। ऐसी अवस्था में व्यक्ति के समायोजी कार्यों में जो न्यूनता उत्पन्न होती है, उसे क्षतिपूरणहीनता कहा गया है। अतः यहाँ अत्यधिक एवं गंभीर तनाव के कुछ सामान्यीकृत प्रभावों एवं संबद्ध क्षतिपूरणहीनता के प्रकारों पर विचार करना आवश्यक है। इनका वर्णन हम निम्नांकित चार स्वतंत्र शीर्षकों के तहत कर सकते हैं–

(1) गंभीर तनाव के असर–मानव जीवन की यह एक सच्चाई है कि तनाव का प्रतिबल जीवन का एक मुख्य तथ्य है। सचमुच में व्यक्ति के भीतर सोये हुए क्षमताओं को जागृत करने के लिए या आवश्यक है कि तनाव साधारण मात्रा में

कम-से-कम अवश्य मौजूद हो। परंतु यदि तनाव की मात्रा अधिक गंभीर हो जाती है, तो इसका व्यक्तित्व पर कुप्रभाव पड़ता है और व्यक्ति में तरह-तरह के असामान्य लक्षण विकसित हो जाते हैं। मनोवैज्ञानिकों द्वारा किये गये अध्ययनों से यह स्पष्ट हुआ है कि गंभीर तनाव से कम-से-कम निम्नांकित तीन स्पष्ट प्रभाव होते हैं–

(i) समायोजनात्मक कार्यक्षमता में कमी–यदि व्यक्ति का तनाव गम्भीर है तो वह विभिन्न प्रकार के रोगों से ग्रसित हो जाता है। इस तरह के गंभीर तनाव का मनोवैज्ञानिक स्तर पर भी काफी प्रभाव पड़ता है। मनोवैज्ञानिक रूप से ऐसे व्यक्तियों का प्रत्यक्ष ज्ञानात्मक क्षेत्र संकुचित हो जाता है तथा संज्ञानात्मक प्रक्रियाएँ काफी अनस्य (rigid) हो जाती है। इसका परिणाम यह होता है कि वे पर्यावरण (environment) या वस्तुओं का वस्तुनिष्ठ प्रत्यक्षण नहीं कर पाते हैं जिससे उनमें विषादी एवं आत्म-हत्या की प्रवृत्ति अधिक तीव्र हो जाती है। इतना ही नहीं, गंभीर तनाव से व्यक्ति में संवेग (emotion) का स्तर काफी ऊँचा हो जाता है अर्थात् व्यक्ति में डर, चिंता एवं क्रोध का स्तर इतना अधिक हो जाता है कि उससे व्यक्ति का सिर्फ निष्पादन ही नहीं खराब होता है बल्कि उससे व्यवहार में विघटन (disorganization) भी उत्पन्न हो जाता है।

(ii) समायोजी साधनों का समाप्त होना–जो व्यक्ति अधिक समय तक गम्भीर तनाव से ग्रसित होता है उसकी समायोजी क्षमता काफी कम हो जाती है। जब व्यक्ति एक गंभीर आसेधक से निबटने में अपनी शक्ति को लगाता है, तो दूसरे आसेधक से निबटने के लिए उसके पास कम शक्ति या साधन रह जाता है। इतना ही नहीं, इसका गंभीर परिणाम यह भी होता है कि इस तरह के गंभीर तनाव से व्यक्ति में किसी रोग से लड़ने की क्षमता भी काफी कम हो जाती है। मनोवैज्ञानिकों द्वारा किये गये अध्ययनों से यह भी स्पष्ट हुआ है कि लंबी अवधि के गंभीर तनाव से व्यक्ति में आसेधकों के प्रति या तो रोगात्मक अतिअनुक्रियात्मकता पायी जाती है या फिर रोगात्मक असंवेदनशीलता की स्थिति उत्पन्न हो जाती है। इन दोनों ही स्थितियों में व्यक्ति की समायोजी शक्तियाँ काफी कम हो जाती हैं।

(iii) शारीरिक तंत्रों पर कुप्रभाव–यदि व्यक्ति का तनाव ज्यादा गम्भीर है तो वह उसके तन्त्रों को भी दोषयुक्त बना देता है। सामान्यतः यह धारणा कि गंभीर तनाव के बाद आराम (rest) करने से उसका प्रभाव कम हो जाता है, सेली (seley, 1976) के अनुसार गलत है। बल्कि सेली का दावा तो यह है कि इस धारणा के विपरीत बात देखी जाती है। गंभीर चिंता से व्यक्ति में समायोजन समस्याएँ जैसे अत्यधिक चिंता उत्पन्न हो जाती हैं जिससे व्यक्ति में उच्च रक्त चाप (high blood pressure) उत्पन्न हो जाता है। इस तथ्य का समर्थन डेविडसन एवं बॉम (Davidson & Baum, 1986), तथा ग्लिजर एवं सैक्स (Gleser & Sacks, 1989) के अध्ययनों से हुआ है।

2. जैविक क्षतिपूरणहीनता—गंभीर तनाव में जैविक क्षतिपूरणहीनता का एक निश्चित क्रम होता है जिसकी व्याख्या सेली (Seley, 1976) द्वारा प्रतिपादित विशेष मॉडल जिसे **सामान्य अनुकूलन संलक्षण** कहा जाता है, किया गया है। सेली के अनुसार गंभीर तनाव के प्रति जो जैविक प्रक्रियाएँ होती हैं, वे तीन प्रमुख अवस्थाओं से होकर गुजरती हैं—अलार्म प्रतिक्रिया की अवस्था, प्रतिरोध की अवस्था तथा समापन की अवस्था। अलार्म की अवस्था में स्वायत्त तंत्रिका तंत्र सक्रिय होकर शरीर के भीतर के रक्षात्मक बलों को उत्तेजित कर देता है। जिस समय व्यक्ति प्रतिशोध की अवस्था में होता है उस समय उसमें अनुकूलन सर्वाधिक सर्वाधिक होता है। क्योंकि शारीरिक साधनों का अधिकतम उपयोग करके तनाव की गंभीरता के प्रभाव को कम करने की कोशिश की जाती है। समापन की अवस्था में तनाव की गंभीरता से व्यक्ति को लड़ने की शारीरिक शक्ति समाप्त हो जाती है और वह तनाव की गंभीरता से अपने आपको बचाने में अक्षम पाता है और इस तरह से किसी रोग से ग्रसित होकर मृत्यु की गोद में चला जाता है। अगर जैविक क्षतिपूरणहीनताा की प्रक्रिया अपने इस पूरे प्रक्रम को ठीक ढंग से आच्छादित नहीं करता है ताकि व्यक्ति की मृत्यु नहीं होती है, तो संपोषक प्रक्रिया की शुरुआत होती है जिससे शरीर अब तक के हुई क्षति को दुरुस्त करता है तथा फिर से सामान्य कार्यों को पुनर्संगठित करता है।

(3) मनोवैज्ञानिक क्षतिपूरणहीनता—ज्यादा गम्भीर तनाव की स्थिति में कुछ मनोवैज्ञानिक क्षतिपूरणहीनता होती है। इस तरह की परिस्थिति में व्यक्तित्व में कुछ ऐसी क्षतिपूरणहीनता होती है जिसे स्पष्ट रूप से निर्दिष्ट किया जाता है और ये बहुत कुछ जैविक क्षतिपूरणहीनता से मिलता-जुलता भी है क्योंकि इसमें कुछ जैविक अनुक्रियाएँ भी होती हैं। मनोवैज्ञानिक क्षतिपूरणहीनता में निम्नांकित तीन तरह की प्रक्रियाएँ सम्मिलित होती हैं:—

(i) अलार्म एवं संघटन—इस अवस्था में आसेधकों (stressors) से व्यक्ति के निबटने के सभी साधनों को चौकन्ना करके उसे संघटित किया जाता है। इस अवस्था में व्यक्ति में सांवेगिक उत्तेजन (emotional arousal), अत्यधिक तनाव, अत्यधिक संवेदनशीलता, अत्यधिक सतर्कता आदि व्यक्ति बना कर रखता है ताकि उसमें अधिक-से-अधिक आत्म-नियंत्रण (self-control) बना रह सके। इस

अवस्था में कुसमायोजन (maladjustment) के लक्षण जैसे सतत चिंतन एवं तनाव, पेट की गड़बड़ी, नींद की कमी तथा हीन कार्यकुशलता आदि भी विकसित हो जाती हैं जो स्पष्टतः इस बात का संकेत करता है कि समायोजी साधनों का संघटन (mobilization) अपर्याप्त है।

(ii) **प्रतिरोध**—तनाव समाप्त न होने पर व्यक्ति स्वयं इसके निदान का मार्ग चुन लेता है। और इस तरह से यह मनोवैज्ञानिक विघटन को बहुत तक प्रतिरोधीकृत कर लेता है। कार्य-उन्मुखी समायोजी उपायों तथा अहं-रक्षात्मक प्रक्रमों का उपयोग करके प्रतिरोध के स्तर को व्यक्ति ऊँचा बनाये रखता है। परंतु फिर भी इस अवस्था में तनाव के लक्षण जिसमें विभिन्न तरह के मनोदैहिक लक्षणों एवं वास्तविकता विकृति आदि प्रायः देखने को मिलती हैं। इस अवस्था की उत्तरावधि में व्यक्ति के व्यवहार में अनम्यता आ जाती है जिसका परिणाम यह होता है कि व्यक्ति पहले से उपयोग में लाये गये रक्षात्मक प्रक्रमों को ही उपयोग करना अधिक उचित समझता है और वह तनावपूर्ण परिस्थिति का पुनर्मूल्यांकन करके कुछ नये समायोजी पैटर्न को विकसित नहीं करता है।

(iii) समापन—अधिक गम्भीर तनाव की स्थिति में व्यक्ति के समायोजी साधन कमजोर पड़ने लगते हैं तथा प्रतिरोध की अवस्था में अपनाये गये समायोजी उपाय असफल होने लगते हैं। जब यह अवस्था शुरू होती है तो समन्वित व्यवहार कम होते हैं तथा अनुपयुक्त सुरक्षात्मक उपायों में बढ़ोतरी हो जाती है। इसमें मनोवैज्ञानिक विघटन भी होता है। और वास्तविकता के साथ व्यक्ति का संबंध टूट जाता है और उसमें विभ्रम तथा भ्रम आदि उत्पन्न हो जाते हैं। इस तरह के भ्रमात्मक एवं भ्रमात्मक व्यवहार के संपन्न होने में सामान्य मस्तिष्कीय कार्य भी उपापचयी परिवर्तनों के कारण बाधित हो जाते हैं। अगर व्यक्ति को अत्यधिक तत्व का सामना निरंतर करना पड़ता है, तो मनोवैज्ञानिक क्षतिपूरणहीनता की प्रक्रिया संपूर्ण मनोवैज्ञानिक असमन्वय की सीमा तक पहुँच जाती है जहाँ शक्ति, आक्रामक व्यवहार, हिंसा, उदासीनता, विस्मय आदि काफी दिखलाया जाता है और अंत में उसकी मृत्यु भी हो जाते है। सीगेल (Siegel,k 1984) ने मनोवैज्ञानिक क्षतिपूरणहीनता की इस प्रक्रिया को 31 बंधक-व्यक्तियों (hostages) में स्पष्ट रूप से होते पाया है।

(4) सामाजिक-सांस्कृतिक क्षतिपूरणहीनता—टोनीबी (Tonybee) जैसे कुछ प्रमुख मनोवैज्ञानिकों ने यह स्पष्ट किया है कि अत्यधिक एवं गंभीर तनाव (stress) की स्थिति में जैविक क्षतिपूरणहीनता एवं मनोवैज्ञानिक क्षतिपूरणहीनता के समान सामाजिक-सांस्कृतिक क्षतिपूरणहीनता भी होती है। युद्ध, अकाल, भयँकर बाढ़ तथा

अन्य आर्थिक समस्याओं के होने पर व्यक्तिगत इतना तनावग्रस्त हो जाते हैं ऐसी अवस्था में समाज कुछ इस प्रकार के अनन्य साधनों (organization) पर बुरा प्रभाव पड़ता है। ऐसी अवस्था में समाज कुछ इस प्रकार के अनन्य साधनों (extreme measures) को अपनाता है कि उसका संगठन बना रहे तथा असमन्वय (disintegration) की प्रक्रिया और आगे न बढ़ सके। मानव सभ्यता के उत्थान एवं पतन में इस प्रकार की प्रक्रियाओं का स्पष्ट दर्शन होता है।

इस प्रकार प्रतिफल के रूप में यह कहना उचित होगा कि क्षतिपूरणहीनता का स्वरूप चाहे जैविक या मनोवैज्ञानिक या सामाजिक-सांस्कृतिक कुछ भी हो, किसी भी परिस्थिति में उसका परिणाम इस मुख्य बिंदु पर आधारित होता है कि क्षतिपूरणहीनता से उत्पन्न क्षति (damage) को कहाँ तक ठीक-ठाक किया जा सकता है और बचे हुए संसाधनों (resources) को कहाँ तक पुनर्गठित किया जा सकता है। कुछ तो ऐसी परिस्थितियाँ होती हैं जिनसे व्यक्ति या समूह को जब गंभीर तनाव (stress) का सामना करना पड़ता है तो उसके कार्यात्मक क्षमता में स्थायी रूप से कमी आ जाती है परंतु कुछ ऐसी परिस्थितियाँ होती हैं कि गंभीर तनाव से उत्पन्न समस्याओं को सही ढंग से समाधान करके व्यक्ति या समाज समन्वय एवं संगठन का उच्च स्तर बना कर रखने में सक्षम हो पाता है।

उत्तर आघातीय तनाव विकृति

DSM-III में उत्तर आघातीय तनाव विकृति की पहचान सबसे पहले एक ऐसे निदान के रूप में की गई थी जिसमें अत्यधि क गंभीर तनाव के प्रति व्यक्ति की प्रतिक्रियाओं को जिसमें बढ़ी हुई दुश्चिंता (increased anxiety) भी सम्मिलित होती है, दर्शाया गया था। परंतु DSM-IV में PTSD को अधिक स्पष्ट एवं वस्तुनिष्ठ बनाकर एक ऐसी दुश्चिंता विकृति (anxiety disorder) के रूप में उपस्थित किया गया है जिसकी उत्पत्ति गंभीर तनाव या प्रतिबल (stress) से होती है।

पी.टी.एस.डी. एक ऐसी दुश्चिंता या डर विकृति है जो विविध प्रकार की घटनाओं से पैदा होती है। कुछ हालातों में तो विशिष्ट घटना महाविपत्ति (catastrophe) जैसी प्राकृतिक आपदा अर्थात् अकाल, आगजनी, भूकंप, बाढ़, युद्ध आदि होता है तो कुछ हालातों में विभिन्न घटना का स्वरूप स्वयं मानव द्वारा ही उत्पन्न होते हैं जैसे विवाह-विच्छेद, प्रियजनों की मृत्यु, पीछे से वार करके किसी को जान से मार देना, बलात्कार आदि होता है। ऐसी स्वाभाविक या अस्वाभाविक विशिष्ट

घटना के बाद व्यक्ति में सांवेगिक एवं मनोवैज्ञानिक समस्याएँ उत्पन्न हो जाती हैं जो उसके व्यवहार को कुसमायोजित बना देती हैं। इस स्थिति को PTSD कहा जाता है। इस प्रकार यह स्पष्ट होता है कि पी.टी.एस.डी. का प्रमुख कारण विशेष घटना है न कि व्यक्ति की पहचान करने में निम्नलिखित सहायक होते हैं–

(1) व्यक्ति हमेशा उन उद्दीपकों से दूर भागने की कोशिश करता है जो उस मानसिक आघात से उत्पन्न करनेवाली घटना से किसी-न-किसी रूप से साहचर्यित होता है क्योंकि इससे उनमें गंभीर चिंता उत्पन्न होती है।

(2) व्यक्ति को अपने दिन-प्रतिदिन की जिंदगी से गंभीर तनाव से उत्पन्न मानसिक आघात की याद बार-बार आती है। यहाँ तक व्यक्ति को नींद में या स्वप्न में भी उस घटना की याद बारबार आती है।

(3) व्यक्ति हमेशा उच्चस्तरीय उत्तेजन जैसे चिरकालिक तनाव तथा चिड़चिड़ापन का अनुभव होता है। साथ-ही-साथ उसमें अनिद्रा की शिकायत हो जाती है तथा उसमें चिड़चिड़ापन का स्तर इतना बढ़ जाता है कि आघात के साधारण स्तर को भी वह सहन नहीं कर पाता है।

(4) व्यक्ति में एकाग्रता की शिकायत हो जाती है तथा स्मृति लोप तीव्र हो ज़ाती है एवं दर्द संवेदनाओं के प्रति सुन्नता का गुण पाया जाता है।

(5) ऊपर बतलाये गये सभी लक्षण करीब एक माह से अधिक समय तक व्यक्ति में मौजूद हो।

(6) व्यक्ति में एकाग्रता का स्तर ऊँचा हो जाता है। यह अपने आप को सामाजिक संपर्क से दूर कर लेता है तथा उन सभी अनुभूतियों से दूर रहना चाहता है जो उसमें उत्तेजन को और बढ़ा देता हो।

(DSM-IV) में PTSD में मिलता-जुलता एक और विकृति का भी वर्णन किया गया है जिसे तीव्र तनाव विकृति कहा गया। अतः PTSD एवं तीव्र तनाव विकृति का अंतर जान लेना लाभप्रद ही होगा। इन दोनों में मुख्य अंतर यह है कि तीव्र तनाव विकृति में जो मानसिक आघात से तनाव उत्पन्न होता है, उससे व्यक्ति कुछ दिनों या एकाध सप्ताह में अपने आप को बाहर कर लेता है और लगभग सामान्य हो जाता है।

अनेक मनोवैज्ञानिकों ने अध्ययन किया है और उनके अध्ययन को काफी महत्वपूर्ण दिया गया है। इन अध्ययनों को साधारण प्रतिफल यही रहा है कि पी.टी.एस.डी. के सभी संभावित जोखिम कारकों (risk factors) को निम्नांकित तीन भागों में बाँटा जा सकता है–

(1) जैविक कारक– पी.टी.एस.डी. की व्याख्या कई तरह जैविक कारकों या सिद्धान्तों के रूप में की गयी है। क्रिस्टल एवं उनके सहयोगियों के अनुसार (Krystal et al. 1989) के सिद्धान्त के अनुसार मानसिक आघात प्रभावित हो जाता है जिससे रक्त में नोरइपानफ्राइन का स्तर बढ़ जाता है और व्यक्ति में उत्तेजक एवं आक्रामकता अधिक होती है जो इस विकृति का मुख्य लक्षण है। कोसटेन एवं उनके सहयोगियों (Kostenetal, 1987) ने भी सिद्धान्त का समर्थन करते हुए कहा है कि अस्पताल में PTSD के रोगियों में नोरइपाइनफ्राइन का स्तर मनोविदालिता तथा मनोदशा विकृति के रोगियों में नोरइपाइनफ्राइन के स्तर से ऊँचा था। यह सिद्धान्त से इस बात की ओर भी इशारा मिलता है कि अत्यधिक नोरपाइनफ्राइन से कम सबल आसेधकों द्वारा भी अधिक तीव्रता के साथ तनाव प्रतिक्रिताएँ उत्पन्न होती हैं।

जैविक तत्वों के सन्दर्भ में एक दूसरा महत्वपूर्ण सिद्धान्त यह है कि जब व्यक्ति को तनावपूर्ण परिस्थिति का सामना करना पड़ता है, तो इससे व्यक्ति के शरीर में एक विशेष प्रकार के रासायनिक तत्त्व जिसे ओपीयाड्स' (opiods) कहा जाता है, की वृद्धि हो जाती है। इसका प्रभाव शरीर पर कुछ वैसा ही होता है जैसा कि मार्फिन का होता है। बान डेन कोल्क तथा उनके सहयोगियों ने अपने अध्ययन में पाया कि ओपीयाड्स से सुन्नता या स्तब्धता उत्पन्न होती है जो PTSD का एक विशेष लक्षण है। जैसे, इसके अध्ययन में यह पाया गया कि वियतनामी युद्ध के वैसे सैनिक जिनमें PTSD की विकृति थी, उनमें हिंसा भरे दृश्यों वाला फिल्म दिखायी गयी, तो उनमें दर्द की संवेदनशीलता काफी कम होती पायी गयी।

पी.टी.एस.डी का एक दूसरा जैविक सिद्धान्त भी है जो न्यूरोदैहिकी (neurophysiology) अधिक बल डालता है। इस सन्दर्भ में कोल्ब का विचार है कि जब व्यक्ति को मानसिक आघात पहुँचता है, तो इससे व्यक्ति में पुराने स्नायविक रास्ते (neural path ways) नष्ट को जाते हैं तथा उसकी जगह पर नये स्नायविक रास्ते कायम हो जाते हैं जो व्यक्ति में PTSD के लक्षण उत्पन्न करते हैं। क्रायस्टल एवं उनके सहयोगियों (Krystal et al, 1989) ने अपने अध्ययन में पाया है कि PTSD के रोगियों में मस्तिष्क के परिधीय क्षेत्रों में न्यूरोट्रोंसमीटर (neurotransmitter) का स्तर ऊँचा पाया जाता है।

इस प्रकार यह कहा जा सकता है कि पी.टी.एस.डी. उत्पन्न करने में जैविक तत्वों परंतु फिर भी अभी इस बिंदु पर इतना ही कहा जा सकता है कि PTSD की विकृति में जैविक कारकों की भूमिका की पहचान अभी शुरुआती दौर में है। इस क्षेत्र में अभी अत्यधिक गहरे शोध की आवश्यकता है।

2. मनोवैज्ञानिक तत्व–पी.टी.एस.डी की उत्पत्ति में मनोवैज्ञानिक तत्वों का भी योगदान है। इस क्षेत्र में अब तक जो भी अध्ययन किये गये हैं उनसे यह खुलासा हुआ है कि कुछ ऐसे मनोवैज्ञानिक कारक हैं जिनकी उपस्थिति होने से जब भी किसी तनावपूर्ण परिस्थिति से उत्पन्न मानसिक अध्ययन से व्यक्ति प्रभावित होता है, उसे PTSD की विकृति विकसित हो सकती है। जैसे ब्रेसलाऊ (Breslau, 1991) के अध्ययन के आधार पर यह देखा गया कि माता-पिता से कम उम्र में ही बिछुड़ जाने पर, विकृति का पारिवारिक इतिहास होने पर, कुछ विशेष विकृति जैसे दर्द विकृति (pain disorder) एवं मनोग्रस्ति-बाध्यता विकृति (obssessive-compulsive disorder) का पहले से होने पर तथा महिलाओं में मानसिक आघात होने पर PTSD के होने की संभावना अधिक बढ़ जाती है। फॉय एवं उनके सहयोगियों (Foy et al. 1987) ने अपने अध्ययन में पाया है कि जिन सैनिकों में इस विकृति का पारिवारिक इतिहास था, उसमें निम्न संघर्ष का अनुभव होने पर भी PTSD के लक्षण विकसित हो गए। जोन्स एवं बारलो (Jones & Barolw, 1990) का मानना है कि मानसिक आघात उत्पन्न होने के पहले जिन लोगों में मनोवैज्ञानिक कठिनाइयाँ (psychological difficulties) अधिक होती हैं, उनमें भी PTSD के लक्षण तेजी से विकसित होते हैं। इस तरह के व्यक्तित्व को पूर्व विकृत व्यक्तित्व (Premorbird personality) कहा जाता है। अर्थात् पूर्वविकृत व्यक्तित्व एक डायथिसिस (diathesis) उत्पन्न कर देता है जो मानसिक आघात के तनाव से मिलकर व्यक्ति में PTSD का लक्षण उत्पन्न कर देता है। उपर्युक्त कारकों के अलावा कुछ अन्य विशेष सिद्धान्त या मॉडल द्वारा भी PTSD की व्याख्या की गयी है जो इस प्रकार है–

(i) मनोगतिक मॉडल के अनुसार PTSD की उत्पन्न चिंताओं से बचने के लिए अपनाये गये सुरक्षात्मक प्रक्रमों (defensive mechanisms) पर बल डाला गया है। जब व्यक्ति का मानसिक आघात व्यापक रूप में होता है तो उसके निदान हेतु वह दमन का मार्ग अपना लेता है। जिससे उसमें प्रत्याहार (withdrawal) एवं सुन्नता (numbing) के लक्षण विकसित होते हैं। दूसरी तरफ जब दमन कमजोर पड़ जाता है तो व्यक्ति पुनः उस मानसिक आघात का अनुभव करने लगता है। ओई, लिम एवं हेनीसी (Oei, Him & Hennessy, 1990) के अनुसार इस तरह के व्यक्ति चिंता एवं सुरक्षा (defentoe) के बीच एक संतुलन बनाये रखने में कठिनाई का अनुभव करते हैं जिसका परिणाम यह होता है कि व्यक्ति में पुनः शनैः-शनैः पी टी एस डी के लक्षणों का विकास होने लगता है।

(ii) परिहार अधिगम के द्विकारकी सिद्धान्त द्वारा भी PTSD की व्याख्या करने की कोशिश की गयी है। इस द्विसिद्धान्त में क्लासकी अनुबंधन (classical conditioning) तथा क्रियाप्रसूत अनुबंधन (operant conditioning) दोनों तरह के तत्व सम्मिलित होते हैं। इडना फोआ (Edna Foa, 1989) जो PTSD के लक्षण एवं कारण के क्षेत्र मे अधिक महत्त्वपूर्ण योगदान किये हैं, ने PTSD की व्याख्या इसी द्विकारकीय सिद्धान्त के माध्यम से की है। इनके अनुसार शामिल आघात से उत्पन्न आतंक आघात उत्पन्न करने वाली परिस्थिति के कई संकेतों के साथ संयोजित होकर व्यक्ति में कई तरह के डर उत्पन्न करते हैं। ऐसा क्लासिकी अनुबंधन के नियमों के कारण होता है। क्रियाप्रसूत अनुबंध के नियमों के अनुरूप व्यक्ति डर उत्पन्न करने वाले अन्य परिस्थितियों से भी दूरी बनाकर रखना सीख लेता है क्योंकि इन परिस्थितियों से दूर रखने से वह अपनी चिंता को कम करता है। जैसे, एक महिला पर रात में अकेले जाते समय यदि किसी व्यक्ति द्वारा आक्रमण किया जाता है, तो वह समान परिस्थितियों में भी डर का अनुभव करेगी और उसका डर सिर्फ रात की अकेले की परिस्थिति तक ही सीमित नहीं रहेगी बल्कि वह अन्य परिस्थितियों में भी जो तुलनात्मक रूप से कम धमकीपूर्ण है, अकेले रहने से डरेगी। स्पष्टतः इस उदाहरण में PTSD के जो लक्षण हैं, उसमें क्लासिकी अनुबंधन तथा क्रियाप्रसूत अनुबंधन दोनों का योगदान ही रहा है।

(iii) संख्यात्मक-व्यवहारात्मक सिद्धान्त में फोला, स्टेकेटी एवं रथवाम (Foa, Stekety, & Rothbaum, 1989) तथा जोन्स एवं बारलो (Jones & Barlow, 1990) का मुख्य योगदान है, इन सभी मनोवैज्ञानिकों का मानना है कि जब व्यक्ति में आत्म-निन्दा (self-blame), भविष्य में होने वाले मानसिक आघात की प्रत्याशा (expectancy) तथा डर का विकास आदि मौजूद होते हैं तो उनसे व्यक्ति में PTSD विकसित होता है। इन सब कारकों से व्यक्ति में तनाव की गंभीरता बढ़ती है जिससे उसमें PTSD के विभिन्न लक्षणों को जन्म देता है।

(3) सामाजिक तत्व कुछ मनोवैज्ञानिकों ने पी.टी.एस.डी. की उत्पत्ति में सामाजिक तत्वों का भी योगदान माना है। इस क्षेत्र में किये गये अध्ययनों से यह पता चला कि अधिक तीव्र एवं जाने वाली धमकीपूर्ण परिस्थितियों से PTSD के उत्पन्न होने की भावना काफी तीव्र हो जाती है। जैसे, ओई, लिम एवं हेनीसी (Oei, Lim & Hennessy, 1990) के अध्ययन के अनुसार PTSD उन वियतनाम युद्ध के सैनिकों में अधिक पाया गया युद्ध में घायल हो गये थे, जो असैनिकों की हत्या का दृश्य देखे थे या अन्य तरह-तरह के विचार किये थे। उसी तरह के किलपैट्रीक

(Kilpatrick, 1989) के अनुसार उस महिला जिस पर बलात्कार (rape) का पहले प्रयास हो चुका है, दैहिक रूप से आक्रमण होने या उस पर जानलेवा लैगिंक आक्रामकता होती है, तो उसमें भी PTSD की विकृति विकसित होने की संभावना तीव्र हो जाती है। सामाजिक समर्थन (social support) से भी व्यक्ति में PTSD विकसित होता है। ओई, लिम एवं हेनेसी (Oei, Lim Hennessy, 1999) के अध्ययन के अनुसार वियतनाम युद्ध से लौटने के बाद जिन कारकों को सामाजिक तिरस्कार का सामना अधिक करना पड़ा उनमें पी.टी.एस.डी. तीव्र गति से विकसित हुआ।

उपरोक्त सभी तत्वों का अध्ययन करने से यह परिणाम प्राप्त होता है कि यद्यपि मानसिक आघात (trauma) PTSD का एक आवश्यक कारण है, इसका विशिष्ट कारण निश्चित और जटिल (complex) है। मानसिक आघात उत्पन्न होने से पहले के कारक, मानसिक आघात के दौरान उत्पन्न होने वाले कारक और उसके बाद उत्पन्न होने वाले कारक सबों का PTSD में संयुक्त योगदान होता है।

व्यक्ति को जब मानसिक आघात होता है तो उसके कुछ समय पश्चात् जिसमें महीनों या सालों का भी समय लग सकता है, पी.टी. एस.डी. के लक्षणों का विकास शुरू हो सकता है। परंतु अधिकतर केसेज में मानसिक आघात के कुछ ही दिनों बाद कठिनाई प्रारंभ हो जाती है। चाहे PTSD का प्रारंभ तुरंत हो या देरी से हो, मानसिक आघात पुनर्अनुभव (reexperiencing) लंबे समय तक चल सकता है। अतः PTSD के उपचार की दिशा में पहले कुछ आपातकालीन उपाय (emergency measure) का विचार किया जाता है। इस अपातकालीन उपायों में गहरी वैयक्तिक परामर्श (intensive individual conselling) से लेकर सामूहिक परिचर्या (group discussion) का सहारा लिया जाता है। इस तरह के आपातकालीन उपाय से एक तरह का निवारण उपाय (preventive reexperience) के रूप में होते हैं क्योंकि इनमें व्यक्ति में मानसिक आघात का समय समय पर पुनर्अनुभव (reexperience) नहीं हो पाता है और फिर गंभीर परिणाम नहीं पड़ पाते हैं।

पी.टी.एस.डी. का निदान करने में मनोट्रोपिक दवाइयाँ भी सहायक हैं, इनका कभी-कभी प्रयोग किया जा सकता है। विभिन्न तरह के चिंता-विरोधी औषध (anti-anxiety drugs) तथा विभिन्न तरह के विषाद विरोधी औषध (anti-depressant drugs) का उपयोग करने पर PTSD के लक्षणों में कुछ कमी देखी गयी है। जैसे, डेविडसन एवं उनके सहयोगियों (Davidson et al., 1998) के अनुसार जब ऐसे रोगियों को विषाद विरोधी औषध (anti-depressant drugs) दिये गये, तो करीब

उनमें से 36% में PTSD के लक्षण में काफी कमी आ गयी। वैसे मनश्चिकित्सक (psychotherapists) जिन्हें PTSD में विशिष्टता प्राप्त है, ने इस विकृति के उपचार के लिए कुछ विशेष सुझाव दे रखा है जिनका एक निश्चित निम्नांकित क्रम में चिकित्सा के समय प्रयोग करना चाहिए–

(1) क्लायंट के साथ एक विश्वसनीय चिकित्सीय संबंध कायम करना।

(2) मानसिक आघात से निबटने की प्रक्रियाओं के बारे में क्यायंट को शिक्षा देना।

(3) तनाव-प्रबंधन प्रशिक्षण।

(4) मानसिक आघात को पुनर्अनुभव करने का साहस उत्पन्न करना।

(5) क्यांट के अनुभवों में मानसिक आघात से संबद्ध अनुभवों को समन्वित करना

स्करफिल्ड (Scurfield, 1985) का मानना है कि उपरोक्त क्रम के अनुसार रोगी का इलाज करने से बहुत हद तक सफलता मिलती है।

10

लैंगिक विकृतियाँ

इस व्यवहार में कभी-कभी कतिपय असामान्यतायें उत्पन्न हो जाती हैं। लैंगिक कार्यों में विद्यमान असामान्यता को ही लैंगिक DSM के अनुसार लैंगिक विकृतियों को मूलतः निम्नांकित तीन तरह की विस्तृत श्रेणियों में बाँटा गया है–

(अ) लैंगिक दृष्टि

(ब) लैंगिक विसामान्यता

(स) लिंग पहचान विकृति

इन तीनों का वर्णन हम अलग-अलग अनुच्छेदों में करेंगे।

लैंगिक दुष्क्रिया : आशय और स्वरूप

मानव लैंगिक व्यवहार एक जटिल व्यवहार है। कभी-कभी इस व्यवहार में कुछ असामान्यताएँ आ जाती हैं। लैंगिक दुष्क्रिया एक ऐसी ही असामान्यता है जिसमें लैगिक सन्तुष्टि का अभाव पाया जाता है। कारर्सन, वुचर तथा कोलमैन (1988) ने लैंगिक दुष्क्रिया की परिभाषा को "लेंगिक दृष्क्रिया से तात्पर्य लैंगिक तुष्टि की इच्छा में कमी या लैंगिक तुष्टि प्राप्त करने की क्षमता में क्षीणता से होती है। कुछ अपवाद को छोड़कर इस तरह की क्षीणता दैहिक या संरचनात्मक विकृति के अभाव में होती है तथा दोषपूर्ण मनोलैंगिक समायोजन तथा सीखना पर आधारित होती है।"

कोलमैन की परिभाषा यह दर्शाती है कि लैंगिक दुष्क्रिया (sexual dysfunction) का संबंध व्यक्ति में लैंगिक तुष्टि (sexual gratification) की कमी से होता है। इस परिभाषा का विश्लेषण करने पर हमें कुछ प्रमुख बिन्दुओं (major points) का पता चलता है जिनका विवरण निम्न प्रकार है–

(1) लैंगिक दुष्क्रिया में व्यक्ति में लैंगिक संतोष या तुष्टि की इच्छा में क्षीणता (impairment) पाई जाती है।

(2) इस तरह की क्षीणता प्रायः अर्जित होती है जो दोषपूर्ण लैंगिक समायोजन (sexual adjustment) तथा दोषपूर्ण सीखना पर आधारित होता है।

(3) इस तरह की क्षीणता प्रायः किसी दैहिक (physiological) या संरचनात्मक विकृति (anatomical pathology) के अभाव में ही होता है।

लैंगिक दुष्क्रियता पुरुषों तथा स्त्रियों में अलग-अलग ढंग की होती है। पुरुषों और महिलाओं में निम्न प्रकार की लैंगिक दुष्क्रियता होती है–

पुरुष

(1) अपर्याप्त उत्थानशीलता–लैंगिक दुष्क्रियता के इस प्रकार में पुरुष के लिंग में पर्याप्त उत्थापन नहीं हो पाता है जिससे रतिक्रिया सफलतापूर्वक नहीं हो सकता है। इसे नपुंसकता भी कहा जाता है।

(2) अपरिपक्व स्खलन–जब लैंगिक उत्तेजना के प्रारंभ होने तथा स्खलन (ejaculation) होने के बीच बहुत कम समय होता है, तो इस तरह के स्खलन को अपरिपक्व स्खलन कहा जाता है। ऐसे स्खलन से स्त्री को लैंगिक तुष्टि नहीं हो पाती है और पुरुष को अनावश्यक रूप से किंकर्तव्यविमूढ़ता का सामना करना पड़ता है।

(3) बाधित कामोत्ताप–लैंगिक दुष्क्रिया के इस प्रकार में पुरुष संभोग के समय स्खलन करने में अपने आप को असमर्थ पाते हैं जिसके कारण उन्हें लैंगिक तुष्टि नहीं हो पाता है।

महिलाएँ

(1) लैंगिक उत्तेजन विकृति–लैंगिक दुष्क्रियता का यह प्रकार महिलाओं में काफी सामान्य रूप से देखा जाता है। इसमें लैंगिक उत्तेजन के प्रति कोई अनुक्रिया नहीं कर पाती है। इसे **जड़ता** की भी संज्ञा दी जाती है।

(2) बाधित कामोत्ताप–कुछ महिलाएँ ऐसी होती हैं जिन्हें लैंगिक क्रिया से पूर्ण तुष्टि तब तक नहीं होती है जब तक कि उन्हें अन्य पूरक विधियों से जैसे भग्न-शिशन को अंगुली से उत्तेजित करना आदि न किए जाएँ। महिलाओं की इस अवस्था को बाधित कामोत्ताप की संज्ञा दी जाती है।

(3) वैजानिसमस–लैंगिक दुष्क्रिया के इस प्रकार में बिना किसी शारीरिक विकृति के ही संभोग होने के कुछ मिनट पहले ही योनि के मुँह की मांशपेशियों में सिकुड़न तथा ऐंठन उत्पन्न हो जाती है जिसके फलस्वरूप रतिक्रिया किया जाना संभव नहीं हो पाता है। टोलिसन तथा एडमूस (1979) के अध्ययन के अनुसार यह उन

महिलाओं में अधिक होता है जिन्हें पहले कभी भी यौन क्रिया से संबंधित कोई अभिघातज अनुभूतियाँ जैसे बलात्कार (rape) आदि की अनुभूति हुई होती है।

पुरुषों और महिलाओं में पाई जाने वाली उपरोक्त लैंगिक दुष्क्रियता के अलावा कुछ ऐसी लैंगिक दुष्क्रियता हैं जो दोनों यौन के व्यक्तियों में होता है। जैसे, डाइसपैरियुनिया एक ऐसी ही लैंगिक दुष्क्रिया है जिसमें दर्दपूर्ण संभोग नहीं चाहता है। ऐसी निष्क्रियता का कारण प्रायः दैहिक होता है परन्तु कभी-कभी इसका कारण मनोवैज्ञानिक भी होता है।

इस प्रकार यह स्पष्ट होता है कि लैंगिक विसामान्यता जिस पर DSM में सबसे पहले-पहल बल डाला गया है, एक महत्त्वपूर्ण लैंगिक विकृति है जिससे महिला तथा पुरुष दोनों वर्ग ग्रसित होते हैं।

लैंगिक दुष्क्रिया की प्रमुख वजह

जितने भी प्रकार की लैंगिक दुष्क्रियता पुरुषों और महिलाओं में पाई जाती है उन सभी के कारण अलग-अलग होते हैं। कुछ हालातों में तो ऐसी दुष्क्रियता (dysfunction) का कारण थकान या कोई शारीरिक रोग होता है परन्तु अधिकतर केसेज में इसका कारण मनोसामाजिक (psychosocial) ही होता है। यद्यपि अलग-अलग लैंगिक दुष्क्रियता (sexual dysfunction) के कारण अलग-अलग होते हैं, फिर भी इसके कुछ सामान्य कारण (general causes) बतलाए गए हैं जो निम्नांकित हैं

(1) दोषपूर्ण—मास्टर्स तथा जौनसन (Masters & Johnson, 1970) के द्वारा अध्ययनों से यह निष्कर्ष निकला है कि लड़का तथा लड़की दोनों में ही बचपनावस्था से ही यौन के प्रति परिवार के सदस्यों तथा समाज के अन्य लोगों द्वारा एक खास तरह की मनोवृति विकसित करा दी जाती है जिससे आगे चलकर लैंगिक दुष्क्रिया उत्पन्न हो जाती है। जैसे, लड़कियों को प्रायः बचपन से यह सिखलाया जाता है कि यौन संबंध एक गंदी एवं बुरी चीज होती है। फलस्वरूप उनमें निषेध की मनोवृत्ति विकसित हो जाती है जिससे बाद में लैंगिक संबंधों के बारे में चिन्ता तथा दोषभाव उत्पन्न हो जाता है चाहे वह संबंध शादी के बाद किया जाए या शादी के पहले किया जाए। इस तरह की मनोवृत्ति एवं दोषपूर्ण सीखना से लड़कियों में लैंगिक दुष्क्रिया उत्पन्न हो जाती है। लड़कियों के समान लड़कों में भी यौन संबंधों के प्रति गलत मनोवृत्ति कुछ कारणों से विकसित हो जाती है। मास्टर्स तथा जानसन

(1970) के अध्ययन के अनुसार अपरिपक्व स्खलन जैसी लैंगिक दुष्क्रियता उन पुरुषों में अधिक विकसित होती है जिन्हें पहली बार जल्दीबाजी में स्खलन करने का पैटर्न एक बार पुरुष में स्थापित हो जाता है, तो ऐसे ही व्यक्तियों में आगे चलकर अपरिपक्व स्खलन जैसी दुष्क्रियता भी विकसित हो जाती है।

(2) भय और चिन्ता आदि की भावनाएँ—लैंगिक दुष्क्रियता के सन्दर्भ में किये गये कतिपय अध्ययनों में यह पाया गया है कि पुरुष तथा महिला में यौन संबंधों के बारे में कुछ अनावश्यक डर एवं चिन्ता कई कारणों से उत्पन्न हो जाती है जिसका परिणाम यह होता है कि उनमें किसी-न-किसी प्रकार की लैंगिक दुष्क्रियता उत्पन्न हो जाती है। जैसे, कूपर (1969) ने एक शोध में 49 ऐसे पुरुष वयस्कों का अध्ययन किया जो अपर्याप्त उत्थानशीलता से ग्रसित थे।

कूपर ने अपने अध्ययन से यह निष्कर्ष निकाला कि लगभग 94% ऐसे पुरुषों में इसका कारण अपनी नपुंसकता से उत्पन्न चिन्ता (anxiety) होती है। उसी तरह से अपरिपक्व स्खलन (immature ejaculation) से ग्रसित पुरुष में अपने नियंत्रण की कमी तथा अपने यौन साथी को संतुष्ट करने की अक्षमता से उत्पन्न चिन्ता की मात्रा अधिक पाई जाती है। महिलाओं में भी यौन संबंधों के बारे में कुछ चिन्ताएँ घेरे रखती हैं जिनसे उनमें दुष्क्रियता (dysfunction) विकसित हो जाती है। प्रायः महिला यह सोच-सोचकर परेशान रहती है कि क्या उसके यौन साथी (sex partner) उसे लैंगिक रूप से आकर्षक पाते हैं या नहीं। इस ढंग की चिन्ता तथा परेशानी यदि लम्बे समय तक मौजूद होती है, तो इससे महिलाओं में लैंगिक दुष्क्रियता (sexual dysfunction) विकसित हो जाता है।

(3) अन्तर्वैयक्तिक कठिनाइयाँ—अन्तर्वैयक्तिक सम्बन्ध सही न होने पर भी लैंगिक दुष्क्रियता उत्पन्न हो जाती है, ऐसा अध्ययनों से ज्ञात हुआ है। उदाहरण के तौर पर यदि यौन साथियों के बीच संबंध ऐसा है कि एक साथी दूसरे को काफी चाहता है तथा दूसरा साथी उसे उतना नहीं चाहता है तथा किसी और को चाहता है, तो परिस्थिति में अधिक चाहने वाले साथी में लैंगिक दुष्क्रियता उत्पन्न हो सकती है। फ्रीडमैन (Friedman, 1974) तथा लोविज एवं लोविज (Lobitz & Lobitz, 1978) ने अपने-अपने अध्ययनों से यह स्पष्ट कर दिया है कि इस तरह का एकतरफा अन्तर्वैयक्तिक संबंध (interpersonal relationship) लैंगिक क्रियाओं को क्षीण करता है।

ऐसे में यह स्पष्ट होता है कि लैंगिक दुष्क्रिया (sexual dysfunction) के

कई कारण (causes) हैं। लैंगिक दुष्क्रिया का उपचार (treatment) करते समय इन कारणों पर ध्यान देना आवश्यक होता है।

लैंगिक दुष्क्रिया का निदान और परिणाम

पहले ऐसा माना जाता था कि लैंगिक दुष्क्रियता का इलाज करना काफी जटिल कार्य है। परन्तु आधुनिक शोधों (researches) से यह स्पष्ट हो गया है कि इसका उपचार उतना कठिन नहीं है जितना समझा जाता है। इन शोधों में लोपिकोलो तथा स्टॉक (Lopiccolo & Stock, 1986), वैनडेरीकेन (Vandereycken, 1982) द्वारा किए गए शोध विशेष महत्त्वपूर्ण हैं। इन विशेषज्ञों का मानना है कि यदि यौन साथियों (sex partners) से अनावश्यक निषेध (inhibitions), डर तथा गलत धारणाओं को हटा दिया जाता है और उसकी जगह पर यौन व्यवहार के प्रति सही एवं सुखद मनोवृत्ति (correct attitude) विकसित कर ली जाती है, तो इससे लैंगिक दुष्क्रिया में काफी कमी आ जाती है। इन विशेषज्ञों ने 30% से 100% तक इन प्रविधियों के सहारे सफलता प्रतिफल (Success outcomes) का दावा किया है। ऐण्डरसन (Anderson, 1983), जिलबर्गेल्ड तथा किलगान (Zilbergeld & Kilmann, 1984) ने भी अपने-अपने अध्ययनों से सफलता प्रतिफल (success outcome) के उपर्युक्त दर (rate) का समर्थन किया है।

यौन विकृति का आशय और स्वरूप

वर्तमान समय में यौन विकृति अथवा लैंगिक विसामान्यता की समस्या ने मानव समाज में काफी विकट रूप धारण कर लिया है। लैंगिक विसामान्यता (sexual deviation) एक तरह का व्यक्तित्व विकृति (Personality disturbances) है जिसे कभी-कभी लोग मनःस्नायुविकृति (psychoneurosis) या मनोविकृति (psychosis) का कोई प्रकार समझने की भूल कर बैठते हैं। पहले लैंगिक विसामान्यता (sexual deviation) को मनोविकारी व्यक्तित्व (psychopathic personality) का एक प्रकार समझा जाता था और यही कारण है कि मनश्चिकित्सकों (psychiatrists) द्वारा ऐसे रोगियों के लिए **लैंगिक मनोरोगी** (sexual psychopath) पद (term) का भी प्रयोग किया जाता था। परन्तु आजकल लैंगिक विसामान्यंता (sexual deviation) को एक अलग श्रेणी में रखकर अध्ययन किया जाता है। लैंगिक विसामान्यता से तात्पर्य उन सभी लैंगिक व्यवहारों

(sexual behaviour) से होता है जो अपने आप में इसलिए विचित्र एवं असामान्य समझे जाते हैं क्योंकि समाज का वर्तमान मानक (norms) के अनुसार वैसा व्यवहार विकृत या विचलित (deviated) माना जाता है।

कोलमैन (Coleman, 1976) ने यौन विकृति का आशय स्पष्ट करते हुए यह परिभाषा प्रस्तुत की है–"विस्तृत अर्थ में लैंगिक विसामान्यता से तात्पर्य वैसे लैंगिक व्यवहार से होता है जो भिन्न या असामान्य (atypical) होते हैं और जो विशेष समाज के सामाजिक रीति-रिवाज या नियमों द्वारा अनुमोदित प्रबल पैटर्न्स के अनुरूप नहीं होते हैं।"

इस परिभाषा का विश्लेषण करने पर हमें लैंगिक विसामान्यता के स्वरूप के बारे में दो तथ्य प्राप्त होते हैं। पहला, लैगिक विसामान्यता में उन लैंगिक व्यवहारों को रखा जाता है जो विचित्र एवं असामान्य होते हैं। और दूसरा, ऐसे लैंगिक व्यवहार सामाजिक रीति-रिवाजों (mores) एवं मानकों (norms) द्वारा स्थापित लैंगिक व्यवहार से काफी भिन्न एवं विचलित (deviated) होते हैं। इसका मतलब यह हुआ कि चूँकि किसी लैंगिक व्यवहार को सामाजिक मानक एवं रीति-रिवाजों के संदर्भ में आँका जाता है और चूँकि ऐसे रीति-रिवाज भिन्न-भिन्न संस्कृतियों में अलग-अलग होते हैं, अतः जो लैंगिक व्यवहार किसी एक संस्कृति में विसामान्य (deviation) होगा, वह दूसरी संस्कृति में भी विसामान्य हो, यह कोई जरूरी नहीं है।

इस प्रकार यह कहा जा सकता है कि यौनविकृति के तहत मात्र वही लैंगिक व्यवहार आते हैं जो समाज एवं संस्कृति के रीति-रिवाज एवं मानकों (norms) के अनुरूप नहीं होते हैं।

यौन-विकृति के प्रकार

मानसिक रोगों का विभाजन करने वाली नवीन अमेरिकन प्रणाली डी.ई.एस. एम.आई.टी. के तहत लैंगिक विसामान्यता के विभिन्न प्रकारों को एक नया नाम **'पाराफिलियाज'** (Paraphilias) के अन्तर्गत वर्णन किया गया है। 'पाराफिलिया' (Prarphillia) की संरचना दो शब्दों पारा (Para) तथा फिलिया (Philia) से हुआ है। 'Para' का अर्थ होता है साधारण से परे (beyond the usual) तथा Philia का अर्थ होता है प्यार (love)। इसे ध्यान में रखते हुए कहा जा सकता है कि इसका कार्य असाधारण वस्तुओं से प्यार से होता है। पाराफिलियाज को कारसन, बुचर तथा कोलमैन (Carson, Butcher & Coleman, 1988) के शब्दों में इस प्रकार

परिभाषित किया जा सकता है, "पाराफिलियाज सतत् लैंगिक उत्तेजन पैटर्न्स का एक ऐसा समूह होता है जिसमें पूर्ण लैंगिक तुष्टि के लिए असाधारण वस्तुओं, धर्मविधि (rituals) तथा परिस्थितियों की जरूरत पड़ती है।"

जो अवस्था पहले यौन विचलन कहलाती थी वह आज पाराफिलियास के नाम से जानी जाती है। DSM-IV के अनुसार सभी पाराफिलियाज की मुख्य विशेषता वैसी सतत लैंगिक इच्छा एवं कल्पना होती है जो संबंधित होता हैं–

(1) अमानव वस्तुओं से

(2) अपना या अपने सहयोगी के तकलीफ से

(3) बच्चे या अन्य ऐसे व्यक्ति जिनकी राय न हो।

DSM-IV की कसौटी के अनुसार जिन लोगों में ऐसी प्रवृति कम-से-कम छह महीनों तक होती है, उन्हें ही इस श्रेणी से प्रभावित व्यक्ति माना जाता है।

ऐसे में यह कहा जाता है कि पाराफिलियाज में व्यक्ति की लैंगिक तुष्टि कुछ असाधारण वस्तुओं (unusual objects) या परिस्थितियों से ही पूर्णरूपेण मिल जाता है और उसके बिना कामोत्ताप (orgasm) प्रायः संभव नहीं हो पाता है। यद्यपि इस तरह के असाधारण वस्तुओं से लैंगिक तुष्टि थोड़ा बहुत प्राप्त करने का सबूत बहुत से सामान्य व्यक्तियों (normal individuals) में मिलता है परन्तु पाराफिलिक (Paraphiliac) व्यक्तियों में मात्र ऐसी वस्तुओं से ही पूर्ण लैंगिक तुष्टि मिल जाती है और यही लैंगिक पैटर्न उनके जीवन का आदत बन जाती है। जैसे, बहुत सारे ऐसे सामान्य व्यक्ति हैं जिन्हें अपनी प्रेमिका द्वारा उपहार में दिए गए रूमाल से लैंगिक तुष्टि कुछ मात्रा में होती है पन्तु पाराफिलिक व्यक्ति को मात्र ऐसे रूमाल से पूर्ण लैंगिक तुष्टि हो जाएगी और उन्हें अपनी प्रेमिका की कोई जरूरत ही नहीं होगी।

पाराफिलियाज (Paraphilias) के तहत नौ प्रकार के यौन विकृति शामिल हैं जो निम्नलिखित हैं–

(i) बाल लैंगिकता,

(ii) पशुलैंगिकता,

(iii) फ्रोटियूरिज्म,

(iv) भिन्न लिंग वस्त्रधारण,

(v) वस्तु कामुकता,

(vi) अंग प्रदर्शन,

(vi) नग्नदर्शन रीति,

(vii) परपीड़न,

(vii) आत्मपीड़न या स्वपीड़न।

यौनविकृति के उपरोक्त सभी प्रकारों के अलावा तीन और प्रकार के लैंगिक विसामान्यताओं का भी वर्णन किया गया है जो तुलनात्मक रूप से कम बारंबारता (frequency) में देखने को मिलता है। वे तीन विसामान्यताएँ हैं–

(1) कौटुम्बिक व्यभिचार

(2) बलात्कार

(3) समजाति लैंगिकता

इस प्रकार कुल मिलाकर यौन विकृति को 11 भागों में बाँटा गया है, जिनका विस्तृत विवरण निम्न प्रकार है–

1. वस्तु-कामुकता

इस प्रकार की यौन विकृति में व्यक्ति अपने से विपरीत लिंग के व्यक्ति के शरीर का कोई निर्जीव वस्तु जैसे बाल आदि को अपने पास रखता है और उसे स्पर्श करके लैंगिक तुष्टि प्राप्त करता है। जिस वस्तु को व्यक्ति अपने लैंगिक तुष्टि का स्रोत बनाता है, उसे फेटिश (fetish) या कामोत्तेजनक वस्तु कहा जाता है। वस्तु-कामुकता (fetishism) पुरुषों में महिलाओं की अपेक्षा अधिक होती है और प्रायः कामोत्तेजक-वस्तु (fetish) के रूप में विपरीत लिंग (opposite sex) के पैर, बाँह (arms), जूते, दस्ताना (gloves), रूमाल, कलम, बटुआ (purse), अधोवस्त्र (undergarments) जैसे पैण्टी (panty), ब्रेसियर्स (brassiers) तथा अन्य ऐसी ही वस्तुएँ उपयोग की जाती हैं। इन वस्तुओं को स्पर्श कर या चूम कर उन्हें इतनी अधिक लैंगिक तुष्टि (sexual satisfaction) होती है कि वे विपरीत लिंग के साथ संभोग (sexual intercourse) की कोई जरूरत ही नहीं महसूस करते हैं।

एक नैदानिक मिसाल–"**रिचार्ड एच.** में स्त्रियों के कपड़े चुराने की आदत थी। इन्हें इलाज के लिए एक मनोवैज्ञानिक चिकित्सालय में लाया गया। ये अगल-बगल के फ्लैट (flat) में प्रायः इस ख्याल से घूमते रहते थे कि जब भी मौका मिलेगा, वे महिलाओं के अधोवस्त्र को चुरा लेंगे। महिलाओं ने इनकी हरकत से ऊबकर पुलिस को सूचना दे दी और एक दिन वे रँगे हाथों पकड़े गए और न्यायाधीश (Judge) के सामने अपनी सफाई पेश करने के लिए उन्हें उपस्थित किया गया। सफाई पेश करने के दौरान इन्होंने यह स्वीकार किया कि अब तक उन्होंने महिलाओं

के बहुत सारे अधोवस्त्र चुरा लिए और जिसकी खबर उनकी पत्नी, बच्चों को भी नहीं है। जब रोगी अपने दोष को स्वीकार करके उपचार कराने के लिए सहमत हो गया, तो न्यायाधीश ने उन्हें सजामुक्त कर दिया।"

इस उदाहरण के आधार पर यह कहा जा सकता है कि वस्तु-कामुकता में व्यक्ति की लैंगिक तुष्टि का स्रोत कोई ऐसी वस्तु होती है जिसका उपयोग विपरीत लिंग के व्यक्तियों द्वारा किया जाता है।

कुछ मनोवैज्ञानिकों ने कहा है कि वस्तु-कामुकता का कारण अनुबन्धात्मक अनुभूतियाँ बतलाई गई हैं। व्यक्ति उस वस्तु को अपने लैंगिक तुष्टि का आधार मान लेता है जो प्रथम लैंगिक आनन्द में उपस्थित होते हैं। जैसे, यदि किसी पुरुष को किसी महिला के जुड़े में लगाए गए क्लिप (clip) अधिक सुंदर एवं कामोत्तेजक लगता है तो बाद में वह उस ढंग के क्लिप को स्पर्श कर अपनी लैंगिक तुष्टि (sexual satisfaction) करेगा। मनोविश्लेषणवादी सिद्धान्त (psychoanalytical theory) के अनुसार फेटिश वस्तुएँ (fetish objects) लैंगिक वस्तुओं का प्रतिनिधित्व करती हैं और यही कारण है कि इन वस्तुओं से व्यक्ति को पूर्ण लैंगिक तुष्टि (sexual satisfaction) होती है।

वस्तु-कामुकता से ग्रसित व्यक्ति का इलाज करने के लिये प्रयोग की जाने वाली विधियों में समूह चिकित्सा और व्यवहार चिकित्सा काफी उपयुक्त होती है, ऐसा कुछ मनोवैज्ञानिक का भी मानना है। कुशनर (Kushner, 1965) ने व्यवहार चिकित्सा के माध्यम से एक 33 वर्षीय पुरुष जिन्हें महिला की पैन्टी पहनने और उसके बाद हस्तमैथुन कर लैंगिक तुष्टि प्रदान करने की बुरी लत विकसित हो गई थी, का सफलतापूर्वक उपचार किया।

2. अंग प्रदर्शन

इस प्रकार की यौन विकृति से ग्रसित व्यक्ति अपने से विपरीत लिंग वाले व्यक्ति के सामने अपने शारीरिक अंगों का प्रदर्शन कर लैंगिक तुष्टि (sexual satisfaction) प्राप्त करता है। कभी-कभी इन यौन अंगों को दिखलाने के साथ-साथ व्यक्ति कुछ खास शारीरिक मुद्रा (bodily posture) जैसे हस्तमैथुन (masturbate) आदि करके भी दिखलाता है। इस ढंग की विसामान्यता पुरुषों में ही अधिक होती है। महिलाओं में इक्का-दुक्का ऐसी विसामान्यता के उदाहरण मिलते हैं। रूथ (Rooth, 1974) ने अपने अध्ययन में पाया है कि अंग प्रदर्शन की

समस्या कुछ खास-खास देशों जैसे अमेरिका, कनाडा तथा यूरोप आदि में अधिक देखने को मिलता है जबकि बर्मा, पाकिस्तान, श्रीलंका तथा भारत जैसे देशों में न के बराबर देखने को मिलता है जबकि बर्मा, पाकिस्तान, श्रीलंका तथा भारत जैसे देशों में न के बराबर देखने को मिलता है जबकि बर्मा, पाकिस्तान, श्रीलंका तथा भारत जैसे देशों में न के बराबर देखने को मिलता है। अध्ययनों से यह भी पता चला है कि अंग-प्रदर्शन (exhibitionism) से ग्रसित व्यक्ति अपने इस घृणित कार्य को प्रायः एक खास जगह पर एक खास समय में करते हैं। अमेरिका तथा यूरोप के देशों में प्रायः यह कार्य उद्यान (Park), आफिस, गिरजाघर (Church) के मैदानों आदि में किया जाता है।

एक नैदानिक मिसाल—"एक चौदह वर्षीय बालक जार्ज बी को अदालत ने मनोवैज्ञानिक चिकित्सालय में इलाज हेतु भेजा। उस पर यह आरोप था कि उसने दो लड़कियों के सामने अपने यौन अंगों का प्रदर्शन किया था। मनोवैज्ञानिक परीक्षा के दौरान इस व्यक्ति को मनोवैज्ञानिकों ने एक सहयोगशील एवं सामान्य व्यक्ति पाया। उसके चिन्तन भी स्पष्ट एवं तार्किक थे। परन्तु यह भी पाया गया कि उसे अपने लैंगिक इच्छाओं एवं अभिप्रेरणाओं की पर्याप्तता पर अधिक शक था। ऐसे ही एक घटना के आरोप में गिरफ्तार किए जाने वाले एक दोस्त ने उसे बतलाया था कि उसने एक लड़की से यौन संबंध करके उसकी मीठी दास्तान सुनाया था तथा साथ-ही-साथ कुछ अश्लील तस्वीरें भी उसे दिखलाई थीं। परिणामतः वह काफी उत्सुक हो गया था और वह प्रत्यक्षतः कुछ अनुभव प्राप्त करना चाहता था। फलस्वरूप, उसने अंग प्रदर्शन करना आरम्भ कर दिया।"

व्यक्ति में अंग प्रदर्शन की भावना उत्पन्न होने के पीछे व्यक्तिगत अपरिपक्वता का बड़ा हाथ है, क्योंकि करीब 60% अंग प्रदर्शन करने के लिए मजबूर कर देती हैं। साथ-ही-साथ ऐसे लोगों में विपरीत लिंग के व्यक्तियों के साथ सीधे अन्तःक्रिया (interaction) करने में लज्जा एवं संकोचशीलता आदि भी अधिक पायी जाती है। अंग प्रदर्शन का एक अन्य कारण अन्तर्वैयक्तिक तनाव (interpersonal stress) माना गया है। प्रायः जब कोई विवाहित पुरुष अंग प्रदर्शन करता है तो यह देखा गया है कि उसका संबंध अपनी पत्नी से कुछ कारणों से तनावपूर्ण रहा होता है और अंग प्रदर्शन कर अपने आपको तनाव से मुक्त करने का भरसक प्रयास करता है।

अधिकांश अंग प्रदर्शक व्यक्ति अपनी गलती नहीं मानते और विभिन्न प्रकार के बहाने बनाकर स्वयं को बचा लेते हैं। फिर भी मनोवैज्ञानिकों के पास इस बात का पक्का सबूत है कि ऐसे लोगों की कुछ मानसिक समस्याएँ होती हैं जिनके कारण

वे वैसा करते हैं। इसके उपचार (treatment) के लिए मनोवैज्ञानिकों ने व्यवहार चिकित्सा (behaviour therapy) विशेषकर किसी अनुबन्धन (aversive conditioning) तथा असंवेदीकरण (desensitization) को अधिक सफल पाया है।

3. नग्नदर्शन रति

इस प्रकार की यौनविकृति वाला व्यक्ति अपने विपरीत लिंग के व्यक्ति के शारीरिक अंगों को नग्न अवस्था में देखकर लैंगिक संतुष्टि प्राप्त करता है। कभी-कभी छिपकर देखते-देखते वह इतना उत्तेजित हो जाता है कि हस्तमैथुन (masturbate) भी करना प्रारंभ कर देता है। उसे **स्कोटोफेलिया** (Scotophilia) **व इन्सपेक्सनलिज्म** (inspectionalism) भी कहा जाता है। इस तरह की लैंगिक असामान्यता (sexual deviancy) केवल पुरुषों में ही पाई जाती है।

इस सन्दर्भ में किये गये अध्ययनों से यह परिणाम प्राप्त हुआ। कि नग्नदर्शन-रति की असामान्यता उन पुरुषों में तेजी से विकसित होता है जिन्हें महिलाओं के अर्द्धनग्न एवं लुभावने अंगों को देखने का मौका अधिक मिला होता है। ऐसी परिस्थिति में उनमें लैंगिक उत्तेजना अधिक बढ़ जाती है और उनमें उत्सुकता (curiosity) काफी बढ़ जाती है जिससे उनमें नग्नदर्शन-रति जैसी असामान्यता बाद में विकसित हो जाती है। जब ऐसी विसामान्यता (deviancy) विवाहित पुरुषों में होती है, तो इसका कारण पत्नी से लैंगिक समायोजन (sexual adjustment) का अभाव माना जाता है। कोलमैन (Coleman, 1976) ने अपने कई अध्ययनों से इस तथ्य की पुष्टि की है जिसमें विवाहित पुरुषों में नग्नदर्शन-रति (voyeurism) का कारण अपनी पत्नियों से पर्याप्त लैंगिक तुष्टि (sexual satisfaction) का न मिलना बतलाया गया है। ऐसी परिस्थिति में ऐसे व्यक्ति नग्नदर्शन-रति द्वारा अपनी कुंठित (frustrated) लैंगिक इच्छाओं की तुष्टि करते हैं।

नग्नदर्शन-रति के इलाज में व्यवहार चिकित्सा (behaviour therapy), चिकित्सा के अन्य विधियों से अधिक सफलता मिली।

4. परपीड़न

यह एक ऐसी यौन विकृति है जिसमें व्यक्ति अपने से विपरीत लिंग के व्यक्ति को कन्ट पहुंचाकर यौन सन्तुष्टि प्राप्त करता है। विपरपीड़न पद की उत्पत्ति

मारक्विस डी सैड (1740-1814) के नाम से हुआ है जिन्हें विपरीत लिंगी पर क्रूरता दिखलाकर लैंगिक तुष्टि करने की बुरी आदत पड़ गई थी। उन्हीं के नाम पर परपीड़न का नामकरण किया गया जिसमें व्यक्ति अपने लैंगिक पात्र को पीड़ा या कष्ट पहुँचाकर लैंगिक तुष्टि करता है। प्रायः वह अपने लैंगिक साथी को दाँत काटकर, चाबुक मारकर या सूई चुभोकर पीड़ा या कष्ट पहुँचाता है। प्रायः इस तरह की विसामान्यता पुरुषों में ही होता है परन्तु क्राफ्ट-एविंग (1990) के अनुसार कभी-कभी ऐसी लैंगिक विसामान्यता कुछेक महिलाओं में भी पाई जाती है।

परपीड़न के कारणों में यौन के प्रति नकारात्मक मनोवृत्ति (negative attitude), नपुंसकता (fear of impotency), किसी खास प्रकार के मनोरोग से ग्रसित हो जाना तथा ऐसी अनुभूति जिसमें लैंगिक उत्तेजन का संबंध दर्द आदि से अधिक रहा हो, प्रधान हैं।

परिपीड़न के इलाज के सन्दर्भ में कोई प्रमुख आँकड़े नहीं मिले हैं। इस प्रकार के रोगियों का इलाज अन्य रोगियों की तुलना में थोड़ा कठिन है। फिर भी कुछ अध्ययन ऐसे हुए हैं जिसमें यह देखा गया है कि समूह चिकित्सा (group therapy) परपीड़न (sadism) के लिए लाभदायक होते हैं।

5. आत्मपीड़न या स्वपीड़न

आस्ट्रेलिया के प्रसिद्ध उपन्यासकार (novelist) एल. वी. सेकर-मैसोक (L.V. Sacher-Mascoh) के नाम पर इस यौन विकृति का नामकरण किया गया है। इनके उपन्यास के पात्र दर्द एवं दुःख उठाकर लैंगिक आनन्द उठाते थे। सचमुच में यह विकृति परपीड़न (sadism) के ठीक विपरीत है। इस विकृति से प्रभावित व्यक्ति अपने आपको कष्ट पहुँचाकर तथा तकलीफ देकर लैंगिक आनन्द प्राप्त करता है। अध्ययनों से पता चला है कि इस तरह की लैंगिक विकृति स्त्रियों में अधिक होती है। आत्मपीड़न का एक उत्तम केस ईस्ट (East, 1946) द्वारा बतलाया गया है जिसमें एक महिला प्रायः अपनी बाँह, पैर तथा स्तन को चाकू से हल्के ढंग से काट लेती थी तथा उनमें कुछ सूई चुभो लेती थी। कटने से महिला को उत्पन्न दर्द से लैंगिक तुष्टि (sexual pleasure) मिलती थी तथा खून के निकलते देखकर वह काफी आनन्दित होती थी।

कुछ मनोवैज्ञानिक का मानना है कि आत्मपीड़न की प्रमुख वजह अनुबन्धित अधिगम है। जहाँ तक इस विकृति के उपचार (treatment) का प्रश्न है, इसके लिए

मनोवैज्ञानिकों ने व्यवहार चिकित्सा (behaviour therapy) को विशेषकर विरुचि अनुबंधन प्रविधि (aversive conditioning technique) को अधिक उपयुक्त एवं उपयोगी बतलाया है।

6. बाल लैंगिकता

इस प्रकार की यौन विकृति महिलाओं की तुलना में पुरुषों में ज्यादा पाई जाती है। इसमें यौन वस्तु बच्चे होते हैं। इस तरह की विकृति से ग्रस्त पुरुषों की आयु औसतन 40 साल होती है। वे बच्चों से अपना यौन-अंग (sex organ) को पकड़वाते हैं जिनसे उन्हें आनन्द आता है। यदि पीड़ित (victim) व्यक्ति छोटी उम्र जैसे 10-12 साल की लड़की है, तो उसके साथ अशंतः या पूर्णतः लैंगिक समागम भी किया जाता है। लेनियान (1986) के अध्ययन के अनुसार इस विकृति से ग्रसित व्यक्ति प्रायः विवाहित होते हैं और उनमें से कुछ कई बच्चों के माता-पिता भी होते हैं। बाल लैंगिकता में पीड़ित (victim) बालक या बालिका का अपराधी से परिचय प्रायः पहले से ही होता है और लैंगिक व्यवहार लम्बे समय से बिना किसी दबाव (coercion) के चलता रहता है।

इस सन्दर्भ में रौसमैन (1973) ने काफी गहन अध्ययन किया और इसके निष्कर्ष के आधार पर इसके चार कारणात्मक श्रेणी बतलाई हैं जो निम्नांकित हैं–

(i) व्यक्तिगत रूप से अपरिपक्व अपराधी–बाल लैंगिकता की यह एक सामान्य श्रेणी है। ऐसे लोगों को अपने उम्र के व्यक्तियों के साथ संतोषजक संबंध बनाने की अक्षमता है और वे अपने से कम उम्र के व्यक्तियों विशेषकर बच्चों के साथ अपना अच्छा संबंध बनाकर रखने वालों में से होते हैं। कुछ मनोवैज्ञानिकों का मत है कि ऐसे लोग विकास के प्रारंभिक अवस्था पर ही स्थाईकृत (fixated) होते हैं।

(ii) प्रत्यागमित अपराधी–बाल लैंगिकता की इस श्रेणी के तहत शामिल लोग किशोरावस्था में तो सामान्य होते हैं परन्तु वयस्कावस्था में प्रवेश करने पर वे कई कारणों से अपने को सामान्य लैंगिक संबंध बनाए रखने में सक्षम नहीं रहते हैं और वे अपने लैंगिक हवस का शिकार किसी बालिका या बालक को बना लेते हैं। इस तरह के प्रत्यागमन का प्रमुख मौजूदा कारण अपराधी द्वारा यह अनुभव करना होता है कि उसकी पत्नी या स्त्रीदोस्त का लैंगिक संबंध किसी दूसरे व्यक्ति से है।

(iii) अनुबंधित अपराधी–बाल लैंगिकता की इस श्रेणी में उन पुरुषों को रखा जाता है जिन्हें छोटे-छोटे बच्चों के साथ लैंगिक व्यवहार करने की अनुपम

अनुभूति होती है और वयस्कावस्था में प्रवेश कर जाने पर भी वे अपनी आदत को बनाए रखते हैं।

(iv) मनोविकारी अपराधी—बाल लैंगिकता की इस श्रेणी में उन पुरुषों को रखा जाता है जिनका व्यक्तित्व समाज-विरोधी या मनोविकारी होता है और सचमुच में वे नए-नए लैंगिक भावोत्तेजना प्राप्त करने के लिए बच्चों को अपनी हवस का शिकार बनाते हैं। ऐसे बाललिंगी व्यक्तियों में आक्रामक व्यवहार भी देखने को मिलते हैं।

जहाँ तक बाल लैंगिकता के कारण का प्रश्न है, मनश्चिकित्सकों का मत है कि ऐसे व्यक्तियों में गंभीर मस्तिष्कीय क्षति पाई जाती है जिससे उनमें सामान्य प्रतिरोधात्मक नियंत्रण समाप्त हो जाता है और वे अपने आपको बाल लैंगिकता जैसी विकृति से अछूता नहीं रख पाते हैं। कुछ मद्यपान व्यसनी भी इस तरह के विकृति के शिकार हो जाते हैं।

7. पशुलैंगिकता तथा फ्रोटियूरिज्म

यह दोनों प्रकार की यौन विकृति विरल रूप की होती है। पशुलैंगिकता में व्यक्ति पशुओं के साथ लैंगिक सम्पर्क करता है। प्रायः इस तरह का लैंगिक व्यवहार ग्रामीण पुरुषों एवं लड़कों में अधिक देखने को मिलता है। किन्सी (Kinsey, 1947) ने अपने अध्ययन में पाया कि करीब 40 से 45 प्रतिशत ऐसे ग्रामीण लोग पशुओं के साथ यौन सम्पर्क स्थापित करते हैं। कभी-कभी इस तरह की लैंगिकता मानसिक रूप से मंद बालकों में भी पायी जाती है।

फ्रोटियूरिज्म एक ऐसी यौन विकृति है जिसमें व्यक्ति को अपने विपरीत लिंग के व्यक्ति के शारीरिक अंगों को छूकर यौन सन्तुष्टि प्राप्त करता है। यह भी लैंगिक विसामान्यता का एक विरल रूप है जो पुरुषों में महिलाओं की अपेक्षा अधिक होता है।

एक और विशेष विरल (rare) प्रकार की लैंगिक विसामान्यता का वर्णन असामान्य मनोविज्ञान के साहित्य में मिलता है और वह है नेक्रोफिलिया जिसमें व्यक्ति मृत व्यक्तियों के प्रति लैंगिक रूप से आकर्षित होते हैं।

8. भिन्न लिंग वस्त्रधारा

इस प्रकार की यौन विकृति को क्रॉस-पहनावा भी कहते हैं। इससे ग्रसित

व्यक्ति अपने से विपरीत लिंग के व्यक्ति के कपड़ों को पहनकर यौन सन्तुष्टि प्राप्त करता है। एपीए (APA, 1994) के अनुसार ऐसे लोगों में उत्तरबाल्यावस्था या किशोरावस्था आते ही इस तरह की प्रवृत्ति उत्पन्न हो जाती है। इस तरह का विचलन सिर्फ विषमलिंगी पुरुषों में पाया जाता है। ऐसे पुरुष दिन-प्रतिदिन की जिन्दगी में तो पौरुष दिखलाते हैं परन्तु कुछ जगहों में महिलाओं का वस्त्र धारण कर लैंगिक उत्तेजन प्राप्त करते हैं। इसमें से कुछ तो ऐसे होते हैं जो महिलाओं का कोई एक वस्त्र जैसे अंडरवियर पहनते हैं तो कोई और भी अन्य तरह के वस्त्रों का उपयोग करते हैं। कुछ तो ऐसे होते हैं जो पूर्णतः महिलाओं के समान सौन्दर्य प्रसाधन से अपने आपको लैश करके तथा महिलाओं के समान सम्पूर्ण ढंग से पोशाक पहन लेते हैं। कोलोडनी, मास्टस एवं जौनसन (Kolodny, Masters & Johnson. 1979) के अध्ययन के अनुसार बहुत से विवाहित पुरुष जिनमें भिन्न लिंग वस्त्र धारण का विचलन पाया जाता है, अपने पत्नी को क्रॉस पहनावा व्यवहार करने के लिए भी बाध्य करते हैं। हाल में किए गए शोधों से यह भी पता चला है कि ऐसे व्यक्ति में ईर्ष्या अधिक होती है और वे आत्म-केन्द्रित होते हैं तथा घनिष्ठता की क्षमता इनमें सीमित होती है। इनका वैवाहिक जीवन में लड़ाई-झगड़ा अधिक होते पाया जाता है। ऐसे पुरुषों में महिलाओं जैसे भाव भी उत्पन्न होने लगता है।

9. कौटुम्बिक व्यभिचार

इस प्रकार की यौन विकृति का आशय परिवार के सदस्यों के बीच में सामाजिक एवं सांस्कृतिक रूप से निषेधित यौन समागम से होता है। इसमें भाई एवं बहन, पिता एवं पुत्री, माँ बेटा, चाचा भतीजी, श्वशुर बहू, मामा-भगिनी के बीच यौन समागम अधिक सामान्य है। इनमें से माँ-बेटा के बीच यौन समागम सरल विरल होता है। समीट एवं क्रोइसो (1978) ने अपने अध्ययन के आधार पर यह बतलाया है कि संयुक्त राज्य अमेरिका में करीब प्रतिवर्ष 36,000 पिता-पुत्री यौन समागम के केसेज होते हैं। हरमैन (1981) के अनुसार केसेज की वास्तविक संख्या इससे भी अधिक हो सकती है। बागले (1969) ने भिन्न-भिन्न तरह के कौटुम्बिक व्यभिचारी व्यवहारों का अध्ययन किया है और बतलाया है कि इस प्रकार के व्यवहार प्रमुख रूप से पाँच कारणों से होते हैं जो निम्नलिखित हैं–

(i) परिस्थितिजन्य कौटुम्बिक व्यभिचार–इस तरह के कौटुम्बिक व्यभिचार (incest) में परिस्थिति महत्त्वपूर्ण कारण माना गया है। जैसे, यदि किशोरावस्था में

भाई तथा बहन एक ही कमरे में सोते हों, तो उन दोनों में लैंगिक प्रयोग तथा लैंगिक समागम की संभावना अधिक बढ़ जाती है।

(ii) पारिवारिक विकृति तथा क्षुब्ध वैवाहिक संबंध—लेनिओन (1986) ने अपने अध्ययन में पाया है और यह निष्कर्ष निकाला कि जब पति-पत्नि का संबंध ठीक नहीं होता है, तो इससे पिता-पुत्री सहवास में वृद्धि हो जाती है।

(iv) गंभीर मनोरोग—जो व्यक्ति मद्यपानता और मनोविकृति से ग्रसित होते हैं, वे स्वयं पर नियन्त्रण करने में इतने असक्षम होते हैं कि उन्हें कौटुम्बिक व्यभिचारी व्यवहार करने में किसी प्रकार की कोई हिचकिचाहट नहीं होती है। इस तरह का व्यवहार मनोविकारी माता-पिता में भी अधिक देखने को मिलता है।

(iii) दोषपूर्ण पैतृक मॉडल—कुछ अध्ययनों में ऐसा पाया गया है कि यदि पिता अपनी पुत्री के साथ सहवास करते हैं तो वे अपने लड़के को एक ऐसा अवांछनीय मॉडल प्रदान करते हैं जिससे वे (लड़के) अपनी बहनों के साथ सहवास करने या फिर अपनी बेटियों के साथ सहवास करने की पर्याप्त प्रेरणा प्राप्त करते हैं। इस तरह से दोषपूर्ण पैत्तृक मॉडल से कौटुम्बिक व्यभिचारी व्यवहार को बढ़ावा मिलता है।

(v) बाल लैंगिकता—कतिपय माता-पिता ऐसे भी होते हैं जो बाल लैंगिकता से इतनी बुरी तरह प्रभावित होते हैं कि वे अपने ही बच्चों को बेझिझक अपने लैंगिक हवस का शिकार बना लेते हैं।

उपरोक्त विवरण के आधार पर यह कहा जा सकता है कि कौटुम्बिक व्यभिचार (incest) के कई रूप होते हैं तथा उसके कई प्रकार होते हैं।

10. बलात्कार

यह ऐसी यौन विकृति जिसमें एक व्यक्ति अर्थात् पुरुष दूसरे व्यक्ति अर्थात् महिला को वास्तविक या धमकीपूर्ण बलकृत दवाब डालकर लैंगिक समागम करता है। अध्ययनों से इस बात की पुष्टि हुई है कि अधिकतर बलात्कार की घटना कम उम्र के पुरुषों द्वारा अर्थात् 18 से 24 साल के पुरुषों द्वारा ही किया जाता है। अधिक उम्र के पुरुषों द्वारा इस तरह का व्यवहार कम संख्या में किया जाता है।

मनोवैज्ञानिकों का मानना है कि बलात्कार एक सुनियोजित व्यवहार है और यह कोई पृथक् क्रिया न होकर पुनरावृत्तीय क्रिया होती है। इस सन्दर्भ में किये गये अध्ययनों से यह ज्ञात हुआ है कि बलात्कार करने वाले पुरुष प्रायः निम्न

सामाजिक-आर्थिक स्तर के होते हैं तथा उनकी बुद्धि तथा शिक्षा-दीक्षा भी कम होती है। बलात्कार की घटना में करीब एक तिहाई बलात्कार ऐसे होते हैं। जिसमें अपराधी की संख्या एक से अधिक होती है। बलात्कार चाहे एक अपराधी द्वारा किया गया हो या अपराधियों के एक समूह द्वारा किया गया हो, इसमें शारीरिक आघात अधिक होता है। कभी-कभी तो महिला की हत्या भी कर दी जाती है। शारीरिक आघात के अलावा मानसिक आघात भी तीव्र होता है जिससे उनमें विषाद, परिहार तथा विषमलिंगी संबंध में बाधा आदि प्रधान हैं।

ग्रोथ एवं उनके सहयोगियों (1977) ने बलात्कार की 225 घटनाओं का विश्लेषण किया और पाया कि बलात्कार में तीन तरह के तत्त्व मिले होते हैं–क्रोध बल तथा लैंगिकता। इन लोगों ने इन तीनों तथ्यों में लैंगिकता को बलात्कार में सबसे कम महत्त्वपूर्ण पाया है और कहा है कि बलात्कार में मूलतः क्रोध तथा बल की प्रधानता होती है। इन लोगों ने बल-प्रेरित बलात्कार एवं क्रोध-प्रेरित बलात्कार दोनों को दो-दो भागों में बाँटा है और इस तरह से बलात्कार के मूल चार प्रकार हो जाते हैं जो निम्नांकित हैं–

(i) बल-निश्चयात्मक बलात्कार–इस प्रकार का बलात्कार महिलाओं में भय उत्पन्न करके किया जाता है। ऐसे लोगों में दूसरों पर अधिकार जमाने या अपनी शक्ति दिखलाने की अटूट लालसा होती है। ग्रोथ के प्रतिदर्श में करीब 44% बलात्कार इस श्रेणी के थे।

(ii) बल-आश्वस्त बलात्कार–इस तरह के बलात्कार में भी बलात्कारकर्त्ता (rapist) महिला को डरा-धमकाकर रास्ते पर लाता है और उसमें यह भाव प्रधान होता है कि यह तो अबला है जो हमेशा हमसे कमजोर है। अतः वह विश्वस्त होकर उस पर जबरदस्ती बलात्कार करता है। ग्रोथ के प्रतिदर्श (sample) में करीब 21% बलात्कार इस श्रेणी के थे।

(iii) क्रोध-प्रतिशोध बलात्कार–इस प्रकार का बलात्कार प्रतिशोध की भावना से किया जाता है। उसमें महिला के प्रति घृणा, क्रोध एवं विरक्ति की भावना भी होती है। ऐसे बलात्कार में लैंगिक सुख (sexual pleasure) यदि कुछ होता भी है, तो वह नाममात्र का ही। ग्रोथ एवं उनके सहयोगियों के प्रतिदर्श में करीब 30% बलात्कार इसी श्रेणी के थे।

(iv) क्रोध-उत्तेजन बलात्कार–इस प्रकार का बलात्कार ऐसा होता है, जिसमें बलात्कारकर्त्ता को लैंगिक सुख एवं उत्तेजन अपने आक्रामक व्यवहार के लैंगिक तत्त्वों से नहीं होता है बल्कि महिला को तड़पते देखने से होता है। इस तरह

के बलात्कारकर्त्ता का व्यक्तित्व परपीड़न श्रेणी का होता है। ग्रोथ एवं उनके सहयोगियों द्वारा अध्ययन किए गए प्रतिदर्श का करीब 5% बलात्कार इसी श्रेणी के थे।

स्त्रीसमलिंगकामुकता

जब व्यक्ति अपने ही लिंग के साथ लैंगिक संबन्ध स्थापित करता है तो वह समजातिलैंगिकता कहलाता है। महिलाओं में इस तरह के व्यवहार को स्त्रीसमलिंगकामुकता कहा जाता है। पहले के मनोवैज्ञानिकों में इस तरह के व्यवहार को स्त्रीसमलिंगकामुकता कहा जाता है। पहले के मनोवैज्ञानिकों एवं मनश्चिकित्सकों द्वारा समजातिलैंगिकता को एक मानसिक विकृति माना जाता था तथा समजातिलिंगी को एक बीमार व्यक्ति माना जाता था। परन्तु आधुनिक मनोवैज्ञानिकों एवं मनश्चिकित्सकों ने स्पष्ट कर दिया है कि समजातिलैंगिकता में किसी प्रकार का व्यक्तित्व अपसमायोजन नहीं होता है। यही कारण है कि अमेरिकन मनश्चिकित्सक संघ द्वारा प्रकाशित DSM के मानसिक रोग की श्रेणी से इसे हटा दिया है। लैनसन (1985) द्वारा किए गए अध्ययनों से पता चला है कि दिन-ब-दिन समजातिलिंगियों की संख्या में वृद्धि होते जा रही है।

समजातिलैंगिकता की वजह क्या है? इसका विश्लेषण करने के लिये तीन प्रकार के सिद्धान्तों का प्रतिपादन किया गया है। पहला जैविक, दूसरा मनोवैज्ञानिक और तीसरा समाज शास्त्रीय जैविक सिद्धान्त के अनुसार इसकी उत्पत्ति में हारमोन्स गड़बड़ी मनोलैंगिक विचारधारा के अनुसार समजातिलिंगी मनोलैंगिक विकास के जननेन्द्रिय अवस्था के स्थाईकृत होते हैं। समाजशास्त्रीय सिद्धान्त के अनुसार समजातिलैंगिकता का कारण दोषपूर्ण पारिवारिक संबंध तथा माता-पिता द्वारा विकृत देख-रेख बतलाया गया है।

इन सबके बाद भी विशेषज्ञों, मनोवैज्ञानिकों एवं मनश्चिकित्सकों के बीच समजातिलैंगिकता के कारण के बारे में कोई सहमति नहीं है।

लिंग पहचान असामान्यता

कुछ लोगों में इस भावना की प्रबलता होती है कि उन्हें एक गलत शरीर (body) ईश्वर ने दे दिया है। इसका मतलब यह हुआ कि इस तरह की अनुभूति वाले पुरुष को यह महसूस होता है कि वे पुरुष ही हैं परन्तु गलती से शरीर स्त्री

का दे दिया गया है। ऐसा महसूस करके पुरुष तथा स्त्री दोनों ही काफी परेशान रहते हैं और इस तरह की स्थिति को **लिंग पहचान विकृति** कहा जाता है। इसे **परालैंगिकता** भी कहा जाता है।

कुछ परालैंगिक व्यक्ति अपने लैंगिक विशेषताओं का हारमोनल उपचार से करते है। परालैंगिक पुरुष के लिए दिया जाने वाले हारमोन एस्ट्रोजेन है जबकि परालैंगिक महिला के लिए दिया जाने वाला हारमोन टेस्टोस्ट्रोन है। इस तरह के उपचार के बाद महिलाओं में पुरुषों के गौण यौन गुण तथा पुरुषों में महिलाओं के गौण यौन गुण विकसित हो जाते हैं। फिर बाद में यौन-पुनर्हस्तान्तरण सर्जरी द्वारा उनमें नए यौन के अनुसार प्राथमिक यौन गुण का विकास किया जाता है।

अधिकांश परालैंगिक व्यक्ति मानते हैं कि उन्हें बाल्यावस्था से ही अपने परालैंगिक होने की जानकारी है। कई लोगों ने यह भी बतलाया है कि वे बाल्यावस्था तथा किशोरावस्था से ही विपरीत लिंग की पोशाक पहनते थे तथा विपरीत लिंग के व्यक्तियों की यौन भूमिका करते थे। यद्यपि लिंग पहचान विकृति बहुत कुछ भिन्न लिंग वस्त्र धारण से मिलती-जुलती है, फिर भी ये दोनों एक-दूसरे से भिन्न हैं। भिन्न लिंग वस्त्र धारण एक तरह का पाराफिलिया है जिसमें एक विषमलिंगी पुरुष लैंगिक उत्तेजन की प्राप्ति के ख्याल से महिला का वस्त्र धारण करता है। ऐसे पुरुषों में महिला होने का कोई भाव नहीं होता है। सिर्फ महिला का वस्त्र धारण मात्र से ही उन्हें लैंगिक उत्तेजन मिलता है। दूसरी तरफ परालैंगिक व्यक्ति क्रॉस-पहनावा से लैंगिक उत्तेजन का अनुभव नहीं करता है। इस विकृति का उत्तम उपचार यौन पुनर्हस्तान्तरण सर्जरी है जिसमें रोगी के जनेन्द्रिय को लिंग पहचान से सुमेलित कर दिया जाता है।

11

महिलाओं में संवेदना का अध्ययन

आइजेंक (1972) और उनके साथियों के अनुसार, "संवेदना वह मानसिक प्रक्रम है जो आगे विभाजन योग्य नहीं होता। यह ज्ञानेन्द्रियों को प्रभावित करने वाली उत्तेजना द्वारा उत्पादित होता है तथा इसकी तीव्रता, उत्तेजना पर निर्भर करती है और इसके गुण ज्ञानेन्द्रिय की प्रकृति पर निर्भर करते हैं।" आइजेंक के उपरोक्त कथन से स्पष्ट है कि संवेदनायें विभिन्न उत्तेजनाओं के फलस्वरूप उत्पन्न होती हैं।

दृष्टि संवेदना

दृष्टि संवेदना नेत्र से सम्बन्धित होती है। नेत्र के माध्यम से ही जीव को प्रकाश, रंग, वस्तुओं का रूप, आकार, गति आदि के अनुभव प्राप्त होते हैं। बाह्य जगत की वस्तुयें उद्दीपक का कार्य करती हैं। उन उद्दीपकों से निकली प्रकाश तरंगों द्वारा दृष्टि संवेदना की उत्पत्ति होती है। प्रकाश एक विकीर्ण ऊर्जा (Radiant Energy) है, इससे उत्पन्न तरंगों का अध्ययन चुम्बकीय अथवा विद्युतीय धारा के रूप में किया जाता है। प्रकाश की अनुपस्थिति में व्यक्ति देख नहीं सकता है। प्रकाशमान (Luminous) वस्तुएँ; जैसे– शीशा तथा रेडियम आदि पर जब प्रकाश पड़ता है तब यह स्वयं ही दिखायी देती हैं तथा इससे परावर्तित (Reflected) प्रकाश में अन्य वस्तुएँ भी दिखाई देती हैं, अतः या तो प्रकाश मूल स्रोत से निकल कर सीधा हमारी आँखों पर आता है अथवा किसी अन्य वस्तु पर गिरता है और यहाँ से परावर्तित (Reflected) होकर हमारी आँखों पर पड़ता है। सबसे छोटी प्रकाश तरंग की लम्बाई 4000 मिली माइक्रोन (mμ) तथा सबसे बड़ी तरंग की लम्बाई सम्भवतः 1/1000

mμ होती है। आँखें केवल 390 mμ से 760 mμ लम्बाई वाली प्रकाश तरंगों को ग्रहण करती हैं। यह देखा गया है कि दिन में 560 mμ तथा रात्रि में 510 mμ लम्बाई की प्रकाश तरंगों के प्रति आँखें अधिक संवेदनशील होती हैं। सूर्य के प्रकाश में विभिन्न रंगों की तरंगें सम्मिलित होती हैं। न्यूटन (1766) ने प्रिज्म की सहायता से देखा कि सूर्य के प्रकाश में इन्द्रधनुष (Rainbow) के सभी रंग होते हैं। उसने अपने अध्ययनों से यह निष्कर्ष निकाला कि सूर्य का प्रकाश विभिन्न रंगों से मिलकर बना है।

दृष्टि संग्राहक

इसमें निम्न चीजें आती हैं—

आँख की संरचना—दृष्टिगत अनुभव नेत्र द्वारा होते हैं, अतः नेत्र की संरचना का ज्ञान आवश्यक है। नेत्र की संरचना इस प्रकार होती है कि यह कैमरे का कार्य करती है। नेत्र गोलक का औसत व्यास 25 mm तथा भार 7 ग्राम होता है। आँख के गोलक में तीन परतें होती हैं—श्वेत पटल, मध्य पटल और अन्तःपटल।

सफेद पटल—यह परत कड़ी और अपारदर्शी होती है, परन्तु लेन्स के सामने वाला भाग, जिसे कोर्निया (Cornea) कहा जाता है, पतला तथा पारदर्शी होता है।

आन्तरिक पटल—श्वेल पटल से बाद की संरचना है। मध्य पटल का कोर्निया और लेन्स के बाद बीच का भाग आइरिस (Iris) कहलाता है।

अन्तःपटल—आँख की सर्वाधिक महत्त्वपूर्ण रचना है। रेटिना की संरचना अनेक सपोर्टिंग सेल्स तथा न्यूरॉन्स (Neurons) से होती है। इन न्यूरॉन्स का अध्ययन हमारे लिए आवश्यक है।

रेटिना में न्यूरॉन्स की तीन सतह (Layers) पायी जाती हैं। प्रथम सतह रिसेप्टेव न्यूरॉन्स की है। इसी सतह में विशिष्ट संग्राहक दण्ड (Rods) तथा शंकु (Cones) पाये जाते हैं। रेटिना की दूसरी सतह में बाई पोलर न्यूरॉन्स पाये जाते हैं। यह सेन्स की है, यह सेल्स रेटिना की आन्तरिक सतह पर फैले हुए होते हैं, परन्तु सभी सेल्स अन्ध बिन्दु (Blind Spot) पर एकत्र हो जाते हैं। दण्ड (Rods) रेटिना के दोनों छोरों पर घने रूप से पाये जाते हैं, ये प्रकाश और अन्धकार के प्रति संवेदनशील होते हैं। पीत बिन्दु (Fover) की ओर चलने पर इनकी संख्या कम होती जाती है। एक आँख की रेटिना में इनकी संख्या लगभग दस करोड़ होती है। यह आकार में पतले होते हैं। रंगों की संवेदना शंकुओं (Cones) द्वारा होती है। अँधेरा बढ़ने के साथ इनकी क्रियाशीलता कम होती जाती है। यही कारण है कि हमें अँधेरे

में रंग बिल्कुल नहीं दिखाई देते हैं। एक आँख की रेटिना पर शंकुओं की संख्या लगभग सत्तर लाख होती है।

पीत बिन्दु (Fover or Yellow Spot) पर शंकु अधिक घने होते हैं। यहाँ लगभग, 50,000 शंकु पाये जाते हैं। इस बिन्दु पर दण्ड बिल्कुल नहीं पाये जाते हैं। अँधेरे में फोबिया निष्क्रिय हो जाता है, क्योंकि इस बिन्दु पर दण्ड नहीं पाये जाते हैं। यह देखा गया है कि दृष्टि-क्षेत्र के केन्द्र में स्थित वस्तुओं का प्रतिबिम्ब फोबिया के बीच में बनता है, यह प्रतिबिम्ब स्पष्टतम होता है, इसलिए फोबिया स्पष्टतम दृश्य का बिन्दु कहलाता है। फोबिया पर स्थित शंकुओं में से प्रत्येक शंकु का सम्बन्ध अलग-अलग स्नायु तन्तु द्वारा सीधे मस्तिष्क द्वारा होता है। फोबिया से लगभग तीन मिसी. की दूरी पर अन्ध बिन्दु (Blind Spot) स्थापित होता है। इस बिन्दु पर शंकु और दण्ड पाये जाते हैं। इसी बिन्दु से दृष्टि स्नायुओं की संख्या कम पाई जाती है अतः स्नायु से कई-कई दण्ड सम्बन्धित होते हैं।

दृष्टि समायोजन

आँख को भिन्न-भिन्न प्रकाश मात्रा में अनुकूलन या समायोजन करना पड़ता है। प्रकाश तीव्रता के प्रति आँख का प्यूपिल तथा फोटोरिसेप्टर्स समय-समय पर मुख्यतः दो प्रकार से अनुकूलन करते हैं। जब एक व्यक्ति अँधेरे कमरे में घुसता है तो प्रारम्भ में उसे कुछ भी दिखाई नहीं देता है, परन्तु कुछ ही समय में उसे थोड़ा-थोड़ा दिखायी देने लगता है। यह प्रक्रिया अंधकार अनुकूलन (Dark Adaptation) तथा इसके विपरीत प्रक्रिया (Light Adaptation) कहलाती है। दृष्टि के क्षेत्र में अनुकूलन का अर्थ है कि फोटोरिसेप्टर्स की रिएक्टीविटी तथा पुतली (Pupil) के आकार में परिवर्तन के कारण दण्ड (Rods) के उद्दीप्त होने तथा क्रियाशील होने में समय लगता है। इस समय या अवधि में यह सभी बढ़े हुए या घटे हुए प्रकाश के प्रति अनुकूलन करती है। हरीमैन (Harriman, 1959) के अनुसार अन्य ज्ञानेन्द्रियों में भी इस प्रकार का अनुकूलन पाया जाता है। अनुकूलन के क्षेत्र में वाल्ड तथा क्लार्क (Wald & Clark, 1937) ने अपने प्रयोगों के आधार पर बताया कि प्रकाश-अनुकूलन में शंकु प्रकाश के प्रति संवेदनशील हो उठते हैं तथा दण्डों की संवेदनशीलता समाप्त हो जाती है। प्रकाश अनुकूलन अंधकार अनुकूलन की अपेक्षा शीघ्र सम्पन्न हो जाता है। बहुत सी अवस्थाओं में प्रकाश अनुकूलन केवल कुछ ही मिनट में सम्पन्न हो जाता है। हेच (Hecht, 1934) ने अपने प्रयोगों के आधार पर बताया है कि अनुकूलन पर

प्रकाश की मात्रा के अतिरिक्त रेटिना के उद्दीप्त क्षेत्र तथा आकार का भी प्रभाव पड़ता है।

तीक्ष्ण दृष्टि—इसका अर्थ है—किसी उद्दीपक को स्पष्ट देखना तीक्ष्ण दृष्टि (दृष्टि तीक्ष्णता) मनुष्य के अतिरिक्त कुछ पशुओं और पक्षियों की भी होती है। चील की दृष्टि तीक्ष्णता काफी अधिक होती है। यह एक प्रकार की क्षमता है जिसकी सहायता से सूक्ष्म से सूक्ष्म उद्दीपकों को स्पष्ट रूप से देखा जा सकता है तथा दो उद्दीपकों के सूक्ष्म अन्तर को भी स्पष्ट किया जा सकता है। दृष्टि-तीक्ष्णता उद्दीपक तीव्रता से घनिष्ठ रूप से सम्बन्धित होती है। यह देखा गया है कि मन्द प्रकाश में दृष्टि-तीक्ष्णता कम तथा अधिक प्रकाश में दृष्टि-तीक्ष्णता अधिक होती है, क्योंकि प्रकाश की अधिकता में शंकुओं की क्रियाशीलता अधिक होती है। ग्राह्म तथा कुक (Graham& Cook, 1937) ने अपने प्रयोग में देखा कि मन्द अवस्था से जैसे-जैसे प्रकाश की मात्रा बढ़ाई जाती है तो प्रारम्भ में दृष्टि-तीक्ष्णता मन्द गति से बढ़ती है तथा बाद में दृष्टि तीक्ष्णता प्रकाश की मात्रा के बढ़ने के साथ-साथ बढ़ती जाती है। एक निश्चित सीमा के बाद यदि प्रकाश की मात्रा बढ़ाई जाती है तो दृष्टि तीक्ष्णता में बहुत थोड़ी वृद्धि होती है। दृष्टि तीक्ष्णता प्रकाश की मात्रा के बढ़ने के साथ-साथ बढ़ती जाती है। एक निश्चित सीमा के बाद यदि प्रकाश की मात्रा बढ़ाई जाती है तो दृष्टि तीक्ष्णता में बहुत थोड़ी वृद्धि होती है। दृष्टि तीक्ष्णता को प्रभावित करने वाला दूसरा कारक वह धरातल है जिस पर कि उद्दीपक उपस्थित किया जाता है। यदि यह धरातल अन्धकारमय है तो दृष्टि तीक्ष्णता नहीं बढ़ती है। दृष्टि तीक्ष्णता को प्रभावित करने वाला दूसरा कारक वह धरातल है जिस पर कि उद्दीपक स्पष्ट रूप से दिखाई देता है क्योंकि फोबिया में शंकु अधिक संख्या में पाये जाते हैं तथा प्रत्येक शंकु एक पृथक् नाड़ी से सम्बद्ध होता है जो मस्तिष्क को सूचना पहुँचाता है। रेटिना पर फोबिया से जितनी ही दूर प्रतिबिम्ब बनता है उतना ही कम स्पष्ट दिखाई देता है, क्योंकि फोबिया से जितना ही दूर जाते जायें, शंकुओं की संख्या कम और कम होती जाती है। दृष्टि तीक्ष्णता को प्रभावित करने वाला चौथा प्रमुख कारक है अभ्यास। मेक्फडेन (1940) ने अपने अध्ययनों के आधार पर बताया कि अभ्यास से दृष्टि तीक्ष्णता विकसित होती है।

पश्चात् प्रतिमाएँ (After Images)—रेटिना के शंकु उद्दीपक के हट जाने के थोड़ी देर बाद तक भी सक्रिय रहते हैं। इसी सक्रियता के कारण उद्दीपक के हट जाने के बाद भी उद्दीपक की अनुभूति होना ही पश्चात् प्रतिमा कहलाती है। यह पश्चात् प्रतिमाएँ दो प्रकार की होती हैं—

धनात्मक पश्चात् प्रतिमा–धनात्मक पश्चात् प्रतिमा वह होती है जिसमें उद्दीपक के हट जाने के बाद भी कुछ समय तक वही उद्दीपक दिखाई देता है। उदाहरण के लिए, यदि तीव्र प्रकाश पर ध्यान केन्द्रित किया जाये और फिर ध्यान हटाकर साधारण पृष्ठभूमि पर केन्द्रित किया जाय तो निश्चय ही इस पृष्ठभूमि पर तीव्र प्रकाश से सम्बन्धित प्रतिमा कुछ देर तक दिखाई देती रहेगी। धनात्मक पश्चात् प्रतिमा का बनना मुख्यतः दो कारकों पर निर्भर करता है–प्रथम तो यह कि उद्दीपक की तीव्रता जितनी ही अधिक होगी तथा उद्दीपक के हटने के बाद पृष्ठभूमि जितनी ही कम प्रकाश तीव्रता वाली हो, धनात्मक पश्चात् प्रतिमा उतनी ही स्पष्ट और अधिक देर तक बनने वाली होगी।

निषेधात्मक पश्चात् प्रतिमा–धनात्मक पश्चात् प्रतिमा वह होती है जिसमें उद्दीपक के हटने के बाद में उद्दीपक रंग के पूरक रंग ही प्रतिमा दिखाई देती है। उदाहरण के लिए, यदि 30 से. तक लाल रंग का ध्यान केन्द्रित करने के बाद ध्यान हटाकर भूरे रंग पर केन्द्रित किया जाय तो हरे रंग की प्रतिमा दिखाई देगी। इसी प्रकार यदि हरा उद्दीपक हो तो लाल रंग की पश्चात् प्रतिमान बनेगी। नीले के बाद पीले और पीले के बाद नीले रंग की निषेधात्मक पश्चात् प्रतिमा बनती है। इस प्रकार की पश्चात् प्रतिमाओं को उद्दीपक की तीव्रता तथा धरातल की तीव्रता आदि कारक प्रभावित करते हैं। मिजियाक और लाजिटो (1951) ने अपने प्रयोग में देखा कि पश्चात् प्रतिमाओं को सत्ताकाल कारक भी प्रभावित करता है। इन वैज्ञानिकों ने अपने प्रयोग में यह भी देखा कि उद्दीपक पर यदि दोनों नेत्र केन्द्रित किए जाएँ तो पश्चात् प्रतिमा को महत्त्वपूर्ण ढंग से प्रभावित करता है। धनात्मक एवं निषेधात्मक पश्चात् प्रतिमा में हमेशा पूरक रंगों की ही प्रतिमा क्यों बनती है, इसकी व्याख्या यंग-हेल्महोज सिद्धान्त के आधार पर की जा सकती है।

कलर या रंग संवेदना

दृष्टि से सम्बन्धित संवेदनाओं को दो भागों में बाँटा जाता है। प्रथम प्रकार की संवेदनाएँ (Chromatic Sensation) हैं; उदाहरण के लिए, विभिन्न रंगों; जैसे-लाल, हरा, नीला, पीले रंग की संवेदनायें। इसी प्रकार दूसरे प्रकार की दृष्टि संवेदनायें हैं–रंगविहीन संवेदनाएँ (Achromatic Sensation); उदाहरण के लिए–काले, भूरे और सफेद संवेदनाओं को संवेदना माना जाता है। बैंगनी, हरा, पीला, नीला, लाल और नारंगी रंग शुद्ध कहलाते हैं। परन्तु शुद्ध रंग की संवेदना कम और मिश्रित रंगों की संवेदना अधिक होती है। अर्थात् व्यक्ति को प्रायः मिश्रित रंगों

के शेड तैयार किये जा सकते हैं। विभिन्न रंगों की तरंग की लम्बाई भिन्न-भिन्न होती है; उदाहरण के लिए—लाल, नांरगी और पीले रंगों की तरंगों की लम्बाई क्रमशः 660 mμ, 610mμ, 585mμ होती है। बैंगनी, नीले और हरे रंग की तरंगों की लम्बाई क्रमशः 430 mμ, 485mμ तथा 590 mμ होती है।

विशेषताएँ—रंग की प्रमुख तीन विशेषतायें होती हैं जो निम्न हैं—

वर्ण—विभिन्न रंगों से सम्बन्धित छायाओं को वर्ण कहते हैं। प्रत्येक रंगीन उद्दीपक का कोई न कोई वर्ण अवश्य होगा।

चमक—रंग की दूसरी विशेषता **चमक** (Brightness) है। जिस प्रकार रंग का वर्ण तरंग की लम्बाई पर निर्भर करता है, ठीक उसी प्रकार रंग की चमक तरंग की ऊँचाई पर निर्भर करती है। किसी भी रंग की प्रकाश तरंग की ऊँचाई जितनी अधिक होगी, उसमें चमक उतनी ही अधिक होगी। लाल रंग की प्रकाश तरंगों की ऊँचाई नीले तथा पीले रंग की प्रकाश तरंगों की ऊँचाई से अधिक होती है। अतः लाल रंग इन रंगों की अपेक्षा अधिक चमकीला होता है।

कलरों की शुद्धता—विभिन्न रंगों में गाढ़ेपन और फीकेपन में भी अन्तर होता है। जो रंग जितना ही अधिक गाढ़ा होता है वह उतना ही अधिक शुद्ध और जितना ही अधिक फीका होता है वह उतना ही अधिक अशुद्ध होता है। अशुद्ध रंग की उत्तेजना अशुद्ध अथवा विषम प्रकाश की संवेदना ग्रहण करते है। आँख के गड्ढे में नेत्र गोलक छः मांसपेशियों द्वारा घुमाई जाने वाली तरंगों से होती है, जबकि शुद्ध रंग की संवेदना शुद्ध अथवा सम प्रकाश तरंगों से होती है। दूसरे शब्दों में, यदि किसी वस्तु से विभिन्न लम्बाई और ऊँचाई की प्रकाश तरंगें निकलती हैं तो उससे रंग गाढ़ा और शुद्ध दिखलाई पड़ता है।

कलर मिश्रण—भौतिक-शास्त्र में अनेक प्रयोगों से यह ज्ञात हुआ है कि विभिन्न लम्बाई की प्रकाश तरंगों के मिश्रण से भी रंग की संवेदना होती है। उदाहरण के लिये, यह आवश्यक नहीं है कि पीले रंग की संवेदना होने के लिए किसी वस्तु से निकली हुई तरंगें 600 मिलीमाइक्रोन लम्बी हों। इन तरंगों की लम्बाई चाहे कुछ भी हो परन्तु यदि सभी को औसत लम्बाई 600 मिलीमाइक्रोन है तो उससे पीले रंग की संवेदना होगी। रंगों के मिश्रण से यह देखा गया है कि दो भिन्न रंगों के मिलने पर एक तीसरे रंग की संवेदना होती है। प्रयोगशाला में इस तथ्य को दिखलाने के लिए रंग मिश्रण यन्त्र की सहायता ली जाती है जिसका चित्र सामने दिया गया है। जैसा कि चित्र में दिखलाई पड़ता है इस यन्त्र में दो से अधिक रंग की तख्तियाँ मिलाकर लगा दी जाती हैं। यन्त्र को चलाने पर उसकी धुरी घूमती है, जिससे विभिन्न

रंगों की तख्तियाँ भी घूमने लगती हैं। जब धुरी के घूमने की गति धीमी होती है तो रंग अलग-अलग दिखलाई पड़ते हैं, परन्तु जब यह गति बढ़ा दी जाती रहे तो रंगों में झिलमिलाहट दिखलाई पड़ती है। अब यदि यह गति और भी बढ़ा दी जाय तो झिलमिलाहट के स्थान पर एक तीसरा रंग दिखलाई पड़ता है, जो कि विभिन्न तख्तियों के रंगों के मिश्रण से बना है। तीसरे रंग की संवेदना का कारण यह है कि धुरी के घूमने से दो तख्तियों के दो रंग अक्षिपट को भिन्न-भिन्न स्थान पर उत्तेजित करते हैं। यह उत्तेजना एक साथ होने के कारण दोनों की प्रकाश तरंगों की लम्बाई के औसत के अनुरूप रंग की संवेदना होती है।

वर्णान्धता

दृष्टि संवेदना के संदर्भ में वर्णान्धता को समझना आवश्यक है। सामान्य व्यक्ति काले, पीले, हरे, लाल आदि रंगों को पहचानता है और उनमें अन्तर कर सकता है क्योंकि स्वस्थ आँख में रंगों में भेद करने की शक्ति होती है। परन्तु कुछ व्यक्ति रंगों में अन्तर नहीं कर सकते और न उनको पहचान सकते हैं। आँख का यह दोष वर्णान्धता कहलाता है। इस प्रकार की दोषपूर्ण आँख वाले व्यक्ति वर्णान्ध कहलाते हैं। वर्णान्धता जन्मजात भी हो सकती है और अर्जित भी हो सकती है।

वर्णान्धता एक दैहिक दशा या दोष है। यह सबसे पहले सन् 1866 में ज्ञात हुआ। इस दोष से पीड़ित डाल्टन ने इसके विषय में बहुत कुछ लिखा है। अधिकतर यह दोष जन्मजात होने के कारण इसका उपचार बहुत कठिन होता है। परन्तु मादक द्रव्यों के सेवन से अथवा अन्य कारणों से अर्जित वर्णान्धता को दूर किया जा सकता है। बहुधा जन्मजात वर्णान्धता सम्पूर्ण अक्षिपट में होती है, जबकि अर्जित वर्णान्धता केवल पीत बिन्दु तक ही सीमित होती है। पहली दशा में उपचार दूसरी दशा से बहुत कठिन होता है। कुछ अध्ययनों से यह ज्ञात हुआ है कि वर्णान्धता के सम्बन्ध में लिंग भेद से भी प्रभाव पड़ता है, जबकि स्त्रियों में इसका अनुपात एक प्रति हजार होता है, पुरुषों में यह 3.5 से 4 प्रतिशत प्रति व्यक्ति तक में देखा जा सकता है। ऐसा नहीं है कि वर्णान्ध व्यक्ति को रंगों का अनुभव तो होता हो और वह उसे पहचान न पाता हो। ऐसा व्यक्ति वर्णान्ध न होकर वर्ण के विषय में अज्ञानी कहा जा सकता है और उसके दोष का आसानी से उपचार किया जा सकता है। दूसरी ओर, जैसा कि पीछे बतलाया जा चुका है, वर्णान्ध व्यक्ति को विशिष्ट अथवा सभी रंगों की संवेदना होती ही नहीं और उसका यह दोष आसानी से दूर भी नहीं किया जा सकता।

श्रव्य संवदेनाएँ

हमारे दैनिक जीवन में श्रवण-संवेदना का महत्त्व दृष्टि-संवेदना से किसी प्रकार भी कम नहीं है। आँख के समान कान भी दूर स्थित संवेदनाओं को ग्रहण कर लेते हैं। जिस प्रकार आँखें प्रकाश की संग्राहक हैं उसी प्रकार कान ध्वनि तरंगों से उत्तेजना ग्रहण करते हैं। यह ध्वनि प्रकम्पमान वस्तुओं से उत्पन्न होती है। उदाहरण के लिये किसी तार को खींचकर छोड़ देने से वह कुछ समय तक काँपता रहता है। इस कम्पन से उसके चारों ओर की वायु पर प्रभाव पड़ता है और उसमें भी कम्पन शुरू हो जाता है। जिस प्रकार पानी के किसी तालाब में कोई पत्थर फेंकने पर उससे उत्पन्न हुई गति के कम्पन की लहरें किनारे तक पहुँचती हैं। उसी प्रकार वायु की तरंगों के सहारे कम्पन एक स्थान से दूसरे स्थान तक पहुँचता है। कान की रचना इस प्रकार की होती है कि वह इस यन्त्रवत् कम्पन गति को ग्रहण करता है। बोलने से, शोर करने से, किसी वस्तु को गिराने से या उस पर चोट करने से अन्य किसी माध्यम से जो ध्वनि उत्पन्न होती है वह कम्पन के रूप में वायु तरंगों के माध्यम से कान तक पहुँचती है और कान के द्वारा हम उसे सुनते हैं। स्पष्ट है कि यदि किसी स्थान पर वायु न हो तो शून्य में ध्वनि सुनाई नहीं पड़ सकती। वायु में ध्वनि की गति 1120 फीट प्रति सेकेण्ड अथवा लगभग पाँच सेकेण्ड में एक मील होती है। प्रयोगों से ज्ञात हुआ है कि वायु की अपेक्षा जल में ध्वनि की गति पाँच गुना और लोहे में 25 गुना तीव्र होती है। इस प्रकार जल में ध्वनि की गति एक मील प्रति सेकेण्ड और लोहे में पाँच मील प्रति सेकेण्ड होगी। इसी प्रकार तार के माध्यम से ध्वनि को बड़ी शीघ्र गति से एक जगह से दूसरी जगह पहुँचाया जाता है। मनोविज्ञान में ध्वनि तरंगों को औसिलोग्राफ नामक यन्त्र के द्वारा दिखलाया जाता है।

श्रवण संवेदना की विभिन्न क्रियायें—इसमें निम्न क्रियायें होती हैं—

स्वरमान—कोई ध्वनि तीव्र होती है तो कोई मंद, इसी प्रकार कोई स्वर ऊँचा होता है तो कोई नीचा। स्वरों की इस विशेषता को स्वरमान कहते हैं। यह ध्वनि तरंग की ऊँचाई में जाना जाता है और बहुत कुछ उसकी आवृत्ति पर आधारित होता है। आवृत्ति अधिक होने पर स्वरमान अधिक और कम होने पर स्वरमान कम होता है, यद्यपि आवृति और स्वरमान में पूर्ण अनुरूपता नहीं होती। आवृति के साथ-साथ स्वरमान पर ध्वनि तरंग की तीव्रता का भी प्रभाव पड़ता है। यह देखा जाता है कि यदि आवृत्ति कम कर दी जाय और तीव्रता बढ़ा दी जाय तो स्वरमान ज्यों का त्यों बना रहता है।

स्वर की तीव्रता—तीव्र स्वर होने पर जोर की आवाज की संवेदना होती है। स्वर की तीव्रता ध्वनि-तरंग की तीव्रता से सम्बन्धित होती है, यद्यपि इन दोनों में पूर्ण अनुरूपता नहीं होती। स्वर की तीव्रता पर आवृति का भी प्रभाव पड़ता है। प्रयोग करने से यह ज्ञात हुआ है कि यदि किसी ध्वनि शक्ति को स्थाई रखकर उसकी आवृत्ति में परिवर्तन किया जाय तो उसने स्वर की तीव्रता में भी परिवर्तन होता है। स्वर की तीव्रता को मापने की इकाई घंटी भी है। सुनाई पड़ने के लिये किसी भी स्वर की तीव्रता कम से कम एक घण्टी का दसवाँ भाग अवश्य होनी चाहिये।

स्वर की विषमता— स्वर केवल सरल ही नहीं होते बल्कि विषम भी होते हैं। उदाहरण के लिए, यदि दो असमान स्वर द्विशूलों में एक ही समय ध्वनि तरंग उत्पन्न करेंगी तो वह विषम स्वर है। कैथौड्-रे-ओसिलोस्कोप की सहायता से इन दोनों स्वर द्विशूलों की ध्वनि तरंगों से उत्पन्न स्वरों को पृथक्-पृथक् किया जा सकता है। मिश्रित अथवा विषम ध्वनि-तरंग में विभिन्न आवृत्तियों, ऊँचाई और अवस्थाओं का संयोग हाता है। विषम स्वर में जिस तरंग की आवृत्ति सबसे कम होती है। यह मौलिक और जिसकी सबसे अधिक होती है वह अति स्वर कहलाती है। अभ्यस्थ संगीतकार किसी भी विषम स्वर में मौलिक और अति स्वरों को अलग-अलग पहचान लेता है। सामान्य रूप से एक विषम-स्वर में मौलिक स्वर एक ही होता है और अन्य सब अति-स्वर होते हैं। मौलिक और अतिस्वरों के परस्पर सम्बन्ध की फूरियर नियम से व्याख्या की गई है।

स्वर विशेषत्व— किसी बांसुरी, क्लारनेट या हारमोनियम के विभिन्न स्वरों को बजाकर देखिये आपको मालूम होगा कि प्रत्येक स्वर में अपनी एक विशेषता होती है। यही विशेषता स्वर विशेषत्व कहलाती है। इस प्रकार स्वर विशेषत्व किसी स्वर की वह विशेषता है जिससे हम उसे अन्य स्वरों से भिन्न पहचानते हैं। यह एक सामान्य अनुभव की बात है कि अभ्यस्थ व्यक्ति किसी स्वर को सुनकर यह बतला सकता है कि वह किस वाद्य का कौन-सा स्वर है।

स्वरकंप— अनेक प्रयोगों में देखा गया है कि अवस्था के अन्तर के कारण ध्वनि तीव्रता में सामयिक उतार-चढ़ाव होता है। उदाहरण के लिये दो स्वर द्विशूलों को क्रमशः समान रूप से प्रकम्पित करने पर उनकी तरंगों में अवस्था का अन्तर रहता है। वह अन्तर बराबर बना रहता है। अवस्था पर आधारित ध्वनि तीव्रता का सामयिक उतार-बढ़ाव स्वरकम्प कहलाता है। वह स्वरकम्प स्वरों की आवृत्ति के अन्तर पर आधारित होता है। उदाहरण के लिए, यदि 256 और 264 आवृत्ति के दो स्वर उत्पन्न किये जायें तो एक स्वर की संवेदना होगी परन्तु उसमें प्रति सेकेण्ड

8 स्वरकम्पों की संवेदना होगी। परन्तु यदि दो स्वरों की आवृत्तियों के अन्तर को 28 चक्रों तक बढ़ा दिया जाये तो स्वरकम्प का अनुभव नहीं होता है क्योंकि इस अन्तर से दोनों स्वर अलग सुनाई पड़ते हैं।

वियोजित स्वर– जैसा कि पीछे बतलाया जा चुका है स्वरों की आवृत्तियों की संख्या को बढ़ाते रहने से क्रमशः स्वरकम्प विलुप्त हो जाते हैं और स्वर अलग-अलग सुने जा सकते हैं। निश्चित रूप से दो स्वरों को अलग-अलग सुनने के लिये उनमें कम से कम 50 चक्र प्रति सेकेण्ड का अन्तर होना चाहिये। यह अन्तर होने पर दोनों स्वर तो अलग-अलग सुनाई देंगे ही, साथ ही साथ एक तीसरा स्वर भी सुनाई देगा जिसका स्वरमान दोनों स्वरों के अन्तर के बराबर होगा। यह तीसरा वियोजित स्वर कहलाता है। इसका अनुभव पूरी तरह वैयक्तिक और आत्मगत होता है। इसका कोई मौलिक आधार नहीं होता। यदि आवृत्ति का अन्तर अत्यधिक बढ़ा दिया जाय, जैसे कि वह 500 तक या उससे अधिक पहुँच जाय, तो तीसरे वियोजत स्वर के अतिरिक्त एक चौथा स्वर भी सुनाई पड़ता है जिसका स्वरमान मौलिक स्वरों के योगफल के बराबर होता है। यह चौथा स्वर संयुक्त स्वर कहलाता है।

आच्छादन–यह एक सामान्य अनुभव की बात है कि जब हम रेडियो पर किसी स्टेशन को लगाने की चेष्टा करते हैं और उसके निकट किसी दूसरे स्टेशन पर ऊँचे स्वर से कोई आवाज नीची आवाज को ढक लेती है। तीव्र स्वर के द्वारा मन्द स्वर को इस प्रकार ढक लेने की क्रिया आच्छादन कहलाती है। ऐसा तभी हो सकता है, जबकि दोनों की आवृत्ति तो समान हो परन्तु स्वर में बहुत अधिक अन्तर हो। दोनों स्वरों की आवृत्तियों में काफी अन्तर होने पर भी ऊँचा स्वर नीचे स्वर को आच्छादित नहीं कर पाता। प्रयोगों से यह ज्ञात हुआ है कि स्वर आच्छादन शंकु पर ही नहीं बल्कि मस्तिष्क पर भी निर्भर होता है यद्यपि इससे यह तथ्य किसी प्रकार भी कम नहीं होता कि स्वर का आच्छादन कान में आच्छादन शंख पर निर्भर होता है।

त्वक् संवेदना

त्वक् संवेदना के संग्राहक कोष त्वचा में होते हैं। इनमें विशेषतया, स्पर्श, वेदना और ताप की संवेदनायें होती हैं। यहाँ पर इनका क्रमशः अध्ययन किया जायेगा–

स्पर्श त्वक् संवेदना–प्राचीन काल में यह माना जाता था कि त्वचा के किसी भी भाग से स्पर्श संवेदनायें हो सकती हैं, परन्तु आधुनिक प्रयोगों से यह सिद्ध हो गया है कि स्पर्श संवेदना त्वचा के सभी बिन्दुओं से नहीं बल्कि कुछ ही बिन्दुओं

से होती है। इसी प्रकार पहले यह माना जाता था कि त्वचा के किसी भाग से सभी त्वक् संवेदनायें होती हैं, परन्तु आधुनिक प्रयोगों से यह ज्ञात हुआ है कि विभिन्न त्वक् संवेदनाओं के लिए त्वचा में भिन्न-भिन्न बिन्दु निश्चित होते हैं और यह आवश्यक नहीं है कि एक ही बिन्दु से सभी प्रकार की त्वक संवेदनाओं को ग्रहण किया जा सके। स्पर्श की संवेदना के संग्राहक त्वचा पर दिए हुए बालों की जड़ों में होते हैं, परन्तु इससे यह नहीं समझना चाहिये कि जहाँ पर बाल नहीं होते वहाँ स्पर्श होता ही नहीं। उन स्थानों पर स्पर्श की संवेदना रक्त-कण और ज्ञान-वाहक-स्नायु के सिरों से ग्रहण की जाती है। फिर भी इस सम्बन्ध में निश्चित रूप से कुछ कहने के लिए अभी पर्याप्त प्रयोगों का अभाव है। स्पर्श की संवेदना की उत्तेजना विशेषतया यान्त्रिक होती है। वान फ्रे के अनुसार, मनुष्य के शरीर में मस्तक में अत्यधिक संख्या में स्पर्श बिन्दु पाये जाते हैं। शेष शरीर में इनकी संख्या लगभग 5 लाख है। कुछ बिन्दुओं की संवेदनशीलता अन्य बिन्दुओं से अधिक है। प्रयोगों से यह ज्ञात हुआ है कि मनुष्य के शरीर में अंगुलियों के सिरों पर, ओठ, सिर तथा गुप्तेन्द्रिय प्रदेशों के शरीर के अन्य भागों की अपेक्षा अधिक संवेदनशील स्पर्श बिन्दु होते हैं। अन्य संवेदनाओं के समान स्पर्श संवेदना में समायोजन होता है। चश्मा लगाने वाले व्यक्तियों को उसकी आदत-सी पड़ जाती है और कभी-कभी आँख पर चश्मा लगा होने पर भी रवे चश्मा ढूँढ़ते हैं क्योंकि उन्हें समायोजन के कारण आँख के चश्मे का स्पर्श नहीं होता। स्पर्श संवेदना का समायोजन विभिन्न व्यक्ति में उत्तेजनाओं तथा त्वचा के भिन्न-भिन्न भागों से भिन्न-भिन्न होता है। समायोजन के अलावा स्पर्श संवेदना में अनुसंवेदना भी देखने में आती है। किसी पिन को अपनी त्वचा में चुभोइये और फिर हटा लीजिए तो हटने के बाद भी कुछ समय तक आप उसका स्पर्श अनुभव कर सकते हैं।

वेदना की त्वक् संवेदना– शरीर के सभी भागों में अत्यधिक संख्या में वेदना बिन्दु पाये जाते हैं। अतः विद्वानों ने स्वतन्त्र नाड़ी के सिरों को वेदना की संवेदना का संग्राहक मान लिया है। परन्तु इस सम्बन्ध में निश्चित रूप से अभी कुछ नहीं कहा जा सकता। वेदना की संवेदना की उत्तेजना त्वचा पर किसी प्रकार का दबाव है। वान फ्रे के प्रयोगों से यह निर्विवाद सिद्ध हो गया है कि वेदना बिन्दु स्पर्श बिन्दुओं से पृथक् होते हैं उनकी संख्या और संवेदनाशीलता स्पर्श बिन्दुओं से अधिक होती है। मानव शरीर में बीस से चालीस लाख तक वेदना बिन्दुओं का अनुमान लगाया गया है। त्वचा में कुछ स्थानों पर अन्य स्थानों की अपेक्षा वेदना बिन्दु बहुत कम होते हैं, जबकि इन स्थानों पर स्पर्श बिन्दु बहुत अधिक संख्या में पाये जाते हैं। अन्य संवेदनाओं के समान वेदना

में भी तीक्ष्णता का अन्तर होता है। वेदना तीव्र उत्तेजना से उत्पन्न होती है, उत्तेजना मन्द रहने पर वेदना खुजलाहट की तरह होती है परन्तु तीव्र रहने पर वह असहाय भी हो सकती है। दूसरी ओर कुछ वेदनायें रुचिकर और सहाय भी होती हैं। स्पर्श की संवेदना के समान वेदना में भी समायोजन होता है। इसके लिए एक सरल प्रयोग किया जा सकता है। किसी सुई को समान शक्ति से कुछ समय तक त्वचा में चुभोइये। इससे शुरू में तो कुछ वेदना अनुभव होगी परन्तु कुछ समय बाद वेदना के स्थान पर केवल स्पर्श की संवेदना होगी। वेदना का यह समायोजन दस मिनट के अन्दर हो जाता है। स्टोन और डलेनवा के प्रयोगों से यह ज्ञात हुआ है कि समायोजन का यह काल पांच मिनट ही हो सकता है। स्पर्श-संवेदना के समान वेदना में भी अनुसंवेदना होती है, जो कि बहुत ही तीव्र और प्रभावशाली होती है।

ताप त्वक् संवेदना—ताप की संवेदनायें दो प्रकार की मानी गई हैं—शीत और उष्ण। ताप की संवेदना के संग्राहकों के विषय में अभी कोई निश्चित सर्वमान्य मत नहीं बन सका है। कुछ लोग शीत और उष्ण ताप के संग्राहक भिन्न-भिन्न मानते हैं, जबकि अन्य वैज्ञानिक इनके एक ही संग्राहक मानते हैं। अधिकतर विद्वान यह मानते हैं कि इन दोनों प्रकार की संवेदनाओं के संग्राहक अलग-अलग हैं। शीत के संग्राहक हमारी त्वचा के बाहरी भाग में स्थित विशिष्ट नाड़ियों के सिरे हैं दूसरी ओर उष्ण संवेदना ज्ञान-वाहक नाड़ियों के सिरों से ग्रहण की जाती है जो कि बाहरी त्वचा और त्वचा तन्तुओं के भीतरी भाग में स्थित है। ब्लिक्स, गोल्डशेडर और डोनाल्डसन् ने अपने स्वतन्त्र अध्ययनों से यह पता लगाया कि त्वचा में सभी स्थानों पर शीत बिन्दुओं की संख्या समान नहीं होती। शीत बिन्दु कहीं अधिक और कहीं कम पाये जाते हैं तथा कहीं-कहीं तो बिल्कुल ही नहीं होते। सोमर के अनुसार, मानव शरीर पर लगभग ढाई लाख शीत बिन्दु होते हैं। इनकी संख्या और स्थिति में परिवर्तन होता रहता है। शीत बिन्दु समूहों में भी पाये जाते हैं और बिखरे हुए भी होते हैं। कभी-कभी कुछ बिन्दु उष्ण उत्तेजना से भी उत्तेजित हो जाते हैं जिसके कारण वे विरोधाभासी शीत बिन्दु कहलाते हैं। इस प्रकार के शीत बिन्दुओं का वान फ्रे ने पता लगाया था। शीत बिन्दुओं के समान उष्ण बिन्दु भी त्वचा के सभी भागों में बिखरे होते हैं।

रासायनिक संवेदना

रासायनिक संवेदना प्रमुखतः दो प्रकार की होती है—स्वाद संवेदना और गध संवेदना इन दोनों प्रकार की संवेदनाओं को निम्न प्रकार स्पष्ट किया गया है—

स्वाद संवेदना

मनुष्य को स्वाद की संवेदना जीभ से होती है। बहुत-सी स्वाद कलिकायें होती हैं। ये स्वाद कलिकायें बालकों में वयस्कों की अपेक्षा अधिक होती हैं। अनेक स्वाद कलिकायें मिलकर जिह्वाँकुर बनाती हैं। प्रत्येक स्वाद कलिका में छोटे-छोटे बहुत से स्वाद कोष होते हैं। इन्हीं स्वाद कोषों से स्वाद की संवेदना होती है। जीभ में मीठे स्वाद की संवेदना अगले भाग में, खट्टे और तीखे स्वाद की संवेदना पिछले भाग में तथा नमकीन स्वाद की संवेदना केन्द्र के अतिरिक्त और सभी भागों में निश्चित की जा सकती है परन्तु इस सम्बन्ध में कुछ लोगों में व्यक्तिगत अन्तर भी देखे जा सकते हैं। अनेक प्रयोगों से यह ज्ञात हुआ है कि एक ही जिह्वांकुर से विभिन्न स्वादों की संवेदना हो सकती है और दूसरी ओर पदार्थ से जीभ के विभिन्न भाग में भिन्न प्रकार के स्वाद की संवेदना होती है। इन प्रयोगों से यह स्पष्ट होता है कि विभिन्न स्वादों के संग्राहक भिन्न-भिन्न होते हैं।

गन्ध संवेदना

मानव जीवन में गन्ध संवेदना का बड़ा महत्त्व है। उसकी सहायता से पशु और मनुष्य बहुत-सी चीजों को बिना देखे हुए पहचान लेते हैं। बहुत से पशुओं की घ्राण शक्ति बड़ी तीव्र होती है और वे उसी के द्वारा उपयुक्त अथवा अनुपयुक्त वस्तु में अन्तर करते हैं। सामान्य रूप से मनुष्य दुर्गन्धयुक्त पदार्थों को नहीं खाता और सुगन्धयुक्त या निर्गन्ध पदार्थों को खाता है। इस प्रकार अन्य इन्द्रियों के समान नाक भी हमें अपने परिवेश से समायोजन करने में महत्त्वपूर्ण सहायता देती है। गन्ध के संग्राहक नाक में पाये जाते हैं। इनकी रचना लम्बे धागे के समान होती है जो कि गन्ध गोल से नासिका रंध्र के आखिरी छोर तक पाये जाते हैं। गन्ध संग्राहकों से गन्ध गोल तक स्नायु-तन्तु फैले रहते हैं जो स्नायु-कोषों से सम्बन्धित होते हैं तथा ये स्नायुकोष तन्तुओं के द्वारा वृहद मस्तिष्क तथा मस्तिष्क के अन्य भागों से जुड़े रहते हैं।

गन्ध की संवेदना नासिक रंध्रों के ऊपरी भाग में स्थित गन्ध कोषों से होती है। नाक में जो दो प्रकार के स्नायु तन्तु पाये जाते हैं उनमें एक प्रकार के स्नायु-तन्तुओं के उत्तेजित होने पर खुजलाहट या संक्षुब्धता की अनुभूति होती है। केवल दूसरे प्रकार के स्नायु-तन्तुओं से ही गन्ध संवेदना का अनुभव होता है। पदार्थ के सूक्ष्म कण वाष्प या गैस के रूप में श्वास के द्वारा नासिका रंध्रों में पहुँचकर गन्ध कोषों के सम्पर्क में आते हैं और इन गन्ध कोषों से उत्तेजित होने से हमें गन्ध संवेदना होती है। स्पष्ट है कि गन्ध संवेदना के लिए यह आवश्यक है कि पदार्थ के सूक्ष्म कण नाक में ऊपरी भाग में स्थित स्नायुकोषों तक अवश्य पहुँचें।

गन्ध संवेदना के रूप—अन्य संवेदनाओं के समान गन्ध संवेदना को भी अनेक प्रकारों में बाँटा गया है, यद्यपि यह कार्य अन्य संवेदनाओं की तुलना में कहीं अधिक कठिन हैं। गन्ध का वर्गीकरण कई आधारों पर किया गया है, जिनमें से मुख्य निम्नलिखित हैं—

थकावट विधि के अनुसार—गंध का यह वर्गीकरण ऐरेन्सन नामक विद्वान ने किया, परन्तु अधिकतर मनोवैज्ञानिकों ने इसको उपयुक्त नहीं माना क्योंकि इससे विभिन्न प्रकारों में ठीक से अन्तर नहीं किया जा सकता था।

गन्ध दोष के अनुसार—कुछ विद्वानों ने गन्ध दोष के आधार पर गन्ध के प्रकार बतलाये हैं परन्तु इस आधार पर गन्धों का वर्गीकरण अधूरा रह जाता है क्योंकि अनेक गन्धें इस वर्गीकरण में नहीं आतीं।

गन्ध यन्त्र के केश कोषों के अनुसार—प्रसिद्ध शरीरशास्त्री ज्वारमेकर ने गंध यन्त्रों के विशेष केश कोषों के आधार पर गंधों को 9 वर्गों में बांटा है। गन्धों का यह वर्गीकरण भी सभी विद्वानों द्वारा मान्यता नहीं प्राप्त कर सका।

प्रशिक्षित और निपुण व्यक्तियों की सूचनाओं के अनुसार—हैनिंग ने बहुत से प्रशिक्षित और निपुण व्यक्तियों की सूचनाओं के आधार पर 6 प्रकार की प्रधान गन्ध मानी है जो निम्नलिखित हैं—

मसालेदार गन्ध—इसमें सभी प्रकार के मसालों की गन्ध सम्मिलित है।

फूलों की गन्ध—इसमें तरह-तरह के फूलों की गन्ध का समावेश किया गया है।

फलों की गन्ध—गन्ध के इस प्रकार में सभी फलों की गन्ध सम्मिलित हैं।

राल की गन्ध—राल, तारपीन, यूकेलिप्टस तथा इसी प्रकार के अन्य पदार्थों की गन्ध इस वर्ग में आती हैं।

दूषित गन्ध—इसमें खटमल, मच्छर आदि कीड़ों-मकोड़ों, बासी और सड़े-गले खाद्य-पदार्थों तथा अफीम आदि की दूषित गंध आती है।

भस्म गन्ध—तरह-तरह के धुयें और जलने वाली वस्तुओं जैसे, तम्बाकू इत्यादि से जले की सी भस्म गंध आती है।

गन्ध के उपरोक्त वर्गीकरण के अतिरिक्त कुछ और विद्वानों ने भी वर्गीकरण उपस्थित किये जो कि विशेष प्रसिद्ध नहीं हैं। उदाहरण के लिए, कोकर ने सुगन्धित गन्ध, अमल-गन्ध, भस्म-गन्ध और घमा-गन्ध चार मुख्य गन्ध मानी है। इनके सम्मिश्रण से अन्य गन्ध बनती है। गन्धों के विभिन्न वर्गीकरण में पीछे बतलाया गया हेरिंग का मत सबसे अधिक मान्यता प्राप्त है।

गन्ध की संवेदना की क्रियाओं में दो विशेष महत्त्वपूर्ण हैं। एक तो गन्ध संयोजन और दूसरे गंध की तीक्ष्णता। यहाँ पर इन दोनों के विषय में संक्षिप्त विवरण प्रासंगिक होगा—

गन्ध समन्वय—जो लोग गंदी गलियों में रहते हैं उन्हें गन्दगी की गंध से इतनी अधिक परेशानी नहीं होती जितनी कि उन लोगों को होती है जो कि कभी-कभी ही वहाँ पहुँचते हैं। चीनी की मिल के पास सड़ते हुये शीरे की गन्ध से सामान्य व्यक्ति का दम घुटने लगता है, परन्तु मिल में काम करने वाले हजारों मजदूरों को ऐसा नहीं होता। गन्ध की संवेदना के विषय में अन्तर का मुख्य कारण यह है कि जिस गन्ध का हमें बहुत समय तक अनुभव होता रहता है उसके प्रति हमारी नाक का समायोजन हो जाता है। नाक का यह समायोजन गन्ध संवेदना की प्रकृति और तीव्रता पर निर्भर है। प्रयोगों से यह ज्ञात हुआ है कि मन्द गन्ध का समायोजन देर में और तीव्र गन्ध का समायोजन शीघ्र होता है। समायोजन होने के पश्चात् फिर उस विशिष्ट गन्ध की अनुभूति उतनी तीव्र नहीं होती जितनी कि समायोजन होने से पूर्व रहती है। परन्तु इसका कोई विशेष प्रभाव नहीं पड़ता। प्रयोगों से यह देखा गया है कि विशेष गन्ध से समायोजन होने के बाद उस वस्तु के हटा देने पर भी कुछ समय तक उसकी गन्ध की संवेदना होती रहती है, तब कहीं समायोजन के समाप्त होने पर यह गन्ध दूर होती है। इस प्रक्रिया में जितना समय लगेगा यह उत्तेजना की तीव्रता और उससे समायोजन के काल पर निर्भर है। इन दोनों के अधिक रहने पर अधिक और कम रहने पर कम समय लगेगा।

गन्ध की तीक्ष्णता—गन्ध समायोजन से तो उसकी संवेदना पर प्रभाव पड़ता ही है, परन्तु इस सम्बन्ध में व्यक्तिगत भिन्नताओं का महत्त्व भी कम नहीं है। कुछ व्यक्तियों को कोई गन्ध बहुत तीव्र मालूम होती है और नाक हल्की से हल्की गन्ध को अनुभव करती है जबकि अन्य व्यक्तियों को अनेक गंधों का अनुभव ही नहीं होता। यह अन्तर गन्ध सम्बन्धी तीक्षणता के कारण होता है। इस सम्बन्ध में संवेदनशीलता के अभाव को घ्राण-शक्तिहीनता कहा जाता है और तीक्ष्णता की परीक्षा करने के लिए घ्राण-यन्त्र का इस्तेमाल किया जाता है।

12

महिलाओं में संवेगात्मक प्रवृत्ति का अध्ययन

संवेग, मानसिक प्रक्रिया का प्रतीक है। यह मानव व्यवहार की एक स्वाभाविक स्थिति है जिसमें घटनाएँ और परिस्थितियाँ संवेगों को जन्म देती हैं और उसे प्रभावित करती है। संवेग अंग्रेजी शब्द **इमोशन** का पर्यायवाची है। इसका लैटिन स्वरूप **इमोवियर** जिसका अर्थ हिला देना, उत्तेजित करना है। जब भी संवेग की स्थिति आती है, व्यक्ति में बेचैनी आ जाती है। वह कुछ भी असामान्य व्यवहार प्रकट कर सकता है, हृदय की धड़कन बढ़ जाती है, आँखों से आँसू बह सकते हैं, चेहरे पर मलिनता छा सकती है, अचेतन में व्याप्त अनेक सुप्त व्यवहार जागृत हो जाते हैं।

संवेग को परिभाषित करते हुए मनोवैज्ञानिकों ने इसे जटिल और मानसिक लक्षण बताया है। **पी. टी. यंग** ने संवेगों की परिभाषा इस प्रकार दी है—"यह सम्पूर्ण व्यक्ति में तीव्र विघ्न उत्पन्न करने वाला है जिसका उद्गम मनोवैज्ञानिक है तथा जिसमें व्यवहार तथा चेतना अनुभव तथा अन्तरावयव की क्रियायें शामिल रहती हैं।"

बोरिंग, लैंगफील्ड एवं वील्ड—"संवेग प्रभावशाली अनुक्रिया के समान होता है। यह शरीर की सामान्य एवं शारीरिक प्रतिक्रियाओं के रूप में व्यक्त होता है।"

जेम्स ड्रेवर—"संवेग शरीर की जटिल अवस्था है जिसमें साँस लेने, नाड़ी, ग्रन्थियाँ, मानसिक दशा, उत्तेजना, अवरोध आदि की अनुभूति पर प्रभाव पड़ता है और मांसपेशियाँ निर्धारित व्यवहार करने लगती हैं।"

इन परिभाषाओं का विश्लेषण करने पर कुछ बातें स्पष्ट होती हैं पहला, संवेग

बाह्य या उद्दीपन के परिणामस्वरूप होता है। दूसरा, संवेग की उपस्थिति से शारीरिक क्रियाओं में व्यावहारिक परिवर्तन होते हैं। तीसरा, संवेग अचानक ही उत्पन्न होते हैं। चौथा, संवेग, शरीर में बाधायें उत्पन्न करते हैं और पाँचवाँ संवेग का आधार मनोविज्ञान होता है।

संवेग की मुख्य विशेषताएँ

संवेग मानव व्यवहार का असामान्य अंग है। जब भी संवेगात्मक व्यवहार प्रकट होता है, तो उसकी कुछ न कुछ विशेषतायें होती हैं। संवेगों का मूलप्रवृत्तियों से सम्बन्ध होता है। मैक्डूगल संवेग तथा मूलप्रवृत्ति को आपस में जुड़ा मानते हैं। संवेगों की अनुभूति के समय क्रियात्मक अनुभूति होती है। व्यक्ति कुछ करना चाहता है। संवेगात्मक व्यवहार में दृढ़ता रहती है। यह दृढ़ता काफी समय तक रहती है।

संवेगों की उपस्थिति से शारीरिक परिवर्तन होते हैं। संवेग व्यापक होते हैं। ये हर प्राणी में पाये जाते हैं। संवेग पूर्णतः वैयक्तिक होते हैं। एक का संवेग दूसरे से भिन्न होता है। रोना देखकर दया आ जाना इसी का एक उदाहरण है। संवेगात्मक सम्बन्ध क्रोधित व्यक्ति, समझाने वाले पर भी क्रोध कर सकता है। संवेगात्मक सम्बन्ध का होना आवश्यक है। यह दो व्यक्तियों या वस्तुओं के प्रति होता है। सुख या दुख का भाव निहित होता है। संवेग में सुख या दुख की अभिव्यक्ति होती है। संवेग में प्रक्रिया का लोप हो जाता है। प्रेम या क्रोध में व्यक्ति को सोचने का अवसर नहीं मिलता ।

संवेग की दशाएँ

संवेग की दो दशायें होती है—आन्तरिक तथा बाह्य। इन दोनों का सम्बन्ध शरीर की भिन्न क्रियाओं में परिवर्तन करने से होता है।

शरीर की बाह्याकृति में बदलाव के तहत

चेहरे की मुद्रा का बदलना, हास्य, रुदन, प्रेम आदि के भाव उत्पन्न होते हैं। इसके अतिरिक्त स्वर में परिवर्तन में हो जाता है। उत्तेजना में तेज और डर में स्वर का स्तर कम होता है। शरीर के आसनों में परिवर्तन जैसे—हाथ-पैर फेंकना आदि आते हैं। संवेगों की दशायें व्यक्ति की शारीरिक प्रकृति पर निर्भर करती हैं।

शरीर की अंदरूनी प्रक्रिया में बदलाव—के अन्तर्गत साँस, नाड़ी, हृदय तथा रक्त की गति में परिवर्तन हो जाता है। रक्त की रासायनिक क्रिया बदल जाती है। पाचन-क्रिया गड़बड़ हो जाती है। रसपाक, ग्रन्थियों तथा त्वचा की प्रतिक्रिया बदल जाती है—

संवेग की किस्में

मानव द्वारा संवेग की अभिव्यक्ति विविध रूपों में होती है जिनमें आत्माभिमान, एकाकीपन, कामुकता, भूख, भय, क्रोध, घृणा, करुणा, दुःख, आश्चर्य, और आत्माहीनता प्रमुख हैं।

गेट्स ने संवेगों का वर्गीकरण पाँच भागों में किया है। इसके अंतर्गत क्रोध, भय, प्रेम, दया, और कामुकता का उल्लेख किया है।

व्यक्ति जीवन में इन सभी संवेगों से कभी न कभी प्रभावित होता ही है। संवेगात्मक व्यवहार से कुछ सामान्य प्रतिमानों की अभिव्यक्तियों में भिन्नता पाई जाती है। बालकों तथा वयस्कों में संवेगात्मक व्यवहार की प्रतिक्रिया में अन्तर पाया जाता है; गहनता, स्थायित्व तथा प्रभाव में भिन्नता रहती है। संवेगात्मक परिस्थितियों के प्रति प्रतिक्रिया की जाती है। प्रौढ़ अवस्था ऐसी प्रतिक्रियाओं पर यथासम्भव नियन्त्रण करते हैं।

बालक हेतु किस सीमा तक संवेग नुकसानदायक होंगे यह उनकी तीव्रता तथा सघनता पर निर्भर करता है। दुखद संवेग–भय, क्रोध तथा ईर्ष्या हानिप्रद होते हैं जबकि सुखद संवेग–प्रेम, विधायकता आदि से व्यक्ति का संतुलित विकास होता है।

आयु के विविध स्तरों पर संवेग

व्यक्ति के जीवन में इन संवेगों का बहुत अधिक महत्व है। अगर संवेगों की उन्नति सही रूप से होती है तो व्यक्ति का सम्पूर्ण व्यक्तित्व विघटित हो जाता है। अनेक विसंगतियाँ उत्पन्न हो जाती हैं। संवेगों से ही व्यक्ति में निर्माण तथा ध्वंस की भावनायें उत्पन्न होती हैं।

टी. पी. नन के मतानुसार–"प्रेम जबसे उत्पन्न होता है, अपने उद्देश्य को खोजता है और उसको सम्पन्न करता है, यह विकास का सिद्धान्त है। नफरत का उद्देश्य ध्वंस है, अतः यह निर्माण के लिये अभिशाप है।"

शैशवावस्था में उत्पन्न होने वाला संवेग

जन्म के पश्चात् शिशु संवेगविहीन होता है। वह मात्र उत्तेजनाओं का अनुकरण करता है। उत्तेजना के कारण ही एक मास की आयु में बच्चा पीड़ा का कुछ अनुभव करता है। आनन्दानुभूति भी इसी उत्तेजना के कारण होती है। **ब्रिजेज ने**

1932 ई. में बालकों के संवेगों का अध्ययन करके उनका क्रम इस प्रकार निर्धारित किया है—

विविध अवस्था में संवेगात्मक विकास

अवस्था	*संवेग*
जन्म	उत्तेजना
1 मास	पीड़ा, आनन्द
3 मास	क्रोध
4 मास	परेशानी
5 मास	डर
10 मास	प्रेम
15 मास	ईर्ष्या
2 वर्ष	खुशी

लगभग दो वर्ष तक सभी संवेग विकसित हो जाते हैं। मनोवैज्ञानिक प्रमुख रूप से तीन संवेग मानते हैं :

(i) प्रेम,

(ii) भय,

(iii) क्रोध।

ये तीनों संवेग बच्चों में विकसित हो जाते हैं। वे जरा-जरा सी देर में अपने संवेग बदलते रहते हैं। कभी रोते हैं तो कभी हँसते रहते हैं।

जस्टिन के अध्ययन के अनुसार 5 वर्ष की आयु में शिशु के संवेगों पर उसके वातावरण का प्रभाव पड़ना आरम्भ हो जाता है। वह गर्व, खुशी, आनन्द, उत्तेजना, ईर्ष्या, पीड़ा, गुस्सा, घृणा, भय आदि का अनुभव करने लगता है।

बाल्यावस्था में संवेग

बाल्यावस्था में संवेगों में स्थायित्व आ जाता है। बालक भय तथा क्रोध पर नियन्त्रण करने लगता है। वह अपने संवेगों को माता-पिता तथा शिक्षक के समक्ष प्रकट करते हुए सकुचाता भी है और प्रकट करके लाभ भी उठाता है। बालकों के संवेगों का स्थिर-काल अस्थायी होता है। उनके संवेगों में उग्रता होती है, उनका रूप परिवर्तित होता रहता है एवं उनमें वैयक्तिक भिन्नता पाई जाती है। बालकों के संवेगों में आरोपण होता है एवं उनकी अभिव्यक्ति में अन्तर आता है।

किशोरावस्था में संवेग

मैक्डूगल ने कहा है—"संवेगात्मक अनुभव एक प्रकार से कार्य की एक प्रणाली और क्रिया की एक विधि है। स्थायीभाव संरचना एक विधि है। स्थायीभाव संरचना स्नायु विन्यासों की एक संगठित अवस्था है जो कि कार्य करने के अवसरों में न्यूनाधिक शान्त दशा में रहती है।" किशोरावस्था में संवेगों पर नियन्त्रण करना कठिन हो जाता है। शरीर के विकास से संवेगों का विकास प्रभावित होता है। स्वस्थ शरीर वाले किशोरों में संवेगात्मक अस्थिरता अधिक नहीं होती।

इस आयु में गुस्सा जल्दी आता है। लगभग देखा जाता है कि किशोर बालक अपने माता-पिता एवं मित्रों से झगड़ा कर बैठता है। देश-भक्ति भी इस अवस्था में चरम सीमा पर होती है। सहानुभूति, दया, प्रेम आदि गुणों के पूर्णतः विकसित होने के कारण यह दूसरों के दुःख से दुःखी होता है और दूसरों के सुख से सुखी होता है। प्रेम के संवेग के कारण लड़के-लड़कियों में रोमांस के सम्बन्ध भी विकसित होते देखे गए हैं।

स्पिज के मतानुसार—"संवेग जन्म से ही उत्पन्न नहीं होते। मानव व्यक्तित्व के अन्य कारकों की भाँति इनका भी विकास होता है। संवेगात्मक प्रतिक्रिया आरम्भ में व्यक्त नहीं होती। इन्ड्रोसीन ग्रन्थि तथा बुद्धि के विकास के साथ-साथ संवेगों का विकास होता है।"

परिपक्वता का सम्बन्ध शरीर तथा मस्तिष्क के विकास से है। परिपक्वता तथा संवेगों का आपसी सम्बन्ध होता है। संवेगों की प्रतिक्रिया में आयु के साथ-साथ अन्तर आता जाता है। परिपक्वता और संवेगों की अभिव्यक्ति में काफी घना सम्बन्ध है। जन्म के बाद के वर्षों में शारीरिक तथा मानसिक परिपक्वता में अन्तर आने लगता है। स्नायु तथा एन्ड्रोसीन ग्रन्थियों के विकास के कारण संवेगात्मक परिपक्वता विकसित होने लगती है। संवेगात्मक परिपक्वता के कारण बालक की भाषा का विकास होता है और शब्द ज्ञान के साथ-साथ प्रत्यक्ष निर्माण में वृद्धि होती है। संवेगात्मक परिपक्वता का प्रभाव प्रतिक्रिया पर पड़ता है। प्रायः देखा गया है कि छोटे बच्चे क्रोध में हाथ हिलाकर अपनी प्रतिक्रिया व्यक्त करते हैं जबकि बड़े बच्चे क्रोध आने पर वस्तुयें तोड़ते हैं।

संवेगात्मक परिपक्वता तथा एन्ड्रोसीन ग्रन्थियों का भी घनिष्ठ सम्बन्ध है। इन ग्रन्थियों के सन्तुलित रूप में विकसित न होने पर संवेगात्मक दोष उत्पन्न हो जाते हैं। एन्ड्रोसीन ग्रन्थियों की परिपक्वता, परिपक्व संवेगात्मक व्यवहार का निर्धारण करती हैं। अनुकरण के द्वारा भी संवेगों की अनुक्रियायें होती हैं। बड़ों के सांवेगिक व्यवहार को देखकर ही बालक उनके जैसा ही व्यवहार करता है। संवेग का प्रभाव

एक दूसरे पर पड़ता है। एक बालक को रोता देख अन्य बालक भी रोने लगते हैं। ये संवेगात्मक परिपक्वता के परिणाम हैं।

संवेगात्मकता के सन्दर्भ में सहनशीलता पर भी जरशील्ड ने विचार किया है। सहानुभूति संवेगात्मक परिपक्वता का प्रमाण है। सहनशीलता के विकास के लिये धैर्य का विकसित होना अनिवार्य है। संवेगात्मक परिपक्वता के लिये आत्म-नियन्त्रण आवश्यक है। आयु के विकास के साथ-साथ व्यक्ति में आत्म-नियन्त्रण का गुण विकसित होता है। किसी के क्रोध, नाराजगी, ईर्ष्या के प्रति प्रतिक्रिया न होने देना ही आत्म-नियन्त्रण है।

विभिन्न परिस्थितियों में उत्पन्न हुए संवेग

जिज्ञासा–प्लेटो के मतानुसार–**'जिज्ञासा ही समस्त ज्ञान की जननी है।'** बालक में हर उस वस्तु के विषय में जानने की इच्छा होती है जिसके विषय में वह कुछ नहीं जानता है। जिज्ञासा के साथ आश्चर्य का संवेग जुड़ा रहता है। बालक में प्रारम्भ से ही जिज्ञासा होती है और इसी जिज्ञासा के कारण वह ज्ञान प्राप्त करता है। बड़े होने पर भी यह मूल प्रवृत्ति विद्यमान रहती है। बालक में परिस्थितियों की जानकारी प्रदान कर उसे समाज के योग्य बनाना है। अतः अभिभावकों का कर्त्तव्य है कि वह बालक की जिज्ञासाओं को शान्त करें तथा उनमें किसी प्रकार की भावना ग्रन्थियाँ न बनने दें। यदि वह बालकों की जिज्ञासा को शान्त नहीं करेगा तो बालक सीखने की क्रिया के प्रति उदासीन हो जाएंगे।

जिज्ञासा की प्रवृत्ति का शारीरिक महत्व भी होता है। इससे शरीर भय तथा पीड़ा जैसे स्थलों में परिचित हो जाता है। जिन चीजों से सन्तोष मिलता है, उनके प्रति जिज्ञासा की वृद्धि होती जाती है। इस प्रवृत्ति के कारण वातावरण के प्रति समायोजन की क्षमता विकसित होती है।

गुस्सा अथवा आक्रामकता–यह संवेग गुस्सा या क्रोध के कारण उत्पन्न होता है। गुस्से का निष्कर्ष लड़ाई या झगड़ा होता है।

आक्रामकता का आधार असंतोष तथा हताशा के प्रति प्रतिक्रिया है। बालक जितना हताश होगा, वह उतना ही आक्रामक होगा।

आक्रामकता के अनेक कारण हैं। जब बालक अपने महत्व को प्रकट करना चाहता है और उसे कोई स्वीकार नहीं करता, दूसरे बालक या व्यक्ति के प्रति ईर्ष्या, बालक की इच्छा के बिना उसकी चीज ले लेना, अस्थायी एवं अल्पकालिक सम्बन्ध आदि आक्रामकता के कारण हैं। बालक अपनी आक्रामकता का प्रदर्शन किस प्रकार

करता है, इसके विषय में कुछ नहीं कहा जा सकता। यह प्रदर्शन परिस्थितियों पर निर्भर करता है। प्रायः झगड़ा करना, तंग करना, ईर्ष्या रखना आदि आक्रामक व्यवहार के प्रदर्शन हैं। बच्चे में आक्रामकता की प्रवृत्ति को समाप्त करने के लिए आवश्यक है कि उसे पर सामाजिक मान्यता प्रदान की जाए, हताश को दूर किया जाए और उसे नेतृत्व के अवसर प्रदान किए जाएँ।

भय—भय अथवा डर भी एक संवेग है। भय की वजह से व्यक्ति आत्मविश्वास खो बैठता है। भय के अनेक कारण हो सकते हैं। अज्ञानता भय का एक मुख्य कारण है। बालकों में कभी भी पलायन की प्रवृत्ति पैदा नहीं करनी चाहिए। पलायन भय के कारण होता है। अभिभावक कभी-कभी बच्चों को डाँटते हैं तथा पीट भी देते हैं इससे बच्चे में भय की भावना-ग्रन्थि बन जाती है और वे कक्षा और स्कूल से ही भागने लगते हैं। यह प्रवृत्ति बहुत हानि पहुँचाती है। बालक के भीतर से भय को निकालना भी अपने आप में एक शिक्षा है। इसलिए माता-पिता अथवा अभिभावक एवं शिक्षक का यह कर्तव्य होता है, कि बालक के अन्दर जो भय पैदा होता है उसे इस प्रकार दूर कर सकते हैं। इसके लिए आवश्यक है कि वे बच्चों की गलतफ़हमियाँ दूर करें, वीरतापूर्वक कहानी सुनाएँ, हर समय डाँट-फटकारना ठीक नहीं है, वैज्ञानिक आधार से उसके भय को दूर करें और जिज्ञासा को शांत करे।

आत्म प्रदर्शन—हर व्यक्ति में आत्म-प्रदर्शन की भावना होती है। इस मूल प्रवृत्ति के साथ संवेग जुड़ा रहता है। बालक अपने महत्व को प्रकट करने के लिये दूसरों का ध्यान अपनी ओर केन्द्रित करना चाहता है।

बालक में ऐसी बातों, आदतों एवं संस्कारों का विकास होना चाहिये जो कि उसके सामाजिक तथा वैयक्तिक जीवन को प्रभावित कर सकें। यह प्रवृत्ति बालक के भविष्य का निर्माण करती है। यदि आत्म-प्रदर्शन की भावना का दमन किया जाएगा तो उसमें आत्महीनता की भावना पैदा हो जाएगी।

सृजन मानव के मूल में है। किसी नई वस्तु का निर्माण रचनात्मकता अथवा सृजनात्मकता कहलाता है। अभिभावकों को चाहिये कि वह बालकों की सर्जनात्मकता की मूल-प्रवृत्ति का विकास सही ढंग से करें। यदि इस प्रवृत्ति का दमन कर दिया जाता है तो बालक अपना आत्म-विश्वास खो बैठता है और उसमें अनेक कुंठायें उत्पन्न हो जाती हैं, जिससे बालक का व्यक्तित्व हीन हो जाता हो।

रॉस के मतानुसार—"सर्जनात्मकता की प्रवृत्ति कुछ चीजों के निर्माण करने से होती है। आमतौर पर बालक छोटी-छोटी वस्तुओं का निर्माण करने एवं उन्हें नष्ट करने में आनन्द का अनुभव करते हैं।" बच्चों में सर्जनात्मकता की प्रवृत्ति

के कारण अनेक अन्तर्निहित शक्तियों का विकास होता है। अभिभावकों को चाहिये कि वह बच्चों में सर्जनात्मकता की प्रवृत्ति को विकसित करें। इसके लिए उन्हें पर्याप्त स्वतन्त्रता दी जाए तथा उन्हें रचनात्मक कार्यों के लिए प्रोत्साहित किया जाए।

ईर्ष्या—**वौलनर** ने कहा है—"ईर्ष्या स्नेह के टूटने, कम होने अथवा उसके टूटने के भय के प्रति वास्तविक अनुक्रिया है।" यह क्रोध की उपशाखा है। इसकी अभिव्यक्ति, व्यक्ति के प्रति अप्रत्यक्ष रूप से होती है जबकि क्रोध का सीधा सम्बन्ध व्यक्ति से होता है। ईर्ष्या की अभिव्यक्ति झुंझलाहट के भाव के निकट ही होती है। **डॉ. शील्ड** के अनुसार, 'ईष्यालु व्यक्ति, प्रेम करने वाले व्यक्ति के प्रति अपने को असुरक्षित समझता है।' जो व्यक्ति ईष्यालु होता है, वह थोड़े बहुत अंशों में असमायोजित हो जाता है।

ईर्ष्या उत्पत्ति के कारण—ईर्ष्या का संवेग सामाजिक परिस्थिति की देन है। बालक जिस व्यक्ति से प्रेम या स्नेह करते हैं, उसी व्यक्ति के प्रेममय व्यवहार में परिवर्तन आने के कारण उसी से ईर्ष्या भी करने लगते हैं। छोटा बच्चा सामाजिक परिस्थितियों को समझने के योग्य नहीं होता और इस कारण वह परिस्थिति का विश्लेषण नहीं कर सकता। माता-पिता कभी-कभी अपने बच्चों के आदर्श बहुत ऊँचे निर्धारित करते हैं। उन उद्देश्यों को प्राप्त करने में बच्चे असफल रहते हैं, फलतः वे अन्य बालकों से ईर्ष्या करने लगते हैं। प्रतिस्पर्धा की यह भावना, प्रेम, साहस, प्रशंसा या सहानुभूति के बजाय ईर्ष्या की भावना विकसित करती है और बालक विध्वंसात्मक प्रवृत्ति का हो जाता है।

ईर्ष्या-अनुक्रिया—ईर्ष्या का भाव अनेक प्रतिक्रियाओं द्वारा व्यक्त होता है इसके अंतर्गत दमनात्मक प्रवृत्ति का विकास, विरोध दूरी बनाए रखना, चेहरे पर अलग भाव और रचनात्मक प्रतिस्पर्धा में उदात्तीकरण शामिल है।

व्यक्तिगत भिन्नतायें—ईष्यालु बालकों में ईर्ष्या का व्यवहार व्यक्तिगत भिन्नता लिये होता है। ईर्ष्या में यौन अन्तर का भी महत्व है। तीन लड़कियों में से दो ईष्यालुताएँ पाई जाती हैं। तीन-चार वर्षों की आयु में ईर्ष्या अधिकतम होती है। परिवार में भी बड़ा बालक ईर्ष्यालु पाया जाता है। ईर्ष्या घर की परिस्थितियों पर भी निर्भर है।

बच्चों में ईर्ष्या भाव समाप्त करने के लिए आवश्यक है कि उनके स्वास्थ्य, दिनचर्या को नियमित किया जाए। परिवार का वातावरण स्वस्थ, सन्तुलित एवं सुन्दर हो। घर में अन्य बालकों के साथ समान व्यवहार किया जाए। जब भी यह लगे कि

बालक ईर्ष्या भाव से पीड़ित है, कारणों की खोज कर ईर्ष्या भाव को समाप्त करना चाहिये।

आनन्द एवं सुख—आनन्द का संवेग किसी बात या वस्तु से सुख प्राप्त करना है। आनन्द की अनुभूति करने वाला व्यक्ति उस स्थिति को सदैव बनाये रखना चाहता है। मुस्कराने तथा उन्मुक्त हँसी के द्वारा आनन्द के संवेग की अभिव्यक्ति होती है।

हर्षयुक्त संवेग मुस्कराहट तथा हँसने से प्रकट होते हैं। इससे सम्पूर्ण शरीर को आराम मिलता है। बड़े होने के साथ-साथ हँसने तथा मुस्कराहट की क्रिया बढ़ती जाती है।

वे परिस्थितियाँ, जिनमें व्यक्ति को आनन्द अनुभव होता है, आयु के साथ-साथ भिन्न होती है। शिशुओं में भौतिक वस्तुओं को प्राप्त करने के बाद हर्ष तथा आनन्द उत्पन्न होता है। आनन्द तथा हर्ष की अनुभूति सामाजिक सम्पर्क से होती है। समाज में साथियों के सम्पर्क क्रिया-प्रतिक्रिया आदि से वह हर्ष तथा आनन्द का अनुभव करता है। सम्पर्क का सीधा सम्बन्ध आनन्द से है। इससे बालकों में सामाजिक समायोजन विकसित होता है।

प्रेम—**फ्रायड** के मतानुसार—"हर मनुष्य अपने जीवन में कई अवस्थाओं से होकर गुजरता है। जब व्यक्ति अपने को खुश महसूस करता है, या जब किसी से दोस्ती या प्रेम करता है तो उसमें अन्य व्यक्ति को खुशी मिलती है।" बालक स्वयं प्रेमी होता है। बचपन में उसे स्वयं से प्यार होता है, अपनी चीजों से प्यार होता है। कालान्तर में वह अपने माता-पिता से प्रेम करता है। बाल्यावस्था में लड़कों में ऑडीपस काम्पलैक्स के कारण माता के प्रति एवं लड़कियों में एलेक्ट्रा काम्पलैक्स के कारण पिता के प्रति आसक्ति उत्पन्न हो जाती है।

प्रेम के संवेग में यह बात ध्यान रखने की है कि अधिक प्रेम या बहुत कम प्रेम दोनों ही बालक के लिये घातक होते हैं। प्रेम एक जटिल संवेगात्मकतावस्था है। इसके कई अर्थ लगाये जाते हैं। **सल्ली** के अनुसार—"**आसक्ति स्वार्थमूलक तत्व हैं और सहानुभूति प्रेम में परार्थ-मूलक तत्व है।**" अभिभावक इस संवेग का लाभ उठाकर बालकों में अनेक गुणों का विकास कर सकते हैं।

संवेग का सकरात्मक पक्ष है इससे सकारात्मक दृष्टिकोण और रचनात्मकता में इजाफा किया जा सकता है। संवेगों के द्वारा बालक में रुचि विकसित कर लेते हैं। संवेगों के सन्तुलित विकास से स्थायी भावों का विकास होता है। अवांछित संवेगों को अच्छी दिशा में मोड़ा जा सकता है। संवेगों द्वारा बालकों में अच्छी आदतों तथा

चरित्र का निर्माण किया जा सकता है। संवेगों द्वारा बालकों के जीवन को सरस बना सकते हैं। नवीन ज्ञान देने में उसे संवेगों से पर्याप्त सहायता मिलती है। बालकों को पढ़ने के प्रति उत्साहित कर सकते हैं।

संयमित संवेग

संवेगों का विकास अवांछित रूप से होने पर अनेक प्रकार की विसंगतियाँ उत्पन्न हो जाती हैं। इसलिये संवेगों पर नियन्त्रण किया जाना आवश्यक है। जरशील्ड की धारणा है कि यदि कोई संवेग परिपक्व हो जाए तो उसमें संशोधन करना कठिन हो जाता है। संवेगों को नियन्त्रित एवं संशोधित करने के लिए ये कुछ विधियाँ हैं—

(1) प्रतिगमन—इस प्रकार की विधि में संवेगों और तनाव की उत्पत्ति असामान्य व्यवहार से होती है। क्रोधी बालक चीजें तोड़कर अपने तनाव को हल्का कर लेता है।

(2) संवेगात्मक रेचन—इस विधि द्वारा शमित संवेगों से मुक्ति पाने का प्रयास किया जाता है। शारीरिक रचना गतिशील क्रियाओं—खेलकूद, भाग-दौड़ आदि से होती है। मानसिक रचना में व्यक्ति अपनी अभिवृत्तियों को बदल देता है।

(3) शमन—इस विधि द्वारा अप्रिय प्रसंगों को भूलने, मन से बाहर निकालने का प्रयास कियाा जाता है।

(4) अभिव्यक्ति—यह विधि मार्गान्तीकरण भी कहलाती है। इस विधि द्वारा संवेगों को समाज में स्वीकृत ढंग से प्रस्तुत किया जाता है।

(5) अध्यवसाय—इस विधि द्वारा बालकों को अनेक कार्यों में व्यस्त रखा जाता है। इस प्रकार अवांछित संवेगों की अभिव्यक्ति को आशय नहीं मिल पाता।

(6) विस्थापन—पेज ने संवेगों पर नियन्त्रण की विधि विस्थापन या आरोपण बताई है। इसमें संवेगों को अन्य तथ्यों पर आरोपित कर दिया जाता है।

संवेग एक स्वाभाविक प्रक्रिया है। परिवार समाज व राष्ट्र के लिए वह व्यक्ति ज्यादा लाभदायक है जिसमें संवेग में रचनात्कता है अवांछित संवेग व्यक्ति विशेष के साथ-साथ समाज और राष्ट्र के लिए भी हानिकारक है।

13

महिलाओं में आक्रामकता तथा सामाजिक हिंसा

सामाजिक मनोविज्ञान में व्यक्ति के आक्रमक तथा हिंसक पहलुओं का अध्ययन विशेष रूप से किया जाता है। मनुष्य की सामान्य एवं असामान्य चेतना का सूक्ष्म एवं व्यापक दोनों ही अर्थों में अस्तित्त्व विद्यमान है जिसे उसकी जैविक विशिष्टताओं के अलावा सामाजिक, राजनीतिक, सांस्कृतिक संदर्भों में देखना जरूरी है। मनुष्य एवं पशु दोनों में आक्रामक तथा हिंसक व्यवहार विद्यमान होता है। इसीलिए आक्रामक व्यवहार को एक सार्वजनिक घटना माना जाता है। इसके अध्ययन में समाज मनोवैज्ञानिकों ने विशेष अभिरुचि दिखलाई है। इस अभिरुचि के कारण जाहिर है कि आक्रामकता को पहले समाज मनोवैज्ञानिकों ने उपयुक्त शब्दों (appropriate words) में परिभाषित करने की कोशिश की है। इसकी कुछ परिभाषाएँ निम्नलिखित हैं–

बस (Buss, 1961) के अनुसार "आक्रामकता ऐसी अनुक्रिया है जो दूसरे प्राणी को एक अनिष्ठकर उद्दीपन प्रदान करती है।" परन्तु यह परिभाषा अत्यधिक विस्तृत एवं सरल होने के कारण समाज मनोवैज्ञानिकों को मान्य नहीं हो सकी। जैसे, कुछ समाज मनोवैज्ञानिकों ने यह आपत्ति उठायी कि यदि बस (Buss) की परिभाषा को सही मान लिया जाता है, तो एक दन्त चिकित्सक का उद्देश्य (intention) रोगी को चंगा करना है न कि उसे हानि पहुँचाना है। कहने का तात्पर्य यह है कि बस की परिभाषा में आक्रामक व्यवहार करने वाले व्यक्ति के उद्देश्य (purpose) या अभिप्राय (intention) को ध्यान में नहीं रखा गया है जो एक आवश्यक तथ्य है।

बरकोविज (Berkowiz, 1975) के अनुसार, आक्रामकता से तात्पर्य "दूसरों के प्रति किए गए साभिप्राय क्षति या हानि से होता है।" इस परिभाषा से स्पष्ट है कि आक्रामक व्यवहार उस व्यवहार को कहा जाता है जो दूसरों को सिर्फ हानि या क्षति ही नहीं पहुँचाता है, बल्कि हानि या क्षति पहुँचाने का उद्देश्य भी रखता है।

कुछ समाज मनोवैज्ञानिकों में आक्रामकता में प्रयोजन को शामिल करने पर सहमति नहीं है। उनका कहना है कि यह एक ऐसा संप्रत्यय है जिसे सही नहीं जाना या मापा जा सकता है। अतः आक्रामकता की परिभाषा में इसे सम्मिलित नहीं किया जाना चाहिए। परन्तु इन समाज मनोवैज्ञानिकों की इस आपत्ति से बहुत लोग सहमत नहीं हैं और इसे खंडित करते हुए लोगों ने कहा है कि मनोवैज्ञानिक उन दशाओं या अवस्थाओं (conditions) की जाँच के आधार पर मनुष्य के आक्रामक व्यवहार के उद्देश्य के बारे में अनुमान लगाते हैं जो ऐसे व्यवहार को जन्म देते हैं। परिणामस्वरूप, अधिकार समाज मनोवैज्ञानिकों ने उद्देश्य को मद्देनजर रखते हुए आक्रामक व्यवहार को परिभाषित किया है।

मेयर्स (Myers, 1988) के शब्दों में, "आक्रामकता एक ऐसा शारीरिक या शाब्दिक व्यवहार होता है जिनका उद्देश्य दूसरों को चोट पहुँचाना होता है।"

एटकिन्सन, स्मिथ एवं हिलगार्ड (Atkinson, Smith & Hilgard, 1987) के मतानुसार, "आक्रामकता एक ऐसा व्यवहार होता है जिसका उद्देश्य दूसरों को शारीरिक रूप से (verbally) घायल करना होता है या दूसरों के जायदाद को बर्बाद करना होता है।"

उपरोक्त बिन्दुओं में आक्रामकता की जो परिभाषा दी गयी है उससे स्पष्ट होता है कि सभी विद्वान आक्रामकता (aggression) की व्याख्या में समान दृष्टिकोण रखते हैं। जिसका निरीक्षण करने से इसके व्यवहार के विषय में कुछ प्रमुख तथ्य प्राप्त हुए हैं जो निम्न हैं–

1. आक्रामकता एक ऐसा व्यवहार होता है जो जानबूझकर दूसरों को या उसकी जायदाद (property) को हानि पहुँचाने के उद्देश्य से किया जाता है। अतः बिना उद्देश्य की परख किए किसी व्यवहार को आक्रामक (aggressive) नहीं कहा जा सकता है। एक दन्त चिकित्सक द्वारा सड़े दाँत को उखाड़ने के सिलसिले में रोगी को एकाध चपत लगा देना एक आक्रामक व्यवहार नहीं कहलाएगा, क्योंकि चिकित्सक का उद्देश्य वास्तव में रोगी को चोट पहुंचाना नहीं है। दूसरी ओर मान लिया जाय कि एक हत्यारा मंत्री पर गोली चलाता है, परन्तु मंत्री जी बाल-बाल बच जाते हैं। यहाँ पर हत्यारे के व्यवहार का उद्देश्य क्षति पहुँचाना है, परन्तु किन्हीं कारणों

से क्षति नहीं हुई। क्षति पहुँचाने का उद्देश्य होने के कारण हत्यारे का व्यवहार निश्चित रूप से एक आक्रामक व्यवहार कहलाएगा।

2. आक्रामक व्यक्तियों से सभी व्यक्ति दूर रहना चाहते हैं। इसका मतलब यह हुआ कि यदि पीड़ित उस आक्रामक व्यवहार से बचने की प्रेरणा नहीं रख सकता है, तो उसे आक्रामक व्यवहार नहीं कहा जाएगा।

3. आक्रामक व्यवहार प्रकट एवं अप्रकट रूपों में व्यक्त होता है। उपर्युक्त उदाहरण में हत्यारे द्वारा किए गए आक्रामक व्यवहार में अभिप्राय प्रकट था। ऐसे आक्रामक व्यवहार करने में अभिप्राय छिपा हुआ या अप्रकट भी हो सकता है। जैसे एक राजनैतिक नेता अपने विरोधी नेता के प्रति तटस्थता का भाव रखते हुए भी इस ढंग से प्रचार कर सकता है जिससे वह अपने विरोधी नेता को हराकर चुनाव जीत सके। वहाँ अभिप्राय छिपा हुआ है। ऐसे आक्रामकता को *साधनात्मक आक्रामकता* (instrumental aggression) कहा जाता है।

उपरोक्त बिन्दुओं से स्पष्ट होता है कि आक्रामक व्यवहार की कुछ निश्चित विशेषताएँ हैं जिनके आधार पर हम इसकी पहचान कर लेते हैं और इससे मिलते-जुलते सभी तरह के व्यवहार को आक्रामक व्यवहार नहीं कहते हैं।

आक्रामकता के प्रमुख सिद्धान्त

उद्भव एवं प्रदर्शन के स्तर पर आक्रामकता की मानवीय स्थितियों एवं प्रवृत्तियों को समझने की दिशा में आक्रामकता का सिद्धान्त महत्त्वपूर्ण है। समाज मनोवैज्ञानिकों ने आक्रामकता के प्रादुर्भाव की व्याख्या करने हेतु अनेक प्रकार के सिद्धान्तों का वर्णन किया है। आक्रामकता के प्रादुर्भाव के सम्बन्ध में कुछ प्रमुख सिद्धान्त निम्नवत् हैं–

1. आक्रामक व्यवहार (aggressive behaviour) मानव प्रकृति (human nature) में व्याप्त मूलप्रवृत्ति (instinct) एवं अन्य जैविक कारकों (biological factors) के कारण उत्पन्न होता है। इसकी व्याख्या समाज मनोवैज्ञानिको ने विशेष सिद्धान्त जिसे *मूलप्रवृत्तिक सिद्धान्त* (instinct theory) कहा जाता है, के अन्तर्गत कीया है।

2. व्यक्ति आक्रामक व्यवहार अन्य व्यवहारों के समान किसी-न-किसी सामाजिक सन्दर्भ (social context) में सीखता है। इसकी व्याख्या जिस सिद्धान्त के अन्तर्गत की गई है, उसे *सामाजिक-सीखना* सिद्धान्त (social learning theory) कहा जाता है।

3. बाहरी कुंठा एवं निराशा आक्रामक व्यवहार को जन्म देते हैं। इसकी व्याख्या जिस सिद्धान्त के अन्तर्गत की गई है, उसे *कुंठा-आक्रामकता सिद्धान्त* (frustration aggression theory) कहा जाता है।

मूलप्रवृत्तिक सिद्धान्त

यह आक्रामकता का प्रमुख सिद्धान्त है। यह सिद्धान्त मानव और पशुओं में आक्रामकता के व्यवहार को जन्मजात बताता है जो मूलप्रवृत्ति (instinct) से तात्पर्य किसी उद्दीपक (stimulus) के प्रति एक तरह की अनुक्रिया करने की एक जन्मजात प्रवृत्ति (inherited tendency) से होता है। इस सिद्धान्त के मूल रूप से दो व्यक्तियों के सिद्धान्तों को रखा है–फ्रायड का मनोविश्लेषणात्मक सिद्धान्त (psychoanalytical theory) तथा लोरेन्ज (Lorenz) का *आचारशास्त्रीय* सिद्धान्त (ethnological theory)। इसका वर्णन निम्न प्रकार से किया गया है–

(1) फ्रायड का मनोविश्लेषणात्मक सिद्धान्त–मूलवृत्तिक सिद्धान्तों में इसे एक प्रमुख सिद्धान्त माना जाता है। फ्रायड के मतानुसार, प्रत्येक व्यक्ति में दो तरह के मूलप्रस्थी पाए जाते हैं–जीवन मूलप्रवृत्ति तथा मृत्यु मूलप्रवृत्ति पाए जाते हैं–जीवन मूलप्रवृत्ति को *इरोस* भी कहा जाता है तथा यह व्यक्ति को सभी तरह के रचनात्मक कार्य करने की पर्याप्त प्रेरणा देता है। मृत्यु मूलप्रवृत्ति में एक संतुलन बना रहता है जिससे व्यक्ति का समायोजन वातावरण के साथ भी ठीक होता है।

फ्रायड ने मृत्यु की दो प्रवृत्तियाँ बतलायी हैं–पहली व अन्तर्मुखी दूसरी बहिर्मुखी। जब दिशा अन्तर्मुखी होती है तो व्यक्ति अपने आपके प्रति आक्रामकता दिखलाता है तथा अपने आपको ही क्षति पहुँचाने का कार्य करता है। आत्महत्या का प्रयास करना इसका चरम उदाहरण है। जब दिशा बहिर्मुखी होती है तो व्यक्ति दूसरों को क्षति पहुँचाकर या सामाजिक रूप से स्वीकार दलीलें देकर अपनी आक्रामकता की अभिव्यक्ति करता है। फ्रायड के अनुसार जीवन अक्सर मृत्यु मूलप्रवृत्ति (death instinct) के विध्वंसकारी लक्ष्य (destructive goal) को अवरुद्ध (block) कर देता है और उसे बाहरी वस्तुओं या वस्तुओं के प्रति आक्रामकता (aggression) तथा हिंसा (violence) दिखलाना प्रारम्भ कर देता है। कभी-कभी जीवन मूलप्रवृत्ति मृत्यु (death instinct) को उसे बाह्य वस्तुओं या व्यक्तियों की ओर मोड़ने में सफल नहीं हो पाता है। एवं व्यक्ति के चरम सीमा पर पहुँचने पर आत्महत्या भी कर सकता है।

(ख) आचारशास्त्रीय सिद्धान्त–इस सिद्धान्त का प्रतिपादन प्रसिद्ध आचारविद्

और नोबेल पुरस्कार प्राप्त करने वाले कौनरेड लॉरेन्ज ने किया है। लॉरेन्ज ने पशुओं पर अध्ययन करके इस सिद्धान्त का प्रतिपादन किया है और मानव-जाति के लिए सामान्यीकरण (generalization) किया है।

लारेन्स ने पशुओं पर प्रयोग कर यह सिद्ध किया कि अस्तित्त्व लक्ष्य की मूल में आक्रामकता की मूलप्रवृत्ति (instinct) होती है। जिस पशु में आक्रामकता जितनी ही अधिक होगी, इस पशु को अस्तित्त्व में बने रहने और स्वयं को पुनरुत्पादित (reproduce) करने की संभावना उतनी ही अधिक होगी। इतना ही नहीं, आक्रामकता के सहारे पशु अपने क्षेत्र (territory) की रक्षा करते हैं तथा अपने एवं जातियों के अन्य सदस्यों के लिए भोजन एवं पानी का प्रबन्ध कर पाते हैं। आक्रामकता के कारण सिर्फ मजबूत पशु अस्तित्त्व एवं पुनरुत्पादक क्षमता बनाए रखते हैं तथा कमजोर पशु को अपना अस्तित्त्व त्यागना पड़ता है।

हालाँकि लॉरेन्ज का अध्ययन पशुओं के आक्रामक व्यवहार पर आधारित था, परन्तु फिर भी उन्होंने अपने जीवन की विवादास्पद बिन्दु आक्रामकता की व्याख्या को भी अपने सिद्धान्त में शामिल कर लिया। उन्होंने मानव आक्रामकता (human aggression) की वैज्ञानिक व्याख्या की है—पहला प्रश्न था क्यों एक मानव दूसरे को जान से मार डालता है (Why human beings kill each other) और दूसरा, मूलप्रत्ययात्मक आक्रामक शक्ति (instinctual aggressive energy) का *संचयन* किस तरह होता है और बीच-बीच में उसकी अभिव्यक्ति (expression) कैसे होती है? इन दोनों प्रश्नों का उत्तर देकर उन्होंने मानव आक्रामकता (human aggression) की वैज्ञानिक व्याख्या की है।

1. मानव में मानव को मारने की प्रवृत्ति का कारण—प्रायः मनुष्य खतरों से निपटने के लिए दो प्रक्रियाएँ अपनाता है लड़ो और भागो। वैसे पशुओं जिनके पास अपने आपको बचाने का पर्याप्त प्रक्रम नहीं होता है, जैसे पक्षी, हिरण आदि वे अपने दुश्मन का आक्रमण होते ही भाग जाते हैं। परन्तु वैसे पशु जिनके पास लड़ने का पर्याप्त प्रक्रम जैसे तेज एवं नुकीले दाँत, नुकीले नाखून वाले पंजे आदि होते हैं, वे अपने दुश्मन के साथ भिड़न्त होने पर लड़ते हैं। लॉरेन्ज का मत है कि जिस पशु में लड़ने की क्षमता जितनी ही अधिक होती है उनमें अपनी जाति के पशुओं के प्रति आक्रामकता दिखलाने की जन्मजात निषेध अधिक होती है। उनमें अपने जाति के पशुओं के प्रति आक्रामकता दिखलाने की जन्मजात निषेध की प्रवृत्ति भी कमजोर होती है। फलतः इनमें अपने जातियों के सदस्यों के प्रति आक्रामकता का कोई महत्त्व नहीं होता है।

लॉरेन्ज के अनुसार सृष्टि के प्रारम्भ में तो ब्राह्मण होने पर मनुष्य भागकर अपने आपको बचाते थे क्योंकि इनके पास अपने आप को बचाने के लिए पर्याप्त प्रक्रम नहीं था। इनमें अन्य मनुष्यों के प्रति आक्रामकता दिखलाने की जन्मजात निषेध की प्रवृत्ति भी कमजोर होती है लेकिन प्रौद्योगिकी के कारण मनुष्यों के विध्वंसात्मक शक्ति में वृद्धि हो गई है और दूसरे तरफ निषेधात्मक की कमी पहले से ही मौजूद रहती है, फलतः मनुष्य जाति अपने ही जाति के अन्य को जाने से बेधड़क मार देते हैं। इसी तरह किसी दूसरे प्राणी में विकास दृष्टिगोचर नहीं होता है। व्याख्या दूसरा महत्त्वपूर्ण पक्ष था। फ्रायड (Freud) के समान इनका भी मत यही था कि आक्रामक शक्ति हमेशा व्यक्ति में बनती रहती है तथा धीरे-धीरे जमा होती रहती है। वातावरण में कुछ उपयुक्त उद्दीपक द्वारा जब तक प्राणी उत्तेजित नहीं होता है, इस तरह की शक्ति निर्मुक्त नहीं होती है। इस बिन्दु पर लोरेन्ज का मत फ्रायड के मत से अलग था। फ्रायड का मानना है कि ऐसी शक्ति की अभिव्यक्ति या निर्मुक्त होने के लिए किसी बाह्य उद्दीपक की आवश्यकता नहीं होती है जबकि लॉरेन्ज का कहना है कि ऐसी शक्ति की अभिव्यक्ति के लिए बाह्य उद्दीपक द्वारा उत्तेजित होना जरूरी है। आक्रामक व्यवहार की मात्रा इस बात पर निर्भर करती है कि प्राणी में मूलप्रत्ययात्मक आक्रामक शक्ति (instinctual aggressive energy) कितनी मात्रा में जमा हो जाती है, तो वातावरण में बिना किसी उद्दीपक की उपस्थिति के भी अपने आप निर्मुक्त (release) हो सकती है।

लॉरेन्ज का कहना है कि यदि संचित आक्रामक शक्ति को व्यक्ति सामाजिक रूप से अनुमोदित तरीकों से अभिव्यक्त कर देता है, तो उसके पास असामाजिक ढंग से अभिव्यक्त करने के लिए बहुत शक्ति नहीं रह जाती है। इसलिए समाज को चाहिए कि वह सामाजिक रूप से अनुमोदित तरीकों जैसे खेल-कूद आदि के द्वारा संचित आक्रामक शक्ति की पर्याप्त अभिव्यक्ति (expression) करा दे।

आलोचनाएँ—यद्यपि मूलप्रवृत्तिक सिद्धान्त की दृष्टियों से महत्त्वपूर्ण है, लेकिन कुछ निम्नलिखित कारणों से इसकी आलोचना करते हैं—

1. इस सिद्धान्त से तो यह स्पष्ट है कि प्राणी (organism) आक्रामक व्यवहार (aggressive behaviour) निश्चित रूप से करता है परन्तु यह स्पष्ट नहीं है कि प्राणी कब और कैसे इस तरह का आक्रामक व्यवहार करेगा।

2. मूलप्रवृत्तिक सिद्धान्त को प्रयोगात्मक समर्थन का अभाव है। अतः इसकी व्याख्या सुनने या देखने में भले ही तर्कसंगत कुछ लगे परन्तु उसे वैज्ञानिक नहीं माना जा सकता है। इस सिद्धान्त के कुछ संप्रत्यय जैसे मृत्यु प्रवृत्ति (death instinct)

को तो मापा नहीं जा सकता है। अतः उसके लिए किसी प्रकार के प्रयोगात्मक समर्थन का प्रश्न ही नहीं उठता है।

3. मूल प्रवृत्तिक सिद्धान्त को आघात पहुँचाने वाले भी प्रयोगात्मक अध्ययन किये गये हैं। जैसे—सामान्यतः यह समझा जाता है बिल्ली चूहे की एक स्वाभाविक दुश्मन (natural enemy) होती है। जिंग याग कुओ (Zing Yang Kuo, 1930) के अध्ययन ने इसे गलत सिद्ध कर दिया है। उन्होंने बिल्ली के बच्चों के तीन समूहों का अध्ययन किया जिसे तीन विभिन्न अवस्थाओं में रखकर जन्म से ही पाला-पोसा और वे अपने माँ को चूहों का शिकार करते देखते थे। कुछ बच्चों को इसमें दूसरों से अलग रखकर अवस्था में पाला पोसा गया। इसमें ऐसे बच्चे चूहे को देख भी नहीं पाते थे। तीसरी अवस्था में बिल्ली के बच्चे को चूहों के साथ दोस्त बनाकर पाला पोसा गया था। परिणाम में देखा गया कि पहली अवस्था के 85% बिल्लियों में चूहों को देखते ही मार देने की प्रवृत्ति तीव्र थी तथा तीसरी अवस्था के मात्र 17% बिल्लियों में ही चूहों को मार देने की प्रवृत्ति देखी गई। अध्ययन से स्पष्ट हो जाता है कि आक्रामक व्यवहार मात्र मूलप्रवृत्ति (instinct) द्वारा नियंत्रित नहीं होती अपितु सामाजिक परिस्थिति भी महत्त्वपूर्ण होती है।

4. इस सिद्धान्त में प्रमुख कमी यह कि मनुष्य के अन्दर संचित आक्रामक शक्ति समय-समय पर अभिव्यक्ति न करने पर वह आक्रामक व्यवहार अधिक मात्रा में करेगा। इसमें एक प्राक्कल्पना (hypothesis) तब यह बनती है कि यदि कोई व्यक्ति आक्रामक व्यवहार अधिक करता है, तो बाद में वह ऐसा व्यवहार कम दिखलाएगा क्योंकि उसके पास इस तरह के व्यवहार को उत्पन्न करने की शक्ति ही बहुत कम मात्रा में बच जाएगी। वालटर्स तथा ब्राऊन (Walters & Brown, 1963) द्वारा किए गए अध्ययन से इस प्राक्कल्पना (hypothesis) की संपुष्टि नहीं हो पाई है। इन्होंने अपने अध्ययन में पाया है कि जिन प्रयोज्यों को दी गई वस्तु को चोट पहुँचाने के लिए पुरस्कार दिया गया था, उनमें उन प्रयोज्यों की अपेक्षा जिन्हें चोट नहीं पहुँचाने के लिए पुरस्कृत किया गया था आक्रामक व्यवहार की मात्रा बाद में पहले की तुलना में अधिक थी। बर्कोविज (Berkowiz, 1973) ने भी अपने अध्ययन में पाया है कि जो लोग खेल-कूद में अधिक भाग लेते हैं, उनमें उन लोगों की अपेक्षा जो ऐसे खेल-कूद में भाग नहीं लेते हैं, आक्रामक व्यवहार कम नहीं होता है। बर्कोविज (Berkowitz) का यह परिणाम भी मूलप्रवृत्तिक सिद्धान्त (instinct theory) के विरोध में जाता है।

5. इस सिद्धान्त में प्रमुख कमी यह है कि इसमें आक्रामकता का प्रमुख कारण

जन्मजात माना जाता है। इस दावे को मॉन्टेग्यू ने सन् 1976 में खंडित कर दिया और अपनी प्रसिद्ध पुस्तक *दी नेचर ऑफ ह्यूमैन एग्रेसन* (The nature of human aggression) में जन्मजात आक्रामकता के संप्रत्यय (concept) को खंडित करते हुए कहा है, कई समाज ऐसे हैं जिनके सदस्यों में आक्रामक व्यवहार नहीं देखने को मिलते हैं। उदाहरणतः मिनडानाओं के टासाडी (Tasady) जाति में आक्रामकता (aggression) बिलकुल ही नहीं पाई जाती है। इन प्रेक्षणों से यह स्पष्ट हो जाता है कि मूलप्रवृत्तिक सिद्धान्त का यह दावा कि आक्रामक व्यवहार जन्मजात होता है, गलत साबित हो जाता है।

वास्तव में देखा जाय तो आक्रामकता का मूलप्रवृत्तिक सिद्धान्त वैज्ञानिकता एवं वैधता (validity) की कसौटी पर सही नहीं उतरता है। अतः समाज मनोवैज्ञानिकों ने आक्रामक व्यवहार की व्याख्या करने के लिए अन्य सिद्धान्त का वर्णन किया है।

कुंठा-आक्रामकता सिद्धान्त

सन् 1929 में होलार्ड डूब और सिसर्स ने इस सिद्धान्त का आविष्कार किया था। कुंठा आक्रामकता सिद्धान्त का प्रतिपादन खेल विश्वविद्यालय में किये गये अनुसन्धानों के परिणाम पर आधारित है। इस सिद्धान्त में डोलार्ड एवं उनके उन सहयोगियों ने आक्रामकता का कारण कुंठा या निराशा माना है और इस कारण परिणाम संबंध की व्याख्या प्रयोगात्मक समर्थन के साथ किया है। जैसा कि नाम से ही स्पष्ट है, इस सिद्धान्त में दो महत्त्वपूर्ण पद हैं—कुंठा तथा आक्रामकता। डोलार्ड तथा उनके सहयोगियों (1939) ने निम्नलिखित बिन्दुओं में इन पदों को स्पष्ट किया है—

(1) कुंठा—किसी वांछित लक्ष्य (desired) पर पहुँचने के लिए व्यक्ति द्वारा किया गया व्यवहार जब बीच में ही अवरुद्ध (block) हो जाता है, तो इससे उत्पन्न होने वाली मनोदशा को कुंठा कहा जाता है।

(2) आक्रामकता—दूसरों को क्षति पहुँचाने के उद्देश्य से किया गया शाब्दिक या शारीरिक व्यवहार को डोलार्ड (Dollard) ने आक्रामकता की संज्ञा दी है।

उपरोक्त बिन्दुओं से स्पष्ट होता है कि इस सिद्धान्त के अनुसार कुंठित व्यक्ति (frustrated persons) हमेशा किसी-न-किसी प्रकार का आक्रामक व्यवहार (aggressive behaviour) करता है और सभी तरह के आक्रामक व्यवहार वस्तुतः कुंठा (frustration) के ही परिणाम होते हैं।

इस सिद्धान्त के अनुसार लक्ष्य-प्राप्त करने वाले व्यवहार बाधित या अवरुद्ध

(blocked) होने पर व्यक्ति में पहले कुंठा (frustration) तथा फिर आक्रामकता (aggression) उत्पन्न होगी यह कई बातों पर निर्भर करता है। इससे सम्बन्धित तीन बातें महत्त्वपूर्ण हैं–

(i) व्यक्ति का लक्ष्य-निर्धारित व्यवहार अंशतः अवरुद्ध हुआ है। अवरुद्ध की दिशा में से कम होती है।

(ii) लक्ष्य पर पहुँचने के कई रास्ते एवं उससे संबंधित कई व्यवहार हो सकते हैं। कुंठा की मात्रा इस पर भी निर्भर करती है कि कितने ऐसे व्यवहार अवरुद्ध हुए हैं। अवरुद्ध होने वाले ऐसे व्यवहार की संख्या जितनी ही अधिक होगी, कुंठा (frustration) की मात्रा भी उतनी ही अधिक होगी।

(iii) व्यक्ति के लिए लक्ष्य (goal) का विशेष महत्त्व होता है। लक्ष्य का महत्त्व जितना ही अधिक होगा, लक्ष्य-प्राप्त करने वाला व्यवहार बाधित होने पर कुंठा की मात्रा उतनी ही अधिक होगी।

इस सिद्धान्त में यह माना जाता है कि जिस स्रोत या एजेन्ट के द्वारा कुन्ठा पैदा होती है। व्यक्ति सीधे उसी के प्रति आक्रामकता दिखाता है। इसे प्रत्यक्ष आक्रामकता (direct aggression) कहा जाता है। लेकिन कभी-कभी आक्रामकता दिखलाने वाला स्रोत (source) को व्यक्ति अपने से अधिक शक्ति वाला पाता है या उससे उसे दण्ड (punishment) मिलने की संभावना तीव्र होती है या स्रोत स्वयं उपस्थित नहीं होता है, तो वैसी परिस्थिति में व्यक्ति का आक्रामक व्यवहार किसी दूसरे से मिलते जुलते स्रोत या एजेण्ट के प्रति विस्थापित (displaced) हो जाता है। इसे विस्थापित आक्रामकता (displaced aggression) की भी संज्ञा दी जाती है। जैसे, सिनेमा जाने की अनुमति पिता द्वारा नहीं मिलने पर युवक अक्सर अपने माता से ही उलझ जाते हैं। इस प्रकार माँ से उलझना अपनी आक्रामकता का वास्तविक स्रोत से मिलते-जुलते दूसरे स्रोत अर्थात् माँ के प्रति दिखलाया जाना विस्थापित आक्रामकता का उदाहरण है। प्रायः साधारण प्राणी निर्बल स्रोत के प्रति ही आक्रामक होता है। मिलर (Miller, 1948) तथा बर्कोविज एवं कनुरेक (Berkowiz & Kneurek, 1967) ने अपने-अपने अध्ययनों के आधार पर इस तथ्य की पुष्टि की है कि व्यक्ति अपनी आक्रामकता (aggression) को मूल स्रोत (original source) से मिलते-जुलते स्रोत (similar source) के प्रति ही विस्थापित करता है। इस सिद्धान्त के अनुसार व्यक्ति कुण्ठा उत्पन्न करने वाले स्रोत (source) के प्रति सीधा या प्रत्यक्ष आक्रामकता (direct aggression) दिखलाता है और यदि संभव नहीं हुआ तो वह फिर विस्थापित आक्रामकता (displaced aggression) दिखलाता है।

समाज मनोवैज्ञानिकों के अनुसार कुण्ठा तथा आक्रामकता के बीच घनिष्ठ सम्बन्ध है। जैसे, हैनर तथा ब्राऊन (Haner & Brown, 1955) ने एक प्रयोग किया जिसमें स्कूली छात्रों को एक बॉक्स के छेद में संगमरमर (marble) के कुछ टुकड़ों को भीतर ढकेलना था। एक निश्चित अवधि के अन्दर काम को सार्थकपूर्ण ढंग से पूरा करने पर उन्हें पुरस्कृत करने की घोषणा की गई। बगल में एक घंटी थी जिसमें एक नॉब (knob) लगा था, जिसे दबाकर बजाते हुए घंटी को बंद किया जा सकता था। प्रयोगकर्ता घंटी बजाकर प्रयोज्य (subject) को यह संकेत देता था कि उसका समय उस विशेष प्रयास (trial) के लिए हो गया है और अब वह बजते हुए घंटी को बजना बंद करके दूसरा प्रयास (trial) शुरू कर सकता है। छात्र इस प्रकार के अध्ययन में कार्य पूरा करने के पहले ही घंटी बजाकर रोक दिया जाता था और इससे वे इनाम पाने से वंचित रह जाते थे तथा उनमें कुण्ठा उत्पन्न हो जाती थी। इसकी प्राक्कल्पना के अनुसार जब छात्र सफलता प्राप्ति के एकदम नजदीक आ जाता है, तो उसके अन्दर कुंठा की भावना चरम अवस्था पर होती है। अध्ययन से कुंठा-आक्रामकता सिद्धान्त (frustration-aggression theory) की वैधता का सत्यापन हो जाता है। इसी तरह का एक अन्य अध्ययन हैम्बलिन तथा उनके सहयोगियों (Hamblin et al., 1963) द्वारा किया गया जिसमें कुंठा तथा आक्रामकता के उक्त संबंध की पुष्टि की गई है।

व्यक्तियों के आक्रामक प्रवृत्तियों में कुंठा आक्रामकता का सिद्धान्त निम्नलिखित सहायता प्रदान करता है–

(i) पहली विधि में कुंठा को समाप्त करने पर बल डाला जाता है। सिद्धान्त का मानना है कि यदि कुंठा को व्यक्ति में उत्पन्न ही नहीं होने दिया जाए या उत्पन्न होने पर उसे समाप्त कर दिया जाए, तो अपने आप ही आक्रामकता कम हो जाएगी।

(ii) दूसरी विधि विरेचन (catharsis) की प्रविधि है जिसे अपनाकर आक्रामकता (aggression) को कम किया जा सकता है। इस विधि में व्यक्ति को आक्रामक व्यवहार करने के लिए प्रेरित किया जाता है। इसका परिणाम यह होता है कि आक्रामक व्यवहार करने की उत्तेजन शक्ति धीरे-धीरे कम हो जाती है और वह निकट भविष्य में फिर आक्रामक न के बराबर ही दिखता है।

आलोचना (Criticisms)–कुंठा-आक्रामकता सिद्धान्त में कुछ प्रमुख दोष निम्नलिखित हैं–

(i) बस (Buss, 1961) के अनुसार कुण्ठा हमेशा आक्रामक व्यवहार का कारण होती है। इन्होंने यह बतलाया है कि कुछ लोग ऐसे होते हैं जो भौतिक लाभ

(material gain) की प्राप्ति के लिए आक्रामक व्यवहार करते हैं। ऐसी स्थिति में कुण्ठा (frustration) नहीं रहती है फिर भी व्यक्ति आक्रामकता दिखलाता है। बस का कहना है कि जब व्यक्ति यह अनुभव करता है कि आक्रामक व्यवहार दिखाने से उसे कुछ लाभ होगा, वह आक्रामकता दिखलाता है। इसके लिए उसे कुंठित (frustrated) होना अनिवार्य नहीं है। बर्कोविज (Berkowiz, 1978) के अनुसार कुंठा आक्रामकता के कई कारणों में से एक कारण भले ही हो सकता है, परन्तु इकलौता कारण नहीं हो सकता है।

(ii) कई समाज मनोवैज्ञानिक मानते हैं कि होलार्ड एवं उनके समर्थक इस सिद्धान्त में अपनी परिकल्पना को जरूर महत्त्व देते हैं। इन मनोवैज्ञानिकों ने सिद्धान्त के इस प्राक्कल्पना को चुनौती दी है कि कुंठा हमेशा आक्रामकता (aggression) उत्पन्न करती है। कई आलोचकों जैसे ब्रिट एवं जैनस (Britt & Janus, 1940), राजेनविग (Rosenweig, 1938), सार्जेन्ट (Sargent, 1948) ने यह स्पष्ट किया है कि कुंठा से हमेशा आक्रामकता (aggression) उत्पन्न नहीं होती है। कई आलोचक यह मानते हैं कि सभी तरह के कुंठा से नहीं बल्कि कुंठा खास-खास तरह की कुंठा से ही आक्रामकता उत्पन्न होती है। उदाहरणार्थ, यदि कुंठा की मात्रा तीव्र होती है और व्यक्ति उसे वैध (legitimate) न मानकर आवश्यक रूप से जान-बूझकर उस पर थोपा हुआ पाता है, तो ऐसी कुंठा से निश्चित रूप से आक्रामकता (aggression) उत्पन्न होती है।

इस सिद्धान्त के विकास में उपर्युक्त आलोचनाओं का विशेष महत्त्व है।

परिवर्तित कुंठा-आक्रामकता सिद्धान्त

कुंठा-आक्रामकता सिद्धान्त का परिवर्तित रूप पहले की तुलना में अधिक उन्नत (improved) है। इस सिद्धान्त को उन्नति प्रदान करने के लिये निम्नलिखित दो परिवर्तन किये गये हैं–

(i) मिलर (Miller, 1941) जो इस सिद्धान्त के पाँच मूल प्रतिपादकों (original propounders) में से एक थे, स्वयं स्वीकार किया कि कुंठा से हमेशा आक्रामकता (aggression) उत्पन्न नहीं होती है और उन्होंने अपने इस सिद्धांत में संशोधन करते हुए कहा कि कुण्ठा के प्रति व्यक्ति अनेक तरह की अनुक्रियाएँ करता है जिसमें आक्रामकता (aggression) एक है। इस संशोधन से सिद्धान्त को बल मिला और सिद्धान्त की दूसरी आलोचना जिसका वर्णन ऊपर किया गया है अपने आप समाप्त हो जाती है।

(ii) सन् 1965 में दूसरा सबसे बड़ा परिवर्तन हुआ। इस परिवर्तन के सूत्रधार बर्कोविज थे। बर्कोविज का कहना था कि कुंठा से आक्रामक व्यवहार सीधे उत्पन्न नहीं होते हैं बल्कि कुंठा व्यक्ति में आक्रामक व्यवहार करने के लिए एक तत्परता (readiness) उत्पन्न कर देता है जो एक ऐसी सांवेगिक होती है जिसे क्रोध (anger) की संज्ञा दी जाती है, इस क्रोध से व्यक्ति आक्रामक हो जाता है। दूसरी तरफ वातावरण में व्यक्ति को कुछ ऐसा संकेत (clues) भी मिल जाता है जिससे उसकी छिपी आक्रामकता भड़क उठती है और वह आक्रामक व्यवहार करना प्रारंभ कर देता है। ऐसे संकेत को आक्रामकता संकेत (aggression clues) कहते हैं। तथा बर्कोविज के इस अवधारणा को आक्रामकता का संकेत सिद्धान्त (clue theory) कहा जाता है बर्कोविज के अनुसार व्यक्ति तब तक आक्रामक व्यवहार नहीं दिखलाता है जब तक कि वातावरण से उसे उपयुक्त संकेत (clue) या उद्दीपक (stimuli) जो आक्रामक व्यवहार करने के लिए उत्तेजन (excite) कर सके, उपस्थित हो।

ग्रीम तथा बर्कोविज के उल्लेखनीय प्रयोगों से संकेत सिद्धान्त को बल मिला। इस अध्ययन में कॉलेज के छात्रों को एक पहेली (puzzle) का समाधान निर्धारित समय में पूरा करने के लिए दिया गया। प्रयोग की तीन अवस्थाएँ (conditions) थीं--कुण्ठा की अवस्था (condition of frustration), अपमान की अवस्था (condition of insult) तथा नियंत्रित अवस्था (controlled condition)। कुण्ठा की अवस्था में छात्रों को पहेली के रूप में ऐसी समस्या दी गई जिन्हें समाधान करने का पर्याप्त अवसर तो प्रदान किया ही गया साथ-ही-साथ उन्हें अपमानित भी नहीं किया गया।

इस सिद्धान्त में प्रयोग करने वाला व्यक्ति अपने समूह के व्यक्तियों से प्रश्न पूछकर इस बात की जानकारी प्राप्त करता है कि कुण्ठा तथा अपमान से क्रोध का जन्म हुआ है अथवा किसी और कारण से प्रयोग के अगले भाग में इस प्राक्कल्पना (hypothesis) की जाँच की गई कि आक्रामक के संकेत क्रोधित व्यक्ति में आक्रामक व्यवहार (aggressive behaviour) उत्पन्न करते हैं या नहीं। छात्रों में अध्ययन के इस भाग में दो तरह की फिल्मों (एक आक्रामकता युक्त दृश्यों वाली फिल्म तथा दूसरा आक्रामकता रहित दृश्यों वाली फिल्म) में से किसी किसी एक फिल्म को 7 मिनट के लिए दिखलाया गया। इसके पश्चात व्यक्तियों को प्रयोगकर्ता के एक सहयोगी को कुछ ही बार विद्युताघात किया। साथ-ही-साथ यह भी देखा गया

जिन छात्रों में क्रोध (anger) की मात्रा कम थी उन छात्रों ने दूसरे समूहों को क्रोधयुक्त छात्रों की तुलना में कम आवृत्ति के साथ, विद्युताघात करने का व्यवहार किया।

गीन तथा बर्कोविट्ज (Geen & Berkowiz, 1967) द्वारा किये गये इस अध्ययन से यह साबित होता है कि आक्रामकता के उपर्युक्त संकेत (appropriate clues) वातावरण में मौजूद होने पर ही व्यक्ति में आक्रामक व्यवहार कुण्ठा उत्पन्न करती है। इस प्रकार यह स्पष्ट है कि इस अध्ययन से परिवर्तित कुंठा-आक्रामकता सिद्ध पूरी तरह समर्थन प्राप्त है।

सामाजिक सीखना सिद्धान्त

बैण्डुरा महोदय ने सन् 1973 में इस सिद्धान्त का विकास किया था। बाद में इस सिद्धान्त के विकास (development) में बैण्डुरा के अन्य सहयोगी जैसे वाल्टर्स (Walters, 1975) ने भी महत्त्वपूर्ण योगदान दिया। इस सिद्धान्त का सार तत्त्व यह है कि व्यक्ति अन्य व्यवहारों के समान आक्रामकता को भी सीखता है और साथ-ही-साथ यह भी सीखता है कि किन-किन अवस्थाओं में ऐसी आक्रामकता की अनुक्रिया वांछित लक्ष्य (desired goal) को प्राप्त करने में मदद करती है। अतः इस सिद्धान्त के अनुसार आक्रामक व्यवहार (aggressive behaviour) एक सीखा गया व्यवहार होता है।

आक्रामकता के आधार पर यह सिद्धान्त मूल रूप से निम्नलिखित तीन प्रश्नों का उत्तर देता है–

1. आक्रामकता या आक्रामक व्यवहार की उत्पत्ति के स्रोत क्या हैं?— इस सिद्धान्त में व्यक्ति या समूह में आक्रामकता (aggression) उत्पन्न होने के निम्नलिखित तीन स्रोत (sources) बतलाए गए हैं–

(i) प्रत्यक्ष निर्देश–कुछ परिस्थितियों में व्यक्ति को आक्रामक व्यवहार करने के लिए सीधा या प्रत्यक्ष निर्देश (instruction) दिया जाता है और उसके परिणामस्वरूप, वह आक्रामक व्यवहार करता है। मिसाल के लिए युद्ध में सैनिकों को सेनानायक अपने दुश्मन पर आक्रमण करने का निर्देश देते हैं जिसके फलस्वरूप सैनिक आक्रामकता (aggression) दिखलाता है। अतः आक्रामकता का एक प्रमुख स्रोत प्रत्यक्ष निर्देश होता है।

(ii) प्रयत्न और त्रुटि सीखना–आक्रामकता के प्रमुख स्रोत में प्रयत्न और त्रुटि सीखना प्रमुख माना जाता है। उदाहरणार्थ कोई एक बच्चे पर दूसरा बच्चा आक्रमण करता है। परिस्थिति ऐसी है कि पहला बच्चा भाग नहीं पाता है।

परिणामस्वरूप, वह विवश होकर दूसरे बच्चे पर प्रतिआक्रमण (counterattack) करता है। थोड़ी देर के लिए मान लिया जाए कि पहला बच्चा प्रतिआक्रमण जीत जाता है। इसका परिणाम यह होगा कि पहला बच्चा जब-जब भविष्य में इस ढंग की परिस्थिति से घिर जाएगा, वह प्रतिआक्रामक व्यवहार (counter aggressive behaviour) करेगा क्योंकि पहले प्रयत्न एवं त्रुटि (trial and error) के आधार पर आक्रामकता (aggressiveness) को वह सफलीभूत कर चुका है।

(iii) प्रेक्षणात्मक सीखना—यह भी आक्रामकता (aggression) का प्रमुख स्रोत है। बैण्डुरा (Bandura, 1975) ने इस स्रोत पर अधिक बल डाला है और कहा कि जब व्यक्ति दूसरों को आक्रामक व्यवहार करते देखता है, तो वह भी वैसा ही करना प्रारंभ कर देता है। बैण्डुरा के अनुसार प्रेक्षणात्मक सीखना जीवन-पर्यन्त घटित होता रहता है। सामान्य जीवन में भी इस प्रकार के स्रोत देखने को मिलते हैं। जैसे, परिवार में उपलब्ध मॉडल, चलचित्र एवं दूरदर्शन पर दिखलाए जाने वाले आक्रामकता के दृश्य, शिक्षण संस्थान एवं अन्य व्यवसायों के सामाजिक संदर्भ (social context) में उपलब्ध मॉडल (model) आदि-आदि। बैण्डुरा (Bandura, 1973) तथा वाल्टर्स एवं बैण्डुरा (Walters & Bandura, 1963) के अनुसार इस तरह का सीखने का आधार मूलतः पुनर्बलन (reinforcement) एवं अनुकरण होता है।

2. आक्रामक व्यवहार के उत्तेजक कारक क्या हैं—आक्रामक व्यवहार को उकसाने (instigation) वाले कारक कौन-कौन से हैं जिनसे आक्रामक व्यवहार के घटित होने की संभावना में वृद्धि हो जाती है। बैण्डुरा महोदय इसके कुछ प्रमुख कारकों की पहचान निम्न प्रकार से करते हैं—

आक्रामकता की उत्पत्ति	*आक्रामकता के उत्तेजक*	*पुनर्बलन*
निर्देश	विरुचि विवेचन	बाह्य
प्रेक्षण	निर्देश-आक्रामकता	आत्म
प्रयत्न एवं त्रुटि	प्रेक्षण (मॉडलिंग)	स्थानापन्न

(i) विरुचि विवेचन—समाज मनोवैज्ञानिकों ने अपने प्रयोगात्मक अध्ययनों में यह बताया है कि दुखदायी, कष्टकर तथा कुंठित अनुभवों (frustrating experiences) से व्यक्ति न केवल सांवेगिक रूप से उत्तेजित ही होता है, बल्कि उसमें आक्रामकता (aggression) की भी प्रवृत्ति उत्पन्न होती है और वह भी समझ लेता है कि ऐसी आक्रामकता सामाजिक रूप से अनुमोदित (socially approved) भी होती है।

(ii) निर्देश—निर्देश भी आक्रामकता उत्पन्न करने का प्रमुख कारक है। मिलग्राम (Milgram, 1964, 1965) ने अध्ययन करके यह दिखलाया है कि प्रयोगकर्ता से निर्देश मिलने पर व्यक्ति कुछ वस्यकों को निर्दयतापूर्वक (mercilessly) उच्च वोल्ट का विद्युताघात करते थे। किसी प्राधिकारी (authority) या वैसे ही लोगों से आक्रामकता (aggression) दिखलाने का निर्देश मिलने पर व्यक्ति स्थिर मन से आक्रामक व्यवहार करता पाया जाता है।

(iii) प्रेक्षण—बैण्डुरा (Bandura, 1973) का कहना है कि आक्रामकता (aggression) को उकसाने वाला तीसरा कारक दूसरों को आक्रामक व्यवहार करते देखना है। व्यक्ति जब दूसरों द्वारा किए जा रहे आक्रामक व्यवहार का प्रेक्षण (observation) करता है, तो उसमें वैसा ही व्यवहार करने की प्रेरणा उत्पन्न हो जाती है। व्यक्ति इस परिस्थिति में उस मॉडल (model) से आक्रामकता के व्यवहार को सीखने के साथ-ही-साथ यह भी सीख लेता है कि किस परिस्थिति में ऐसी अनुक्रिया उचित (appropriate) होगी। बैण्डुरा एवं रास (Bandura & Ross, 1974) ने अपने अध्ययन के आधार पर यह बतलाया कि उन बच्चों में आक्रामक व्यवहार की संख्या बढ़ गई जिन्हें टेलीविजन (television) पर आक्रामक दृश्य वाले फिल्म दिखलाए गए थे जबकि जिन बच्चों को ऐसी फिल्म देखने का मौका नहीं मिला था, उनमें आक्रामकता में कोई वृद्धि नहीं आई थी।

(iv) प्रोत्साहन या पुरस्कार मिलने की आशा—कुछ मनुष्य प्रोत्साहन मिलने पर भी आक्रामक व्यवहार करते हैं। ऐसे व्यक्ति आक्रामक व्यवहार करने के पहले ऐसे व्यवहार के संभावित पुरस्कार एवं दण्ड का अनुमान कर लेते हैं। यदि पुरस्कार की संभावित मात्रा से दण्ड की मात्रा अधिक होती है, तो वह आक्रामक व्यवहार में तीव्रता दिखाता है परन्तु यदि दण्ड की संभावित मात्रा बहुत अधिक होती है, तो वह आक्रामकता दिखलाने में शीघ्रता नहीं करता है।

3. आक्रामक व्यवहार कैसे सीखा जाता है—बैण्डुरा (Bandura, 1963) के अनुसार आक्रामक व्यवहार को व्यक्ति बाह्य पुनर्बलन, आत्म-पुनर्बलन तथा स्थानापन्न पुनर्बलन, आत्म-पुनर्बलन तथा स्थानापन्न पुनर्बलन के आधार पर सीखता है। बाह्य पुनर्बलन मिलता है, तो वह वैसा व्यवहार भविष्य में अधिक करता पाया जाता है। गीन एवं स्टोनर (Geen & Stoner, 1973) ने अपने अध्ययन में पाया कि जब प्रयोज्यों को आक्रामक व्यवहार करने पर शाब्दिक पुनर्बलन दिया जाता था, तो उसमें आक्रामकता की तीव्रता अधिक बढ़ जाती थी। कोवान एवं वाल्टर्स (Cowan & Walters, 1973) ने अपने प्रयोगों में पाया कि आक्रामकता पर सतत पुनर्बलन तथा

आंशिक पुनर्बलन में जहाँ बच्चों के प्रत्येक आक्रामक व्यवहार को पुनर्बलित किया गया था, अधिक थी।

उस समय मनुष्य के अन्दर आत्मपुनर्बलन की उत्पत्ति होती है जब वह यह सोचता है कि कुछ कठिनाइयों के बावजूद भी उन्होंने लक्षित व्यक्ति (target person) या वस्तु से अपने आपको उचित आक्रामक व्यवहार करके बचा लिया है। कहने का तात्पर्य यह है कि आत्म-पुनर्बलन में व्यक्ति अपने द्वारा किए गए आक्रामक व्यवहार पर संतोष (satisfaction) व्यक्त करता है। मनोवैज्ञानिकों ने कई प्रयोगों में पाया कि कई व्यक्ति संतोषजनक आक्रामक व्यवहार करते हैं। अध्ययनों से पता चला है कि जिस आक्रामक व्यवहार के करने से व्यक्ति में आत्म-पुनर्बलन उत्पन्न होता है, वैसे आक्रामक व्यवहार की तीव्रता तथा बारंबारता (frequency) भविष्य में अधिक हो जाती है। अलब्रेक, थॉमस तथा चादविक (Albrecht, Thomas & Chadwick, 1980) के अनुसार आत्म पुनर्बलन का चूँकि प्रेक्षण (observation) करना कठिन है, अतः इसे सही-सही ढंग से मापा नहीं जा सकता है।

स्थानापन्न पुनर्बलन का आशय उस मनोवैज्ञानिक साझेदारी से है जिसमें आक्रामक व्यवहार का प्रदर्शन करने वाले व्यक्ति की आक्रामकता से उत्पन्न परिणामों से संतुष्ट होते हैं। जैसे, कोई व्यक्ति उस समय गर्व महसूस करता है, जब खेल के मैदान में वह टीम जिसके साथ उसकी तादात्म्य (identification) स्थापित हो चुकी है, विरोधी टीम को परास्त कर देता है। उसमें उस समय शर्म एवं दोष (guilt) उत्पन्न होता है जब वह यह पाता है कि उसकी टीम विरोधी टीम द्वारा परास्त हो चुकी है। सामाजिक-सीखना सिद्धान्त के अनुसार स्थानापन्न पुनर्बलन (vicarious reinforcement) से भी व्यक्ति में आक्रामकता की अनुक्रिया तीव्र होती है हालाँकि अलब्रेक, थॉमस तथा चादविक ने यह स्पष्ट कर दिया है कि स्थानापन्न पुनर्बलन उतना शक्तिशाली (powerful) नहीं होता है जितना कि बाह्य पुनर्बलन (external reinforcement) तथा आत्म-पुनर्बलन (self-reinforcement) होता है।

उपरोक्त विवेचन से स्पष्ट होता है कि सामाजिक सीखना सिद्धान्त (social learning theory) इस तथ्य की व्याख्या करता है कि व्यक्ति आक्रामक व्यवहार (aggressive behaviour) कैसे (how) सीखता है? इसके अलावा यह सिद्धान्त यह भी बतलाता है कि व्यक्ति में आक्रामकता को कैसे कम किया जाता है। बैण्डुरा तथा वाल्टर्स (Bandura & Walters, 1973) के अनुसार माता-पिता को बच्चों की शरारत पर उन्हें शारीरिक दण्ड नहीं देना चाहिए क्योंकि ऐसा करने से वे उनके इस व्यवहार (आक्रामक व्यवहार) को सीख लेते हैं। इसलिए उन्हें ऐसा व्यवहार नहीं

करना चाहिए। इसके द्वारा अप्रत्यक्ष रूप से बच्चों में आक्रामकता कम होती है। सामाजिक सीखना सिद्धान्त के अनुसार आक्रामकता को कम करने का एक प्रत्यक्ष तरीका यह है कि बच्चे जब आक्रामक व्यवहार करें तो उन्हें नकारात्मक पुनर्बलन (negative reinforcement) देकर जैसे दुलार एवं प्यार या वांछित वस्तु से वंचित करके उनके इस तरह के आक्रामक प्रवृत्ति को कम किया जा सकता है।

कुछ प्रमुख कारणों से सामाजिक सीखना सिद्धान्त को ज्यादा महत्त्व दिया जाता है। इसमें एक महत्त्वपूर्ण कारण यह है कि इस सिद्धान्त को कुंठा-आक्रामकता सिद्धान्त (frustration-aggression theory) का एक पूरक (supplement) माना गया है क्योंकि इसके द्वारा उन प्रश्नों का भी उत्तर मिल जाता है जो कुंठा-आक्रामकता सिद्धान्त द्वारा नहीं मिल पाता है जैसे, कुंठा आक्रामकता सिद्धान्त यह नहीं बता पाता है कि एक ही कुंठित परिस्थिति में क्यों एक व्यक्ति मुक्केबाजी करता है, दूसरा रिवाल्वर का प्रयोग करता है और तीसरा किसी भी तरह की आक्रामकता नहीं दिखलाता है। इस सिद्धान्त के अनुसार एक ही तरह की कुंठित परिस्थिति में आक्रामकता के इस वैयक्तिक विभिन्नता (individual difference) का कारण उसके गत सीखी गई अनुभूतियों (aggression) का एक महत्त्वपूर्ण सिद्धान्त माना गया है। सामाजिक सीखना सिद्धान्त के अनुसार एक ही तरह की कुंठित परिस्थिति में आक्रामकता के इस वैयक्तिक विभिन्नता (individal difference) का कारण उसके गत सीखी गई अनुभूतियाँ (past experiences) होती हैं।

यद्यपि सामाजिक सीखना सिद्धान्त कई दृष्टियों से महत्त्वपूर्ण है, लेकिन कुछ प्रमुख कारणों से यह सिद्धान्त हानिकारक माना जाता है।

(i) सामाजिक सीखना सिद्धान्त में प्रमुख दोष यह है कि इस प्रश्न का उत्तर सही-सही नहीं दे पाता है कि व्यक्ति क्यों (why) आक्रामक व्यवहार दिखलाता है तथा वह क्यों अमुक वस्तु या व्यक्ति को ही अपने आक्रामकता का लक्ष्य (target) बनाता है? कुछ खामियों (limitations) के बावजूद भी सामाजिक-सीखना सिद्धान्त को अभी अन्य सिद्धान्तों की अपेक्षा अधिक महत्त्वपूर्ण माना जाता है तथा इसकी मान्यता मनोवैज्ञानिक के बीच अधिक है।

(ii) इस सिद्धान्त में व्यक्ति आक्रामकता को ऐसे व्यवहार करने के बाद मिलने वाले पुनर्बलन (reinforcement) के आधार पर सीखता है। सिद्धान्त में तीन तरह के पुनर्बलन का वर्णन किया है—बाह्य पुनर्बलन, आत्म-पुनर्बलन तथा स्थानापन्न पुनर्बलन। इसमें प्रथम दो पुनर्बलन को तो लोगों ने प्रभावकारी माना है परन्तु तीसरे प्रकार के पुनर्बलन को अनावश्यक बताकर अस्वीकृत (reject) कर दिया है।

आक्रामकता तथा हिंसा को उकसाने वाले कारण

आज का समाज अत्यधिक आक्रामक और हिंसक होता जा रहा है। इस समस्या के कुछ प्रमुख कारक निम्नलिखित हैं–

1. अवैयक्तिकता–अवैयक्तिकता के सिद्धान्त से यह स्पष्ट हो गया है कि आक्रामकता का एक प्रमुख कारण वैयक्तिकता भी है। इस अवस्था में व्यक्ति की परख होती है अथवा छिपी रहती है। जिवार्डो (Ziwardo, 1969) तथा डाइनर (Diener, 1969) के अनुसार अवैयक्तिकता से व्यक्ति में आत्मचेतना (self-awareness) कम हो जाती है तथा नकारात्मक मूल्यांकन का डर समाप्त हो जाता है। व्यक्ति इसकी वजह से आक्रामक एवं समाज विरोधी व्यवहार ज्यादा करता है। हाल ही में प्रेनटिसयन्डन एवं रोजर्स (Prentice-Dunn & Rogers, 1980) द्वारा किये गए अध्ययन से भी इस तथ्य की पुष्टि हुई है। इस अध्ययन में प्रयोज्यों के प्रयोगकर्ता के सहयोगी (confederate) की दो अवस्थाओं में विद्युताघात करना था–वैयक्तिकता (individuation) की अवस्था में तथा अवैयक्तिकता की अवस्था में। प्रयोज्य को वैयक्तिकता की अवस्था में प्रयोगकर्त्ता विद्युताघात के तीव्रता का मापन करता है। अवैयक्तिकता की अवस्था में प्रयोज्यों को नाम से नहीं पुकारा जाता था तथा विद्युताघात करते समय प्रयोगकर्ता उन्हीं पर विद्युताघात की तीव्रता की जवाबदेही देकर स्वयं वहाँ से हट जाते थे। परिणाम में देखा गया कि अवैयक्तिकता की अवस्था में वैयक्तिकता की अवस्था की अपेक्षा आक्रामकता अधिक पायी गयी क्योंकि अवैयक्तिकता की अवस्था में प्रयोज्यों ने वैयक्तिकता की अवस्था की तुलना में 50 प्रतिशत अधिक विद्युताघात किया। इस प्रकार स्पष्ट होता है कि अवैयक्तिकता व्यक्ति में आक्रामकता को जन्म देती है।

2. भौतिक वातावरण भी आक्रामकता को विकसित करता है–समाज मनोवैज्ञानिकों ने कुछ ऐसे अध्ययन किए हैं, जिनके आधार पर यह स्पष्ट हुआ है कि भौतिक वातावरण (physical environment) भी आक्रामकता की वृद्धि करता है। भौतिक वातावरण में तापमान (temperature) तथा कोलाहल (noise) जैसे चरों के प्रभाव का अध्ययन किया गया है। ग्रिफीट एवं विट्च (Griffit & Veitch, 1971) ने अपने प्रयोगों द्वारा यह निष्कर्ष निकाला कि तापमान में वृद्धि होने पर व्यक्ति में आक्रामकता (aggressive) की प्रवृत्ति तीव्र होती है। एण्डरसन (Anderson & Anderson, 1984) ने हाऊसटन शहर में दो साल की अवधि में हुई हत्या एवं बलात्कार जैसे आक्रामकतापूर्ण अपराधों का विश्लेषण किया और पाया कि वातावरण

का तापक्रम में वृद्धि होने से विशेषकर 86°F से 99°F तक तापमान होने पर इन अपराधों की बारंबारता में भी वृद्धि हुई। परन्तु कई अध्ययनों से पता चलता है कि तापमान एवं आक्रामकता में कोई विशेष सम्बन्ध नहीं है। जैसे, बेरोन (Baron, 1972) ने अपने अध्ययन में पाया कि प्रयोज्य प्रयोगकर्ता के सहयोगी (confederate) के प्रति 72°F से 75°F के तापमान में 91° से 95°F के तापमान की तुलना में अधिक आक्रामकता दिखलाई। कुछ अन्य समाज मनोवैज्ञानिकों का मत है कि जब व्यक्ति कष्टदायक उच्चस्तरीय तापमान में होता है। तो संभव है कि आक्रामकता की मात्रा में कमी उत्पन्न हो जाए क्योंकि ऐसी कष्टदायक परिस्थिति में आक्रामकता दिखलाने के बजाय परिस्थिति से पलायन करने का व्यवहार भी लक्षित होने लगता है।

समाज मनोवैज्ञानिक मनुष्य पर पड़ने वाले ध्वनि के प्रभाव का भी अध्ययन करता है। ऊँचे स्तर के द्वारा किये गये शोर से व्यक्ति की आक्रामकता में बढ़ोत्तरी हो जाती है, बशर्ते कि ऐसे व्यक्ति को कोलाहल में रखने से पहले किसी तरह से क्रोधित कर दिया गया हो या उसे उत्तेजित कर दिया गया हो। कहने का आशय यह है कि कोलाहल व्यक्ति में तभी आक्रामकता उत्पन्न करता है जब व्यक्ति पहले से उत्तेजित हो। इस तथ्य की पुष्टि कोनेकनी (Konecni, 1975) तथा डार्नस्टीन एवं विल्सन (Donnerstein & Wilson, 1976) तथा गीन (Geen, 1978) के अध्ययनों से की गई है। डॉर्नस्टीन एवं विल्सन के एक अध्ययन में प्रयोज्यों को उन्हें विद्युताघात करने को कहा गया। जब वे विद्युताघात कर रहे थे तो ऐसी स्थिति में कानों पर लगे हेडफोन के माध्यम से उन्हें उच्च तथा निम्न तीव्रता का कोलाहल सुनाया गया। उच्च तीव्रता वाला कोलाहल 95 डेसिवेल (decibel) का था। परिणाम में देखा गया कि जिन प्रयोज्यों ने उच्च तीव्रता वाला कोलाहल सुना था उन्होंने अधिक विद्युताघात किया अर्थात् उनमें आक्रामक व्यवहार अधिक होता पाया गया। व्यक्ति उस समय ज्यादा आक्रामक हो जाता है जब कोलाहल चरम सीमा पर पहुँच जाता है।

3. व्यक्तिगत कारक–व्यक्तिगत कारक भी व्यक्ति में आक्रामकता की भावना को जन्म देता है। मेगारगी के अध्ययन से यह ज्ञात होता है कि एक खास तरह का व्यक्तित्त्व ही होता है जो प्रायः आक्रामक व्यवहार किया करते हैं। ऐसे व्यक्तित्त्व को इन्होंने *अधोनियंत्रित आक्रामक* (underconrolled aggressor) के नाम से पुकारा। जार्विक तथा उनके सहयोगियों (Jarvik et al., 1973) के अनुसार वैसे पुरुष अधिक आक्रामकता दिखलाते हैं जिनमें एक अतिरिक्त Y क्रोमोसोम्स (Y chromosomes) होता है। ऐसे व्यक्ति कम बुद्धि के परन्तु लम्बे कद के होते हैं।

यह बड़ी कुशलता से घृणित एवं आक्रामक व्यवहार करते हैं। बैण्डुरा (Bandura, 1973) के अनुसार कम बुद्धि होने के कारण ऐसे लोग कोई कौशलयुक्त काम (skilled work) करने में अपने आपको असमर्थ पाते हैं परन्तु लंबा डील-डौल के होने के कारण इन्हें आक्रामक व्यवहार करने में शारीरिक रूप से कुछ मदद मिल जाती है। डेलगाडो (Delgado, 1969) के अनुसार मस्तिष्क की संरचना (structure) में असामान्यता से भी व्यक्ति में आक्रामकता (aggression) में वृद्धि होती है। इन्होंने पशुओं पर प्रयोगों द्वारा निष्कर्ष निकाला कि मस्तिष्क के कुछ भाग को उत्तेजित करने पर पशु में आक्रामकता में वृद्धि हो जाती है जबकि कुछ भाग को उत्तेजित करने पर आक्रामकता में कमी हो जाती है। वरोन, रूसेल एवं आर्म्स (Baron, Russel & Arms, 1985) ने अपने किये गये साफ अध्ययन में यह पाया कि टाइप 'A' व्यक्तित्त्व वाले व्यक्ति टाइप 'B' व्यक्तित्त्व वाले व्यक्ति की अपेक्षा अधिक आक्रामक व्यवहार दिखलाते हैं।

हंस टाक (Hans Tach, 1969, 1975) ने 77 अपराधियों एवं आक्रामकता दिखलाने के लिए पाये गए कसूरवार व्यक्तियों का साक्षात्कार लेकर उन्हें कई श्रेणियों में विभाजित किया है, जिसमें तीन तरह के श्रेणियों की प्रबलता देखी गयी—आत्म-प्रतिमा वर्द्धक (self-image promoters), आत्म-प्रतिमा अपराधी (self-image offenders) तथा रेप अपराधी (Rape offenders)। पहली श्रेणी के व्यक्ति में आत्म-सम्मान (self-esteem) नीचा होता है और वे हिंसात्मक परिस्थितियों को प्रोत्साहित करते हैं, जिससे उनके द्वारा बनाई गई आत्म-प्रतिभा में पहले से ज्यादा उन्नति हो सके। आत्मसम्मान की कमी से ग्रस्त व्यक्ति दूसरी श्रेणी के लोगों में आते हैं। ये सामान्य परिस्थितियों में भी हिंसक व्यवहार करते हैं। तीसरी श्रेणी वाले व्यक्ति इसलिए आक्रामकता दिखलाते हैं क्योंकि उन्हें एक खास सामाजिक भूमिका (social role) करने के लिए दी गयी होती है और वे अपनी शारीरिक आक्रामकता (physical aggressiveness) के आधार पर नेतृत्व (leadership) दिखलाकर अपना प्रभाव जमाये रखते हैं।

4. प्रत्यक्ष छेड़-छाड़—समाज मनोवैज्ञानिकों का कहना है कि अगर शिशु और वयस्क में रोक-टोक अथवा छेड़-छाड़ की जाये तो आक्रामकता वृद्धि कर सकती है। समाज मनोवैज्ञानिक गीन (Geen, 1968) ने अपने अध्ययन में पाया कि यदि प्रयोज्यों पर शाब्दिक रूप से आक्रमण (verbal attack) किया जाता है, तो इससे उनमें ऐसे आक्रमण करने वाले व्यक्ति के प्रति आक्रामकता उस परिस्थिति की तुलना में बढ़ जाती है जिसमें उन्हें सिर्फ कुंठित किया जाता है।

टेलर तथा पिसानों (Tayler & Pisano, 1971) ने अपने अध्ययन में पाया कि अपने विरोधियों (opponents) द्वारा विद्युताघात के स्तर में वृद्धि किये जाने पर प्रयोज्यों ने भी उनके प्रति प्रतिकारात्मक आघात (retaliatory shock) में वृद्धि कर उनके बराबर आक्रामकता दिखलाई। ग्रीनवेल तथा डेनगेरिंक (Greenbell & Dengerink, 1973) ने अपने अध्ययन में पाया कि जब प्रयोज्यों को सिर्फ इतना ही कह दिया जाता है कि, उनका विरोधी उनके प्रति भविष्य में आक्रामकता दिखलाने की तैयारी कर रहा है। हालाँकि ऐसी कोई बात नहीं होती है तो इससे भी प्रयोज्य में आक्रामकता में वृद्धि हो जाती है।

5. उत्तेजन स्तर—कुछ व्यक्तियों में सामान्य व्यक्तियों की तुलना में उत्तेजन स्तर ज्यादा होता है। उत्तेजन (arousal) स्तर व्यक्ति में आक्रामकता (aggression) से सामान्यतः कोई सम्बन्ध नहीं होता है, विशेष परिस्थितियों में आक्रामकता उत्पन्न करते हैं। इन स्रोतों में शारीरिक व्यायाम (physical exercise), कुछ प्रकार के चलचित्र, लैंगिक रूप से उत्तेजक चित्र (sexually & Singer, 1965) के अनुसार जब व्यक्ति इन स्रोतों में से किसी से उत्तेजित होता है तो वह अपने उत्तेजन के कारण समझने के लिए तथा उसे वर्गीकृत करने के लिए वातावरण में संकेत खोजना प्रारंभ कर देता है। यदि व्यक्ति की उत्तेजना को अनुपयुक्त ढंग से विभक्त किया जाय तो ये स्रोत व्यक्ति में ज्यादा आक्रामकता उत्पन्न करता है। जिलमैन तथा उनके सहयोगियों (Zillman et al., 1975) के अनुसार एक क्रोधित व्यक्ति यदि किसी श्रोत (source) द्वारा और अधिक उतेजित हो जाता है, तो वह अपने अतिरिक्त उत्तेजन (additional arousal) को क्रोध के रूप में वर्गीकृत करता है। इस त्रुटिपूर्ण वर्गीकरण (misattribution) के कारण वह पहले से अधिक आक्रामकता महसूस करेगा और पहले से ज्यादा आक्रामक व्यवहार (aggressive behaviour) उत्पन्न करेगा। जिलमैन (Zillman) इसे *उत्तेजन-अन्तरण सिद्धान्त* (excitatiion transfer theory) कहते हैं। जिलमैन (Zillman, 1971) ने लैंगिक उत्तेजन (sexual arousal) का आक्रामकता पर पड़ने वाले प्रभाव का अध्ययन किया और परिणाम में पाया कि लैंगिक रूप से उत्तेजन (sexual arousal) का आक्रामकता पर पड़ने वाले प्रभाव का अध्ययन किया और परिणाम में पाया कि लैंगिक रूप से उत्तेजन उत्पन्न करने वाले फिल्म को देखने वाले प्रयोज्यों में उन प्रयोज्यों की तुलना में जिन्होंने मात्र मनोरंजक (interesting) परन्तु उत्तेजनहीन (nonarousing) फिल्म देखी थी, आक्रामकता अधिक पाई गई। आगे चलकर डौर्नस्टीन तथा उनके सहयोगियों (Donnerstein et at., 1975), तथा वेरोन एवं बेल (Baron & Bell, 1977) ने अपने-अपने अध्ययन के आधार पर अतिरिक्त सुझाव देते हुए कहा है कि लैंगिक उत्तेजन (Sexual arousal) को आक्रामकता (aggression) उत्पन्न करने के लिए काफी तीव्र होना चाहिए अन्यथा इससे आक्रामकता उत्पन्न नहीं हो सकती है।

6. कुंठाग्रस्त व्यवहार का उद्देश्य—आक्रामकता को प्रभावित करने में कुंठा भी एक कारण है। कई अध्ययनों से साफ हो गया है कि कुंठा व्यक्ति में आक्रामकता तभी उत्पन्न करती है जब कुंठा के स्रोत व्यवहार का उद्देश्य ही कुछ ऐसा होता है। व्यक्ति में आक्रामकता की भावना तब उत्पन्न नहीं होती है, जब उसे इसके स्रोत की जानकारी हो जाती है। जैसे, आपके जन्म दिन पार्टी में आपका सबसे मुख्य मेहमान यदि तीन घंटे देर से आते हैं और देर होने का कारण कुछ विशेष न बताकर 'यूँ ही' कहकर रह जाते हैं तो उनके इस व्यवहार से आप में ज्यादा कुंठा पैदा होगी, और आप में उनके प्रति आक्रामकता (aggression) उत्पन्न होगी। परन्तु यदि मेहमान यह बतलाते हैं कि उनके विलंब का कारण उनके कार के इंजन में खराबी था, तो उनके विलंब होने से आप में कुंठा की मात्रा भी कम हो जाती है तथा साथ-ही-साथ आक्रामकता (aggression) भी। बर्नस्टीन एवं वर्केल (Bernstein & Worchel, 1962) ने इस तथ्य की पुष्टि अपने प्रयोगात्मक अध्ययनों में की है। इस अध्ययन में प्रयोज्यों का एक समूह ने दो अवस्थाओं में एक विषय पर प्रयोगकर्ता के कुछ सहयोगियों के साथ समूह विवचेन (group discussion) में भाग लिया। पहली अवस्था में प्रयोगकर्ता के सहयोगियों ने निरन्तर व्यवधान उत्पन्न करने वाला व्यक्ति श्रवण कार्य में सहायता प्रदान करने वाले ऐसे उपकरण को अपने कानों पर लगाए हुए था जिसका उपयोग प्रायः बधिर करते हैं (परन्तु वास्तव में वे बधिर नहीं थे।) दूसरी अवस्था में प्रयोज्यों (subjects) ने व्यवधान की व्याख्या उद्देश्य रहित रूप में की जबकि दूसरी अवस्था में प्रयोज्यों ने व्यवधान की व्याख्या जानबूझकर अर्थात उद्देश्यपूर्ण रूप से की। समूह विवेचन (group discussion) समाप्त होने के बाद प्रयोज्यों से यह कहा गया कि वे एक ऐसे व्यक्ति का चयन करें जिनके साथ वे आगे पुनः समूह विवेचन में भाग लेंगे। व्यक्तियों द्वारा दिखलाए गए नापसन्दगी के इस व्यवहार को संबंधित व्यक्ति के प्रति आक्रामकता के रूप में लिया गया। जो नतीजे प्राप्त हुए उसमें यह देखा गया कि प्रयोज्यों ने सबसे अधिक उस व्यक्ति के साथ समूह विवेचन (group discussion) में भाग लेना नापसंद किया जिस व्यक्ति ने श्रवण कार्य में सहायता प्रदान करने वाले उपकरण का प्रयोग न करते हुए समूह विवेचन में व्यवधान उत्पन्न किया था। अध्ययन के परिणाम से यह स्पष्ट

हो जाता है कि कुण्ठा उत्पन्न करने वाले व्यक्ति का उद्देश्य एक महत्त्वपूर्ण कारक है जो यह निर्धारित करता है कि हम आक्रामक व्यवहार करेंगे या नहीं करेंगे।

7. आक्रामक व्यक्ति--आक्रामक व्यक्ति किसी भी समाज के लिए हानिकारक होता है। कुछ समाज मनोवैज्ञानिकों जैसे बैण्डुरा (Bandura, 1973) की प्राक्कल्पना (hypothesis) यह थी कि पीड़ित व्यक्ति में कष्ट संकेतों (pain cues) को देखकर आक्रामक व्यवहार करने वाले व्यक्ति अपनी आक्रामकता (aggression) में कमी कर देते हैं क्योंकि इन संकेतों से उनमें दोष (guilt) भाव उत्पन्न होने लगता है। बस (Busss, 1966), गीन (Geen, 1970), रूल तथा लेगर (Rule & Leger, 1976) ने प्रयोगात्मक अध्ययनों में बैण्डुरा की प्राक्कल्पना का समर्थन किया है, लेकिन बर्कोविट्ज (Bekowitz, 1973) ने अपने अध्ययन से बैण्डुरा की प्राक्कल्पना (hypothesis) की पुष्टि नहीं की है। इनका तर्क है कि कष्ट संकेतों के मिलने से आक्रामक व्यवहार दिखलाने वाले व्यक्ति अपनी आक्रामकता (aggression) की तीव्रता में और वृद्धि कर देते हैं क्योंकि लक्ष्य व्यक्ति या पीड़ित व्यक्ति को कष्ट में देखने से उनकी आक्रामक प्रवृत्ति और भी अधिक पुनर्बलित (reinforced) हो जाती है।

8. वातावरण में आक्रामकता--कई मनोवैज्ञानिक मानते हैं कि वातावरण में कुछ ऐसे कारण मौजूद होते हैं, जिनके कारण व्यक्तियों में आक्रामकता का भाव उत्पन्न होता है। इन लोगों ने ऐसे संकेतों में हथियार (weapon) की उपस्थिति एक महत्त्वपूर्ण संकेत बताया है, जिससे आक्रामकता में वृद्धि होती है। इसे 'हथियार प्रभाव' (weapon effect) की संज्ञा दी गई है। हथियार जैसे बन्दूक, रिवाल्वर, तलवार, बम आदि की उपस्थिति से अन्य तटस्थ वस्तुओं की उपस्थिति की अपेक्षा आक्रामकता काफी बढ़ जाती है। इस तथ्य की प्रारंभिक सत्यता की जाँच बर्कोविट्ज एवं लीपेज (Berkowiz & Lepage, 1976) ने एक प्रयोग में की। ऐसे प्रयोगात्मक अध्ययन में प्रयोगकर्ता का कार्य निष्पादन का मूल्यांकन तीन अवस्थाओं में करना पड़ता है। आक्रामकता की माप विद्युताघात की तीव्रता से की गई। प्रयोज्यों को एक समूह के सामने विद्युताघात देने वाले यंत्र की मेज पर एक रिवाल्वर तथा एक बन्दूक रखी थी तथा दूसरी अवस्था के प्रयोज्यों के सामने विद्युताघात देने वाले यंत्र की मेज पर बैडमिन्टन रैकेट रखा था। तीसरी अवस्था के प्रयोज्यों के समक्ष किसी प्रकार की कोई वस्तु नहीं रखी गई थी। इससे यह पता चला कि तीनों समूह के प्रयोज्यों ने मूल्यांकनकर्ता को विद्युताघात दिया किन्तु बन्दूक एवं रिवाल्वर की उपस्थिति में विद्युताघात की तीव्रता में पर्याप्त वृद्धि पाई। स्पष्ट हुआ कि वातावरण में उपस्थित

संकेत से आक्रामकता में वृद्धि होती है। बाद में टर्नर (Turner, 1977) तथा लेपेन्स एवं पर्क (Lepens & Perk, 1975) ने भी हथियार प्रभाव की पुष्टि अपने-अपने प्रयोगों से की है।

9. मदिरा एवं मादक औषधियों का प्रभाव—सन् 1975-76 में पहली बार टेलर एवं उनके समर्थकों ने आक्रामकता की जाँच के लिए कुछ व्यक्तियों पर मादक औषधियों का प्रयोग किया। कुछ प्रयोज्यों को अल्कोहल अधिक मात्रा में पिलाया गया तथा कुछ प्रयोज्यों को कम मात्रा में। उसी तरह कुछ प्रयोज्यों को मैरीजुआना (Marijuana) कम मात्रा में तथा कुछ प्रयोज्यों को अधिक मात्रा में दिया गया था। इसके बाद उन्हें प्रयोगकर्ता के सहयोगी द्वारा क्रोधित किया गया और उसके बाद उन्हें सहयोगी को विद्युताघात करने का मौका दिया था। विद्युताघात की मात्रा से आक्रामकता की तीव्रता की माप की गई। जो नतीजे इससे प्राप्त हुए, उससे पता चला कि अधिक मात्रा में अल्कोहल पीने वाले प्रयोज्य ने कम मात्रा में अल्कोहल पीने वाले प्रयोज्यों की अपेक्षा सहयोगी के प्रति विद्युताघात अधिक किया अर्थात् आक्रामकता की तीव्रता अधिक दिखलाई। अधिक मात्रा में मैरीजुआना खाने वाले प्रयोज्यों ने कम मात्रा में मैरिजुआना खाने वाले प्रयोज्यों की तुलना में कम आक्रामकता दिखलाई। जिन व्यक्तियों ने मादक औषधियों का उपयोग किया था, उनमें आक्रामकता की मात्रा कम थी। इन अध्ययनों से यह स्पष्ट हो गया कि अल्कोहल से आक्रामकता की मात्रा में वृद्धि होती है जबकि मैरीजुआना की मात्रा से आक्रामकता में कमी आती है। वेली तथा उनके सहयोगियों (Bailey et al., 1983) ने भी टेलर के अध्ययन के परिणामों की पुष्टि की है।

उपरोक्त विवेचन से स्पष्ट है कि इनके द्वारा आक्रामक व्यवहार की उत्पत्ति (origin) के स्वरूप के बारे में अच्छा ज्ञान हो जाता है।

आक्रामकता नियंत्रण एवं समाधान

आक्रामक व्यक्ति समाज के लिए काफी नुकसानदायक होता है। समाजशास्त्रियों ने इसके नियंत्रण तथा समाधान के लिए कुछ निम्नलिखित विधियों का वर्णन किया है—

1. विरेचन विधि—कुछ समाज मनोवैज्ञानिकों का मानना है कि आक्रामकता दूर करने के लिये व्यक्ति विरेचन विधि को अपना सकता है। इस विधि में व्यक्ति लिखित व्यक्ति या वस्तु के प्रति अपनी आक्रामकता या क्रोध व्यक्त करके भविष्य में उसकी तीव्रता या बारंबारता को कम कर देता है। फ्रायड एवं लॉरेन्ज (Freud

& Lorenz) ने अपने *मूलप्रवृतिक* सिद्धान्त (instinct therory) में इस विधि की सार्थकता पर बल डाला है। इस सम्बन्ध में कतिपय समाज मनोवैज्ञानिकों का कहना है कि व्यक्ति की शारीरिक उत्तेजना आक्रामकता की वजह से कुछ कम हो जाती है। इसकी वजह से भावी जीवन में आपराधिक प्रवृत्तियों में कमी आ जाती है। डूब तथा वुड (Doob & Wood, 1672) ने अपने अध्ययन में पाया कि तात्कालिक आक्रामकता (immediate aggression) से भविष्यिक आक्रामकता (future aggression) में कमी आ जाती है। इनके अध्ययन में परिस्थिति के अनुसार प्रयोगकर्ता के सहयोगी द्वारा कुछ प्रयोज्यों को क्रोधित किया गया। आधे प्रयोज्यों को एक कमरे में इंतजार करने के लिए कहा गया और इन्हें किसी तरह का विद्युताघात का मौका नहीं दिया गया। इस प्रकार समस्त प्रयोगकर्ताओं ने प्रयोग की आखिरी अवस्था में हिस्सा लिया जिसमें एक बार फिर सहयोगी को विद्युताघात करने का अवसर दिया गया। परिणाम में पाया गया कि जिन प्रयोज्यों की तुलना में कम विद्युताघात किया उन्हें ऐसा मौका पहले नहीं दिया गया था। इस अध्ययन से स्पष्ट है कि आत्म अभिव्यक्ति के माध्यम से एक सीमा तक आक्रामकता पर नियंत्रण स्थापित किया जा सकता है। बैरोन (Baron, 1977) का कहना है कि इस अध्ययन के परिणाग को स्वीकार करने में एक कठिनाई यह है कि इनके अनुसार आक्रामक अनुक्रिया का भविष्य में घटित होने वाली आक्रामकता प्रभाव मात्र उन्हीं अवस्थाओं में होगा जबकि प्रयोज्यों को पहले क्रोधित किया गया हो। यदि प्रयोज्यों को क्रोधित नहीं किया गया है, तो इस प्रकार का प्रभाव उत्पन्न नहीं होगा। गीन, स्टोनर एवं शोप (Green, Stonner & Shope, 1975) तथा एब्बेसेन, डंकन तथा कोनेकनी (Ebbesen, Duncan & Konecani, 1975) ने भी अपने-अपने अध्ययनों में पाया है कि आक्रामकता का तात्कालिक व्यवहार बाद में व्यवहारात्मक तथा शाब्दिक आक्रामकता को घटाने के बजाय बढ़ाता है। इस प्रकार स्पष्ट होता है कि विरेचन विधि आक्रमकता को कम करने में सहायक है।

2. प्रतिकार—समाज मनोवैज्ञानिकों ने अपने प्रयोग के आधार पर सिद्ध किया कि लक्षित व्यक्ति से प्रत्याशित प्रतिकार (expected retaliation) प्रभावशाली (effective) एवं तीव्र होती है, तो इससे आक्रामकता की मात्रा में कमी आ जाती है। डोनार्ड एवं डॉर्नस्टीन (Donnerstein & Donnerstein, 1976) तथा रोजर्स (Rogers, 1983) ने अपने-अपने अध्ययन के आधार पर यह बतलाया है कि जब श्वेत प्रयोज्यों द्वारा प्रति आक्रामकता का व्यवहार प्रदर्शित करने का मौका दिया गया तो श्याम प्रयोज्यों के इस प्रतिकार की क्षमता से प्रभावित होकर श्वेत प्रयोज्यों की

आक्रामकता में कमी आ गयी। डॉनरस्टीन (Donnerstein, 1972) ने अपने अध्ययन के आधार यह भी दिखलाया है कि जब प्रयोज्यों के पास इस बात का सन्देह करने का पर्याप्त कारण होता है कि दूसरा व्यक्ति अवसर मिलते ही प्रतिकार (retaliate) करेगा, तो इससे भी प्रयोज्यों में आक्रामकता की मात्रा कम हो जाती है। डेंगरिंक तथा लेवेन्डेस्की (Dengrink & Levendeski, 1972) ने अपने अध्ययन के आधार पर बतलाया है जब व्यक्ति को यह मालूम हो जाता है कि प्रतिकार करने वाले व्यक्ति के द्वारा प्रदर्शित की जाने वाली आक्रामकता की मात्रा अधिक होगी, तो ऐसी परिस्थिति में भी आक्रामक व्यवहार कम हो जाते हैं।

3. सामाजिक अधिगम सिद्धान्त–इस सिद्धान्त के अनुसार जिस प्रकार व्यक्ति आक्रामक मॉडल को देखकर आक्रामक व्यवहार को करना सीख लेता है, उसी तरह से व्यक्ति अनाक्रामक मॉडल (unaggressive model) को देखकर आक्रामकता की मात्रा में कमी करना सीख लेता है। बेरोन तथा केपनर (Baron & Kepner, 1970) ने प्रयोगों में इस बात को स्वीकार किया है। इस अध्ययन में छात्रों के एक समूह ने आक्रामक मॉडल तथा दूसरे समूह ने अनाक्रामक मॉडल का प्रेक्षण (observation) किया। परिणाम में देखा गया कि जिन छात्रों ने अनाक्रामक मॉडल का प्रेक्षण किया था। ह्यूसमान तथा उनके सहयोगियों (huesmann et al., 1983) ने व्यक्ति में आक्रामकता कम करने की एक नयी प्रविधि (technique) का वर्णन किया है जिसमें मॉडल द्वारा किये गए व्यवहार की व्याख्या (interpretation) पर बल डाला गया है। इस प्रविधि में, सिनेमा टेलीविजन में दिखलाये गये आक्रामक व्यवहार गलत होते है एवं वे समस्त कैमरा ट्रिक के कारण ही देख पाते हैं। ऐसे आक्रामक व्यवहार का वास्तविक संसार में कोई महत्त्व नहीं होता है, आदि। ह्यूसमान तथा उनके सहयोगियों (Huesmann et. al., 1983) ने एक क्षेत्र अध्ययन (field study) करके उपर्युक्त प्रविधि की सार्थकता एवं वैधता की जाँच है। प्रयोगात्मक तथा नियंत्रण ऐसे दो समूह हैं जो इस सम्बन्ध में छात्र (control group) प्रयोगात्मक समूह को टेलीविजन पर दिखलाये गए हिंसा एवं आक्रामकता की नयी व्याख्या जिनमें दिखलाये गये आक्रामकता को अवास्तविक एवं कमैरा ट्रिक कहा गया, करने के लिए विशेष प्रशिक्षण (training) दी गयी नियंत्रित समूह (controlled group) जिन्होंने भी टेलीविजन के पर्दे पर आक्रामकता एवं हिंसा देखी थी, को ऐसी कोई प्रशिक्षण नहीं दी गयी। उसके बाद इन छात्रों के व्यवहारों का मूल्यांकन उनके सहपाठियों (classmates) द्वारा किया गया। परिणाम में देखा गया कि उनके

सहपाठियों ने प्रयोगात्मक समूह के छात्रों के व्यवहारों को नियंत्रित समूह के छात्रों के व्यवहारों की अपेक्षा कम आक्रामक बतलाया। इस अध्ययन से यह स्पष्ट हो जाता है कि आक्रामकता के अर्थ (meaning) के प्रति लोगों का प्रत्यक्षण (perception) एवं मनोवृत्ति (attitudes) में परिवर्तन लाकर उनमें आक्रामक व्यवहार की बारंबारता (frequency) तथा तीव्रता (intensity) को कम किया जा सकता है।

4. दण्ड विधि–यह आक्रामकता नियंत्रण के प्रमुख विधियों में से एक है। यद्यपि इसे समाज मनोवैज्ञानिकों द्वारा उतना अधिक प्रभावकारी प्रविधि नहीं माना गया है। सीयर्स मैकोवी तथा लेविन (Sears, Maccoby & Lewin, 1957) ने अपने अध्ययन के आधार पर यह बतलाया है कि जिन बच्चों को घर पर अत्यधिक शारीरिक दंड (physical punishment) दिया जाता है उन बच्चों में घर से बाहर के लोगों में आक्रामकता दिखाने की प्रवृत्ति अधिक होती है। इन व्यक्तियों को यह ज्ञात हुआ कि आक्रामक प्रवृत्ति वाले बालकों के माँ-बाप में दण्ड देने की प्रवृत्ति अधिक होती है। फेल्डमैन (Feldman, 1985) के अनुसार दण्ड से आक्रामकता में कमी नहीं होती है। हाँ, कुछ अवस्थाएँ (conditions) अवश्य ही ऐसी हो सकती हैं जिसमें आक्रामकता की प्रबलता को दण्ड द्वारा कम किया जा सकता है परन्तु बैरोन (Baron, 1977) का यह मानना है कि ऐसी अवस्थाएँ या परिस्थितियाँ काफी सीमित हैं। दण्ड को प्रभावकारी होने के लिए यह आवश्यक है कि दंड प्राप्त करने वाले व्यक्ति को निश्चित रूप से इस बात की अनुभूति होनी चाहिए कि दंड एक वैधानिक परिणाम हुआ है। इतना ही नहीं जो व्यक्ति किसी अन्य व्यक्ति को आक्रामकता व्यवहार के लिए दंड दे रहा है, उसे अपने आप को कभी दंड प्राप्त किये व्यक्ति के सामने आक्रामकता मॉडल के रूप में प्रस्तुत नहीं करना चाहिए।

हालाँकि कई दृष्टियों से दण्ड विधि आक्रामक प्रवृत्तियों को नियंत्रित करने में सहायक होती है, लेकिन इसके कुछ प्रमुख कारण है जिससे इस विधि को पर्याप्त सफलता नहीं मिल पा रही है–

(i) जो व्यक्ति दूसरे को दंड देते हैं, वे स्वयं एक ऐसे मॉडल के रूप में अपने आपको उपस्थित करते हैं जिससे दंडित व्यक्ति आक्रामकता करना सीख लेता है और भविष्य में करता भी पाया जाता है।

(ii) शारीरिक दंड से व्यक्ति में क्रोध उत्पन्न होता और क्रोध से फिर आक्रामकता घटने के बजाय बढ़ती है।

(iii) आक्रामकता में दिया गया दण्ड प्रायः कम समय के लिए होता है। समाज

मनोवैज्ञानिक सुलजर-एजारौफ तथा मेचर का इस सम्बन्ध में कहना है कि—दंड से थोड़ी देर के लिए आक्रामकता भले ही कम हो जाए परंतु इसी तरह कमी हमेशा बनी नहीं रहती है।

5. परानुभूति—गीन (Geen, 1972), बैरोन (Baron, 1975), फ्रोर्डी (Fordy, 1978) जैसे—कुछ मनोवैज्ञानिक हैं जिन्होंने अपने-अपने प्रयोगात्मक अध्ययनों से यह बतलाया कि आक्रामक तथा हिंसक व्यवहार के होने के परिणामस्वरूप यदि आक्रमणकर्त्ता (aggressor) को उसके आक्रामण या हिंसा से उत्पन्न पीड़ित व्यक्ति की दिशा को दिखला दिया जाता है तो इससे उसकी आक्रमणशीलता (aggression) में कमी आ जाती है। पीड़ित व्यक्ति की चीख एवं कष्ट से आक्रमणकर्ता में आत्म-दोष, दुःख, पछतावा जैसी संवेगात्मक अनुभूतियाँ उत्पन्न हो जाती हैं, जिसके फलस्वरूप उस व्यक्ति के लिए आक्रामकता को जारी रखना संभव नहीं हो पाता है।

6. हल्की कामुकता तथा हास्य—आक्रामकता को नियंत्रित करने में हल्की कामुकता तथा हास्य भी सहयता प्रदान करती है। इसके पीछे छिपी पूर्वकल्पना (assumption) यह है कि व्यक्ति एक ही समय में दो परस्पर विरोधी अनुक्रिया (incompatible response) या दो परस्पर विरोधी सांवेगिक अवस्थाओं का अनुभव एक साथ नहीं कर सकता है। अतः आक्रामकता की स्थिति में व्यक्ति के होने पर यदि उसमें हल्की कामुकता या हास्य आदि जैसे संवेगात्मक अनुभूति उत्पन्न कर दी जाती है, तो उसमें स्वभावतः आक्रामकता (aggression) कम हो जाएगी। बैरोन तथा बाल (Baron & Baal, 1974) के अनुसार इस अध्ययन से आक्रामकता पर हास्य प्रसंगों के प्रभावों का अध्ययन किया गया। अध्ययन में सभी प्रयोज्यों (subjects) को प्रयोगकर्ता के एक सहयोगी द्वारा क्रोधित किया गया। इसके फलस्वरूप समस्त प्रयोज्यों को विभिन्न प्रकार के चित्रों की जाँच करने के लिए आदेश दिया गया। कुछ प्रयोज्यों ने मंद हास्य पैदा करने वाले चित्रों का मूल्यांकन किया जबकि कुछ अन्य प्रयोज्यों ने तटस्थ वस्तुओं (neutral objects) जैसे टेबुल, कुर्सी आदि का मूल्यांकन (evaluation) किया। सभी प्रयोज्यों द्वारा चित्रों का मूल्यांकन कर लेने के बाद उन्हें प्रयोगकर्ता के सहयोगी को विद्युताघात करने का अवसर प्रदान किया गया। परिणाम में पता चला कि जिन प्रयोज्यों ने हास्य उत्पन्न करने वाले चित्रों को देखा था वे उन प्रयोज्यों की अपेक्षा जिन्होंने तटस्थ चित्रों को देखा था, सहयोगी को कम विद्युताघात किया। स्पष्ट हुआ कि हास्य प्रसंग वाली अनुभूतियाँ व्यक्ति की आक्रामकता (aggression) को कम कर देती हैं। इसी प्रकार

के परिणाम म्यूलर तथा डॉनटस्टीन (Mueller & Donnerstein, 1977) ने भी अपने अध्ययन में पाए हैं।

मनोवैज्ञानिकों ने अपने प्रयोगों के माध्यम से यह सिद्ध किया कि कामोत्तेजक उद्दीपकों से पैदा होने वाली कामोत्तेजना की अलग-अलग मात्रा का प्रभाव आक्रामकता पर क्या पड़ता है, इसे देखा गया। इन अध्ययनकर्ताओं में डॉनटस्टीन एवं इवान्स (Donnerstein & Evans, 1975), डॉनटस्टीन (Donnerstein, 1983), मैल्मथ एवं डॉनटस्टीन (Donnerstein, 19983) तथा जिलमैन (Zillman, 1971) के नाम ज्यादा उल्लेखनीय हैं। इन समाज मनोवैज्ञानिकों ने अपने प्रयोगों द्वारा यह सिद्ध किया कि मन्द मात्रा में या हल्की मात्रा में कामोत्तेजना होने से आक्रामकता की मात्रा में कमी आ जाती है, परन्तु ज्यादा मात्रा में कामोत्तेजना होने से आक्रामकता की मात्रा में वृद्धि हो जाती है। इतना ही नहीं, डॉनटस्टीन (Donnerstein, 1983) ने अपने अध्ययन में यहाँ तक पाया कि यदि कामोत्तेजक उद्दीपक के साथ आक्रामकता के संकेतों का उपयोग किया जाता है, जैसे सेक्सी फिल्मों में बलात्कार के दृश्य दिखलाये जाते हैं, तो इससे आक्रामकता की मात्रा में कमी के बजाय वृद्धि हो जाती है। ऊपर बताये गये उपायों को अगर व्यावहारिक जीवन में अपनाया जाया तो निस्सन्देह आक्रामकता की समस्या को हल किया जा सकता है।

14

महिला और सामाजिक सुरक्षा

''सामाजिक सुरक्षा'' शब्द का उद्‌भव अभी हाल ही में अमरीका में हुआ है। सन् 1935 में वहाँ रूजवेल्ट प्रशासन ने एक 'सामाजिक सुरक्षा अधिनियम' पारित किया । इसके बाद धीरे धीरे सम्पूर्ण विश्व में सामाजिक बीमा का प्रचलन हो गया।

विभिन्न देशों में सामाजिक सुरक्षा शब्द का अर्थ भिन्न–भिन्न रूप में लगाया जाता है। वास्तव में प्रत्येक देश की परिस्थितियों एवं वहाँ की सामाजिक सुरक्षा योजनाओं के अनुरूप ही उस देश में इस शब्द का अर्थ लगाया जाता है। किन्तु सामान्यतः 'सामाजिक सुरक्षा' शब्द से तात्पर्य समाज के लोगों को किसी दुर्घटना, बीमारी, वृद्धावस्था, मृत्यु आदि के समय प्रदान की जाने वाली सुरक्षा से ही है। दुर्घटना घटने, बीमार हो जाने, वृद्धावस्था में कार्यक्षमता न रहने के कारण प्रत्येक व्यक्ति की आय में कमी आ जाती है या आय बन्द हो जाती है और परिवार के लोगों का जीवन-यापन करना कठिन हो जाता है। इसके अलावा जब परिवार को आर्थिक रूप से संचालित करने वाले व्यक्ति की मृत्यु हो जाये तो उसके आश्रितों के लिए कठिनाइयों का पहाड़ खड़ा हो जाता है। इस प्रकार इन विविध कारणों से आय में कटौती होने या आय के समाप्त हो जाने पर सम्पूर्ण परिवार असुरक्षित हो जाता है। सामाजिक सुरक्षा इसी प्रकार की असुरक्षाओं के विरुद्ध सुरक्षा है। यहाँ सामाजिक सुरक्षा की निम्नलिखित परिभाषाएँ दी गयी हैं–

अन्तर्राष्ट्रीय श्रम संगठन (I.L.O) के अनुसार, ''सामाजिक सुरक्षा वह सुरक्षा है जो समाज द्वारा उपयुक्त संस्थाओं के माध्यम से अपने सदस्यों के जीवन में आ सकने वाली कुछ जोखिमों के विरुद्ध प्रदान की जाती है।''

अन्तर्राष्ट्रीय श्रम संगठन ने यह भी कहा कि ये जोखिमें विशेष रूप से ऐसी आकस्मिक घटनाएँ होती हैं, जिनकी सीमित संसाधनों वाला अकेला व्यक्ति अपनी योग्यता एवं दूरदर्शिता से अथवा साथियों के सहयोग से भी व्यवस्था नहीं कर सकता है। ये जोखिमें बीमारी, प्रसूति, अयोग्यता, वृद्धावस्था या मृत्यु की होती हैं। ऐसी आकस्मिक घटनाओं की यह विशेषता होती है कि वे कार्यशील व्यक्ति की क्षमता को कम कर देती हैं, जिससे वह अपने स्वास्थ्य एवं व्यवहार से स्वयं अपना तथा अपने आश्रितों का भरण-पोषण नहीं कर पाता है।

हेलेन के शब्दों में, "सामाजिक सुरक्षा से तात्पर्य उन उपायों से है जो अन्तिम रूप से सभी स्तरों पर सामाजिक न्याय के लिए किये जाते हैं।"

सामाजिक कार्य के विश्वकोश के अनुसार, "सामाजिक सुरक्षा सम्पूर्ण समाज का वह प्रयास है, जिसमें वह (समाज) जितना सम्भव हो सके उस सीमा तक, किसी व्यक्ति को बीमारी या दुर्घटना के कारण शारीरिक संकट के समय तथा कार्यशील सदस्य की बीमारी, अक्षमता, प्रसूति, बेरोजगारी, वृद्धावस्था या मृत्यु के कारण उसकी (सदस्य की) आय में कमी से उत्पन्न आर्थिक संकट के दौरान सहायता करता है।

अमरीका के विश्वकोश के अनुसार, "सामाजिक सुरक्षा शब्द का उपयोग सामान्यतः उन विशिष्ट सरकारी कार्यक्रमों को दर्शाने के लिए किया जाता है, जो परिवारों को भरण-पोषण के आधारभूत साधनों को सुनिश्चित करके मूलतः अभावों को रोकने के लिए बनाये जाते हैं।"

सर विलियम बेवरीज के अनुसार, "सामाजिक सुरक्षा पाँच दानवों—अभाव, बीमारी, अज्ञानता, गन्दगी एवं बेकारी पर आक्रमण है।"

सर बेवरीज ने इस परिभाषा में सामाजिक सुरक्षा का आशय पाँच दानवों से छुटकारा पाने के लिए किये जाने वाले प्रयासों से लगाया है। अभाव पर आक्रमण से तात्पर्य श्रमिक को उसकी आधारभूत आवश्यकताओं के लिए उचित मजदूरी दिलाना है जबकि बीमारी पर आक्रमण से तात्पर्य श्रेष्ठ कार्य दशाएँ उपलब्ध करना तथा अस्वस्थता की दशा में अच्छी चिकित्सा सेवाएँ उपलब्ध करना है।

अज्ञानता पर आक्रमण से अभिप्राय समाज के लोगों के लिए शिक्षा की समुचित व्यवस्था करना है, जिससे उनका बौद्धिक विकास हो सके। गन्दगी पर आक्रमण करने के लिए नगरों के अनियोजित विकास को रोकने की व्यवस्था की जाती है। बेकारी के विरुद्ध आक्रमण से तात्पर्य नागरिक को उचित कार्य दिलाना तथा उसकी आय के स्थायी स्रोत का विकास करना है।

मौरिस स्टेक के अनुसार, "सामाजिक सुरक्षा से आशय समाज द्वारा उपलब्ध किया गया वह सुरक्षा कार्यक्रम है जो आधुनिक जीवन में उत्पन्न होने वाली आकस्मिक विपत्तियों यथा बीमारी, बेरोजगारी, वृद्धावस्था, निर्भरता, औद्योगिक दुर्घटना तथा अपंगता के विरुद्ध सुरक्षा प्रदान करता है जिसकी किसी एक व्यक्ति की क्षमता अथवा दूरदर्शिता से उसकी तथा उसके परिवार की सुरक्षा की आशा नहीं की जा सकती है।

भारत के भूतपूर्व राष्ट्रपति स्व. वी.वी.गिरी के मतानुसार, "सामाजिक सुरक्षा वह सुरक्षा है जो सरकार द्वारा जोखिमों के विरुद्ध प्रदान की जाती है जो आज अल्प साधनों वाला कोई भी व्यक्ति स्वयं या अपने साथियों के सहयोग से भी करने में असमर्थ है।

राष्ट्रीय श्रम आयोग के अनुसार, "सामाजिक सुरक्षा इस बात का विचार है कि सामूहिक प्रयासों से समाज के उन सदस्यों को उन सामाजिक जोखिमों से बचाया जायेगा जो किसी के लिए भी अनावश्यक कठिनाइयाँ तथा अभाव उत्पन्न करती हैं तथा जिनके निजी साधन सामान्यतः उनसे बचने के लिए अपर्याप्त होते हैं।

सामाजिक सुरक्षा शब्द की जो परिभाषा विद्वानों ने दी है, उससे स्पष्ट होता है कि सामाजिक सुरक्षा वह सुरक्षा है जो समाज द्वारा किसी उपयुक्त संगठन (सामान्यतः सरकार) के माध्यम से समाज के उन लोगों को जोखिम या आकस्मिक दुर्घटनाओं के विरुद्ध प्रदान की जाती है जो स्वयं अपनी क्षमता एवं दूरदर्शिता से अथवा अपने साथियों के सहयोग से भी उन जोखिमों को नहीं उठा सकते हैं। ये जोखिमें या दुर्घटनाएँ अनेक प्रकार की हो सकती हैं। यथा–बीमारी, बेकारी, वृद्धावस्था, औद्योगिक दुर्घटनाएँ आदि।

अन्य शब्दों में कहा जाये तो सामाजिक सुरक्षा से आशय किसी संघ या सरकार द्वारा किये जाने वाले उन उपायों से है, जिनसे औद्योगिक श्रमिकों को बीमारी, प्रसूति, वृद्धावस्था, अक्षमता, बेरोजगार आदि जोखिमों या आकस्मिक घटनाओं के विरुद्ध सुरक्षा प्रदान की जाती है।

विशेषताएँ– उपरोक्त परिभाषाओं के आधार पर सामाजिक सुरक्षा की निम्नलिखित विशेषताएँ बतलायी जा सकती हैं–

1. सामाजिक सुरक्षा की विचारधारा सामाजिक न्याय तथा मानवीय प्रतिष्ठा के सिद्धांत पर आधारित है।

2. सामाजिक सुरक्षा कोई दान नहीं है, बल्कि श्रमिकों द्वारा समाज की गई या की जाने वाली सेवाओं के बदले प्रतिफल है।

3. सामाजिक सुरक्षा श्रमिकों को भविष्य की चिन्ताओं से मुक्त करने का एक तरीका है।

4. सामाजिक सुरक्षा का उद्देश्य आपत्तियों या दुर्घटनाओं की स्थिति में भी एक न्यूनतम जीवन स्तर उपलब्ध करना है।

5. वर्तमान युग में सामाजिक सुरक्षा प्रदान करना सरकार का महत्वपूर्ण दायित्व है।

6. सामाजिक सुरक्षा कार्यक्रम एक विस्तृत कार्यक्रम है जिसमें सामाजिक सहायता सामाजिक बीमा सम्मिलित हैं।

7. सामाजिक सुरक्षा समाज के लोगों की सुरक्षा हेतु किया जाने वाला सामूहिक प्रयास है।

8. समाज के लोगों द्वारा यह प्रयास किसी संस्था या संगठन या सरकार के माध्यम से किया जा सकता है। सामान्यतः सभी देशों में सरकार के माध्यम से ही सामाजिक सुरक्षा के कार्य किये जाते हैं।

9. सामाजिक सुरक्षा समाज के लोगों की कुछ विशेष जोखिमों, आपत्तियों या दुर्घटनाओं के विरुद्ध सुरक्षा है।

10. सामाजिक सुरक्षा समाज के उन लोगों को प्रदान की जाती है जो स्वयं अपने निजी साधनों अथवा साथियों के सहयोग से भी जोखिमों का सामना करने में असमर्थ होते हैं।

सामाजिक सुरक्षा की आवश्यकता एवं महत्व

औद्योगिक युग में सामाजिक सुरक्षा एक अपरिहार्य अंग बन चुका है। वर्तमान औद्योगिक युग में संयुक्त परिवार प्रथा के टूट जाने, पारिवारिक इकाइयों के छोटा हो जाने, औद्योगिक बीमारियों तथा दुर्घटनाओं के बढ़ते जाने से सामाजिक सुरक्षा की आवश्यकता दिन-प्रतिदिन बढ़ती ही जा रही है। आज समाज के अल्प साधन वाले लोग आज गरीबी, बीमारी एवं अभाव की समस्या से ग्रस्त हैं। ऐसे में अल्प साधनों वाले नागरिकों की सुरक्षा के लिए उपाय करना प्रत्येक देश की कल्याणकारी सरकार तथा समृद्ध समाज का उत्तरदायित्व हो जाता है। जी. डी. एच. कोल के शब्दों में, समाज का प्रतिनिधित्व करने वाली सरकार का अपने समस्त नागरिकों के लिए न्यूनतम जीवन स्तर उपलब्ध करने का उत्तरदायित्व है।''

सामाजिक सुरक्षा सम्बन्धी योजनाएँ भारत जैसे विकासशील राष्ट्रों के लिए ज्यादा महत्व रखते हैं। महात्मा गाँधी ने एक बार कहा था कि ''जनता की आँखों से आँसू पोंछने के लिए भारत में सामाजिक सुरक्षा की अत्यधिक आवश्यकता है।'' वास्तव में भारत जैसे विकासशील राष्ट्र में जहाँ श्रमिकों का जीवन स्तर निम्न है, बेरोजगारी की विकराल समस्या है, प्रति व्यक्ति आय अत्यन्त कम है, वहाँ सामाजिक सुरक्षा की बहुत अधिक आवश्यकता है। जब श्रमिक अपने सामान्य दैनिक जीवन में ही न्यूनतम जीवन स्तर को बनाये रखने में ही कठिनाई अनुभव करते हैं तो संकटों एवं दुर्घटनाओं के समय सामान्य जीवन स्तर बनाये रखने की बात तो सोची ही नहीं जा सकती है। इसलिए मजदूरों को आपातकालीन स्थिति में आवश्यक सुरक्षा प्राप्त करना अपरिहार्य हो जाता है। प्रो बी.पी. अदारकर ने इस सम्बन्ध में ठीक ही कहा है कि, ''आपको भारत में सामाजिक सुरक्षा की आवश्यकता को जानने के लिए बहुत अधिक प्रयास नहीं करना पड़ेगा। भारत की दरिद्रतापूर्ण दशा सामाजिक सुरक्षा योजनाओं की पुकार-पुकार कर माँग कर रही है।''

सामाजिक सुरक्षा को सरकार एवं सेवायोजकों का दायित्व तथा श्रमिक का अधिकार समझा जाता है। मानव अधिकारों के घोषणा पत्र में इस बात को स्वीकार करते हुए यह लिखा गया है कि ''समाज के सदस्य के रूप में प्रत्येक व्यक्ति सामाजिक सुरक्षा प्राप्त करने का अधिकारी है। वह राष्ट्रीय एवं अन्तर्राष्ट्रीय सहयोग से अपनी गरिमा के अनुकूल तथा व्यक्तित्व के स्वतन्त्र विकास के लिए यह सुरक्षा प्राप्त करने का अधिकारी है।''

अन्य कई दृष्टियों से भी सामाजिक सुरक्षा आवश्यक समझे जाते हैं। इसका महत्व दिन-प्रतिदिन अनेक कारणों से बढ़ता जा रहा है। हम संक्षेप में निम्न कुछ बिन्दुओं में इसके महत्व को स्पष्ट कर रहे हैं–

1. आकस्मिक संकटों में राहत प्रदान करना–सामाजिक सुरक्षा के बढ़ते महत्व का प्रमुख कारण यह है कि ये श्रमिक /कर्मचारियों को आकस्मिक संकटों की दशा में राहत पहुँचाती हैं। श्रमिक के जीवन में कई आकस्मिक संकट आ जाते हैं, जैसे औद्योगिक दुर्घटना, बीमारी आदि। ऐसे समय में उसकी आय का स्रोत बन्द हो जाता है और वह तथा उसके परिवार के सदस्य आर्थिक संकट में पड़ जाते हैं, किन्तु सामाजिक सुरक्षा योजनाओं के द्वारा उसे ऐसे संकटों के समय राहत पहुँचायी जा सकती है।

2. वृद्धावस्था की चिन्ता से मुक्त करना–वृद्धावस्था की चिन्ता से

मुक्त करना सामाजिक सुरक्षा का प्रमुख उद्देश्य है। वृद्धावस्था में कार्य करने की शक्ति क्षीण हो जाती है। अतः उसकी आय कम या बिल्कुल समाप्त हो सकती है। ऐसे समय में उसे अपने जीवन के निर्वाह के लिए आर्थिक सहायता की आवश्यकता होती है। पेन्शन, भविष्य निधि, ग्रेच्युटी आदि की सामाजिक सुरक्षा योजनाओं के द्वारा वृद्धावस्था में कर्मचारियों/श्रमिकों की सहायता की जा सकती है।

3. स्वास्थ्य की रक्षा के लिए—सामाजिक सुरक्षा श्रमिकों/कर्मचारियों के स्वास्थ्य की रक्षा के लिए भी महत्वपूर्ण है। श्रमिकों को कई सामान्य बीमारियाँ हो सकती हैं। इन बीमारियों से छुटकारा दिलाने तथा स्वास्थ्य की रक्षा करने के लिए सामाजिक सुरक्षा योजनाओं का संचालन किया जाता है। महिला श्रमिकों की प्रसूति काल में स्वास्थ्य की रक्षा के लिए सामाजिक सुरक्षा योजनाओं की बहुत अधिक आवश्यकता होती है। भारत से कर्मचारी राज्य बीमा अधिनियम के अन्तर्गत पुरुष एवं महिला श्रमिकों/कर्मचारियों के स्वास्थ्य की रक्षा के लिए अनेक व्यवस्थाएँ की गई हैं। मातृत्व लाभ अधिनियम महिला श्रमिकों को प्रसूतिकाल में आराम देने के लिए बनाया गया है।

4. कल्याणकारी सरकार के दायित्व की पूर्ति—आज के युग में प्रत्येक देश की कल्याणकारी सरकार का यह दायित्व है कि वह अपने देश के नागरिकों को सामाजिक सुरक्षा प्रदान करे। देश में सम्पन्नता एवं विपन्नता की खायी को भरना प्रत्येक कल्याणकारी सरकार का उत्तरदायित्व होता है। सरकार का यह प्रमुख दायित्व है कि वह समाज के अल्प साधन वाले व्यक्तियों की आवश्यक सुविधाएँ प्रदान करे। अन्तर्राष्ट्रीय श्रम संगठन ने लिखा है कि "यह प्रत्येक राज्य (सरकार) का कर्तव्य है कि वह समाज के प्रत्येक सदस्य को उचित सामाजिक स्तर की गारण्टी दे। वास्तव में यह आधुनिक राज्य का मूल कर्त्तव्य एवं आवश्यक कार्य है।" अतः सरकार को अपने इस दायित्व की पूर्ति करने के लिए सामाजिक सुरक्षा योजनाओं का संचालन करना चाहिए।

5. जीवन में स्थिरता—सामाजिक सुरक्षा योजनाएँ लोगों के जीवन में स्थिरता लाती हैं। ये संकटों एवं तनावों से मुक्ति प्रदान करती हैं। राष्ट्रीय श्रम आयोग ने लिखा है कि "सामाजिक सुरक्षा योजनाएँ आधुनिक जीवन की कष्टों एवं तनावों में स्थिरता एवं सुरक्षा प्रदान करती हैं।" सामाजिक सुरक्षा योजनाएँ श्रमिकों को दुर्घटनाओं, बीमारियों, वृद्धावस्था, आश्रितों के भविष्य की चिन्ताओं से मुक्त करती है जिससे लोगों को स्थिरता एवं शांति का जीवन जीने का अवसर मिलता है।

6. सामाजिक बुराइयों से सुरक्षा—सामाजिक बुराइयों को दूर करना भी सामाजिक सुरक्षा का प्रमुख उद्देश्य है तथा इनसे श्रमिकों को सुरक्षित किया जा सकता है। अत्यधिक निर्धनता से समाज में वेश्यावृत्ति, भिक्षावृत्ति, चोरी, डकैती जैसी बुराइयों का जन्म होता है। समाज के लोगों को पर्याप्त सामाजिक सुरक्षा प्रदान करके उन्हें इन बुराइयों से बचाया जा सकता है।

7. कुशल श्रमिकों की निरन्तर उपलब्धि—भारत के भूतपूर्व राष्ट्रपति वी. वी. गिरी ने लिखा है कि "सामाजिक सुरक्षा के अभाव में स्थायी एवं कुशल श्रमिकों को प्राप्त नहीं किया जा सकता।" संस्था में स्थायी एवं कुशल श्रमिकों का बड़ा महत्व है। सामाजिक सुरक्षा योजनाओं के द्वारा सभी कर्मचारियों/श्रमिकों को संस्था के प्रति स्थायी रूप से आकर्षित किया जा सकता है।

8. बेरोजगारी से सुरक्षा—बेरोजगार युवकों को भी सामाजिक सुरक्षा उपलब्ध कराना सामाजिक सुरक्षा का प्रमुख उद्देश्य है। कुछ व्यक्तियों को प्रारम्भ से ही कोई कार्य नहीं मिलता। कुछ व्यक्ति जो पहले रोजगार में थे किन्तु कारखानों में छंटनी करने या जबरन छुट्टी करने के कारण अब बेकार हो सकते हैं। बेरोजगारी भत्ते की व्यवस्था करके उन्हें सामाजिक सुरक्षा प्रदान की जाती है। इसके अतिरिक्त छंटनी तथा जबरन छुट्टी के समय कुछ मजदूरी का भुगतान करके भी उन्हें सुरक्षा प्रदान की जाती है। इस प्रकार सामाजिक सुरक्षा की योजनाएँ बेरोजगार व्यक्तियों को भी सुरक्षा प्रदान करती हैं।

9. सुदृढ़ श्रम सम्बन्धों का निर्माण—सुदृढ़ श्रम सम्बन्धों के निर्माण का कार्य भी सामाजिक सुरक्षा के अंतर्गत किया जाता है। संस्था के कर्मचारी जब सुरक्षित अनुभव करते हैं तथा उन्हें संकट के समय सुरक्षा प्रदान की जाती है तो वे संस्था को अपनत्व के भाव से देखते हैं। परिणामस्वरूप, श्रमिकों एवं सेवायोजकों के बीच अच्छे सम्बन्धों का निर्माण होता है।

10. आश्रितों की सुरक्षा—सामाजिक सुरक्षा की आवश्यकता का महत्वपूर्ण कारण यह भी है कि यह आश्रितों को भी सुरक्षा प्रदान करती है। यदि किसी कर्मचारी /श्रमिकों की अकाल मृत्यु हो जाती है तो उसके आश्रितों का जीवन अनिश्चित हो सकता है उनके जीवन में कुछ स्थायित्वता लाने के लिए सामाजिक सुरक्षा योजनाएँ बहुत बड़ी सीमा तक मदद कर सकती हैं। सामाजिक बीमा, अन्य बीमा योजनाओं के द्वारा कर्मचारियों/श्रमिकों के आश्रितों को सुरक्षा प्रदान की जा सकती है। भारत में 'मृत्यु राहत कोष' की भी स्थापना की गई है। जिसमें से श्रमिकों की मृत्यु की

दशा में आर्थिक सहायता प्रदान कर जाती है। 'जमा सम्बन्ध बीमा योजना' के अन्तर्गत भी श्रमिकों के आश्रितों को सुरक्षा प्रदान की जाती है।

11. कार्यकुशलता में वृद्धि—वी.वी. गिरी के शब्दों में, "सामाजिक सुरक्षा के कार्य श्रमिकों को अधिक कुशल बनाने में योगदान देते हैं।" जीवन में आने वाले संकटों से निश्चित हो जाने पर सभी अपने कार्य को मन लगाकर कर सकते हैं। इससे उनकी कार्यकुशलता में वृद्धि होती है। राष्ट्रीय श्रम आयोग ने भी लिखा है कि "सामाजिक सुरक्षा विकास के लिए प्रेरणा है तथा श्रमिकों की कार्यकुशलता में सुधार की प्रक्रिया में भय को समाप्त करने की आशा प्रदान करती है।"

12. औद्योगिक शांति—सामाजिक सुरक्षा योजनाओं यथा—ग्रैच्युटी, भविष्य निधि, पेन्शन आदि को लागू करके अनावश्यक श्रम विवादों को रोका जा सकता है। इससे देश में औद्योगिक शांति बनी रहती है।

सामाजिक सुरक्षा का क्षेत्र

'सामाजिक सुरक्षा का अर्थ व्यापक अर्थों में लगाया जाता है। इसमें वे सभी प्रकार के कार्य सम्मिलित किये जाते हैं जिनके द्वारा समाज के लोगों को आकस्मिक दुर्घटनाओं या संकटों से सुरक्षा प्रदान की जाती है। महत्व के आधार पर सामाजिक सुरक्षा को दो भागों में विभाजित किया जा सकता है।

(क) सामाजिक सहायता तथा (ख) सामाजिक बीमा।

(क) सामाजिक सहायता

सरकार अभावग्रस्त व्यक्तियों अथवा अल्पसाधनों वाले लोगों को जो सहायता प्रदान करती है उसे सामाजिक सहायता कहा जाता है। सरकार यह सहायता कोई दान-स्वरूप नहीं देती है, बल्कि इसे प्राप्त करना लोगों का अधिकार होता है। सामाजिक सहायता का अधिकारी बनने के लिए किसी भी व्यक्ति को अपना अंशदान भी नहीं देना पड़ता है, बल्कि सरकार ही अपने कोष से यह सहायता उपलब्ध कराती है। सरकार इस प्रकार की सहायता देने के लिए सामान्य बजट में व्यवस्था करती है जिसे करों या अन्य आय से प्राप्त किया जाता है।

राष्ट्रीय श्रम आयोग के अनुसार, "सामाजिक सहायता योजना अल्प साधनों वाले व्यक्तियों को न्यूनतम जीवन स्तर के लिए अधिकारपूर्वक लाभ प्रदान करती है तथा करारोपण द्वारा इस योजना की वित्त व्यवस्था की जाती है।"

भारत में सामाजिक सहायता की अनेक योजनाएँ हैं, यथा 'मृत्यु सहायता कोष', 'वृद्धावस्था पेन्शन योजना', आदि। इस सब योजनाओं से कर्मचारियों को सहायता उपलब्ध हो सकती है, किन्तु कर्मचारियों को कुछ भी देना नहीं पड़ता है।

विशेषताएँ—निम्नांकित बिन्दुओं में सामाजिक सहायता की विशेषताएँ बतलायी जा सकती हैं—

(i) इस सहायता के प्राप्त करने वालों को कोई अंशदान नहीं देना पड़ता है।

(ii) इसके लिए सरकार आवश्यक कोषों की व्यवस्था अपने बजट में ही करती है।

(iii) सामाजिक सहायता का उद्देश्य लोगों के न्यूनतम जीवन-स्तर के अधिकार को सुनिश्चित करना है।

(iv) सामाजिक सहायता कार्यक्रम सरकार द्वारा संचालित कार्यक्रम होता है।

(v) इस कार्यक्रम के माध्यम से सरकार आर्थिक रूप से कमजोर, या आर्थिक संकटों से घिरे हुए व्यक्तियों को राहत प्रदान करने अथवा उनको संकटों से मुक्ति दिलाने का प्रयास करती है।

(ख) सामाजिक बीमा

सामाजिक बीमा वह प्रणाली है जिसमें श्रमिकों, सेवायोजकों तथा सरकार के सहयोग से बेरोजगारी, बीमारी, दुर्घटनाओं, मृत्यु आदि अनेक जोखिमों का बीमा करवाया जाता है ताकि उन जोखिमों में भी उसका तथा उसके परिवार का जीवन स्तर बनाये रखा जा सके।

सर विलियम बेवरिज के शब्दों में, ''अंशदान के बदले व्यक्तियों को अधिकार के रूप में निर्वाह स्तर तक सुविधाएँ देना ही सामाजिक बीमा है ताकि वे निश्चित होकर जीवनयापन कर सकें।''

राष्ट्रीय श्रम आयोग के अनुसार, ''सामाजिक बीमा वह योजना है जो अल्प आय वर्ग के लोगों को अधिकारपूर्वक वह राशि लाभ के रूप में प्रदान करती है जो बीमित, सेवायोजक तथा सरकार के अंशदान से एकत्रित होती है।''

उपरोक्त परिभाषाओं से स्पष्ट होता है कि सामाजिक बीमा एक ऐसी युक्ति है जिसके द्वारा बीमित की बेरोजगारी, बीमारी या आकस्मिक दुर्घटनाओं के समय जीवन स्तर को बनाये रखने के उद्देश्य से एक सामान्य कोष में से सुविधाएँ प्रदान की जाती हैं। यह सामान्य कोष श्रमिकों, सेवायोजकों तथा सरकार के त्रिपक्षीय अंशदान से बनाया जाता है। सामाजिक बीमा में अनेक प्रकार के बीमा सम्मिलित

होते हैं, जैसे— बीमारी, मृत्यु बीमा, असमर्थता/अयोग्यता बीमा, बेरोजगारी बीमा, वृद्धावस्था बीमा आदि। हमारे देश में बेरोजगारी बीमा को छोड़कर सभी प्रकार की सामाजिक बीमा योजनाएँ चलायी जा रही हैं।

विशेषताएँ— निम्नांकित बिन्दुओं में सामाजिक बीमा की कुछ विशेषताएँ बतलायी जा सकती हैं—

(i) सामाजिक बीमा योजना में बीमितों को जोखिमों से पूर्ण सुरक्षा प्रदान नहीं की जाती है, बल्कि उन्हें इतनी सहायता अवश्य उपलब्ध की जाती है कि वे जोखिमों का सामना करने में समर्थ हो सकें।

(ii) बीमित को बीमा योजना के अधीन लाभ प्राप्त करने का वैधानिक अधिकार होता है। वह अपने इस अधिकार के लिए दावा कर सकता है उसे आवेदन करने की आवश्यकता नहीं है।

(iii) सामाजिक बीमा का क्षेत्र अत्यंत व्यापक है, जिसमें सामान्यतः बीमारी, मृत्यु, अक्षमता, बेरोजगारी, वृद्धावस्था आदि दशाओं में क्षतिपूर्ति/सहायता प्रदान की जाती है।

(iv) सामाजिक बीमा 'सामाजिक न्याय' की प्राप्ति का साधन है।

(v) सामाजिक बीमा और व्यापक बीमा दोनों भिन्न—भिन्न बीमा है। इसमें निम्नलिखित पाँच भेद हैं—

प्रथम श्रमिक से प्रीमियम की वसूली व्यापारिक सिद्धान्तों के अनुसार नहीं की जाती है।

द्वितीय इसका उद्देश्य बीमित को न्यूनतम जीवन—स्तर उपलब्ध करना होता है, जबकि व्यापारिक बीमा बीमित को उसके बीमापत्र के अनुरूप सभी लाभ एवं सुरक्षा उपलब्ध कराता है।

तृतीय व्यापारिक बीमा सामान्यतः एकाकी व्यक्ति की जोखिमों को ही संवृत्त करता है, जबकि सामाजिक बीमा एक विशिष्ट प्रकार के व्यक्तियों/कर्मचारियों के समूह की जोखिमों को संवृत्त करता है।

चतुर्थ सामाजिक बीमा की प्रीमियम एवं प्राप्त लाभों में कोई प्रत्यक्ष सम्बन्ध नहीं होता है, जबकि व्यापारिक बीमा में बीमा प्रीमियम एवं उससे प्राप्त लाभों में प्रत्यक्ष सम्बन्ध होता है।

पाँचवाँ सामाजिक बीमा अनिवार्य होता है, जबकि व्यापारिक बीमा ऐच्छिक है, जिसे करवाना या न करवाना प्रत्येक व्यक्ति की इच्छा पर निर्भर करता है।

(vi) सामाजिक बीमा अंशदान देकर करवाया जाता है।

(vii) यह अंशदान सामान्यतः सेवायोजक, कर्मचारी तथा सरकार तीनों ही पक्षकारों द्वारा दिया जाता है।

(viii) यह बीमा अनिवार्य है। जो व्यक्ति ऐसी बीमा योजना के क्षेत्र में आते हैं, उन सभी को उस बीमा योजना में अपना बीमा करना पड़ता है।

(ix) सामाजिक बीमा के अंतर्गत जो कोष प्राप्त होता है उससे बीमा कोष बनाया जाता है।

(x) बीमितों को इसी बीमा कोष में से योजना के अनुसार बीमा लाभों का भुगतान किया जाता है या बीमा लाभ उपलब्ध करने की व्यवस्था की जाती है।

(xi) सामान्यतः बीमित को प्राप्त होने वाले लाभों तथा उसके द्वारा चुकाये गये प्रीमियम के बीच कोई निश्चित अनुपात या सम्बन्ध नहीं होता है। इसका कारण यह है कि कर्मचारी तो नाम मात्र का अंशदान करता है, जबकि अंशदान का अधिकांश भाग सेवायोजक तथा सरकार द्वारा दिया जाता है। लाभ तो न्यूनतम आवश्यकता को ध्यान में रखकर निर्धारित किये जाते हैं।

विशेषताएँ—निम्नांकित बिन्दुओं में सामाजिक बीमा की कुछ विशेषताएं बतलायी जा सकती हैं—

1. सामाजिक बीमा श्रमिक के सामाजिक सम्मान एवं व्यक्तिगत अंहकार की सुरक्षा करता है।

2. इससे देश में 'सामाजिक न्याय' को स्थापित किया जा सकता है।

3. यह श्रमिकों में अनिवार्य रूप से दूरदर्शिता उत्पन्न करता है।

4. यह श्रमिकों की कार्यक्षमता एवं जीवन स्तर को बढ़ाने में योगदान देता है।

5. यह उद्योग एवं देश में उत्पादन बढ़ाने तथा आर्थिक समृद्धि लाने में योगदान देता है।

6. यह श्रमिकों को अपने स्वास्थ्य, दुर्घटना, बेरोजगारी की न्यूनतम जोखिम को किसी संस्था को हस्तान्तरित करने में योगदान देता है।

7. यह एक सामूहिक बीमा है। अतः इसमें प्रत्येक ऐसे श्रमिक/कर्मचारी का बीमा भी सम्भव है जिसका सामान्य परिस्थितियों में बीमा कराना सम्भव नहीं होता है। दूसरे शब्दों में सामाजिक बीमा में अयोग्य बीमितों की छंटनी नहीं होती है। अतः सभी को लाभ मिल जाता है।

8. सामाजिक बीमा आर्थिक रूप से कमजोर व्यक्तियों को संकट के समय न्यूनतम जीवन स्तर प्रदान करने में सक्षम है।

9. इसमें बीमित को कम प्रीमियम पर अपेक्षाकृत अधिक लाभ प्राप्त हो सकते हैं, क्योंकि बीमा प्रीमियम केवल अकेला बीमित ही नहीं देता है।

आधुनिक भारत में सामाजिक सुरक्षा योजनाएँ

भारत सरकार ने श्रमिकों के हितों को सुरक्षित रखने के लिए अनेकों कल्याणकारी योजनाएँ बनायी हैं। कुछ योजनाएँ स्वतन्त्रता प्राप्ति के पूर्व भी प्रचलित थीं और कुछ योजनाएँ स्वतन्त्रता प्राप्ति के बाद लागू की गई हैं। सभी योजनाओं को सरकार ने समय-समय पर संशोधित भी किया है। वर्तमान में सामाजिक सुरक्षा की अनेक योजनाएँ लागू हैं। वे विभिन्न अधिनियमों के अंतर्गत संचालित की जाती हैं। वे सभी अधिनियम एवं योजनाएँ निम्नलिखित हैं–

(i) श्रमजीवी क्षतिपूर्ति अधिनियम,

(ii) कर्मचारी राज्य बीमा अधिनियम,

(iii) कर्मचारी भविष्य निधि एवं विविध प्रावधान अधिनियम।

इसमें तीन योजनाएँ शामिल हैं–

(अ) भविष्य निधि योजना,

(ब) कर्मचारी परिवार पेन्शन योजना,

(स) कर्मचारी जमा सम्बन्ध योजना।

इनके अतिरिक्त, एक नयी परिवार पेंशन योजना भी प्रारम्भ की जाने की सम्भावना है।

(iv) असम चाय बागान भविष्य निधि अधिनियम।

(v) कोयला खान भविष्य निधि योजना।

(vi) मातृत्व लाभ अधिनियम।

(vii) उपदान भुगतान अधिनियम।

(viii) मजदूरी भुगतान अधिनियम।

(ix) न्यूनतम मजदूरी अधिनियम।

(x) विक्रय संवर्द्धन कर्मचारी (सेवा शर्तें) अधिनियम

(xi) जबरन छुटटी तथा छंटनी की क्षतिपूर्ति

(xii) वृद्धावस्था पेन्शन योजना।

(xiii) व्यक्तिगत दुर्घटना बीमा योजना

(xiv) सामाजिक सुरक्षा समूह बीमा योजनाएँ।

भारत में सामाजिक सुरक्षा योजनाओं की कमियाँ

हालाँकि भारत में सामाजिक सुरक्षा की अनेक योजनाएँ प्रचलित हैं। फिर भी उनका लाभ बहुत कम लोगों को मिल पा रहा है। औद्योगिक एवं वाणिज्यिक क्षेत्र की सीमित संख्या होने के कारण कुछ ही कर्मचारियों को इन सामाजिक सुरक्षा योजनाओं का लाभ मिल पाता है। इसके अतिरिक्त इन योजनाओं के संचालन में भी अनेक कमियाँ हैं। हम यहाँ सभी का संक्षेप में वर्णन कर रहे हैं–

1. सीमित क्षेत्र–अभी भारत में सामाजिक सुरक्षा योजना का ज्यादा विस्तार नहीं हुआ है। अधिकांश सामाजिक सुरक्षा अधिनियम केवल खान, कारखानों, बागान श्रमिकों पर ही लागू होते हैं। कृषि श्रमिकों के लिए सामाजिक सुरक्षा की व्यवस्था सामान्यतः नगण्य ही है, जो सर्वाधिक रूप से असुरक्षित हैं। उन्हें सन्तुलित मानसून आने पर ही समुचित आय उपलब्ध हो पाती है। दुकानों तथा अन्य वाणिज्यिक संस्थानों आदि में कार्यरत श्रमिक/कर्मचारियों के लिए भी सामाजिक सुरक्षा की बहुत ही कम व्यवस्था है। इस प्रकार स्पष्ट है कि भारत में सामाजिक सुरक्षा योजनाओं का क्षेत्र अत्यन्त सीमित है।

2. लालफीताशाही–भारत में सामाजिक सुरक्षा योजनाओं में भी लालफीताशाही का अत्यधिक बोलबाला है। श्रमिकों को इन योजनाओं का लाभ यथासमय नहीं मिल पाता है। श्रमजीवी क्षतिपूर्ति अधिनियम तथा कर्मचारी राज्य बीमा अधिनियम के अन्तर्गत लाभ प्राप्त करने के लिए श्रमिकों/कर्मचारियों को कई चक्कर लगाने पड़ते हैं। भविष्य निधि एवं पेंशन का भुगतान प्राप्त करना अपेक्षाकृत सरल अवश्य है किन्तु ये भी 'लालफीताशाही' से मुक्त नहीं हैं।

3. एकीकृत योजना का अभाव–अब तक भारत में सामाजिक सुरक्षा की व्यवस्था नहीं हो सकी हैं। विभिन्न अधिनियमों के अन्तर्गत विभिन्न सामाजिक सुरक्षा योजनाएँ संचालित की जाती हैं। अधिकांश श्रमिक/कर्मचारी एक से अधिक अधिनियमों के अन्तर्गत सामाजिक सुरक्षा के लाभ के अधिकारी हैं। अतः यह व्यवस्था समुचित नहीं कही जा सकती है।

4. अपर्याप्त व्यवस्था–आजकल सामाजिक सुरक्षा के लिए किये जाने वाले प्रयास अपर्याप्त हैं। कर्मचारी राज्य बीमा अधिनियम, श्रमजीवी क्षतिपूर्ति अधिनियम, मातृत्व लाभ अधिनियम के अन्तर्गत दिये जाने वाले लाभ अपर्याप्त हैं। ये लाभ भले ही किसी समय पर्याप्त रहे हों, किन्तु अब वर्तमान परिस्थितियों में पर्याप्त नहीं कहे

जा सकते। मूल्य स्तर के बढ़ जाने के कारण इन अधिनियमों के अन्तर्गत दिये जाने वाले वास्तविक लाभ अत्यन्त कम हैं।

5. संचालन में शिथिलता—सामाजिक सुरक्षा योजनाओं के संचालन में भारत की स्थिति काफी निराशाजनक है। कई कारखानों, खानों, बागानों या संस्थानों जिन पर सामाजिक सुरक्षा योजनाएँ लागू होती हैं, उनके कई कर्मचारियों को भी इन योजनाओं का लाभ नहीं मिल पा रहा है। इसका प्रमुख कारण यह है कि सरकार उन सेवायोजकों के विरुद्ध कार्यवाही नहीं करती जो इन अधिनियमों की योजनाओं का उल्लंघन करते हैं।

6. कर्मचारी राज्य बीमा अधिनियम के अन्तर्गत चिकित्सा लाभ की व्यवस्था अपर्याप्त है। इसके अस्पतालों एवं डिस्पेन्सरियों में आधुनिक साज-सामान उपलब्ध नहीं होने में श्रमिकों को आवश्यक चिकित्सा सुविधा उपलब्ध नहीं हो पाती है।

7. अंशदान के भुगतान में अनियमितता—सामाजिक सुरक्षा योजनाओं के अन्तर्गत चुकाये जाने वाले अंशदान को यथासमय सम्बन्धित कोष में नहीं जमा करवाया जाता है। भविष्य निधि अधिनियम, कर्मचारी राज्य बीमा अधिनियम आदि के अन्तर्गत सेवायोजक श्रमिकों की मजदूरी में से कटौती कर लेते हैं, किन्तु उसे वे अपने अंशदान के साथ सम्बन्धित कोष में यथासमय जमा नहीं करवाते। भविष्य निधि खाते का कई करोड़ रुपया आज भी कई सेवायोजकों पर बकाया है। इससे श्रमिकों को ब्याज की बहुत राशि की हानि उठानी पड़ती है।

8. बेरोजगारों को राहत नहीं—देश में कई कल्याणकारी योजनाएँ चलायी गयीं, लेकिन उनसे बेरोजगारी की स्थिति में कोई सुधार नहीं आया है।

इन बड़ी कमियों के अतिरिक्त कुछ विशेष अधिनियमों में भी कुछ और कमियाँ हैं जो निम्नानुसार हैं—

9. भविष्य निधि अधिनियम के अन्तर्गत जमा भविष्य निधि पर दिये जाने वाले ब्याज की दर अत्यन्त कम है। वर्तमान में यह दर 9.9 प्रतिशत प्रतिवर्ष है।

10. कर्मचारी राज्य बीमा निगम में प्रायः भ्रष्टाचार की शिकायतें सुनने को मिलती हैं।

'सामाजिक सुरक्षा' को प्रभावशाली बनाने के सुझाव

भारत में सामाजिक सुरक्षा सम्बन्धी अनेक योजनाएँ चलायी जा रही हैं, लेकिन वे कुछ प्रमुख कारणों से अपने उद्देश्गों में सफल नहीं हो पा रही हैं—

1. एकीकृत व्यवस्था—देश में अनेकों सामाजिक सुरक्षा सम्बन्धी योजनाएँ चलायी जा रही हैं। एक योजना के प्रावधान दूसरी योजना के प्रावधानों में पाये जाते हैं। इनके अतिरिक्त कई बार एक ही श्रमिक को दो या अधिक योजनाओं के अन्तर्गत सामाजिक सुरक्षा का लाभ प्राप्त होता है। इस प्रकार श्रमिक एवं सेवायोजकों को अनेक अधिनियमों के अन्तर्गत संचालित योजनाओं को ध्यान में रखना होता है। राष्ट्रीय श्रम आयोग (National Labour Commission) आयोग ने इस सम्बन्ध में कहा है—"एक व्यापक सामाजिक सुरक्षा योजना तैयार की जानी चाहिए जिसके लिए समस्त धन एक कोष में एकत्रित किया जाय ताकि जरूरतमंद लोगों को इस कोष में से भुगतान किया जा सके। इसके लिए अंशदानों में वृद्धि करके एक अतिरिक्त कोष की भी स्थापना की जाये जो कि सरकार को उपलब्ध हो।" अतः सरकार को उद्योग की प्रकृति के आधार पर एक ऐसी एकीकृत सामाजिक सुरक्षा योजना तैयार करनी चाहिए जिसमें सम्बन्धित उद्योग या उपक्रम की आवश्यकता के अनुसार व्यवस्था हो।

2. राष्ट्रीय नीति का निर्माण—सामाजिक सुरक्षा की कारगर व्यवस्था करने के लिए सरकार को सामाजिक सुरक्षा पर 'राष्ट्रीय नीति' की घोषणा करनी चाहिए। इससे सामाजिक सुरक्षा के उद्देश्य एवं क्षेत्र का स्पष्टीकरण हो जायेगा। उद्देश्य एवं क्षेत्र को निर्धारित करते समय राष्ट्रीय आवश्यकताओं को ध्यान में रखा जाना चाहिए।

3. क्षेत्र का विस्तार—सामाजिक सुरक्षा योजनाओं के क्षेत्र का विस्तार किया जाना चाहिए। संगठित क्षेत्र के उद्योगों या उपक्रमों में तो प्रायः ये योजनाएँ लागू की जाती रही हैं, किन्तु अंसगठित क्षेत्र के उद्योगों तथा कृषि में इन योजनाओं को लागू नहीं किया गया है। इसलिए इन योजनाओं को क्षेत्रों में लागू करना जरूरी है।

4. विकेन्द्रीकरण—सामाजिक सुरक्षा योजनाओं के क्रियान्वयन का कार्य विकेन्द्रित करना चाहिए। राज्य के क्षेत्र में आने वाले उद्योगों या उपक्रमों में इन योजनाओं के संचालन का कार्य सम्बन्धित राज्य सरकारों को सौंप देना चाहिए। शेष उद्योगों या उपक्रमों में इन योजनाओं के संचालन का कार्य केन्द्रीय सरकार को अपने हाथ में रखना चाहिए।

5. योजनाओं को प्रभावपूर्ण तरीके से लागू करना—विद्यमान सामाजिक सुरक्षा की योजनाओं को प्रभावपूर्ण तरीके से लागू किया जाना चाहिए। जो सेवायोजक इन योजनाओं के लागू करने से बचने का प्रयास करते हैं, उन्हें दण्डित करना चाहिए।

6. पर्याप्त लाभ–सामाजिक सुरक्षा योजनाओं के अन्तर्गत मिलने वाले लाभ पर्याप्त होने चाहिएँ। इस हेतु योजनाओं के अन्तर्गत दिये जाने वाले लाभों की राशि का समय-समय पर मूल्यांकन किया जाना चाहिए।

7. न्यूनतम मजदूरी के साथ सामाजिक सुरक्षा की योजनाओं को जोड़ना–उपरोक्त सुझाव के अलावा **मेनन समिति** की सिफारिशों को भी क्रियान्वित करना चाहिए। मेनन समिति ने इस सम्बन्ध में निम्न सुझाव दिये थे–

1. कर्मचारी राज्य बीमा योजना के अन्तर्गत मिलने वाले लाभों में वृद्धि की जानी चाहिए।

2. वर्तमान भविष्य निधि योजनाओं को एक वैधानिक पेन्शन योजना में परिणित किया जाना चाहिए। इसमें अनुग्रह राशि को भी सम्मिलित किया जाना चाहिए।

3. सभी उद्योगों में भविष्य निधि में अंशदान की दर 8.33 प्रतिशत से बढ़ाकर दस प्रतिशत कर देनी चाहिए।

4. कर्मचारी राज्य बीमा योजना तथा भविष्य निधि योजना को मिला देना चाहिए।

8. अंशदान का यथासमय भुगतान–कई सेवायोजक भविष्य निधि तथा बीमा योजना के अंशदान का सम्बन्धित कोष में यथासमय भुगतान नहीं करते हैं। सरकार को ऐसे अंशदान के यथासमय भुगतान न करने वालों के विरुद्ध कठोर कार्यवाही करनी चाहिए।

9. बेरोजगारी लाभ की व्यवस्था–सरकार को बेरोजगार श्रमिकों के लिए भत्ता या लाभ देने के लिए एक अतिरिक्त कोष की स्थापना करनी चाहिए।

10. श्रमिकों को योजनाओं की जानकारी–कई श्रमिकों को सामाजिक सुरक्षा योजनाओं की जानकारी नहीं है। अतः वे इन योजनाओं का लाभ नहीं उठा पाते हैं। अतः सरकार को श्रमिकों को इन योजनाओं की जानकारी देने के लिए आवश्यक उपाय करने चाहिएँ। श्रम संघों को भी अपने सदस्यों को इन सभी योजनाओं की जानकारी देनी चाहिए।

भारत में बेरोजगारी बीमा

भारत में अब तक बेरोजगारी बीमा की योजना लागू नहीं की जा सकी है, लेकिन इस दिशा में कुछ महत्वपूर्ण कार्य किये गये हैं, जो निम्नलिखित हैं–

1. शाही श्रम आयोग के विचार—भारत में सर्वप्रथम शाही श्रम आयोग ने बेरोजगारी बीमा की व्यावहारिकता को बतलाते हुए अपनी रिपोर्ट में लिखा कि भारत में निम्नलिखित कारणों से बेरोजगारी बीमा लागू करना व्यावहारिक नहीं है—

(i) इस योजना के लिए विशाल धनराशि की आवश्यकता होगी, जिसका अधिकांश भार सेवायोजकों एवं सरकार पर आयेगा।

(ii) देश में स्थायी एवं नियमित औद्योगिक जनशक्ति का अभाव है, अतः इस बीमा योजना को लागू करना बहुत कठिन है।

(iii) देश का वृहद् आकार है जो विभिन्न रियासतों एवं प्रान्तों में बँटा हुआ है। अतः बीमा योजना बनाना एवं संचालित करना बहुत कठिन है।

इन सब कारणों से शाही श्रम आयोग ने भारत में सामाजिक बीमा योजना को अव्यावहारिक मान कर इसे लागू करने की अनुशंसा भी नहीं की थी।

2. अध्ययन दल की नियुक्ति—सन् 1954 में सामाजिक बीमा की दिशा में पहल प्रयास किया गया। भारत सरकार ने बेरोजगारी बीमा का अध्ययन कर एक उपयुक्त योजना तैयार करने के लिए एक अध्ययन दल की सन् 1954 में नियुक्ति की। इस अध्ययन दल में योजना आयोग, उद्योग मंत्रालय, कर्मचारी राज्य बीमा निगम, वित्त, वाणिज्य एवं श्रम क्षेत्र के प्रतिनिधियों को सदस्य नियुक्त किया गया। इस दल ने सामाजिक बीमा योजना की सिफारिश तो की, किन्तु यह सुझाव भी दिया कि इसके कोष का निर्माण केवल सेवायोजकों एवं श्रमिकों के अंशदान से ही किया जाय। इस अध्ययन दल की अनुशंसा का कभी भी क्रियान्वयन नहीं किया जा सका।

3. भारतीय श्रम सम्मेलन 1965 में प्रस्ताव पारित—सन् 1965 में तेईसवाँ भारतीय श्रम सम्मेलन हुआ। इस सम्मेलन में सामाजिक बीमा योजना लागू करने के लिए एक प्रस्ताव पारित किया गया। इस प्रस्ताव में सामाजिक बीमा योजना के क्रियान्वयन की रूपरेखा प्रस्तुत की गई, जो निम्नानुसार हैं—

(i) उन समस्त कर्मचारियों पर यह योजना लागू किया जाना जो कि कर्मचारी भविष्य निधि अधिनियम, 1965 अथवा कोयला खान भविष्य निधि अधिनियम, 1948 के क्षेत्र में आते हों।

(ii) उपर्युक्त अधिनियमों के अधीन आने वाले किसी भी कर्मचारी के बेरोजगार होने पर बेरोजगारी योजना के लाभ तभी दिये जायँ, जब कि वह बेरोजगार होने के बाद काम करने का इच्छुक एवं योग्य हो।

(iii) बेरोजगारी बीमा योजना हेतु एक कोष का निर्माण किया जायेगा, जिसमें सेवायोजक एवं कर्मचारी दोनों ही मजदूरी का आधा-आधा प्रतिशत अंशदान करेंगे।

(iv) सरकार योजना के समस्त प्रशासनिक तथ्य का वहन करेगी।

(v) योजना में आने वाले कर्मचारियों/श्रमिकों के बेरोजगार होने पर उन्हें औसत मासिक मजदूरी के पचास प्रतिशत के बराबर बेरोजगारी बीमा लाभ दिया जायेगा। यह लाभ छः माह तक अथवा पुनः रोजगार मिलने तक, जो भी अवधि पहले हो, तक ही दिया जायेगा। इस योजना पर भी सेवायोजकों की आम सहमति नहीं बन सकी। फलतः इसे क्रियान्वित नहीं किया जा सका है।

4. राष्ट्रीय श्रम आयोग—सन् 1966 में राष्ट्रीय श्रम आयोग की स्थापना की गई थी, जिसने सन् 1969 में अपनी रिपोर्ट प्रस्तुत की थी। इस आयोग ने सभी नियोजित व्यक्तियों के लिए अनिवार्य बेरोजगारी बीमा योजना प्रारम्भ करने की अनुशंसा की थी। किन्तु इस अनुशंसा को भी आज तक क्रियान्वित नहीं किया जा सका है।

बेरोजगारी बीमा के मार्ग में बाधाएँ— बेरोजगारी बीमा के मार्ग में कुछ प्रमुख बाधाएँ हैं, जिनका वर्णन नीचे शीर्षकों के माध्यम से किया गया हैं—

1. औद्योगिक विवाद—भारत में औद्योगिक विवाद भी बहुत अधिक होते हैं। इनके परिणामस्वरूप भी कई श्रमिक बेरोजगार हो जाते हैं।

2. बेरोजगारी की समस्या—भारत में बेरोजगारी की समस्या अत्यन्त गम्भीर है। प्रतिवर्ष कई लाख व्यक्ति बेरोजगारों की सूची में जुड़ जाते हैं। फलतः योजना को क्रियान्वित करना असम्भव नहीं तो कठिन अवश्य हो जाता है।

3. नियमित एवं स्थायी औद्योगिक श्रमिकों की बहुत कम संख्या—भारत में यद्यपि हाल ही के कुछ वर्षों में नियमित एवं स्थायी औद्योगिक श्रमिकों की संख्या बढ़ी है, किन्तु कई दशकों से नियमित एवं स्थायी श्रमिकों की संख्या बहुत कम रही है। फलतः भारत में बेरोजगारी बीमा का औचित्य एवं उपयोगिता दोनों ही सीमित रही है। इसीलिए भारत में बेरोजगारी बीमा के प्रयास भी सफल नहीं हो पाये हैं।

4. विशाल देश—भारत एक विशाल देश है, जिसमें कई करोड़ लोग संगठित एवं असंगठित क्षेत्र के रोजगारों में नियुक्त हैं। इतने बड़े देश में एवं विशेषकर असंगठित क्षेत्र के उद्योगों में सामाजिक बीमा योजना का संचालन करने में अनेक व्यावहारिक कठिनाइयाँ आती हैं।

5. सरकारी बजट की सीमाएँ—भारत सरकार का ही नहीं, बल्कि सभी राज्य

सरकारों के बजट भी घाटे में रहे हैं। सामान्य परिस्थितियों में भी सरकारी बजट में करोड़ों रु. का घाटा रहता है। अतः सरकार भी स्वयं अंशदान देने की स्थिति में नहीं रही है। अतः सरकार भी इस दिशा में पहल नहीं कर सकी है।

6. कम लाभदेयता–भारतीय उद्योगों की लाभदेयता भी अन्य देशों के उद्योगों की तुलना में बहुत कम रही है। इस कारण भी सेवायोजक ऐसी योजना के लिए अंशदान करने में असमर्थता प्रकट करते रहे हैं।

7. औद्योगिक रुग्णता–औद्योगिक रुग्णता की समस्या भारत में अत्यधिक गम्भीर है। ऐसे उद्योगों से बेरोजगारी बीमा कोष के लिए अंशदान प्राप्त करना सम्भव नहीं हो पाता है।

बेरोजगारी बीमा की सफलता के लिए आवश्यक सुझाव– भारत में बेरोजगारी बीमा योजना में सफलता के लिए निम्नलिखित सुझावों को अपनाया जा सकता है–

1. बेरोजगारी बीमा की व्यवस्था के लिए विद्यमान सामाजिक बीमा योजनाओं/अधिनियमों (जैसे भविष्य निधि, पेंशन, कर्मचारी राज्य बीमा योजना आदि) के प्रावधानों को एकीकृत करना चाहिए।

2. सर्वप्रथम बेरोजगारी की समस्या की गम्भीरता को समझने के लिए बेरोजगारी के आँकड़ों का संकलन करना चाहिए।

3. इस वैधानिक व्यवस्था के अन्तर्गत बेरोजगारी बीमा कोष का निर्माण करना चाहिए, जिसमें सेवायोजकों तथा श्रमिकों के साथ-साथ सरकार को भी अंशदान करना चाहिए।

4. यदि बेरोजगारी बीमा को कानूनी बना दिया जाये तो यह काफी लाभकर होगा।

5. इस योजना की सफलता के लिए सेवायोजकों, सरकार तथा कर्मचारियों में पूर्ण सहयोग की भावना होनी चाहिए।

6. बेरोजगारी बीमा योजना के अधीन लाभ की पात्रता, अवधि, प्रतीक्षा काल, लाभों की मात्रा, भुगतान आदि के सम्बन्ध में पर्याप्त एवं स्पष्ट प्रावधान करने चाहिएँ।

7. बेरोजगारी के यथासम्भव शीघ्रातिशीघ्र पुनः रोजगार की समन्वित योजना बनानी चाहिए, ताकि बेरोजगारी बीमा योजना कोष पर कम से कम भार पड़े।